Walter William Skeat

The Gospel according to Saint Mark in Anglo-Saxon and Northumbrian versions

Walter William Skeat

The Gospel according to Saint Mark in Anglo-Saxon and Northumbrian versions

ISBN/EAN: 9783337281793

Printed in Europe, USA, Canada, Australia, Japan

Cover: Foto ©Thomas Meinert / pixelio.de

More available books at **www.hansebooks.com**

THE GOSPEL

ACCORDING TO

SAINT MARK

IN ANGLO-SAXON AND NORTHUMBRIAN VERSIONS
SYNOPTICALLY ARRANGED,
WITH COLLATIONS EXHIBITING ALL THE READINGS OF ALL THE MSS.

Edited for the Syndics of the University Press,

BY THE

REV. WALTER W. SKEAT, M.A.

ASSISTANT TUTOR AND LATE FELLOW OF CHRIST'S COLLEGE,
AND AUTHOR OF A MŒSO-GOTHIC GLOSSARY.

CAMBRIDGE:
AT THE UNIVERSITY PRESS.

CAMBRIDGE: DEIGHTON, BELL, AND CO.
CAMBRIDGE WAREHOUSE, 17 PATERNOSTER ROW, LONDON.

1871.

CONTENTS.

	PAGE
PREFACE	i
Description of the MSS.	v
Description of the printed editions	xiv
Plan of the present volume	xxii
ARGUMENTUM	1
CAPITULA LECTIONUM	2
EUANGELIUM: CAP. I.	8
,, CAP. II.	16
,, CAP. III.	20
,, CAP. IV.	26
,, CAP. V.	34
,, CAP. VI.	42
,, CAP. VII.	52
,, CAP. VIII.	58
,, CAP. IX.	66
,, CAP. X.	76
,, CAP. XI.	86
,, CAP. XII.	92
,, CAP. XIII.	102
,, CAP. XIV.	108
,, CAP. XV.	122
,, CAP. XVI.	130
APPENDIX: Collation of the Latin texts of the Lindisfarne and Rushworth MSS.	137
CRITICAL NOTES	141
CORRIGENDA ET ADDENDA	144

PREFACE.

THE present volume forms a second portion of the exhaustive edition of the Anglo-Saxon Gospels, as planned by Mr Kemble. The first portion was published in 1858, with the title, "The Gospel according to St Matthew, in Anglo-Saxon and Northumbrian Versions, synoptically arranged: with collations of the best Manuscripts. Edited for the Syndics of the University Press. Cambridge: at the University Press. 1858." Unfortunately Mr Kemble did not live to complete the volume, and the task of finishing it devolved upon Mr Hardwick, whose preface commences with the following paragraph:

"An edition of the Gospels, as transmitted to us in the leading dialects of ancient England, was designed and partly executed several years ago by one of our accomplished Anglo-Saxon scholars, John M. Kemble, Esq. M.A., of Trinity College, Cambridge. The undertaking was, however, soon suspended for various causes; and at the time of Mr Kemble's death, in the spring of 1857, the portion of it actually completed did not reach beyond the opening verses of the twenty-fifth chapter of St Matthew. Under these circumstances the Syndics of the University Press, instead of suffering so good a project to fall entirely to the ground, resolved to carry on the printing of the work as far at least as the conclusion of the first Gospel."

The remainder of Mr Hardwick's very brief preface merely indicates the titles of the MSS. on which the text and notes were founded. This is perhaps the fitting place to add that the expression "collations of the best manuscripts" in the title-page above quoted is calculated to mislead. Not merely the *best*, but *all* the existing manuscripts were consulted, and *all* their various readings recorded. From the omission of the marginal numbers having reference to the Eusebian Canons in the latter part of the work, it appears that the first 192 pages were prepared by Mr Kemble, and the last 39 by Mr Hardwick.

By the kindness of the Syndics of the University Press, I have been permitted to undertake this second portion of the work; and, as the circumstances attending the publication of St Matthew's Gospel did not afford a favourable opportunity for discussing the peculiarities of the MSS., or even for explaining the general design by which their readings are synoptically exhibited, I now endeavour to supply the necessary information.

As to the general account of our early versions of the Scriptures, and the MSS. in which they are contained, the reader cannot do better than consult the Preface to "The Gothic and Anglo-Saxon Gospels," &c., edited by the Rev. Joseph Bosworth, D.D., and G. Waring Esq., published in 1865. In the Preface also to the Wycliffite Versions of the Holy Bible, edited by the Rev. J. Forshall and Sir F. Madden, K.H. in 1850, there is a passage which exhibits the whole matter so clearly and briefly that it is advisable to quote it at length, together with the valuable footnotes appended to it.

"The poem which bears the name of Cædmon, gives several passages of Scripture with tolerable fidelity, and it might require extended notice, if the epic and legendary character of the composition suffered it to be ranked among the versions of holy writ[1]. Aldhelm, bishop of Sherborn, who died in 709, is reported to have rendered the Psalter into his native language[2], and the Anglo-Saxon version, discovered in the Royal Library at Paris about the beginning of the present century, has been supposed to be at least in part his production. The first fifty psalms are in prose, the others in verse[3].

"Bede wrote chiefly for the learned; yet that the common people might more easily be taught the elements of their religion, he turned the Apostles' Creed and the Lord's Prayer into Anglo-Saxon, and frequently presented copies of these formularies to such illiterate priests as came under his notice[4]. He died in 735, and one of his last efforts was a translation of the Gospel of St John, which he seems to have completed, just as death put an end to his labours[5].

"Alfred, in his zeal for the improvement of his country, did not overlook the importance of vernacular Scripture. At the head of his laws he set in Anglo-Saxon the ten commandments, with such of the Mosaic injunctions in the three following chapters of Exodus, as were most to his purpose. What other parts of the Bible he translated, it is difficult to determine. A remarkable passage in his preface to the Pastoral of Pope Gregory[6], leaves no room for doubt, that if the more necessary portions of holy writ were not made accessible to his subjects in their own tongue, it was only because this wise and pious prince failed of the opportunity to accomplish his wishes.

"Whatever might be the extent of Alfred's biblical labours, it is beyond question that soon after his days the Anglo-Saxon Church had her own interpretations of those parts of Scripture which were in most frequent use. The Psalter

---

[1] "Cædmon was a monk of Whitby, in the seventh century. The poem as it now exists has, probably, been materially altered by the reciters and transcribers of a later period. It has been twice published, first by Francis Junius in 1655, and next by Mr. Benjamin Thorpe in 1832." Also by C. W. M. Grein in 1857.

[2] "Bale, Scriptorum illustr. catalogus, ed. 1557, p. 84."

[3] "It was edited for the delegates of the Oxford University Press by Mr. Benjamin Thorpe, under the title, Liber Psalmorum, versio antiqua Latina, cum Paraphrasi Anglo-Saxonica, etc. 8vo. Oxon. 1835."

[4] Bedæ op. ad Egbertum ; see Hist. Eccl. ed. Smith, Cantab. 1722, p. 306."

[5] "Cuthberti Vita Bedæ ; see Eccl. Hist. p. 793."

[6] "See Annales Ælfredi, auct. Asserio, ed. Wise, p. 84."

ascribed to Aldhelm, if it be not the work of that prelate, certainly cannot be later than the ninth century. To the same period may be safely attributed the Anglo-Saxon translation of the Gospels[1]. Several MSS. of it are preserved; but none of them appear to give the version in its original purity. Successive transcribers adapted the language to the idioms and inflexions of their own times and provinces. Some however of the copies are earlier and less degenerate than others. The latest seems to be considerably subsequent to the conquest, the most ancient may have been written more than a hundred years before it[2].

"But it was not solely to this version that the unlettered Anglo-Saxon was indebted for a knowledge of what the Evangelists record. Access was also afforded to their narratives by means of verbal glosses made in copies of the Latin Gospels. These glosses were written between the lines of the text, rendering it in the same order word by word. Of the two glosses which are now exstant, one is found in the famous book of Durham[3], and was made by the priest Aldred, probably in the tenth century; the other of the same age is contained in a MS. of the Bodleian Library[4], and had for its authors Owun and Farman, the latter a priest at Harewood.

"Similar glosses had been made on the Psalter. A gloss of this kind, probably of the ninth century, was published in 1640 from a MS.[5] belonging to sir Henry Spelman, by his son, afterwards sir John[6]. Another gloss of the same period was published by the Surtees Society in 1843[7]. Variations from these glosses are found in several other MSS.[8] Glosses also occur on the canticles of the church, and the Lord's prayer; on portions of Scripture in the ritual of Durham[9], and on the more difficult words of the book of Proverbs[10].

"Towards the close of the tenth century Ælfric translated, omitting some parts and greatly abridging others, the Pentateuch, Joshua, Judges, a portion of the books of Kings, Esther, Job, Judith, and the Maccabees[11]. He also drew up in

---

[1] "Published three times; 1. by abp. Parker in 1571; 2. by Dr Marshall, rector of Lincoln college, in 1665; and 3. by Mr Benjamin Thorpe, in 1842." Also by Dr. Bosworth, 1865.

[2] "The MSS. still remaining are, 1. Corp. Ch. Coll. Camb. S. 4; 2. Brit. Mus. Cotton. Otho C. 1; 3. Bodl. 441; 4. Univ. Lib. Camb. Ii. 2. 11; 5. Brit. Mus. Old R. Libr. 1 A. 14; and 6. Bodl. Hatton 65. The first two are the earliest."

[3] "Brit. Mus. Cotton. Nero D. 4."

[4] "Bodl. Rushworth 3946."

[5] "Afterwards in the Stowe collection No. xxviii. and now in the possession of the Earl of Ashburnham."

[6] "With the title *Psalterium Davidis Latino-Saxonicum Vetus*. 4to, London, 1640."

[7] "*Anglo-Saxon and Early English Psalter*, 2 vols. 8vo. 1843, edited by the Rev. J. Stevenson. The Anglo-Saxon gloss is taken from the Cotton MS. Vespasian A. 1, and besides the Psalter, comprises Ps. cli., nine of the Canticles, and hymns for matins, the evening, and the Lord's day."

[8] "Of three MSS. partial collations are given by Spelman; namely, 1. Univ. Lib. Camb. 256; 2. Trin. Coll. Camb. 35; and 3. Brit. Mus. Arundel 60. A gloss also occurs in Brit. Mus. Old R. Libr. 2 B. 5; Cotton. Vitellius E. 18 and Tiberius C. 6; in Bodl. Junius 27; in the Lambeth MS. 427, and in that of Salisbury Cathedral marked 141."

[9] "Edited for the Surtees Society by the Rev. J. Stevenson, 8vo. London, 1840."

[10] "Brit. Mus. Cotton. Vespasian D. 6."

[11] "What remains of this translation was printed in 1698 by Edw. Thwaites, from the Bodl. MS. Laud E. 19. under the title *Heptateuchus, liber Job et Evangelium*

Anglo-Saxon a brief account of the books of the Old and New Testament[1]; and lastly, by the texts and quotations used in his numerous homilies, he added greatly to the knowledge of the sacred volume[2].

"The writings which are still exstant shew that the Anglo-Saxon church must have had in her own tongue a considerable amount of scriptural instruction. But these cannot be the full measure of what our forefathers possessed. Much, it cannot be doubted, perished in the troubles and confusion attending the incursions and pillages of the Danes; and much, subsequently, through the disfavour shewn by the Normans to the Anglo-Saxon language and literature[3]."

The arrangement of matter in the present edition is exactly the same as in Mr Kemble's, from which I see no cause to deviate. The plan of it is best understood from the following scheme of the contents of any two opposite pages.

Left-hand Page.		Right-hand Page.
First Column.	*Second Column.*	
TEXT. MS. No. I. (Corpus).	TEXT. MS. V. (Hatton).	UPPER TEXT. MS. VII. (Lindisfarne); Latin with Northumbrian gloss.
Various Readings; from MS. II. *or* A. (Cambridge); MS. III. *or* B. (Oxford); *and* MS. IV. *or* C (Cotton, Otho C. 1).	*Various Readings; from* MS. VI. *or* Royal (Brit. Mus.).	LOWER TEXT. MS. VIII. (Rushworth); gloss only.

The rubrics in the left margin of the left-hand pages are entirely from MS. A. Some of them occur in B., but these are merely copied from A. in a late hand, and are of no authority.

The rubrics in the right margin of the same pages are from the Hatton MS. but they occur also in the Royal MS. with scarcely a single variation.

The numbers in the right margin of the right-hand pages are from the Lindisfarne MS., and will presently be explained in full.

The Latin text of the Rushworth MS., which differs but very slightly from that of the Lindisfarne MS., is omitted to save space. But the results of a collation of these texts will be found in an Appendix at the end of the volume.

The object of this arrangement is easily perceived. The Corpus MS. represents the text nearly in its earliest, the Hatton MS. in its latest form. These are put side by side. The Lindisfarne and Rushworth glosses are in the Northumbrian dialect; and therefore occupy the opposite pages, apart from the rest. Wherever the book is opened, all the readings of all the MSS. are exhibited at once.

Nicodemi, Anglo-Saxonice. Historia Judith fragmentum, Dano-Saxonice. 4to. Oxon. 1698. Another MS. occurs in the Cotton collection, Nero B. 4."

[1] "Edited by Will. L'Isle, with the Title, *A Saxon Treatise concerning the Old and New Testament.* 4to, Lond. 1623."

[1] "His homilies, eighty in number, have been edited for the Ælfric Society, by Mr Benj. Thorpe, 2 vols. 8vo. 1843—1846."

[2] "See the remarkable verses of a writer of the 12th century, quoted in Wright's Biogr. Brit. Lit. (Anglo-Saxon Period), p. 60."

DESCRIPTION OF THE MSS.

The following description of the MSS. is partly compiled from the accounts by Wanley[1] and by Dr Bosworth[2], and partly from the results of my own observation.

I. THE CORPUS MS.—MS. No. CXL. (formerly S. 4) in the library of Corpus Christi College, Cambridge; described by Wanley, p. 116[3]. Its contents are—

(a) The four Gospels in Anglo-Saxon.

(b) At the beginning of the MS. (but added afterwards) are certain forms of manumissions, several of which make mention of Ælfsige, abbot of Bath[4]. These are enumerated by Wanley, who in another place (p. 149) calls attention to the fact that a leaf has been here extracted from the MS., but is still preserved by being placed in another MS., so as now to be found at p. 7 of MS., Miscell. G. (now No. 111) in the same library. The forms are printed in Madox, Formul. Angl. p. 416; Dugdale's Monasticon, ii. 265; and Thorpe, Dipl. Angl. Ævi Saxon. pp. 640—642; cf. Kemble, Cod. Dipl. Ævi Sax. iv. 270, and vi. 209. All of them are connected with St Peter's Abbey-church at Bath. Amongst them is a document which is printed separately (from the MS. now being described) in Thorpe's Dipl. Angl. Ævi Sax. p. 436, with the title—"The Prior and Brotherhood of Bath. Agreement with Sæwi and Theodgyfu."

(c) At the end of the Gospel of St Mark is a piece entitled "Scriptum de Cœlo Delapsum," which is really a homily concerning the observation of the Lord's day. *Begins*—Men þa leofestan. Her onginð þæt halie gewrit þe com fram heofenan into hierusalem. *Ends*—and se þe underfehð witigan on þæs witigan naman he underfehð þæs witigan mede.

(d) At the end of the Gospel of St Luke are lists of popes and of English archbishops and bishops. The last pope mentioned is Alexander II., elected A.D. 1061; many of the lists end long before that date. At the end of the Gospel of St John are two Latin documents of later date, both referring to Bath; see Nasmith's catalogue of the Corpus MSS. It deserves to be mentioned that the scribe Ælfric did not write the whole of the Gospels himself; for in the Gospel of St Mark, from the word *gorst-beam* (xii. 26) to *he* (xii. 38), there is a single page written in a different and inferior hand.

At the end of the Gospel of St Matthew is this note—Ego Ælfricus scripsi hunc librum in Monasterio Baðþonio et dedi Brihtwoldo preposito—I, Ælfric, wrote this book in the monastery at Bath, and gave it to Brihtwold the prior. It is

---

[1] Antiquæ Literaturæ Septentrionalis liber alter, seu Humphredi Wanleii Librorum Vett. Septentrionalium Catalogus; Oxoniæ, 1705. It forms the second volume of Hickes's Thesaurus Antiq. Lit. Septentrionalis.

[2] The Gothic and Anglo-Saxon Gospels, pref. p. xiii. and p. 574.

[3] This MS. forms the basis of Dr Bosworth's text.

[4] Died A.D. 1087; Dugdale's Monast. ii. 257.

some satisfaction to know the original locality of this MS.: it would be a still greater satisfaction if more could be ascertained about Brithwold. If we suppose him to be the same Brithwold who was bishop of Sherborne from A.D. 1006 to 1046[1], we might conclude that the MS. was written before A.D. 1006. Wanley dates it a little before the conquest; Dr Bosworth puts it about A.D. 995, or between A.D. 990 and 1030. We may very safely date it, in round numbers, about A.D. 1000. Wanley suggests that it was copied from one a little older. Whence he derived the notion is not apparent, yet it is almost certain that the Corpus, Bodley, and Cotton MSS. had all a common origin.

II. THE CAMBRIDGE MS.—MS. Ii. 2. 11 in the Cambridge University Library, described by Wanley, p. 152[2], and in the Catalogue of Cambridge University Library MSS. Vol. III. p. 384. It is a folio volume, on vellum, containing 402 pages of about 23 lines each. Its contents are:—

(a) The four Gospels in Anglo-Saxon, with numerous rubrics, directing when certain portions are to be read.

(b) An Anglo-Saxon translation of the Pseudo-Gospel of Nicodemus. Printed by Thwaites, at the end of his Heptateuchus, published in 1698[3]. There is another copy of this in MS. Cotton Vitellius A. XV. hom. III. (Wanley, p. 218) which is imperfect at the beginning. Junius made a transcript of the Cambridge copy, and collated it with the Cotton MS. The results of the collation are printed by Thwaites, on the last page of his volume. Junius's transcript is now in the Bodleian Library, marked Jun. 74, and is described by Wanley, p. 96. There is also an abbreviated copy of the same story in MS. Cott. Vespasian D. XIV. hom. XXXIII. (Wanley, p. 204). It may perhaps here be worth while to remark a circumstance which seems to have escaped the observation of the editor, viz. that there is a considerable hiatus in the story in the MSS. between the words "nan oðer ne dorste" and "Ða wæs hym ðær neh sum wer standende," l. 5, p. 6, in Thwaites. The whole account of Christ's crucifixion is omitted. A note to this effect has, at my suggestion, been made in the Cambridge MS. As the omission there occurs in the middle of a page, it is very probable that the narrative was copied from an older MS. which had lost a few leaves.

(c) The embassy of Nathan the Jew to Tiberius Cæsar, together with the legend of St Veronica; also in Anglo-Saxon. Printed among the Publications of the Cambridge Antiquarian Society; edited by C. W. Goodwin, M.A. Cambridge, 1851; entitled "Anglo-Saxon legends of St Andrew and St Veronica." A fragment of the same story is contained in six leaves at the end of MS. C. C. C.

[1] Anglo-Saxon Chronicle, ed. Thorpe, ii. 253. But this Brihtwold is said to have been a monk of Glastonbury; Godwin, de Præsul. Ang. Comment. p. 335.

[2] This MS. forms the basis of the text edited by Thorpe, whose account of the MSS. is inaccurate.

[3] Or early in 1699. The date is printed 'An. Dom. MDCXCVIII.' I have a copy in which the owner's name and the date 1698 are written on the fly-leaf. Dr. Bosworth's copy has—'Imprimatur, Joh. Meare, Vice-Can. Oxon. Dec. 27, 1697.'

D. 5 (now No. 196) described in Wanley, p. 109; and the former part of it, concerning Nathan's embassy, is also found in MS. Cott. Vesp. D. 14. hom. XXXV.; Wanley, p. 204.

At the back of the leaf containing the last few words of this text is the manumission of a certain Reinold, consisting of only a few lines. Wanley prints the whole of it. See also Thorpe's Diplom. Angl. Ævi Sax. p. 622.

Various notes 'in the MS.—printed by Wanley—tell us its history. It once belonged to Bishop Leofric, and was given by him to the Church of St Peter the Apostle in Exeter. In 1566, it was given by Gregory Dodde, dean of Exeter, with the consent of his brethren, to Matthew Parker, archbishop of Canterbury, who afterwards gave it to the University of Cambridge in 1574. There can hardly be a doubt that this is the identical volume which is mentioned in the catalogue of Leofric's gifts to St Peter's church in the terms: "I. Englisc Cristes boc;" i.e. one copy of the Gospels in English[1]. Leofric was bishop of Devonshire and Cornwall from about 1046 to 1073[2]. Wanley puts the date of the MS. at about the time of the Norman conquest, but it is probably a little earlier; and we safely assign to it the locality Exeter, and the date about A.D. 1050. It appears to be very accurately written throughout. In the footnotes to the first column it is denoted by the letter A.

III. THE BODLEY MS.—MS. Bodley NE. F. 3. 15, now Bodley 441; described by Wanley, p. 64[3]. It is a folio volume, on vellum, containing 194 leaves. But it must be particularly noted that some of these must have been supplied from the Corpus MS. by Parker's direction in imitation of the old writing, and are valueless. I may mention in particular leaves 57—62, containing Mark i. 1 to iv. 37; leaf 90, containing the last three verses of St Luke; and leaves 192—194, John xx. 9 to the end. Accordingly it will be found that the various readings marked B. in the footnotes to the first 32 pages of this volume are mostly records of blunders. Nothing seems to be known of its history except that it was once in all probability in the possession of Matthew Parker, archbishop of Canterbury. This is rendered probable by the way in which several rubrics have been copied into it from the Cambridge MS. But internal evidence proves its extremely close connection with the Corpus and Cotton MSS., and renders it absolutely certain that these three MSS. are copies from a common original. The Bodley MS. e.g. frequently uses the same contractions as the Corpus MS. in the same places. Throughout page 112 (ch. xiv. 13—22) it only has one different reading, viz. þas for þa in v. 13. The only other variations *of any kind* on this page are, that it has "him" for the contracted form "hī" four times; also "sittendum" and "twelfum" for "sittendū"

---

[1] Wanley, p. 80; Thorpe, Dipl. Angl. Ævi Saxon, p. 430.
[2] Anglo-Saxon Chron. ed. Thorpe, ii. 287; Conybeare's Illustrations of Anglo-Saxon Poetry, p. 198.
[3] This MS. forms the basis of the text edited by Junius and Marshall. Parker's edition follows it closely throughout.

and "twelfũ", and, conversely, "sũ" for "sum"; also "Soþlice", "ge-sylþ", "cweðan", "Ða", for "Soðlice", "gesylð", "cweþan", and "Þa"; it accents "án" in v. 18, and puts a stop after "bræc" in v. 22.

The connection between the Bodley and Cotton MSS. is closer still, the former being a mere duplicate of the latter; and hence, in the various readings towards the end of the volume, the letters B. and C. are almost always found together. It follows that the text of the Bodley MS. is as good as that of the Cotton MS., and the remarks of Mr Thorpe in his short preface to his "Anglo-Saxon version of the Holy Gospels" are made at random. He was probably misled by observing some of the mistakes which are to be found in those pages of the Bodley MS. which are written in a modern hand. For example, in i. 43, the word *bead* (bade) is written *bend* in the spurious page of the Bodley MS., and is so printed in Parker's edition. Another error, *mine modor* for *min modor*, occurs in iii. 34, both in the spurious page of the MS. and in Parker's edition. But such errors must not be allowed to depreciate overmuch the value of such pages of the MS. as are genuine.

In the Bodley MS. the words are commonly written very closely together, and some few words are retained which the Corpus MS. omits. Yet it does not appear that this MS. is really older than the Corpus; on the contrary, it is generally regarded as of later date. The handwriting is certainly not that of Ælfric, the scribe of the Corpus MS. In the footnotes to the first column it is denoted by the letter B.

IV. THE COTTON MS.—MS. Cotton Otho C. 1, in the British Museum; described by Wanley, pp. 211, 212. Very little use seems to have been made of this MS.: it was not consulted by Marshall, and Dr Bosworth gives only one or two readings from it, yet it might be of service for the correction of the texts of St Luke and St John. I quote at length Dr Bosworth's excellent description[1].

"A minute description is given of it by Wanley in 1704 [1705], when it was in a perfect state from Mat. xxvii. 6. It was so much injured by the fire, which destroyed many of Sir Robert Cotton's MSS. on the 23rd of Oct. 1731, that what was defective only as far as Matt. xxvii. 6 before that calamity, afterwards looked like a charred mass. Planta, in his Catalogue of the Cotton MSS., describes it as 'once consisting of 290 leaves, but now (1802) so much burnt and contracted as to render the binding of it impracticable.' It was fortunately kept in a case; and what was found impracticable by Mr Planta, has been effected under the careful superintendence of Sir Frederic Madden, by whose judicious arrangements many MSS. have been restored, and made accessible to the public. The smallest part of this burnt mass has been carefully mounted on thick folio paper, which is cut away in

---

[1] The Gothic and Anglo-Saxon Gospels; pref. p. xiv.

the middle to fit the injured vellum, and made fast by transparent paper, gummed to the edges of the paper and the vellum; the MS. can, therefore, be easily read on both sides. It is now bound in two large folio volumes. Sir Frederic Madden tells us that twenty-five folios are lost since Wanley described it. The first small fragment of this MS. now remaining is from folio 26, which Sir F. Madden has marked as part of St Mark vii. 22. Such a note deserves the best thanks of all who consult the MS., as it saves much of their time. The fragments increase a little in size from folio 26 to 38. St Luke is nearly complete, and occupies fol. 39—93. St John fills fol. 95—135, and is nearly perfect, especially in the latter part. There are not any rubrical directions, and only a few badly formed capital letters of a dingy red colour in this MS." It is unnecessary to describe the other contents of this MS., as Wanley explains that they have been brought together by a bookbinder, though written by different hands and at different times. But it may be observed that between the Gospels of St Luke and St John is inserted a charter relating to Aldhelm, abbot of Malmesbury in Wiltshire, who was afterwards bishop of Sherborne, in the time of Ine of Wessex, about A.D. 705[1] This hint may serve to connect the MS. with the locality of Malmesbury, whilst its internal evidence connects it with the Corpus MS. written at Bath, and even still more closely with the Bodley MS. It is supposed to be coeval with the Corpus MS. In connection with the present work, it is obviously of great importance to explain in full how much of St Mark is left. The following fragments of parts of verses and passages can be read with tolerable ease.

Fol. 26. Fragments of C. vii. v. 22—27.
    . . . . ssa . ofer . . . . . .
    . . . þas yfeln . . . . . .
    . . . e man besmitaþ ; . . . .
    . . . þa endas tiri ꝺ sidóni . . . .
    . . . . he nolde ꝥ hit ænig . . . .
    . . hit bemiþan ; Sona . . . . .
    . . rde . þœro dohtor hæf . . .
    . . . o incode ꝺ to his fotū . . .
    . . . u ꝥ wif wæs læpen . . . . .
    . . . es ꝺ bæd hine ꝥ he þone . .
    . . er adrife . Da sende . . . .
Fol. 26 b. Fr. of C. vii. v. 33—37.
Fol. 27. Fr. of C. viii. v. 6—12.
Fol. 27 b. Fr. of C. viii. v. 19—24.
Fol. 28. Fr. of C. ix. v. 32—37.
Fol. 28 b. Fr. of C. ix. v. 42—47.
Fol. 29. Fr. of C. x. v. 2—11.
Fol. 29 b. Fr. of C. x. v. 15—21.
Fol. 30. Fr. of C. x. v. 25—30.
Fol. 30 b. Fr. of C. x. v. 34—40.
Fol. 31. Fr. of C. x. v. 44—51.
Fol. 31 b. Fr. of C. xi. v. 2—9.
Fol. 32. Fr. of C. xi. v. 33—C. xii. v. 7.

Fol. 32 b. Fr. of C. xii. v. 10—16.
Fol. 33. Fr. of C. xiv. v. 17—25.
[All the foregoing are *mere fragments*, with hardly a single complete line.]
C. xiv. v. 27 and 29 complete, but hardly legible in some places. Two words of v. 29 : Da sæde.
Fol. 33 b. Fr. of C. xiv. v. 30—38, whole of v. 39, part of v. 40.
Fol. 34. Fr. of C. xiv. v. 41—48, whole of v. 49 and 50, part of v. 51.
Fol. 34 b. Fr. of C. xiv. v. 53—62, whole of v. 63, part of v. 64.
Fol. 35. Fr. of C. xiv. v. 65—72 (the last verse nearly whole) ; C. xv. v. 1, nearly whole.
Fol. 35 b. Fr. of C. xv. v. 2—15.
Fol. 36. Fr. of C. xv. v. 16—25 (verse 20 is nearly whole) ; v. 26—28 whole ; part of v. 29.
Fol. 36 b. Fr. of C. xv. v. 30—32 ; whole of v. 33 ; fr. of v. 34 and 35 ; verses 36—39 nearly whole ; beginning of v. 40.
Fol. 37. Fr. of C. xv. v. 40—xvi. 2.
Fol. 37 b. Fr. of C. xvi. v. 2—11.
Fol. 38. Fr. of C. xvi. v. 12—20.

---

[1] Beda, Eccl. Hist. lib. v. cap. xviii.

Owing to the very fragmentary character of these passages, and its very close agreement with the text, the various readings recorded from it in the first column (where it is denoted by the letter C.) are very few. By an oversight, none were recorded before the beginning of Chapter XII. Before this point the various readings are only these, viz. P. 60. viii. 6 hig [*for* last hi].—P. 62. viii. 20. seofan. 21. *om.* ge. 22. anne.—P. 72. ix. 33. smeada.—P. 76. x. 2. fandiende. 5. heardnysse. 6. wæpned] wimman.—P. 78. 18. hi [*for* hwi].—P. 80. 27. hig. 29. us [*for* hus]. 30. ecce.—P. 86. xi. 6. hig (*twice*). Compare the table of Errata at the end of this volume.

V. THE HATTON MS.—This MS., formerly marked Hatton 65, is now marked Hatton 38; it is now in the Bodleian Library, at Oxford, and is described by Wanley, p. 76. It is a neat volume, the leaves of which measure 9¼ by 6 inches, containing the four gospels, written in an exceeding uniform, upright, and clear hand, but of rather a late date, about the time of Henry II. The Gospels are arranged in the following order:—Mark, Luke, Matthew, and John. It is interesting as shewing how the language began to lose strength in its inflectional forms, as is at once apparent by comparing it with the older text here printed beside it. The rubrics occurring in it are printed in the right-hand margin. It formerly belonged to the Rev. John Parker, son to Archbishop Parker, whose name—Johēs parker—is written on the back of a fly-leaf. One leaf having been lost,'the missing portion (Luke xvi.) was "restored" by Mr Parker.

VI. THE ROYAL MS. This MS. is now in the Royal Library at the British Museum, where its class-mark is Bibl. Reg. 1 A. xiv. It is described by Wanley, p. 181. It is somewhat older than the Hatton MS., and was probably written in the time of Stephen. It contains 175 leaves, each measuring about 8½ by 5¾ inches. Leaves 3—173 are occupied by the Gospels, and contain about 25 lines on a page. The leaves at the beginning and end seem to have formed part of a Latin missal.

The handwriting is in singular contrast to that of the Hatton MS., being bold, hasty, and rough. It may seem fanciful, but it gives the impression of having been written in troublous times, when the object was rather to have a copy for ready use than to spend time in elaborating it. The general agreement of it with the Hatton MS. is very close, excepting that it preserves more archaic forms; and it contains nearly the same rubrics in the same places. It appears by collation that the Hatton MS. was actually copied from it by a scribe who had plenty of leisure. All doubt on the subject is removed by observing that the last seven verses of St Mark's Gospel, omitted by the scribe of the Royal MS., are supplied in it by the scribe of the Hatton MS. in his usual neat hand and with his peculiar spelling. This interesting fact seems never to have been hitherto observed. It proves, moreover, that the scribe of the Hatton MS. had access to some other MS. besides the Royal. The Gospels are in the order—Mark, Matthew, Luke, and

John. Wanley says that it formerly belonged to the Abbey of St Augustine's, Canterbury, and was afterwards in the possession of Archbishop Cranmer, whose name—Thomas Cantuarien:—is on the first page. This would seem to connect it with Canterbury as its locality.

VII. THE LINDISFARNE MS. This MS. is also known as the Durham Book; it is now one of the Cotton MSS. in the British Museum, its class-mark being Nero D. 4. This fine MS., one of the chief treasures in our national collection, has been frequently described at great length; see Wanley's Catalogue, p. 250, and especially the descriptions in Professor Westwood's "Palæographia Sacra Pictoria" and "Facsimiles of Miniatures and Ornaments of Anglo-Saxon and Irish MSS.;" also the Prolegomena to Part IV. of the "Lindisfarne and Rushworth Gospels," edited for the Surtees Society by Stevenson and Waring. It consists of 258 leaves of thick vellum, each measuring 13½ inches by 9½, and contains the four Gospels in Latin, written in double columns, with an interlinear Northumbrian gloss; together with St Jerome's Epistle to Pope Damasus, the Eusebian Canons, two prefaces, short notices of the four Evangelists, arguments of the sections into which the Gospels are divided, and tables of lessons to be read on Sundays, festivals, &c.[1] The Latin text was written in the island of Lindisfarne by Eadfrith, who was bishop of Lindisfarne A.D. 698—721; so that if he wrote it before his election we must date it before 698. We cannot be far wrong in dating it, in round numbers, about A.D. 700. The interlinear gloss is two and a half centuries later, having been made by Aldred, a priest, about A.D. 950, at a time when the MS. was probably kept at Chester-le-Street, near Durham, whither it had been removed for fear of the Danes. The stains made upon the edges of the leaves by sea-water, probably during its transit from Lindisfarne to the mainland, are still plainly visible. The Durham Ritual, edited for the Surtees Society by Mr Stevenson in 1840, is glossed by the same hand[2]. An entry at the end of St John's Gospel gives the names of Eadfrith the writer, and Aldred the glossator, as well as of Æthilwald and Bilfrith, who were employed upon the cover of it. Æthilwald succeeded Eadfrith in the see of Lindisfarne, A.D. 721, and died about the year 737. Another and much shorter entry occurs at the bottom of leaf 88, at the back, and is printed in this volume, p. 1; see also the Critical Notes. Immediately above this note is written "Incipiunt capitulae (sic) secundum marcum," and on the next leaf is a short life of St Mark headed "Incipit argumentum." Next, on leaf 90, "Incipiunt capitula lectionum;" and, at the bottom of leaf 92, a very imperfect list of days when the lessons are to be read. All this preliminary matter to St Mark's Gospel is here

[1] See Kemble's edition of the Gospel of St Matthew, which contains—Prologus decem Canonum, p. 1; Canones, p. 4; Præfatio ejusdem (i.e. Hieronymi), p. 7; Præfatio Eusebii, p. 10; Argumentum Matthei, p. 12; Capitula Lectionum secundum Mattheum, p. 13; and Evangelium Secundum Mattheum, p. 21. The table of lessons from St Matthew is omitted by Kemble.

[2] See Wright's Biographia Britannica (Anglo-Saxon Period), p. 426.

printed, pp. 1—5. The Latin text of the Gospel, with the Northern-English gloss, occupies the upper part of the right-hand pages, beginning at p. 9.

VIII. THE RUSHWORTH MS. This MS. is in the Bodleian Library at Oxford, and is marked Auct. D. ii. 19[1]. It now consists of 169 leaves of thick vellum, measuring 14 by 10½ inches, but is incomplete. It is described by Wanley, p. 81; by Professor Westwood in his "Palæographia Sacra Pictoria," and his "Facsimiles of the Miniatures and Ornaments of Anglo-Saxon and Irish Manuscripts;" by Mr Waring, in his Prolegomena to St John's Gospel, p. xlvii; and others. The Gospel of St Luke is incomplete, and there are no prefaces, arguments or tables, as in the Lindisfarne MS. In other points, however, it strongly resembles it, excepting that the Latin text is written all across the page, instead of in double columns. The Latin was written by a scribe who gives his name, at the end, as Macregol and Macreguil, but the date is uncertain. Wanley supposes it to have once belonged to Beda, who died A.D. 735; whilst, on the other hand, the Irish Annals of the year 820 record the death of a scribe named Mac Riagoil. We may, perhaps, refer it to the eighth century. The gloss is by two hands, those of Farman and Owun, whose names are given at the end of St John's Gospel; and Farman is described as a priest of Harewood, which is in the West Riding of Yorkshire, on the river Wharfe. The portion written by the former ends at the word *hleonadun* in *v.* 15 of the second chapter of St Mark, as the reader may perceive by turning to p. 19, and observing that the thorn-letter (þ) seldom again occurs after that verse, except when used with a stroke through it, to denote the word "þæt[2]." In *v.* 13 it occurs in *þa þreat*, in *v.* 14 in *miðƕy*, and *cweþ*, and in *v.* 15 in *miðƕy*, for the last time. The gloss may be referred to the latter half of the tenth century. Nothing more is known of the history of the MS. till we find it in the hands of John Rushworth, of Lincoln's Inn, barrister, and deputy-clerk to the House of Commons during the Long Parliament; by whom it was presented to the Bodleian Library.

The Latin text of the Rushworth MS. differs but slightly from that of the Lindisfarne MS., and hence it is omitted here, as in Kemble's edition of St Matthew; but I have thought it advisable to give, in the Appendix, every variation of spelling and of readings which it presents, as compared with the text of the Durham Book. The Northern-English (Yorkshire) gloss is given at the bottom of the right-hand pages, beginning at p. 9. Hitherto, it hardly seems to have been pointed out with sufficient distinctness that the Rushworth gloss is really derived from the Lindisfarne gloss in a very direct manner. I have no doubt that Farman and Owun actually consulted the identical Lindisfarne MS. which we now possess, to

---

[1] The number 3946, assigned to it in note 3 on p. iv, is its number in the Old General Catalogue of MSS., printed at Oxford in 1697.

[2] A rude figure, apparently of a flying lion, is drawn in the margin of the MS. to mark where the handwriting changes.

assist them in glossing their own text, which occasionally differs, be it remembered, from the Latin Lindisfarne text. Hence it is that even the marginal notes of the one are reproduced in the other. In i. 6, we find a note on *wudu hunig* (woodhoney), viz. *þ wæxes on wudu binde;* this is reproduced in the Rushworth gloss in the form—*þ wæxeþ on wude bendum.* In v. 9, *legio* (legion) is explained in the Lindisfarne MS.—[ðusend]¹ ɫ xii ðusend *þ is legio* [ðis]¹ *wæs diowla legio.* This is exactly reproduced in the margin also of the Rushworth MS. One more example may suffice. It so happens that, in the Lindisfarne gloss, wherein capital letters are very rare indeed, the word *Ne* is written with a capital in xiii. 31. Precisely the same phenomenon occurs in the Rushworth gloss, only that the *Ne* is shifted into the preceding verse owing to confusion of *transibit* with `transibunt.` This is more than coincidence; it is proof. It is clear that Farman and Owun had the pages of the Lindisfarne MS. open before them whilst engaged in writing their own glosses. At the same time they exercised an independent judgment. At times they took leave to alter, or to omit a gloss as doubtful. In the case of double glosses they generally took the first. Thus, at p. 111, xiv. 4, the Lindisfarne gloss for *est* is *wæs* vel *is;* the Rushworth gloss is *wæs* simply. In xiv. 12, the gloss to *immolant* is *asægcas* vel *agcafað* in L., but *asægas* only in R. Sometimes, both glosses are copied, *in the order in which they occur.* Thus, in xiv. 4, we find *hia bulgon* vel *unwyrðe sægdon* in the former, and *hia bulgun* vel *unwyrðne sægdun* in the latter. The fact of the Rushworth gloss being, to a considerable extent, a mere copy of the older one, does not seem hitherto to have been fully perceived; but it is a great help towards the right understanding of the later gloss, and sometimes even throws light upon the earlier one. It is not going far enough to say, as Mr Waring rightly says, that "both glossists drew from a common original;" we can go still further, because we know what this original was.

In some cases, for example, the Rushworth gloss remains a mere riddle till the Latin of the Lindisfarne MS. has been consulted. I would particularly draw attention to such instances as the following. In iv. 36, the Rushworth MS. has *ita ut erat,* i.e. as he was; but *erat* is actually glossed by *hiæ werun,* i.e. they were. This singular mistranslation is, however, at once accounted for when we observe that the Lindisfarne MS. has *erant,* with the gloss *hia weron.* Once more, in vi. 14, the Rushworth MS. has *et propterea operantur virtutes* [*in*] *illo,* where *operantur* is glossed by *un-woene sint,* i.e. are unexpected; the simple clue to which is that the Lindisfarne MS. has not *operantur* at all, but *inopinantur,* by which the gloss there given, viz. *un-woen sint,* was evidently suggested. The result may be briefly expressed by saying that, whereas the gloss in the Lindisfarne MS. depends upon the Latin text of that MS. only, the gloss in the Rushworth MS. depends upon the Latin texts in *both.*

¹ The words ðusend and ðis are supplied from conjecture; they have been cut away by the binder of the volume.

Description of the Printed Editions.

I. The earliest edition of the Saxon Gospels is that printed by John Day in 1571, at the suggestion of Matthew Parker, Archbishop of Canterbury, with a dedication to Queen Elizabeth by John Foxe, the martyrologist, who probably had a considerable share in the work. For the purpose of ascertaining the exact critical value of the various editions, it will be convenient to analyse Chapter xi. of St Mark's Gospel in them all, as it is a short one, and occurs in the middle of the text.

Parker's edition is, no doubt, as Mr Thorpe says, closely copied from the Bodley MS. The chief variations from the MS. are these.

(*a*) The editor ignores the accents. These occur, in the MS., in the words *bethanía, inc*[1]*, áledon, osanná, cóm, áne, éte, láreow, sá, gé, agén, ús.*

(*b*) He prefers ð as a final letter, printing *cwæð* for *cwæþ*, *twynað* for *twynaþ*, and the like; also *gewurðe* for *gewurþe*.

(*c*) He prefers *y* to *i*, printing *hym, hyne, sy, nys,* &c., where the MS. has *him, hine, si, nis.*

(*d*) He puts capital letters to proper names, according to the usual custom; and expands all the contractions.

(*e*) The following seem to be misprints, viz. *Asson* for *assan*, v. 2; *Hælend* for *hælende*, v. 7; *twelfe* for *twelf*, v. 11; *þære* for *þæra*, v. 18; *Fulluhte* for *fulluht*, v. 30.

(*f*) The following are corrections. He inserts *ge* after *gelyfde* in v. 31; he prints *hæfdon* for the incorrect MS. reading *æfdon* in v. 32; and in v. 33, alters *þincg* into *þing*. The final *cg*, however, occurs sufficiently often in the Bodley and Cotton MSS., and might have been retained. The corrections shew that some other MS. was occasionally consulted, and the fact that the rubrics are inserted throughout tells us which, viz. the Cambridge one.

The edition may therefore be regarded as a tolerably correct print of MS. Bodley 441, with a few corrections from the Cambridge MS. The occasional misprints render it not quite trustworthy, but it often affords a probable clue to the peculiarities of the MS. which it follows. Thus, in the last word but one in the Gospel, we find in this edition the extraordinary form *fyligendend* in place of *fyligendum*. This is the actual reading, but the page on which it occurs is spurious; by which I merely mean, that it is copied out in a modern hand. The edition is printed in the (so-called) Saxon characters.

II. An edition of the Gothic and Anglo-Saxon Gospels in parallel columns was printed by Junius and Marshall in 1665.

---

[1] In the first two words the stroke over the *i* is not, however, a true accent, but only used to distinguish *ni* or *in* from *m*.

This edition deserves a good deal of attention, and is executed with more critical ability than Mr Thorpe, in the preface to his own edition, seems to imply. It would have been still better had it been founded upon one of the MSS. themselves, but the real basis of it is Parker's edition. Marshall's Observations on the Anglo-Saxon version, pp. 487—565, contain, as Wanley remarks, many things worthy of note. At p. 490, we read that Junius, taking Parker's edition in hand, collated it with the Bodley, Cambridge, and Corpus MSS., and gave the collations to Marshall for him to make use of as he thought fit. The Hatton MS. and the Rushworth gloss were also consulted. By help of these materials, Marshall corrected a large number of readings in Parker's edition, retaining those that seemed to be sufficiently correct. Turning to Chapter xi, we find that he has eliminated all the misprints noticed above in section (e), and gives the correct readings *assan, hælende, twelf, þæra, sacerdas*, and *fulluht*. In the following instances he adopts readings from the Cambridge MS. viz. in *ongean* for *ongen*, v. 2; *hig* for *hi*, v. 4; *tempel* for *templ*, v. 11; *mynetera* for *mynetra*, v. 15; *sacerdas* for *sacerdos*, v. 27; and in the addition of the words *þe on heofonum*[1] *ys* at the end of v. 26. In v. 33, he restores ðincg as the reading of the Bodley MS., though it is really written þincg. In v. 8, he corrects *boceras* to *bogas*, a correction suggested by the Hatton MS. Throughout he adopted the general rule of never giving any reading which may not be found in one or other of the MSS.; the only drawback being that he does not always say *which* of the MSS. contains the reading given. It is clear, however, that the Cambridge MS. was the one *first* consulted; then the Corpus, Hatton, and Rushworth MSS., in this order. In other respects he follows Parker's peculiarities, in (a) ignoring the accents; (b) the frequent use of ð as a final letter; (c) the frequent use of y for i; (d) the use of capital letters in proper names, and the expansion of contractions. He also introduces capitals frequently at the beginning of verses, but these occur in the MSS. The volume contains also the Mœso-Gothic version; some notes on the differences between the readings of the Anglo-Saxon and Vulgate versions, p. 495; some notes on the rubrics, and the Anglo-Saxon words occurring in them, p. 508; some particular readings from the Bodley, Cambridge, Corpus, and Hatton MSS., which are denoted by the letters O., C., B. and H. respectively[2], p. 538; and notes upon passages in which the A. S. version seems to be corrupt or badly translated, p. 555; the whole displaying a good deal of care and painstaking.

III. An edition of A. S. Gospels was printed in 12mo. at London by Mr Thorpe in 1842, with the title—"Ða halgan godspel on Englisc."

This edition is said to be based upon the Cambridge MS., with occasional readings from the Corpus MS. The Bodley and Cotton MSS. were also consulted.

---

[1] MS. A. heofonum.
[2] "O. denotat codicem *Oxoniensem*; C. *Cantabrigiensem*; B. *Benedictinum*; et H. *Hattonianum*," p. 538.

The short preface is very misleading; the estimates there given of the editions of Parker and Marshall cannot be allowed to be correct. Thus, of Parker's edition he says that "it may be regarded as a faithful impression of a late manuscript (apparently Bodley 441), showing the tongue in its decline, and when rapidly verging towards that state of barbarism into which it sank about the beginning of the twelfth century." To this it may be objected that the Bodley MS. is a duplicate of the Cotton MS., which has some pretensions to being considered the earliest in existence; that some of the pages of the Bodley MS. are supplied incorrectly in a later hand; and that Parker's edition is not free from several bad misprints. Next we read that "Marshall's edition exhibits an earlier, though, perhaps, not a purer text, which the singularly unfortunate idea of its editor, of supplying the omissions of the Saxon version, sometimes (and not always grammatically) by his own words, and at others, from the old Northumbrian glosses, has, moreover, greatly contributed to vitiate." It may, however, be held that Marshall's text is not an earlier, but the *same* text, that it is very much purer owing to the careful way in which Junius made the collations, and that the words supplied where the MSS. are defective are enclosed within square brackets, and create no difficulty. But my chief reason for noticing these points is that Mr Thorpe's text is practically much the same as Marshall's which he condemns. It was clearly printed from a copy of Marshall's edition, in which two sets of alterations had been made. *Firstly*, the spellings of many unimportant words have been capriciously altered, so that, where Marshall prints *his* in Ch. xi. v. 1, Thorpe prints *hys*; but where Marshall prints *hys* in v. 14, Thorpe prints *his*. In like manner, *hine hyngrode* in v. 12 is put for *hyne hingrode*, and many other changes of *i* for *y* and *y* for *i* are made, which it is needless to recount[1]: *secondly*, several readings are adopted from the Cambridge MS. which Marshall either overlooked or did not regard worthy of attention. Examples are; *getigedne* for *getiggedne*, v. 4; *heora* for *hyra*, vv. 7 and 8; *heowon* for *heowun*, v. 8; *streowedon* for *streowodon*, v. 8; *þær* for the second *þar* in v. 13; *ongan* for *ongann*, v. 15; *cypton* for *ciptun*, v. 15; *ondredon*, v. 18; *mænigeo*, v. 18; *wyrt-ruman*, v. 20; *wyrigdest*, v. 21; *sig*, v. 23; *tweonað*, v. 23; *geweorðe*, v. 23; *gebiddanne*, v. 25; *heofenlica*, v. 25; *heofenum*, v. 25 (though in v. 26 Marshall's spelling *heofonum* is accidentally retained); *acsige*, v. 29. It is only in *this* sense that the edition can be considered as based upon the Cambridge MS.; for otherwise the reader who actually compares it with the MS. will find several unimportant differences[2]. The result of the examination is that Mr Thorpe's edition is really a revised edition of Marshall's, and should have been so described. It is a valuable and useful edition because it is free from mistakes, and because the

---

[1] The MS. itself has *hys* in both places, vv. 1 and 14; in v. 12, it has *hyne hyngrode*; in v. 4, *getygedne*.

[2] Thus, in xi. 30, 31, Thorpe, following Marshall, prints *heofene* twice; not having observed that the MS., in the *second* instance, has 'heofonum.'

readings can always be defended; but it is uncritical in the sense that the MS. authorities are not given.

IV. Dr Bosworth printed an edition of "The Gothic and Anglo-Saxon Gospels, in parallel columns with the versions of Wicliffe and Tyndale" in 8vo.; London, 1865. In this edition, the text was, for the first time, based upon a better authority, viz. the Corpus MS., and is very valuable as giving the text of that MS. with great exactness. The only variations throughout Chapter xi. are that, in v. 26, the word *heofonlica* has been accidentally omitted; that *man* is put for *mann* in v. 14; that *ongann* in v. 15 has been replaced by the more usual form *ongan*; and that the evident misreading *sacerdos* in v. 27 has been corrected into *sacerdas*. The corrections *ongen* in v. 2 and *bogas* in v. 8 are supplied between square brackets. The only other differences are those purposely introduced by the editor, viz. the modern system of the use of capitals and of punctuation, a uniform system of accentuation, and a uniform use of the letters þ and ð, which are used somewhat confusedly in the MS. The system adopted for the use of these letters is carefully explained at p. xxxii. of the editor's preface, and is based upon the modern English sounds of the words employed, þ being put for the sharp sound of *th* in *thin*, and ð for the flat sound of *th* in *thine*. The practice of the scribe of the MS. is nearly the contrary of this; yet we find instances in which the letters have these theoretical values in *faraþ*, v. 2; Ða, vv. 7, 13, 18, 22; ðe, v. 9; *cwyþ*, v. 23; *forgifaþ*, v. 25; and *ondrædaþ*, v. 32.

This edition has proved of very great service to me; indeed, it is the only one of the four which is of value from a critical point of view, as representing a definite text. I have collated it with the MS. throughout the whole gospel, so that, wherever my text varies from it, the variation has the authority of the MS. itself.

V. An edition of the Northumbrian glosses in the Lindisfarne MS. was printed in 1857 with the title:—"Die Vier Evangelien in Alt-Northumbrischer Sprache,...herausgegeben von Karl Wilhelm Bouterwek; Gütersloh, 1857." This is a very useful book, but I believe it to be founded upon a mistake, viz. upon a confusion between a *gloss* and a *translation*. A *gloss*, as may be seen by a glance at the right-hand pages of this volume, construes a text word for word, without much regard to the grammatical arrangement of the words of the vernacular tongue thus substituted. Its sole aim is to supply a clue to the meaning of the words of the original separately, that the original itself may be more easily understood. But a *translation* goes a great deal further; it is conformed to the grammatical laws of the vernacular tongue, and is intended to replace the original so completely, that the reader may be rendered quite independent of it. Here, however, the editor has endeavoured to treat the gloss as a translation, by transposing the words so as to bring them into the Anglo-Saxon order, and supplying, within square brackets, the words which are wanting to complete the sense. The result

is not quite satisfactory, because the occasional mistranslations produce passages in which the Latin text is indispensable, and consequently ought not to have been dispensed with. Besides which, to a reader who wishes to compare the gloss with the text, the transposition of the words is a source of great inconvenience. It would have been far better to allow the words of the gloss to stand in the same order as in the MS. In other respects, the edition is worthy of high praise, and is, in general, exact and careful. Whenever the editor varies from the MS. (which his scheme sometimes compels him to do), he gives the MS. reading in a note, that it may not be lost. In general, the MS. is very closely followed, but the contractions are sometimes (not always) expanded, and capital letters are given to proper names. The following variations from the MS. occur in Chapter xi., and are, in fact, errors. The readings of the edition are marked B.

1. bethaniæ *is glossed* Bethania; *no gloss in* MS. B. more; MS. mor. 2. B. gie in; MS. *omits*. B. nænig; MS. ne ænig. 3. B. huæ; MS. hua. 4. B. uta (*twice*); MS. uta (*once*). 6. B. hia (*both in text and note*); MS. ða ðe. 9. B. usig; MS. wusig (i.e. wsig, *with small* u *above*). 10. B. heahnissum; MS. heanissum. 11. B. *omits* allum. 12. B. gehyncerde; MS. gewyncerde (*where it is the* MS. *which is wrong*). 14. B. *inserts an* ꝥ *and* ꝥ. 15. B. bycendo; MS. bycgendo. 17. B. awritten; MS. auritten. B. gebeddes; MS. gebedd¹. 18. B. aldermonnum; MS. aldermonum. 23. B. (*note*) gelefes; MS. gelefe. 26. B. iuih ꝥte ꝥ gif; MS. iuh ꝥ ꝥ gif. 27. B. ældisto; MS. ældesto. 28. B. doest; MS. does. 29. B. ondeuarde; MS. ondueardе; (*a mere printer's error*). B. frægna; MS. fregna. B. onduerdes; MS. ondueardas. B. doa; MS. doam. 30. B. ondueardes; MS. ondueardas. 31. B. *omits* cuoeð him ꝥ. B. gesmeadun; MS. ge-smeadon. 32. B. *omits* wæs. 33. B. nutu; MS. neutu.

It deserves to be particularly remarked, that these and similar errors generally occur in the case of small and unimportant words, and some are due to the difficulty of carrying out the system of forcing a gloss into the guise of a translation. Mistakes in the more important words are very rare. It must be added, that the volume contains an excellent glossary, with copious references; also a preface and introduction, occupying 164 pages. An appendix contains the marginal notes, &c. written in the MS.; the preface of St Jerome, both text and gloss; the life of St Matthew, text and gloss; the arguments of the sections of St Matthew, text and gloss; the life of St John, text and gloss. All these are from the same MS., but do not exhaust its contents, as it also has lives of St Mark and St Luke, with arguments, and an argument of the sections of St John. See the account of the next edition.

---

[1] This well illustrates the difference between a *gloss* and a *translation;* the Latin *orationis* is rightly glossed by *gebedd* (a prayer), but B. gives the translation *gebeddes* (of prayer).

VI. The same editor, Herr Bouterwek, printed a volume entitled "Screadunga," i.e. Fragments, at Elberfeld, in 1858. This contains the lives of St Mark and St Luke and the arguments to St Mark's, St Luke's, and St John's gospels, omitted in his former volume. But besides this, the volume contains both the Latin text and gloss, of St Mark's gospel only, from the Rushworth MS. The following is an analysis of Chapter xi.

Latin text. 1. B. appropinquarent Ierosolymae et Bethaniae; MS. adpropinquarent hierusolimae & bithaniae. 2. B. illuc; MS. illud. B. soluite; MS. solute (*wrongly*). 6. B. eis; MS. illis. 7. B. imponunt; MS. inpossuerunt. 9. B. praeibant; MS. praecedebant. B. Hosanna; MS. ossanna. (*So also in* v. 10). 11. B. Ierosolymam; MS. hirusolyma. B. exiit; MS. exiuit. 12. B. a; MS. de. 15. B. Ierosolymam; MS. hierusolymam. B. in templum; MS. templum. B. eiicere; MS. eicere. B. numulariorum; MS. nummulariorum. 16. B. quisque; MS. quisquam. 17. B. speluncam; MS. speloncam. 18. B. doctrina; MS. doctrinam. 20. B. transirent; MS. transierent. 21. B. recordatus; MS. recordatus est. 23. B. quia (*twice*); MS. quia (*once*). B. haesitauerit; MS. essitauerit. B. fiet; MS. *omits*. 24. B. euenient; MS. ueniet. 26. B. dimiseritis; MS. demiseritis. B. dimittet; MS. dimittat. 27. B. Ierosolymam; MS. hieruselimam. B. in templo accedunt; MS. in templum accesserunt. 28. B. ista; MS. haec. 29. B. respondete; MS. respondite. 30. B. Baptismus Ioannis; MS. baptismum iohannis. B. respondete; MS. respondite. 32. B. Ioannem; MS. iohannem. 33. B. dicunt; MS. dixerunt. B. et respondens; MS. respondens.

Northumbrian gloss. 8. B. legdon; MS. legdun. 17. B. wutudlice; MS. wutodlice. 25. B. hwoegn; MS. hwoegu. 33. B. ne ic ic; MS. ne ee ic.

From this and further examination of the edition it readily appears that the Latin text and Northumbrian gloss are very differently represented in this edition; the former is faulty, but the latter excellent. In fact, the Latin must really have been derived originally from some other source; it is quite impossible that *inpossuerunt* could have been copied *imponunt* in. v. 7, and *praecedebant* read as *praeibant*. It will be found, in fact, that Bouterwek's text is much more free from blunders than the careless text in the MS., and represents the text of the Lindisfarne MS. much more closely than that of the Rushworth MS. In short, this edition of the Latin text is not to be trusted for fidelity.

On the other hand, the Northumbrian gloss is represented with great exactitude; the editor preserves the curls and marks of contraction of the MS., so as to produce almost a facsimile of it. Whatever errors occur are but slight, and I have found it well worth while to collate my own text with Bouterwek's throughout the entire gospel. My own text is, in fact, the same as his, but with the few errors corrected, and the contractions expanded.

VII. Among the publications of the Surtees Society, Nos. 28, 39, 43, and

48, A.D. 1854—1865, is an edition of the Lindisfarne and Rushworth Gospels, exhibiting both the Latin texts and English glosses. The first volume was edited by the Rev. J. Stevenson, the last three by Mr G. Waring. This elaborate edition, the work of some years, was intended to shew the exact contents of both MSS., with the exception of the short lives of the Evangelists, the prefaces of St Jerome, and the arguments of the sections of the Gospels. It will be sufficient to speak here of the second volume only, containing St Mark's Gospel. The only intentional variations of the edition from the MSS. are in the use of capitals for proper names and the first words in each verse, the use of *v* for *u*, of *j* for *i* before vowels, of *æ* for *ae*, and in the frequent expansions of contractions. Unfortunately, however, either on account of some faults in the original transcript, or of some oversights in comparing the proofsheets with the MSS. themselves, the result is hardly satisfactory. A list of the errors in chapter xi. will shew their nature.

Latin text (Lindisfarne MS.). 1. adpropinquaret[1]; Hierosolymæ; 2. illum *omitted,* 4. inveniunt. 5. eis. 11. Hierosolyma. 12. exiret ea. 14. æternam. 24. omnia *omitted.* 33. et *omitted.*

Northumbrian gloss (Lindisfarne MS.). 1. more. 2. ðe (*gloss to* quod); ongecægn; gie *inserted before* ineodon; ðone fola (*for* þ fola); nænig; ðene *omitted.* 3. huæ; hia unbinde. 6. cuoedon. 7. ðone fola. 8. hiora; woeg; gebugon. 9. usig; heahnissum. 11. ymbsceawde; efrntid wæs; bethania *omitted*; 12. bethania *omitted*; gehyncerde. 13. ðæm ilca (*twice*); leafa. 14. *Rune for* monn *omitted (corrected in* Addenda); þ *inserted after* geherdon. 16. fæt. 17. awritten; gebeddes. 18. ðæm *omitted*. 19. wæs. 20. þ *omitted*. 21. wæs eftmyndig; peter *omitted*. 23. sende; gelefeð. 24. gie *omitted*. 28. to *inserted*; doest. 29. frægna; iuh; doa. 30. fulwiht; monnum. 31. ł soð him ł. 33.] *omitted*; neuto we.

Latin text (Rushworth MS.). The Latin text is exhibited by a collation at the foot of the page, but the collation is vitiated by being compared with a faulty text above. Several of the peculiarities of the Rushworth text are passed over; this I denote by the word "missed." The following are misreadings. 1. adpropinquaret. 2. adhuc nemo *missed;* illum *omitted.* 4. inueniunt. 5. eis. 6. illis *for first* eis *missed;* præceperant *given as a reading, where* MS. *has* praeciperat; dimisierunt *missed.* 7. impossuerunt *given as a reading, where* MS. *has* inpossuerunt. 11. hirusolyma *missed.* 14. æternum; ex te fructum *missed.* 24. omnia *omitted.* 26. dimittit *given, where* MS. *has* dimittat. 28. haec *for* ista *missed.* 31. *omission of* nobis *missed.* 33. et *omitted.*

Northumbrian gloss (Rushworth MS.). The following are wrong. 2. onfindas. 4. ðæm; ł *inserted.* 8. gibedgun (*printer's erratum*). 9. ge (*for* se). 10. user;

---

[1] I give only the forms in the Surtees Society's edition; for the correct forms, see p. 87 in this volume.

Davides; hæł. 12. beth. 13. gimette; ne fand. 14. nænig. 17. þte (*printer's erratum, corrected in* Addenda; *so in* vv. 23, 28); wutudlice. 21. cweðe. 24. cweðo; gibiddas. 30. ł *inserted*. 31. soðlice; him *omitted*. 33. wittan.

A large number of these errors are of no great moment, and several of them appear to be corrections deliberately adopted. I draw attention to them because otherwise the numerous variations between my own text and that of the Surtees Society might appear remarkable. My own plan is to give the *uncorrected* readings of the MSS. themselves, from a conviction that in many instances students not only prefer to correct them for themselves, but may be better able to correct them than I am. It is by no means my wish to depreciate the value and worth of the enormous labour involved in these publications of the Surtees Society; and the reader must be cautioned against forming too unfavourable an estimate of them from the numerous printer's errors in the first two or three opening chapters of this Gospel, wherein the letters þ, ƿ, and p are confused, and n and u not always distinguished. In practice, I have found Mr Waring's volume extremely useful, and have collated it throughout with the Lindisfarne MS. For the Rushworth gloss I have preferred Bouterwek's edition, as being more uniformly correct. In correcting proofsheets, I have consulted the MSS. themselves only. The present volume no doubt also contains a few errors, but they can hardly be numerous.

VIII. The first volume of the present work, viz., the Gospel of St Matthew edited by Mr Kemble, has been already spoken of. It may be as well to add that it does not follow the capitals of the MSS., and that the punctuation accords with the modern method. The letters v and j are used before a vowel, where the MS. has u and i, the other usual editorial alterations of this character are made throughout. The larger sections are not numbered, and the reference-numbers to the subsections in other gospels are omitted. These are, perhaps, but small matters. It is of more importance to note that in the Canons printed on pages 4—7, a few of the numbers are misprinted. Thus, in the second column of St Luke in Canon Secundus, lines 18 and 19, the numbers 35 and 36 have been reversed by the printer into 53 and 63. In col. 1, line 26 of St Mark in the same Canon, 141 is printed 41, by the dropping out of 1; and in col. 4, l. 1 of St Mark, 146 is printed 149 by the reversal of the last figure.

PLAN OF THE PRESENT VOLUME.

The present volume begins with the heading "Incipiunt capitulae[1] secundum Marcum," as in the Lindisfarne MS.; but this heading really refers to the sections enumerated on p. 2. Next follows the note by the glossator Aldred already alluded to at p. xi. At fol. 89 is a short life of St Mark, headed "Incipit Argumentum," concerning which see the note at p. 141. The Latin text being corrupt, it can hardly be expected that the gloss should make very good sense. The most curious circumstance here narrated is the tradition that St Mark cut his thumb off, concerning which see a note by Mr J. S. Wood, of St John's College, Cambridge, in the Journal of Philology, vol. ii. p. 87, and pp. vii—xi. of the preface to Tischendorf's edition of the Codex Amiatinus. It is noteworthy that Aldred seems entirely to have misunderstood this, as he glosses *amputasse* by *to tellanne vel to clænsanne* (to tell or to cleanse), and *pollicem* by *gehatne* (promised). In the latter instance, he was evidently thinking of the Latin *pollicitus*. The homily numbered XVI. by Wanley (Catalogue, p. 188) in MS. Cotton Julius E. 7, is on the Passion of St Mark, and it is followed by a second homily on the Four Evangelists[2]. In the latter, the notice of St Mark is so short that I here quote it entire, from the copy in MS. Camb. Univ. Lib. Ii. 1. 33, p. 220. It is written in a rude sort of rhythm, with not very well-marked alliteration.

> Se oþer godspellere Marcus. se wæs mid þam apostle petre
> ge-togen on lare. and to go-leafan go-bigod.
> Petrus wæs his god-fæder & hine gode ge-strynde.
> & he swa lange folgode his fulluht-fæder petre.
> oð þ he ge-sette mid soþum ge-leafan
> þa oðre cristes boc on italia lande.
> Ne ge-seah he crist on life. ac he leornode swa-þeah
> of petres bodunge. hu he ða boc ge-sette.
> & petrus hī sceawode. & sealde to rædenne.

This may be translated as follows:—

> The second Evangelist Mark, who was by the apostle Peter
> Instructed in lore, and to belief turned;

---

[1] So in the MS. At p. 2, it is rightly spelt *capitula*.
[2] The two homilies seem to form but one in reality. Other copies are found in MSS. Corp. Chr. Coll. Cam. S. 8 (now 198), Camb. Univ. Lib. Ii. 1. 33, and Cotton Vitellius D. 17.

Peter was his godfather, and begat him in the Lord.
And he so long followed his baptismal father Peter,
Until he instituted with true belief
The second Christ's book (gospel) in Italian land.
He saw not Christ alive, but he learnt nevertheless
From Peter's preaching, how he should make the book;
And Peter considered it, and delivered it for reading.

At p. 2 are printed the "Capitula Lectionum," or short summaries of the contents of the various portions of the Gospel read at various times.

The whole gospel is divided into 46 such portions, as indicated by the capital Roman numbers in the margins of the right-hand pages. Section XI., for example, is said to contain the parable of the sower. Compare the capital "XI." in the margin at the beginning of chapter iv. p. 27.

This is, perhaps, the most convenient place in which to add that the Gospel is further divided into smaller sections, generally known as the "Ammonian sections[1]," which correspond to sections in the other gospels, according to the tables printed in Mr Kemble's edition of St Matthew, already mentioned on p. xxi. Thus, at ch. iv. ver. 1, the 36th section of St Mark, as shown by Canon Secundus, corresponds to the 76th section of St Luke and the 131st of St Matthew. I have throughout taken the liberty of printing the number of each subsection in *Arabic* numerals, as in Mr Kemble's book, though the MS. has Roman numerals only.

At the bottom of p. 5 is printed the imperfect table of lessons, which is to be read in five separate lines, as follows. I omit the gloss.

Sabbato *sancto* mane.
Post penticosten in ieiunium feria .iiii.
cottidiana.
Die dominica de indulgentia passio *domini nostri iesu christi*.
feria .ui. de albas (*sic*) paschae.

The lessons to which these refer are left obscure owing to the lack of prefixed numbers. Probably these were to have been inserted in red letters, but were omitted by the rubricator. The tables of lessons to the other gospels are similarly obscure. A note in Marshall's edition (p. 513) seems to indicate a connection between the first line and the rubric in Camb. MS. at Chap. vi. 45—Đis sceal on sæternes dæg ær halgan dæge—which would suggest that section

---

[1] Ammonius of Alexandria, in the third century, endeavoured to form a harmony of the Gospels. Eusebius improved upon it by drawing up his ten Canons, in which the sections of the Gospels are classed accordingly as the fact is found in all four gospels, in three, in two, or in one only.

19 (XVIIII.) on p. 51 is the one referred to; but this requires further investigation. The entry "cottidiana" occurs frequently, sometimes three or four times in succession, in the tables of lessons prefixed to the other gospels.

All this preliminary matter occurs in the Lindisfarne MS. only, and has been printed by Bouterwek in his "Screadunga" or Fragments, printed at Elberfeld in quarto, 1858; pp. 1—4[1].

The manner in which the various texts and the results of collation of them with other MSS. are arranged has been already explained.

In the method of printing the texts, &c., I have been entirely guided by the one sole object of presenting to the reader, as nearly as possible, the *exact* peculiarities of the MSS. The capital letters, accents, and points are closely followed; and, in order to indicate the contractions clearly, I have adopted the very convenient method employed in works issued by the Early English Text Society, of representing their equivalents by the use of italic letters. Thus, in i. 3, col. 1, the word þam is written þā in the Corpus MS., and in the gloss to i. 7 in the Lindisfarne MS. the word æfter is written "æft," with an upward curl attached to the t. It will be convenient to mention here a few peculiarities of the MSS.

Left-hand pages, first column. The contractions used in the Corpus MS. are very few, the commonest being a stroke over a vowel to denote *m*, as in þam, halgum, him, written þā, halgū, hī. We also find þon for þonne. The contractions ⁊ for *and*[2], ꝥ for *þæt*, and cw̄. for *cwæð* have been left as in the MSS. Similar contractions occur in MSS. A., B., and C., quoted in the Various Readings. The scribe used three kinds of points or stops, but two of them are altogether equivalent and answer nearly to the modern *comma*. He expresses this short pause either by a single dot, or by a stop resembling an inverted semicolon (⁏), but with a curl to the left instead of the right. These I here denote by an ordinary full stop. His longer pause is denoted by a kind of semicolon, as here printed, and the reader will soon observe that it is almost invariably followed by a capital letter. Another most curious result (one only to be discovered when a MS. is exactly followed) is the *ornamental* value which the scribe of the MS. assigns to the initials Þ and Ð. As these were, in his eyes, precisely equivalent, he adorns the MS. by writing them boldly, and, in many passages, *alternately*. Thus, in vi. 16, p. 44, we have initial Ð; this is followed by Þ in verse 18, Ð in verse 19, Þ in verse 21, and so on alternately at the beginnings of verses 24, 26, 29, 37, and 38. So again at the beginnings of verses 24, 27, 28, 29, 33 in chapter vii; verses 5, 6, 12, in chapter

---

[1] Bouterwek's edition is very correct, but has a few slight errors. In l. 4, p. 1, he has *voce* for *uoce*; in the next line, the MS. has *praedistinatum*, not *praedistinctum*, and a few more such slips might be pointed out.

[2] This contraction sometimes forms part of a word, as "⁊swarode" for "*and*swarode."

viii; verses 1, 2, 4, 5 in chapter ix; verses 27, 29, 30, 32, 33 in ch. ix; vv. 2, 3, 4, 9, 11, 14, 16, 18, 20, 23, 24, 28, 29, 36, 38, 39 in ch. x; &c. Of course there are numerous examples also of the contrary; but, in the last case at least, the intention is obvious, and is far more striking in the MS. than in the print. The same alternation is sometimes found in the *large* capitals, which were painted in afterwards; see x. 46 (p. 84), xi. 1 (p. 86), xi. 15 (p. 88), xi. 27 (p. 90); and especially note xiii. 1 and 3 (p. 102). The supposed necessity of alternation was regulated to some extent by the position of the letters on the page. That our ancestors really looked upon such an alternation as an embellishment is proved beyond a doubt by the colours of the painted letters in the MSS. Thus, in the Cambridge MS., the large capitals are painted alternately blue, red, green, red, blue, red, green, red, &c., throughout the whole of the gospels. In the Hatton MS., blue and red letters alternate; in the Bodley MS., they are red and green. When not employing capitals, the scribe has a decided preference for þ at the beginning, and ð at the end of a word, though we also find instances of a contrary usage.

The accents in the Corpus MS. are used sparingly, but, in general, correctly. The following are the foreign words in which an accent is used, viz:—abiathár, bethanía, corbán, decapóleos, genesár, heróde (*dat.*), hierasenórum, iáirus, iordané, (*dat.*), isñaces, osanná, sidóne, sidónis, tíra, tírum. Of Anglo-Saxon words, we find the following cases of *substantives:* ádlum (*dat. pl.*), árísta, beláf, bócerum, bógas, dóm, dúne, éár, fýr, gást, gerýnu, híwum, hláf, hlísa, hróf, hús, láfe, lár, láreow, líc, mán (*wickedness*), móde, mýsan, nón-tide (xv. 34), ríce, ríces, sǽ, sǽd, sǽdere, scýp, sícol, stán, strǽto, tíd, tíma, tún, þécene, þórnas, wá, wéstene, wíc, wíf, wín, wíngeard, wíte, ýst; also the *dative* béc, and the *plurals* scép, swýn. Also the *adjectives:*—ún, éce, gód, geunrét, hál, láman, máre, mánfullan, nán, níwne, níwan, stúntan, þǽslic, uncléne, unrót, wéste, wóde; the singular word écé in ix. 45 is written for éce. The *numerals:*—fíf, týne.

The *pronouns:* mé, mín, wé, ús, þú, þín, þé, gé, hé, hí, sé (xii. 21). The parts of *verbs:*—adrífð, arís, arás, árn, ǽt, ǽton, bigdon, cóm, cómon, cwǽde, dó (dónne, ge-dón, déþ), eóde, fǽmende, fóron, on-fó, ge-fón, gá, gán (agún, gegán, in-agán), geómrode, hét, a-hóf, hóh, a-hóh, æt-hríne, æt-hrán, on-hrán, lét, for-lét, for-lǽtan, lǽran, lǽsgende, nǽron, námon, nát, sǽdon, asénde, síwaþ, be-smítan, æt-sóc, stígan, forð-stóp, ge-swác, swór, sý, sýn (iv. 12), úrnon, ge-wát, wǽre, ýtt.

The *adverbs:*—agén, ǽr, fúrþon, gýt, hwí, hwón, gelómlíce, má, ná, nú, þá (iii. 4; generally þa), úp, út, úte. The *prepositions:*—agén, ágén (xiii. 8), ongén (xiii. 8). The *prefixes:*—*á-* in á-fǽrede (xvi. 8), á-hangen (xv. 15), ásceacað, áwriten; *út-* in út-gán, út-gangende; and (once only) *ín-* in ín-þwogenum (vii. 2). The accents are, however, very frequently omitted, as the readers were supposed to be able to supply the pronunciation for themselves. In the Bodley MS., the

xxvi

accents are written much in the same places; in the Cambridge MS., they are still scarcer.

The component parts of a word are often written a little way apart. This I denote by a hyphen; thus, the words *be-foran, ge-fullod* are *be foran, ge fullod* in the MS.

The errors of the Corpus MS. are left uncorrected; the various readings will in general point out where they occur. We should, however, particularly note the error *boceras*, i. e. scribes, for *bogas*, boughs, in xi. 8. The fact of its occurrence in MSS. A. B. C. as well as in the Corpus text shews quite clearly that all are really from the same source. In the Royal MSS. *boceras* was first written, but altered to *bogas*, and hence the scribe of the Hatton MS. was enabled to write *boges*, correctly.

In quoting the various readings, I have strictly followed Mr Kemble's plan, of giving *every* variation of spelling, with the sole exception of ð for þ, and y for i, which are used interchangeably in all the MSS. It follows that *all* the MSS. are, for all practical purposes, printed *in extenso*, and any passage in any of the MSS. (except the imperfect Cotton MS.) can be easily reproduced, with the exception of contractions, and the uncertainty about þ or ð, and y or i. Thus in i. 3, the Cambridge MS. should have (judging from the notes) the reading—clypigende stefn on þam westene ge-earwiað drihtnes weg. doð rihte his sioas; whilst the Royal MS. has—clepigende stefen on þam westene. ge-garwiað drihtnes weg. doð rihte his syðas.

Left-hand pages, column 2. The text and marginal notes (written as rubrics in the MS.) are from the Hatton MS.; the various readings from the earlier Royal MS. The chief peculiarities of the Hatton MS. are the introduction of *k* for *c*, as in *kymd, bokeres, kydde*, for the earlier *cymð, boceras, cydde*[1], and a frequent confusion between the letters *d* and ð. These latter are written exactly alike, with the exception of a slight stroke through the upper part of the latter, so that the omission of this stroke turns it into a *d*. I print it as in the MS.; and hence the form *secd* for *secð*, i. 37. In i. 32, we find the reverse change, *geworðen* being written for *geworden*, and *ðridðe* for *ðridde*. When the double letter ðð occurs, the stroke is sometimes drawn through one letter only, generally the latter; thus *odðe* is written for *oððe* in vii. 12. The letters þ and ð are used indiscriminately at the beginning of a word, but in the middle or at the end we have, almost always, ð only. Only one sort of stop, a single point, is used; it is here denoted by a full stop. The accents are very few, as they also are in the Royal MS.; we may note them in

---

[1] The letter *k* appears towards the end of some of the MSS. of the A.S. Chronicle, as, e.g., in the mysterious word *kenepas*, under the date 1056, in MSS. Cotton Tib. B. 1 and Tib. B. 4. The word *karissimum* occurs in the Latin text of the Lindisfarne MS., in Mark xii. 6.

the foreign words iudēēisce, galilēē, iudēē, and in the native words ansiêne, agán, áhof, áþene, sǽ, ús, áscaceð, gód, gā, þā. There are a few downright blunders, such as *un* for *ut*, iii. 23; *witege* for *wite*, v. 29; *apfata* and *manslæge* for *árfata* and *mæstlinga*, vii. 4; *brithmen* for *britsenum*, viii. 8; *hyfode* for *lufode*, x. 21; &c. One change of spelling, viz. the substitution of *ch* for *c*, was probably due to Norman influence; examples of it are *ich* for *ic*, and *eches* for *eces*. But the most interesting point about this text is the exact evidence it affords of the manner in which the older inflexions of the language were weakened, thus leading the way to their ultimate total or partial suppression. By comparing it with the older text beside it, we literally see the process of this change going on before our eyes. These weakenings were accomplished by the frequent substitution of the slight vowel *e* for the more distinct *a, o*, and *u*, not only when these vowels occur at the end of a word, but when they occur *near* the end. Hence we find *-an, -as, -að* replaced by *-en, -es, -eð; -od, -oda, -on* by *-ed, -ede, -en*; and *-um* weakened, not merely into *-em*, but into *-en*. Thus, the *suna, lendenu* of the earlier text become *sune, lendene; sprecan, dagas, fullað, gecostnod, gelufoda, þenedon, dagum* become likewise *sprecen, dages, fulleð, gecostned, gelufode, þeneden, dagen*. We even find *e* for *y*, as in *gelefeð* for *gelyfað*. The adoption of *en* for *an* was but the prelude to dropping this final consonant altogether; so that, whilst, in ii. 5, *laman* becomes *lamen*, two verses above it is written *lame*; whilst in ii. 4 we find *asende* for *asendan* in the plural. Nothing can be clearer than the gradual process of corruption of the infinitive moods of verbs. In earlier MSS. we find, e.g. *singan*, to sing; shortly before A.D. 1200, it is *singen;* soon after that date it became *singe*, a dissyllable. About A.D. 1400, the necessity of sounding the final *-e* was but slight; but the word continued to be often written *singe* for some time after the final *-e* ceased to be pronounced. In course of time, it was generally rejected as useless, and hence our modern *sing*. This change took place still earlier in the North, where the common ending of the infinitive, even in early times, was *-a* rather than *-an*. The text of the Hatton MS. shews us the first step towards many such changes very clearly. It may be compared with the latter part of the A. S. Chronicle, from about A.D. 1120 onwards. The rubrics in the Hatton MS. are nearly all found in the Royal MS. in exactly the same places without variation of spelling. The spelling of the Royal MS. is, in general, of an older character, though here also we sometimes find *d* for ð, as in *siwad* for *siwað*, ii. 21.

Right-hand pages. The distinguishing feature of the texts here printed (viz. the Lindisfarne text with its gloss above, and the Rushworth gloss without its text below), is that the glosses are in the Northumbrian dialect, and so present a striking contrast to the West-Saxon texts opposite. The Latin text is written with but few contractions, which are denoted by italics wherever they occur, so that *spiritus, sanctus*, for example, are expansions of *spš, scs*. We have frequently the very

common contraction ihs for ihesus or iesus[1], and xps for *christus*, where the *x* is the Greek X (*ch*) and the *p* the Greek P (*r*). There are a few bad mistakes in the Latin, such as *eum* for *cum* in ii. 4, *nubimus* for *nubibus* in xiii. 26, *terner* for *tener* in xiii. 28, and the like; most of these are noticed in the Appendix, and are not to be regarded as misprints. The letter *u* (never *v*) is used throughout; the diphthong *æ* is generally written ae. A few accents occur, the words *hás*, *díc*, and *né*, for example, being written *hás*, *díc*, and *né*; p. 103. There is no punctuation in the Lindisfarne MS. The full stops merely denote the end of a verse, and should, strictly speaking, have been omitted. The glossator generally denotes the contraction *er* by an upward curl, and *m* by a straight stroke; but nearly all the contractions are alike represented by a short wavy stroke, evidently intended to have a vague meaning. Thus the italicised letters in the words caphar*na*um, uu*tedlice*, befo*ra*n, hierus*a*lem, fulwih*tere*s, are all denoted by much the same stroke, and the italic letters are intended to denote this. In the last case, for instance, the word is spelt fulwih, followed by a curl; and if the reader wishes to expand such a word in any other manner, he is of course at liberty to do so[2]. Near the beginning of the book, I have left the word hæł as written in the MS., but I have found it better to expand it into hælend, hælende, or hælendes, as required by grammar. This can cause no difficulty. Elsewhere I have left the contraction *ł*, meaning *vel*, as written, because it conveniently separates the double glosses. Thus in i. 10, *in ipso* is interpreted to mean either *in ðæm* (in them) or *on him*, the latter only being correct. Sometimes *ł* is written without being followed by a second gloss (vii. 23). In some words, a small *u* is written above the line; this is denoted by an italic *u*. The contraction ꝯ for *and* is used throughout. The letter þ never occurs, except when used with a stroke through it (ꝥ) as a contraction for *þæt*. In a few cases, a *d* is converted into ð by an unnecessary stroke through it, as in zebeðies for *zebedies*. Several accents occur over long vowels; these are all printed as in the MS. Some of the foreign names and hard words are left unglossed; and many of the glosses are quite wrong, and exhibit some curious errors. For examples of omissions, see vii. 4. For an example of error, observe the word bi*f*gedon (they trembled) as a translation of *fremebant* in xiv. 5; the worthy glossator was clearly thinking of *tremebant*[3]. In iii. 19, James the son of Alpheus is called 'Jacob the white' (*albus*). Where the Latin text is wrong, the glossator still carefully follows it; hence the misreading *eum* for *cum* in ii. 4 is translated by *hine* (him). It must be observed also that the gloss being intended to give the sense of each word separately, rather in order that the reader

---

[1] The latter method of expansion is the better one, for the *h* really stands for a Greek H (*e*); I have sometimes inadvertently printed *ihesus*, but this can hardly mislead a reader.

[2] In Mr. Kemble's edition of St. Matthew, no such notice is given; neither has he always observed the capitals, &c. of the MSS.

[3] See the Lindisfarne and Rushworth Gospels (Surtees Society), ed. G. Waring, part iv. pp. civ—cxviii, where the characteristics of the MSS. are fully described.

might understand the Latin than that he might substitute an English version for it, the inflexions are not always adapted to the laws of syntax[1]. The peculiarities of orthography and inflexion in these glosses have been described fully by Mr Waring[2], who shews what are the West-Saxon forms corresponding to the Northumbrian ones. But it may, nevertheless, be convenient to shew here, conversely, what are the Northumbrian forms corresponding to the West-Saxon ones. I consider only the Gospel of St Mark, commencing with ii. 16, where Owun's gloss begins in the Rushworth MS. The chief variations are in the vowels and diphthongs; I omit some of rare occurrence, and take the Lindisfarne MS. (L.) first.

Orthography. 1. The West-Saxon (Corpus MS.) *a* becomes *a, o, ea* in L. Ex. *butan,* L. *buta,* viii. 23; *man,* L. *mon,* v. 2; *gaful,* L. *geafel,* xii. 14.

W.S. *á* becomes L. *a, æ.* Ex. *gaste,* L. *gast,* v. 2; *hwam,* L. *hwæm,* iv. 30.

2. W.S. *æ* becomes L. *æ, ae, a, e, oe, oæ, eæ.*

Ex. *wæs,* L. *wæs*; *reste-dæges,* L. *to ræst-daege,* ii. 28; *sœwð,* L. *sauueð,* iv. 14; *gærs,* L. *gers,* iv. 28; *dæge,* L. *doeg,* vi. 2; *cwæð,* L. *cuoæð,* x. 5; L. *forgeaf,* x. 4.

W.S. *ǽ* becomes L. *æ, e, æe.*

Ex. *ærest,* L. *ærist,* iv. 28; *sæd,* L. *séd,* iv. 27; *sæ,* L. *sæe,* vi. 48.

3. W.S. *e* becomes L. *e, a, æ, i.* Ex. *ofer,* L. *ofer*; *welene,* L. *walana,* iv. 19; *heofenes,* L. *heofnæs,* iv. 32; *ærest,* L. *ærist,* iv. 28.

W.S. *é* becomes L. *e, a, ea, oe.* Ex. *we*; *welene,* L. *walana* (iv. 19); *etan,* L. *eata,* vii. 2; *secaþ,* L. *soecað,* iii. 32.

4. W.S. *ea* becomes L. *ea, a, æ, e.*

Ex. *geleafan,* L. *geleafa,* iv. 40; *sealde,* L. *salde,* iv. 7, 8; *þeahtedon,* L. *ðæhtung hia dedon,* iii. 6; *eagan,* L. *ego,* viii. 23.

5. W.S. *eo* becomes L. *eo, ea, e, io.* Ex. *eorðe,* L. *eorðo,* iv. 28; L. *eade* (for *eode*) v. 2; *leoht,* L. *leht,* iv. 21; *deofol,* L. *diobles,* i. 39.

6. W.S. *i* becomes L. *i, io.* Ex. *in*; L. *genioma* (for *niman*) iii. 27.

W.S. *í* becomes L. *i, æ.* Ex. *rípes tíd,* iv. 29; *nihtes,* L. *on næht,* iv. 27.

7. W.S. *o* becomes L. *o, u.* Ex. L. *forð-brohte,* L. *sona,* iv. 29; L. *hlafurd* (for *hlaford*) ii. 28.

8. W.S. *u* becomes L. *u, e, y, oe.* Also W.S. *w* = L. *u.* Ex. L. *uncuð,* iii. 10; *gaful,* L. *geafel,* xii. 14; *asundron,* L. *syndrige,* iv. 34; *swustor,* L. *swoester,* iii. 35. L. *suæ* = *swa.*

9. W.S. *y* becomes L. *y, i, eo, ea, u.* W.S. *ȳ* becomes L. *y, io, e.* Ex. *scyldig,* iii. 29; *mycel,* L. *miclo,* iv. 39; *sylf,* L. *seolf,* iii. 25; *syllanne,* L. *seallane,* xii. 14; *sylf,* L. *sulf,* iii. 26. Also L. *fyr,* ix. 45; *ansyne,* L. *ansione,* xii. 14; *gehyrað,* L. *herað,* iv. 3.

---
[1] See above, p. xvii.
[2] Lindisfarne and Rushworth Gospels (Surtees Society), part iv. pp. cxix—cxxv.

We also frequently find in L. the double vowels *aa*, *ee*, *ii*, *uu*, &c.; as in *ingaað*, iii. 27; *feer-suigo*, v. 42; *gesiist*, v. 31; *huu*, iv. 13. Observe also the curious forms *innueeard*, vii. 21; *behæald*, xii. 41; *ongeaegn*, xi. 2; *neænig*, xii. 34; *sæe*, vi. 48.

As regards the consonants, we find occasionally the following changes.

1. W. S. *g* sometimes becomes L. *c*, as in ðrounc, L. viii. 34, for W. S. *þrówung*; cf. *onfence*, vi. 41. Conversely, we sometimes (but rarely) find W. S. *c* becoming L. *g*, as in *licceterum*, L. *legerum*, vii. 6. At the end of a word, we find in L. both *cg* and *gc*, as in *rowincg*, vi. 48; *gebrægc*, vi. 41.

2. W. S. *c* frequently becomes L. *h*, as in L. *ah* (*passim*) for *ac*. Sometimes also we find in L. *ch*, as in *carchern*, vi. 27; *michel*, iv. 5.

3. The letters *d* and ð are frequently interchanged in L.; possibly from their similarity of form, as in the Hatton MS. Ex. *dære* for ðære, v. 41; *mið* for *mid*, v. 18.

4. The letters *d* and *t* are also frequently interchanged; as in *sexdig* for *sextig*, iv. 8; *gemoetat* for *gemoetad*, iv. 19. Cf. *gebloedsade*, vi. 41.

5. Other peculiarities of MS. L. are the prefixing of an aspirate, as in *hræste*, iv. 39; *hlifige*, v. 23; the frequent insertion of *r*, as in *efern* for *efen*, iv. 35; *ondreardon* for *ondredon*, v. 15; the insertion of *w*, as in *cwom* for *com*, iii. 20; the insertion of *u* between *w* and *r*, as in *wuræðia*, x. 41; the use of *wu* for *u* at the beginning of a word, as in *wurnon*, vi. 55. We also often find a consonant doubled at the end of a word, as in *sibb*, v. 34; *spræcc*, iv. 34; *blann*, iv. 39; *upp*, iv. 6; *gesætt*, iv. 1. But instead of *gg* we find *cg* or *gc*, as in *rowincg*, vi. 48; *gebrægc*, vi. 41 (above noted); and instead of *tt* we find *td*, as in *hwætd* for *hwætt*, iv. 40.

Inflexions. The noun-endings in L. are rather anomalous and inconsistent. The most remarkable point is the frequent occurrence of final -*o*, especially in the nom. and acc. pl., as in *suno*, iii. 17; *wuðuuto*, iii. 22; *ilco*, iii. 23; *fato*, iii. 27; it also occurs in the singular, as in *wræðo*, iii. 21; *eorðo*, iv. 1. But the fact is, that the terminating vowel must have been indistinct, so that we not only find *synno*, iii. 28, but *synna*, iv. 12; just as in v. 12 we find the pres. part. pl. ending in -*endo* in *cwoeðendo*, but in -*ende* in *færende* in the next verse. Another point worthy of remark is that the termination -*an* (of Rask's first declension) does not appear, but is replaced by -*es* or -*æs*, -*e*, -*a*, or -*o*[1]. Ex. *tunga*, *tungæs*, *earo*, vii. 33—35.

The pronouns present some remarkable forms, such as *mines* for *min*, x. 47; *mec* and *meh* for *me*, xiv. 6, 7; ðines for ðin, v. 19; ðec for ðe, v. 34; *woe*

---

[1] Lind. and Rush. Gospels (Surtees Soc.); pt. iv. p. cxxii.

for *we*, xi. 33; *usra* as gen. pl. of the first person, xii. 7; *usic* for *us*; *gie* for *ge*; *iuih*, *iuh* for *eow*, ix. 19. In the third person, we find fem. nom. *hiu*, vi. 24; fem. dat. *hir*, v. 33; fem. acc. *hia*, xiv. 6; *hea*, xiv. 5; pl. nom. and acc. *hia*, gen. *hiora*, vi. 6; dat. *him*. The dual form is avoided; see x. 36 and xi. 2. Of *possessive* pronouns, we may specially note ðinra, x. 37; *iwer*, x. 43; *iuer*, xi. 25; *iueres*, x. 5; and, as an instance of irregularity, *iuerra* in xi. 25, as compared with *iuero* in the following verse. Of *demonstratives*, we may note fem. nom. ðiu, v. 32; fem. gen. ðæræ, vi. 22, and dative *dære* for ðære, v. 41; also fem. nom. ðios, xiii. 30; fem. acc. ðius, xii. 10; and, as an instance of irregularity, fem. nom. *das* (for ðas) and ðius in the same verse (viii. 12), and immediately afterwards the false concord of ðisum, dat. masc. with *cneoreso*, dat. fem. Such false concords are by no means uncommon.

But it is in the *verbs* that the peculiarities of the dialect are most distinctly marked. Thus, the infinitive never ends in *-an*, but in *-a*, and less frequently in *-e*, as in *wyrce*, *gedoa*, iii. 4; cf. *ofslaa*, vi. 19; *losiga*, iii. 6; *bodiga*, iii. 14; *gereofage* (miswritten *gereofa ge*) iii. 27. In the present tense, the first person commonly ends in *-o* or *-a*, as *sægo*, v. 41; *milsa*, viii. 2; the second person in *-es*, *-as*, or *æs*, as *styres*, v. 35; *gegiuas*, vi. 23; *doæs*, xi. 28; also in *-is*, as *hæfis*, x. 21; the third in *-es*, *-as*, *-e*ð or *-a*ð, its irregularity being strikingly pointed out in such glosses as *saues*[1] vel *saua*ð, iv. 16; *sauc*ð vel *sauas*, iv. 18; *slepia*ð vel *slepe*ð[2], iv. 27; again, *hæfe*ð and *hæfes* occur in consecutive verses, iii. 29, 30. The plural is commonly in *-as* or *-es*, but also in *-a*ð or *-e*ð; as in *gecunnas*, iv. 13; *stondes*, iii. 31; *soeca*ð, iii. 32; *doe*ð, vii. 9. In the second person, the pronoun *gie* is often attached to the verb, as in *oncneawesgic*, vii. 18; this is commonest in the case of *arogie* (ye are). The termination *-e* generally indicates the subjunctive mood, in all persons; as in *ic séc*, xiv. 44; ðu *hæbbe*, x. 21; *he gesege*, viii. 24; *we bycge*, vi. 37; *gie geonge*, vi. 10; *hia were*, iii. 14. In the past tense plural, the common ending is *-on*, sometimes *-un* (*cwomun*, iii. 13); but occasionally the striking form *-es* or *-æs* appears, as in *æwades* vel *mersades*, iii. 12; *mæhtæs*, ii. 10. Sometimes the ending is cut down to *-e*, as in *mæhte woe*, ix. 28.

In the imperative singular, verbs are reduced to their stem, as in *arís*, v. 41; in the plural, the ending is commonly *-as* or *-es*, as in *scecaas*, vi. 11; *cymes*, vi. 31; the irregularity being well shown in the gloss *bycges* vel *ceapas*, vi. 36; but observe *wuna*ð, vi. 10. The past part. of weak verbs ends in *-ad* or *-ed*, which are sometimes changed into *-at* or *-et*; as in *geboetad*, iii. 5; *gecerred*, iii. 21; *gesettet*, iv. 21. We must not omit to remark the occasional appearance of *-m* at the end of the 1st p. s. pres. in *geseom*, viii. 24; *doam*, xi. 33; *beom*,

---

[1] Possibly *saues* may be meant for the passive voice here, just as *-es* is so used in Danish.
[2] Miswritten *sleped* in v. 39.

ix. 19; in xi. 29 we find the gloss *ic doe* vel *doam*. This is a relic of the old personal pronoun which appears in the Sanskrit *ásmi*, Greek εἰμί, Latin *sum*, and English *am*. Of the verb *to be*, the commonest forms are 1 p. s. *beom*, 3 p. s. *bið* (ix. 35), pl. *biðon* (xi. 25; x. 8). From the infin. *wosa* (ix. 35), we have 2 p. s. *arð*, iii. 11; 3 p. s. *is;* pl. *sint* or *aron*, both of which occur in vii. 4; in the 2 p. pl. the pronoun is almost invariably suffixed, thus forming *arogie*, v. 39. Pt. tense *wæs*, pl. *weron, woeron;* subj. pres. *se, sie*, x. 38, 39; *séc*, xiv. 44. Imp. s. *wæs*, as in the famous phrase *wæs hal* (v. 34), the original of our *wassail*.

All these examples are from the Lindisfarne gloss only. It is hardly necessary to say more of the Rushworth gloss than that it represents the same dialect in a slightly later form, and presents similar terminations. Yet it has some peculiarities of its own, amongst which we must not omit to observe the very frequent substitution of *u* for *o* (especially *-un* for *-on*), and the use of *gi-* as a prefix instead of *ge-*. We often find *-a* and *-o* reduced to the less definite *-e*, as in *siofune* for *scofana*, viii. 20; *twelfe* for *twelfo*, iii. 14; diphthongs replaced by simple vowels, as in *ge* for *gie;* *u* replaced by *w*, as in *cwæð* for *cuoeð;* and the general system of terminations simplified, so that the grammar of the Rushworth gloss becomes much more *regular* than that of the other, the common endings of the present and past tenses plural being *-as* and *-un* respectively.

In concluding the Preface, I wish to express my thanks to the Syndics of the Pitt Press for undertaking the publication of this volume.

HEAFUD-WEARDO
✝ FORE-CUIDO
ON-GINNED ✝ FORE-MERCUNGO AEFTER MARCVS
INCIPIUNT CAPITULAE SECUNDUM MARCUM.

ðu lifgiende god gemyne ðu eadfrið ꝑ æðil-wald ꝑ billfrið ꝑ aldrod peccat*orum* ðas
feowero mið gode ymb-woeson ðas bóc

[Fol. 89.]
ONGINNED
INCIPIT ARGUMENTUM·

| Marcus | ðe godspellere | godes | ꝑ | petres | in | fulwiht | | sunu | ꝑ | in | god-cund | word |
| Marcus | euangelista | dei | et | petri | in | baptismate | | filius | atque | in | diuino | sermone |

| discipul | sacerda | in | israhel | doend | æfter | lichoma | leuita | gecœrred | to | geleafa | cristes |
| discipulus | sacerdotium | in | israhel | agens | secundum | carnem | leuita | conuersus | ad | fidem | *christi* |

| god-spell | in | italia | awrät | æd-eawde | in | ðon | ꝑ | ec | cynn | his | rehtlic | were | ꝑ | criste | forðon |
| euangelium | in | italia | scribsit | ostendens | in | eo | quod | et | generi | suo | deberet | et | *christ*o | nam |

| frūma | ðæs | forueardes | in | stefne | wit-georges | ocigendes ✝ clioppende | settendes ✝ gesette | ende | brednise | ðæs | leuī |
| initium | principii | in | uoce | prophetiae | exclamationis | instituens | ordinem | leuiticae |

| lār ✝ rēdes | æd-eaude | ꝑte | bodade | fore-gesægd | | sunu | zachariæs | in | stefne | engles |
| lectionis | ostendit | ut | praedicans | praedistinatum | iohannem | filium | zacchariae | in | uoce | angeli |

| sægende | gesended | ne | ꝑ | ane | word | lichoma | geworden | ah | lichoma | drihtnes | ðerh | word | god-cundes |
| enuntiantis | emissum | non | solum | uerbum | caro | factum | sed | corpus | dom*in*i | per | uerbum | diuinæ |

| stefn | ge-saweled | frūma | ðæs | godspellesca | | bodes | were | æd-eawed | ꝑte | se | ðe | ðas | rēdes | witte | he |
| uocis | animatum | initio | euangelicae | praedicationis | ostendens | ut | qui | haec | legens | sciret |

| to | huæm | frūma | lichomes | in | drihtne | ꝑ | hœlendes | to-cymende ✝ | hūs | reht | were | to | on-cnauanne |
| cui | initium | carnis | in | dom*in*o | et | ih*es*u | aduenientis | habitaculum | deberet | agnoscere |

| end | in | him | word | stefnes | ꝑte | in | efnum | sónum | losad | were | onfunde | æfter | ðon | ꝑ | endung ✝ fylnise |
| atque | in | sé | uerbum | uocis | quod | in | consonantib*us* | perdiderat | inueniret | deniq*ue* | et | perfectio |

| godspelles | were | in-eode | ꝑ | mið | fulwiht | drihtnes | bodiga | god | ongann ✝ onginnende | ne | wann |
| euangelii | opus | intrans | et | baptismo | dom*in*i | praedicare | deum | incoans | non | laborauit |

| accennise | lichomæs | ðon | in | ærrum | awoendat | were | cweoða | ah | all | in | ðæm | forðmestum |
| natiuitatem | carnis | quam | in | prioribus | uicerat | dicere | sed | totum | inprimis |

| ðæt | tal | forletenes | fœstærn | tales | cunnung | diables | ꝑ | somnung | wildeora | ꝑ |
| expositionem | deserti | ieiunium | numeri | temtationem | diaboli | congregationem | bestiarum | et |

| hernise | brohte | engla | ꝑte | sette | usih | to | on-cnawanne | siundrio | in | lytlum ✝ in | sceortum |
| ministerium | protulit | angelorum | ut | instituens | nos | ad | intelligendum | singula | in | breuia |

| gemercade | ne | setnessa | woerces | alesde | ꝑ | ðæs | geendedad | werces | ðone | fyllnisse |
| compingens | nec | auctoritatem | facti | rei | demeret | et | perficiendi | operi | plenitudinem |

| ne | on-séco ✝ nalde | on-sacca | soðða | to | tellanne ✝ to | clænsanne | him | after | lufu ✝ geleafo | gehatne | acueðen | bið |
| non | negaret | deniq*ue* | amputasse | sibi | post | fidem | pollicem | dicitur |

| ꝑte | mið | sæcerd-hād | for-cyðed | were | hæfd | ah | ꝑ | āne | efne | geðohte | to | lufo | fore-wurdon | sette |
| ut | sacerdotio | reprobus | haberetur | sed | tantum | consentiens | fidei | prædistinata | posuit |

A

gecoreniso		ne	sua	in	woere	wordes	were lósad	þte	ærest	carnade	in	cynn	forðon
electio	ut	nec	sic	in	opere	uerbi	perderet	quod	prius	meruerat	in	genere	nam

alexandriniscæ		biscob	wæs	ðæsþhis	ðerh	anaþsyndrigo	woere	wisteþto uutunne	godspelles	in	him
alexandriæ	episcopus	fuit	cuius	per	singula	opus	scire	euangelii	in	sé

gecuoedna	to-scenda	ꝫ	ðone ðeodscip	in him	æs	þte on-cnewaþwere ononauen	ꝫ	god-cund		
dicta	disponere	et	disciplinam	in sé	legis	agnosceret		et diuinam in carnem

þte on-cnewe	ðæt gecynd	ða ðe	in	us	ærist	eft gesoeca	æfter ðonþsoðða	gesohtþgefregna	we wallað
intellegeret	naturam	quae	in nos	primum	requiri	dehinc		inquisita	uolumus

onenawn	habbasþhæbbende	meard	fœstnungesþtrymnises	forðon	seðe	plantað	ꝫ	seðe	wyrðes
agnosci	habentes	mercedem	exortationis	quoniam	qui	plantat	et	qui	rigat

an	aron se ðe	ðonne	geðungennise	fore-georuas	god	is
unum	sunt qui	autem	incrementum	præstat	deus	est.

ONGINNEÐ FORE-CUIDO ÐARA REDA
INCIPIUNT CAPITULA LECTIONUM

[Fol. 90.]   I. ESAIE   cyðnise   testimonium iohannis   engel ꝫ is erenwrecu bið genemned ꝫ   angelus id est nuntius appellatur et

fore-bod his ꝫ fulwiht asaegd is   crist bodade gefulwad bið ðer ðæs ðrinise
praedicatio eius baptismusque refertur.   II. *Christus* praedicans baptizatur ubi trinitatis

æd-eawad bið   of ceigeng petres   ðara fiscera
panditur sacramentum.   III. De uocatione petri andræ iacobi et iohannis piscatorum.

in somnunga of menn gaust unclæne frohtende ꝫ ondetenda forðdræf his
IIII. In synagoga de homine *spiritum* immundum metuentem et confitentem expellens sua

from monnum mið mæht hered bið   from swoer petres of feber mið word ꝫ mið dód forðdræf
ab hominibus potestate laudatur.   V. A socru petri febre uerbo factuque depulsa

behrio alle in untrymnisse gegemde   reafþlicðrower mið word mißy cuoeð ic willo geclænsad bið
uaria cunctos infirmitate curauit.   VI. Leprosus uerbo quo ait uolo mundatur

ꝫ mið leienung ðæn eorð-cryple mið eft-forgefnise gesald is   synna   seðe ꝫ
et curatio paralytico cum remissione tribuitur peccatorum.   VII. Leui qui et mat-

of geceigd wæs ꝫ fore bær-synnigra gebear   ✠ fordrifnise
theus de teloneo uocatur et pro publicanorum conuiuio quaerella uel obiectio pharisaeorum

fihles ðæs alde ꝫ wines ✠ bytta mið ceping gesægd bið   fore ðara ehern in sunnadæg
panni ueteris et uini uel utrium comparatione refellitur.   VIII. Pro spicarum in sabbato

mið numenne ðæm telendum geðreatnum gefylged æfter ðon honda dryge mið eft-boeteng ✠ eft-boete
uulsione reprehensoribus increpatis sequitur manus aridae restitutio.

   ðæntung wið hine his doað   ge-hérdo ðer scipp gehrínon him
VIIII. Consilium contra eum faciunt pharisaei deseruientes ibi nauicula tangentes eum

ungelicumþ mouigfaldum untrymnissum unhale gehæled biðon   tuoel   ðegnas to
diuersis infirmitatibus aegroti sanantur.   X. Duodecim discipulos ad

	boðanne	miþ word	miþ gebrohtum	mœhtum	sendeð	ón beelzebub	hinc · mægo	cueðende	on-sóc
	praedicandum	uerbo	conlatis	uirtutibus	mittet	in belzebub	cum	posse	dicentes	redarguit

		werere	cuoeð	in	gaast	halig	ebolsong	] ða moder	] broðer	hia
inremissibilem		esse	dicens	in spiritum	sanctum	blasphemiam	et	matrem	ac fratres	eos

ceigað se ðe ðæs fædores doeð willo   lærde fore-sette   bispell   ðæs sawendes]
uocat   qui   patris   fecerit uoluntatem. XI. Docens proponit parabolam seminantis et

his ða ilca syndrige gesætie breht   æd-eawnise   ðegnum   leht under mitto-l-fæt
suis eam seorsum exponit clara manifestatione discipulis. XII. Lucernam sub   modio

ne is to settenna   ł slepende menn   his   gewæxe   ] of corn senepis cuoð
non ponendam uel dormiente homine sata cius crescere et de grano sinapis dicit.

      ł un-smyltnise miþ word adrysnede] diowles fordráf gegeonga-ł-to geonganne lefde in bergum
XIII. Tempestatem uerbo compescens et demones ciciens   ire   concessit in porcos.

       foerende ' ða deada gewæcca dohter iares ðæt wif from blod-iorne ł blodes gytt hœlde
XIIII. Uadens mortuam suscitare filiam iuiri mulierem a profluuio sanguinis sanans

wæccað sona] þ mæden   wundradon hia-ł-hia wundrande þ lár] mœhto ðæs wrihtes
suscitat protinus et puellam. XV. Mirantes   doctrinam et uirtutes   fabri

sunu-ł-smiðes sunu cuoeðað herdon from him ne were witge   buta worðung nymðe in œðel
filium dicunt audientes ab eo non esse prophetam sine honore nisi in patria

his   sende twoelfe   boderes   miþ bodum læreð gebroht   gefea   haelo-ł-halra
sua. XVI. Mittens duodecim praedicaturos praeceptis instruit conlata gratia sanitatum.

          haldend ðone iohannem dæge his accenuis ofslog] heafud   his   plœges
XVII. Herodes tenens iohannem die sui natalis occidit caputque cius saltationis

meard   in disc ðær doehter salde   of fif blafum] tuœm   fiscum
proemium in disco filiae tradit. XVIII. De quinque panibus et duobus piscibus

fif   wœrn ðusend gefylde   ðiu feorða næht wacan cuom to ðegnum
quinque uirorum milia sáturauit. XVIIII. Quarta noctis uigilia ucnit ad discipulos

geongende ofer-ł-bufa sæ   telað-ł-niðrað   ðegnas un-ðuegnum hondum
ambulans supra mare. XX. Accusant pharisaei discipulos non lotis manibus

ettende] weron geðreaten from him of strionendra-ł-œldra in forletnisse ł of oðrum
manducantes et increpantur ab eo de parentum inspretione uel de ceteris

             miþ ðy gesette ða ðe mægon ðone monno widlega   ðæs wifes
[Fol. 91.] exponente quae possint hominem inquinare. XXI. Mulieris syrophoenissae

doeter from dioble friað   dumbe] deaf stefne eft-sette cuoeð untyn   of
filiam á daemonio liberat. XXII. Muto surdoque uocem restituens dicit effeta. XXIII. De

seofa hlafum] hwon lytle fiscas feor monna ðusend gefylde
septem panibus et paucis pisciculis quatuor hominum milia sáturauit. XXIIII. Pharisaeis

becon-ł-tacon soecendum sealla on-sóc] lár hiora geheht under ðœrstes noma
signum quaerentibus dari negat et doctrinam eorum praecepit sub fermenti nomine

fore to-behaldenne   ðone blinde heart-lice gemeð] þ nængum cuoeða-ł-cuoede geheht-ł-hæt
praecauendam. XXV. Caecum paulatim curat et ut nemini diceret imperat.

A 2

	ðæm fraignendum	huælc	hine	his cuede			godes	on-detað	ˀ	sona	forðon
XXVI.	Interrogantibus	quem	eum	dicerent	petrus	christum	dei	confitetur	et	mox	quia

drihtne	ðrowende	him	cuoeðende	wið-cuoeð	sie geðread ɫ bið geðreatad		seðe	losas
domino	passurum	sé	dicenti	contradicit	arguitur.	XXVII.	Qui	perdit

cuoeð	sawel	his	fore	mec	be-gæt	his	ne	his ɫ gebirigdon ɫ gesupedon weron	sume oðer
inquit	animam	suam	propter	me	inuenit	eam	nec	gustaturos	quosdam

ðone ðeað	wið ɫ oðð	his gesea	hine	In	ríc	his	ˀ sona	ofer-hiwade wæs	in-laeded	ˀ	iohannis
mortem	donec	uideant	eum	in	regno	eius	statimque	transfiguratus	inducitur	et	iohannem

	weron ðrowende	he	gelicra	ðrowende	cuoeð		eghuælc	folc	geseh	drihten
helise	passuri	ipse	similia	passum	dicit.	XXVIII.	Omnis	populus	uidens	dominum

geriordade	ˀ ge-arn	hælo bead	ˀ	sunu	sume		his		biddende	from
pauescens	occurrensque	salutat	et	filius	cuiusdam	incredulitatem	suam	iuuari	præcantis	a

dioble	gefriað bið		sellende	hine	fore-sægde	ˀ	ða ðegnas	huæt	on	wæg
daemonio	liberatur.	XXVIIII.	Tradendum	sé	prænuntians	et	discipulos	quid	in	uia

ge-truhtadon	fraignende	lǽreð	foruost ɫ aldordom	ne	sie	to soecanne		mæht	in	his
tractassent	interrogans	docet	primatum	non	esse	quaerendum.	XXX.	Uirtutem	in	eius

noma	doende	ne	gelefes	forbeades	ˀ	of	ymb-cyrf	liomana	ondspyrendra ɫ ondspurnendra
nomine	facientes	non	sinit	prohiberi	et	de	abscisione	membrorum	scandalizantium

gastlice ɫ megwlitlice	lǽreð		of	wife	forgefnisa	sœcenda	moises	cyðnese
figuraliter	docet.	XXXI.	Pharisaeos	de uxore	dimittenda	quaerentes	mosi	testimonio

efne gecerde	ˀ	ða cild	from him		forbeodend	bloedsað		of	ún-eaðalice ɫ un-mæhtiglice
conuincit	et	infantes	á	se	uetari	prohibens	benedicit.	XXXII.	De difficultate

wlonga	inngeonges	in	ríc	godes	wundrandum	ðegnum	cuoeð	niðriendo	godra
diuitum	intrandi	in	regnum	dei	mirantibus	discipulis	ait	contemtores	bonorum

woruldra	hund-teantigsiða	monigfallice	mið	oehtnissum	eft to onfoenne		ec
saecularium	centuplum		cum	persecutionibus	recepturus.	XXXIII.	Item

fore-cuoeð	hine	slaende	sedlo	giuuende	ðone iacob	ðreað ɫ ðreatað	ˀ	of	aldor-dom
praedicens	só	occidendum	sedes	petentes	iacobum	increpat	et	iohannem	de principatu

haeðno	fore-beadend	gelicad ɫ gebis	hersumnise	mið bisene	æd-eawed		blind
gentiles	prohibens	imitandos	humilitatis	exemplo	monstrato.	XXXIIII. Bartimaus	caecus

giude ɫ bæd	inlihteð wæs	ˀ	fylgede		sende to	ðæm ðegne	to asælde	to ðer	sittende
mendicans	inluminatur	et	sequitur.	XXXV.	Mittit ad	discipulum	asinæ	cui	sedens

herde from	ðæm menigum	la huel usic			gefoerde	of	temple	to flo-beame	ylle cueð
audit á	turbis	osanna.	XXXVI.	Egressus	de	templo	ficulneae	maledicit

ˀ foerde	fic-beam	wundrandum	cueð	biddendum	mið gelesfa	to onfoanne	ða giuende		of
regressusque	ficulnea	mirantibus	ait	orantes	credendo	accipere	postulata.	XXXVII.	De

mæht	ðerh-fregnendum	he	of	fulwuiht	mið fraignung	ofercuom ɫ gecerde	ˀ
potestate	percontantibus	iudaeos	ipse	de baptismo	iohannis	interrogando	conuincit et

of win-gaard	ˀ ðæm yrrestum	buendum	bispell	sette		cunnende	of	gyld
de uinea	colonisque	pessimis	parobolam	ponit.	XXXVIII.	Temtantes	de	reddendo

þæs cæseres	goselenne	æfter-fylged	of	ofer-mercunc*	ꝥ of onlicnesc	scoomiagaðᵻ		
caesaris	tributo	consequenter	ex	suprascribtione	uel imagine	confutauit.	XXXVIIII.	Sad-

	of	wifo	seofa	broðra	lafe	cunnendum	fore un-gohleaffullnisse	oristes
ducacis	de	muliere	septem	fratrum	uxore	temtantibus	ob incredulitatem	resurrectionis

for-cueð ꝥ tolað		ða bocccre	of	bod	ꝥæs	frægnende	twufald	lufes æd-eawde ꝥ
exprobrat.	XL.	Scribæ	de	mandato	legis	interroganti	geminum	dilectionis ostendit et

huæs	sie sunu crist		frægnende	lærcð of	forueard	ðæs salmes	nigoða ꝥ	hunteantiges
cuius	sit filius christus	[Fol. 92.]	interrogans	docet ex	principio	psalmi	centensimi noni

	groeteng	ea	hiora	in spréc	ðono ymb-geong	cyðað		ðone ꝥ ða ðorfend
salutationum	quoque	eorum	in foro	ambitum	notat.	XLI. In gazophilacium	pauperem

	widwa	tuoego	lytla	sendon	allum	geofa	licendum fore-brohte	getimbro temples
uiduam	duo	minuta	mittentem	cunctis	dona	iactantibus	prefert.	XLII. Aedificationes templi

	eawondum	fore-sægdo	ða gofuello ꝥ	of	ungelicum ꝥ brehtum ꝥ fagungum	ðæs hlætmeste	tides
monstrantibus	prænuntiat	ruituras	et de	diuersis	ultimi	temporis

miꝥ cunnungum	to-wœrduum	on longsum	to-secnde	merrunga	læreð	fore tobehaldano	ðone doege
temtationibus	futuris	prolixius	disputans	seductiones	ammonet	praecauendas.	XLIII. Diem

to cyme	ane	ðono faeder	wiste	cueðende	un-witendo	hia	ðon wæcca	beht ꝥ	gebidda
aduentus	solum	patrem	scire	dicens	nescientes	eam	scruus uigilare	praecipit et	orare.

	of	stæne fæt	smirinise	ꝥ	bebleing	iuðæs ðæs sellendes ꝥ	miꝥ-gearwing ꝥ foregearuung
XLIIII.	De	alabastro	ungenti	uel	proditione	iudae traditoris ac	praeparatione

eastres	asægd is	ne	ðon læs ꝥ	fœrme	his	runlice ꝥ deoplice	æd-eawed bið ꝥ haligdom ꝥ
paschae	refertur	nec	non	et	cenæ	eius misticæ	panditur sacramentum.

	selenise ꝥ	ðrowunges	his	wundra	asægd biðon		erost	his ðerh ðona
XLV.	Traditionis ac	passionis	cius	gesta	narrantur.	XLVI.	Resurrectionis	eius perinde

sceortlice	miꝥ soðfæstnise	biðon æd-eawed	hiora sum	un-ge-leaffullniso	trumlice	geðreað bið ꝥ	astignise
breuiter	ueritate	monstrata	quorum-dam	incredulitas	clementer	arguitur et	ascensio

ꝥ to	suiðrum	godes	geseet	ꝥ ðegnum	forebodung	becnum æfter fylgendum	gesægd is
adque ad	dextris	dei	consessio uel	discipulorum	praedicatio	signis	sequentibus indicatur.

AS ÆGD IS ÆFTER MARC

EXPLICIT SECUNDUM MARCUM.

ðo soternes dæg	halig	arlig	æfter	fifteig-dæg	fæstern	wodnes	doege	doeghwæmlice
Sabbato	sancto	mane.	Post	penticosten	in ieiunium	feria	.iiii.	cottidiana.

doeg	drihtenlica	of	forgefnise	ðroung	drihtnes user	hæꝥ cristos	frige doeg	ðæm hwitum
Die	dominica	de	indulgentia	passio	domini nostri	ihesu christi	feria .ui.	de albas

eastres
paschae‡.

---

* MS. ufa-mercune, *corrected to* ofer-mercune *in the margin*. † *Looks like* sceosniagað.

‡ On the reverse side of the leaf is a coloured picture of St. Mark writing, with the name—"Ó agius marcus;" above him is a lion, with the words—"Imago leonis." One side of leaf 93 (the next leaf) is blank; on the other is a beautifully coloured geometrical pattern, without any inscription.

THE GOSPEL

ACCORDING TO

St. MARK.

EVANGELIUM

SECUNDUM

MARCUM.

THE GOSPEL

ACCORDING TO

St. MARK.

INCIPIT EUANGELIUM SECUNDUM MARCUM.

INITIUM SANCTI EUANGELII SECUNDUM MARCUM.

CHAPTER I.

Initium euangelii Ihesu christi filii dei uiui sicut scriptum est in exaia propheta. Ecce mitto angelum meum ante faciem tuam. A.

1 [H]er ys godspellys angyn Hælyndes cristes godes suna.

2 Swa áwriten is on þæs witegan béc isaiam. nu ic asénde minne engel be-foran þinre ansyne. Se ge-gearwað þinne weg be-foran ðe.

3 clypiende stefn on þam westene ge-gearwiað drihtnes weg. doð rihte his siðas;

4 Iohannes wæs on westene fulligende ꝉ bodiende dædbote fulwiht on synna for-gyfenesse.

5 ꝉ to him ferde call iudeisc rice. ꝉ ealle hierosolima-ware. ꝉ wæron fram him ge-fullode. on iordanes flode hyra synna anddetenne;

6 And iohannes wæs gescryd mid olnendes hærum. ꝉ fellen gyrdel wæs ymbe his lendenu. ꝉ gærstapan ꝉ wudu hunig he æt.

7 ꝉ he bodude ꝉ cwæð. strengra cymð æfter me. þæs ne com ic wyrðe þ ic his secona þwanga bugende unenytte.

8 Ic fullige eow on wætere. he eow fullað on halgum gaste.

CHAPTER I.

Ecce mitto angelum meum ante faciem tuam. qui preparabit uiam tuam ante te.

1 Her ys godspelles angin hælendes cristes godes sune.

2 swa awritan ys on þas witegen bæch ysaiam. Nu ich asænde minne ængel be-foran þinre ansiéne. Se ge-gærewed þinne weig be-foren þe.

3 clepiende stefne on þam westene. ge-gærewied drihtnes weig. doð rihte his syðas.

4 Iohannes wæs on wæstene fulgende ꝉ bodiende. deadbote fulluht on senne for-gyfenysse.

5 ꝉ to hym ferde eal iudéeisce rice. ꝉ calle ierosolima-ware. ꝉ wæron fram him ge-fullode on Iordanes flode. heore synna andettenne.

6 And Iohannes wæs ge-scryd mid olfendes hære. ꝉ fellen gyrdel wæs embe his lendene. ꝉ garstapon ꝉ wude hunig he æt.

7 ꝉ he bodede ꝉ cwæð. strengre kymð æfter me. þas ne æm ich wurðe þ ic his scone þwange bugende un-cnette.

8 Ich fullige eow on wætere. he eow fulleð on halgen' gaste.

Various Readings.

Title. So in A (Camb. Univ. Lib. Ii. 2. 11) and B (Bodley 441).

Ch. i. v. 1. A *omits the whole verse*. 2. A. þyne. 3. A. clypigende; A. go-earwiað. 4. A. bodigende dædbote fulluht; A. forgifennysse. 5. A. ꝺdetende; B. anddættenne. 6. A. gescrydd. 7. A. bodode. 8. B. wæstere (*sic*).

Various Readings.

Title. So in MS. Hatton 38 and MS. Royal 1. A. 14.

Ch. i. v. 1. hælendes. 2. awriten; witegan boc; ic asænde; mine; ansyne; ge-gærewað; weg beforan. 3. clepigende stefen; ge-garwiað; weg. 4. westene; dædbote fulwyht; synna. 5. eall iudeisce; wæron; byora. 6..was; olnendes; lændenne. 7. strengra cymð; þæs; ic; scona þwanga, un-cnytto. 8. fulloð; halgum.

ONGINNEÐ GODSPELL ÆFTER MARC*UM*
INCIPIT EUANGELIUM SECUNDUM MARCUM.

MARCUS LEO.

CAP. I.

   frūma godspelles hælendes crist sunu godes suæ awritten is in esaia ðone witgo
1 *Initium euangelii ihesu *christ*i fili dei 2 sicut scriptum est in esaia propheta. * I. (1.) ii.
                                   m. ciii.
                                   lu. lxx.

heonu engel min beforn onsione ðin seðe foregearuas wege ðin stefn cliopendes
ecce mitto angelum meum ante faciem tuam qui praeparabit uiam tuam. 3 *Uox clamantis * 2. i.
                                 lu. vii. lc. x.
                                 mt. viii.

in woestern gearuas woeg drihtnes rehta doeð-ł-wyræs stigā-ł-geongas his wæs iohannes in * 3. vi.
in deserto parate uiam domini rectas facite semitas eius. 4 *Fuit iohannes in mt. viiii.

woestern gefulwade ꝉ bodade fulwiht hreownisses on forgefnisse synna ꝉ
deserto baptizans et praedicans baptismum paenitentiæ in remissionem peccatorum. 5 et

foerende wæs-ł-foerde to him all iudæa lónd ꝉ ða hierusolomisco waras alle ꝉ weoron gefulwad
egrediebatur ad illum omnis iudae regio et hierosolimitae uniuersi et baptizabantur

fram him in Iordanenes stream ondetende synno hiora ꝉ wæs iohannes gegerelad mið * 4. i.
ab illo in iordane flumine confitentes peccata sua. 6 *Et erat iohannes uestitus   lu. x. lc. vi.
                                  mt. xi.

herum camelles ꝉ gyrdils fellera ymb sído his ꝉ lopestro ꝉ wudu hunig ꝥ wæxes on wudu bínde
pilis cameli et zona pellicia circa lumbos eius et lucustas et mel siluestre

brūcende wæs-ł-gebréc ꝉ bodade cuoeðende cymes-ł-cwom strongre mec æfter mec his-ł-ðæs
edebat. 7 et praedicabat dicens uenit fortior me post me cuius

nam ic wyrðe fore-hlutende undoa ðuongas sceó his ic fulwade iwih
non sum dignus procumbens soluere corrigiam calciamentorum eius. 8 ego baptizaui uos

mið wætre he un*tedlice* gefulwas iwih mið gaast halig
aqua ille uero baptizabit uos *spiritu sancto*.

Cap. I. 1. on fruma godspelles hælendes cristes sunu godes 2. swa awriten is in esaia þone witgu henu ic sende engel min beforan onscone þine soþe foregearwað weg þinre 3. stemn cliopande in westenne gearwigað weig drihtnes rehte wyrcaþ-ł-doað stige-ł-gongas his 4. wæs iohannes in westenne gefulwade ꝉ bodade fullwiht hreownisse in forgefnisse synna 5. ꝉ færende wæs-ł-foérde to him alle Iudeas londe ꝉ ða hierosolimisca alle ꝉ gefullwade from him in iordanes streame ondetende synna heora 6. ꝉ wæs iohannes gegereled-ł-gewedad mið herum cameles ꝉ gyrdels fellenne ymb lendenu his ꝉ waldstapan-ł-loppestra ꝉ wudu huniges ꝥ wæxeþ on wude bendum ꝉ ꝥ brucende wæs 7. ꝉ bodade cweþende cymeþ dom strongre mec æfter me ðæs-ł-his nam ic wyrðe fore-hlutende undon-ł-loesan þwongas gescoas his 8. ic fulwade eowic in wætre he wiotudlice gefulwað cowic mið gaste halgu*m*

B

Et factum est in diebus illis uenit ihesus a nazareth. A.	Uenit ihesus a nazareth galileé] baptizatus est a iohanne in iordane.

9] on ðam dagum cúm se hælend fram nazareth galilee] wæs ge-fullod on iordané fram iohanne.

10] sona of ðam wætere he geseah opene heofonas.] haligne gast swa culfran astigende] on him wunigende.

11] þa wæs stefn of heofenum geworden. þu eart min ge-lufoda sunu on þe ic ge-licode;

12 And sona gast hine on westen ge-nydde.

13] he on wéstene wæs feowertig daga] feowertig nihta.] he wæs fram satane gecostnod.] he mid wilddeorum wæs] him englas þenodon;

Venit iheʃus in galileam predicans euangelium.

14 Syððan iohannes geseald wæs. com se hælend on galileam godes rices. godspell bodigende

15] þus cweðende. witodlice tid is ge-fylled] heofena ríce genealæcð. doð dæd-bote] gelyfaþ þam godspelle.

Et preteriens ʃocus mare galileæ. A.

16] þa he ferde wið þa galileiscan sǽ. he geseah simonem] andream his broðor hyra nett on þa sǽ lætende. Soðlice hi wæron fisceras;

17 And þa cwæð se hælend cumað æfter me] ic dó inc ꝥ gyt beoð sawla onfonde.

18] hi þa brædlice him fyligdon.] for-leton heora net.

19] ðanon hwón agán he geseah iacobum] zebedei] iohannes his broðor.] hi on heora scype heora nett logodon.

20] he hi sona clypode.] hi heora fæder zebedeo on scipe forleton. mid hyr-lingum.

---

9 On þam dagen com se hælend fram nazareth galileé.] wæs ge-fullod on Iordane fram Iohanne.

10] sone of þam wætere. he ge-seah opene heofenes] haligne gast swa culfran astigende.] on hym wunede.

11] þa wæs stefen of heofene þus eweðende þu ert min ge-lufede sune. on ðe ic ge-licode.

12 And sone gast hine on westen ge-nedde.

13] he on westene wæs feortig dagen.] feortig nihte.] he wæs fram sathanas ge-costned.] he mid wilde deoren wæs.] hym ængles þeneden.

14 Syððe iohannes ge-seald wæs com se hælend on galileam godes rices. godspell bodiende

15] þus cweðende. Witodlice tyd is ge-fylled.] heofene rice ge-neohlæcð. doð dead-bote] ge-lefeð þam godspelle.

16] þa he ferde wið þa galileiscæ sæ. He ge-seah symonem] andream his broðer heore nytt on þare sæ lætende. soðlice hyo wæren fisceras.

17] þa cwæð se hælend cumeð æfter me.] ic do gune þæt gyt beoð sawla on-fonde.

18] hyo þa rædlice hym felgdon] for-leten heore nytt.

19] þanen hwon agán. he ge-seah iacobum zebedei] iohannes his broðer.] hyo on heore scype hyre nyt logeden.

20] he hyo sona clepede] hyo heora fader zebedeo on scype for-leten mid hyrlingen.

Preteriens iheʃus secus mare galileé uidit symonem] andrenem] fratrem eius mittentes retia in mare.

Various Readings.

9. A. *has* And (*with illuminated initial*). A. galileæ. 10. A. heofenas. 11. A. gelufoda. 13. A. costnod. A. þene-don. 14. A. godspel; B.] godspell. 16. A. geseh. A. broðer. A. heora. A. hyg [*for* hi]. 17. A. ge-do. 18. A. hig [*for* hi]. A. nett. 19. A. þanon. (A. *omits*] *before* zebedei). A. hig. B. net. A. logodon. 20. A. hig (*bis*).

Various Readings.

9. dagum. 10. sona; watera. 11. heofenum; ge-worden [*for* þus cweðende]; eart. 12. sona; genydde. 13. feo-wertig daga] feowertig nihta; satanas costod; wildeorum was; englas þenodon. 14. Syððe; hælend; bodigende. 15. heofene riche ge-neahlæcð; ded-bote; ge-lyfaþ. 16. galileisca; broðer hyra; þara; lætende; soðlic; waren fisceras. 17. inc [*for* gune]. 18. hin [*eo; for* hym]; fyligdun; hyra nyt. 19. þanen; broðer [*so*]; heora; hyora nytt logeden. 20.] he hi; for-lætonum; hyrlingum.

⁊ aworden wæs in dagum ðæm cuom se hæl- from nazareth ðær byrig   ⁊ gefulwad wæs
9 *Et factum est in diebus illis uenit ihesus á   nazareth   galilaeae et baptizatus est   * II. 5. i.
                                                                                                lu. xiii. io. xv.
                                                                                                mt. xliii.

in iordanen from iohanne   ⁊ sona   astag   of wætre ge-sæh untynde heofnas ⁊
in iordane ab iohanne.   10. et statim ascendens de aqua uidit apertos caelos et

gaast swelce culfre   of-stigende ⁊ wunigende in ðæm-ł on him   ⁊ stefn geworden
spiritum tamquam columbam descendentem et manentem   in ipso   11 et uox facta

wæs of heofnum ðu arð sunu min leaf on ðec ic wel licade   ⁊ sona ðe gast   draf
est de caelis tú és filius meus dilectus in té complacui. 12 *Et statim spiritus expellit * 6. ii.
                                                                                           lu. xv. mt. xv.

hine on woestern   ⁊ wæs in woestern feowertig daga ⁊ feortig næhta   ⁊ wæs æunnad
eum in desertum.   13 et erat in deserto xl diebus et xl nocribus et temtabatur

from ðæm wiðerwearde   ⁊ wæs mið wilde deorum ⁊ englas gehordon him   æfter ðon ðonne-ł ða
á   satana *Eratque cum bestiis et angeli ministrabant illi   14 †Postquam autem   * 7. vi.
                                                                                     mt. xvii.
                                                                                     † 8. iv.
ge-sald wæs iohannes cuom se hæl-ł in galilea   bodade godspell rices godes   ⁊ io. xxvi.
traditus est iohannes uenit ihs in galilaeam *Praedicans euangelium regni dei   15 et mt. xviii.
                                                                                     * 9. vi.
                                                                                     mt. xx.
cuoeðende forðon gefylled is tíd ⁊ to-geneolecde ric godes hreowigas ⁊ gelefes
dicens quoniam impletum est tempus et appropinquauit regnum dei paenitemini et credite

to godspell   ⁊ fœrende æt sæ galilæs ge-sæh ðone simon ⁊ andreas broðer
euangelio.   16 *Et praeteriens secus mare galilaeae uidit simonem et andream fratrem * III.

his hia sendende hnetta in sæ weron forðon fisceras   ⁊ cuoeð him se hælend cymað æfter
eius mittentes retia in mare erant enim piscatores. 17 *Et dixit eis ihesus uenite post * 10. ii.
                                                                                         lu. xxxii.
                                                                                         mt. xxi.
mee ⁊ ic ge-do iuih †ƿ ge sie fisceras monna   ⁊ hreconlice miððy forleorton-ł forletnum nettum
me et faciam nos fieri piscatores hominum. 18 et protinus   relictis retibus

fylgendo weron him   ⁊ foerde ðona lytel huon gesæh iacob zebeðies sunu ⁊ ðone iohannem
secuti sunt eum. 19 *Et progressus inde pusillum uidit iacobum zebedæi et iohannen * 11. vi.
                                                                                     mt. xxii.
ðone broðer his ⁊ ða ilco-ł hia in scip gesetton ða netto   ⁊ sona geceigde hia ⁊
fratrem ejus et ipsos in naui componentes retia. 20 et statim uocauit illos et

miððy forleort fæder his zebedeus in scip mið ðam celmertmonnum fylgedon-ł fylgende weron hine-ł him
relicto patre suo zebedaeo in naui cum mercinnariis   secuti   sunt eum.

---

9. ⁊ aworden wæs in dagum ðæm cwom þe hælend from nazareð þære byrig to galilea ⁊ gefulwad wæs in
iordanen from iohanne   10. ⁊ onstyde astag of wætre geseh ontynde heofunas ⁊ gastes halgu swilce culfra of
dune stigende ⁊ wuniende in him-ł in ðæm   11. ⁊ stæfn geworden wæs of heofune þu eart sunu min leof on
ðe ic wel licade   12. ⁊ sona ðe gast draf hine on westen   13. ⁊ wæs on westen feowertig daga ⁊ feowertig
næhta ⁊ wæs æcunnad from þæm wiðerwearda wæs 'mið wilde deorum ⁊ englas gepegnedon-ł herdon him.
14. æfter þon wutudlice gesald wæs iohannes com se hæl-ł in galilea bodade godspelles rice godes   15. ⁊
cweþende forþon gefylled is tíde ⁊ to-genealæcede rice godes hreowsiaþ ⁊ gelefaþ in godspell   16. ⁊ fœrende
bi sæ galilea gesæh simonem ƿ is petrus ⁊ andreas broðer his hia sendende nett on sæ werun forþon fisceras
17. ⁊ cwæþ heom to se hæl-ł cumaþ æfter me ⁊ gedoa eowic ƿ ge beoþan-ł ge sœen fisceres monnum   18. ⁊ ricenlice
miððy forloeten nett fylgende werun him   19. ⁊ foerde þonan lytel hwon gesæh iacobus zebedes sunu ⁊ iohannes
broðer his ⁊ þa ilca-ł hia in scip gesetton ƿ nett   20. ⁊ sona-ł ðariht geceigde hia ⁊ miððy forlet fæder his
zebedeus in scipe mið þæm hyremonnum fylgende wœrun him

21] ferdon to cafarnaum] sona reste-
dagum he lærde hi on gesamnunge. ingane-
gende

22] hi wundredon be his láre;
Soþlice he wæs hi lærende swa se þe
anweald hæfð. næs swa boceras.

23] on heora gesamnunge wæs sum man.
on unclænum gaste] he hrymde

24] cwæð eala nazarenisca hælend hwæt
is us] þe. com ðu us to for-spillanne. ic wat
þu eart godes halga;

25 Ða cidde se hælend him] cwæð a-
dumba.] gá of þisum men.

26] se unclæna gast hine slitende] my-
celre stefne clypiende him of code;

27 Þa wundredon hi ealle swa þ hi be-
twux him cwædon. hwæt ys þis. hwæt is
þeos niwe lár. þ he on anwealde unclænum
gastum bebyt.] hi hyrsumiað him.

28] sona ferde his hlisa to galilea rice;

29 Hrædlice of hyrn gesamnunge hi
comon on simonis] andreas hus.
mid iacobe] iohanne;

30 Soðlice þa sæt simonis swegr hriði-
gende] hi him be hyre sædon.

31] ge-nealæcende he hi up ahóf hyre
handa ge-gripenre.] hrædlice se fefor hi
forlet.] heo þenode him;

32 Soðlice þa hit wæs æfen geworden þa
sunne to setle eode. hi brohton to him ealle
þa unhalan.] þa ðe wóde wæron.

33] eall seo burh-waru wæs ge-gaderod to
þære duran.

21] ferden to capharnaum.] sone reste-
dagen he lærde hyo on ge-samnunge ingan-
gende.

22] hyo wundreden be his lare.
Soðlice he wæs hyo lærende swa se þe
anweald hæfð. næs swa bokeres.

23] on heore samnunge wæs sum mann
unclænen gaste.] he rymde

24] cwæð. eala nazarenisca hælend hwæt
is us] þe. come þu us for-spillan. Ich
wat þu ert godes halge.

25 Þa kydde se hælend hym] cwæð. a-
dumbe] ga of þisen menn.

26] se unclæne gast hine slytende] my-
celere stefne cleopiende him of-code.

27 Ða wundreden hyo calle. swa þ hyo
be-twexeo heom cwæðen. hwæt is þis. hwæt
is þeos niewe lar. þ he on anwealde unclæ-
nen gasten be-beott.] hyo hersumieð hym.

28] sona ferde his hlysa to galilea-riche.

29 And rædlice of hyora samnunge he
comen on symonis] andreas hus
mid iacobe] iohanne.

30 Soðlice þa sæt symones swerger hresi-
gende.] hyo hym be hyre sægden.

31] ge-neahlaecende he hyo up ahóf hire
handa ge-gripenre.] hrædlice se feofer hi
for-let.] hyo þenode him.

32 Soðlice þa hit wæs æfen ge-worðen þa
sunne to settle eode. hy brohten to hym
ealle þa un-hælen.] þa þe wode wæren

33] ealle syo burhware wæs ge-gadered to
þare dure

Erat enim docens eos quasi potestatem habens. A.

Et protinus egredientes de sinagoga venerunt in domum symonis et andreæ. A.

Ingrediente Ihesus capharnaum statim sabbatis ingressus synagogam docebat eos.

Egrediente Ihesu de synagoga uenit in domum symonis et andreé.

Various Readings.

21. A. capharnaum; B. Capernaum. A. hig. A. in-
gangende. 22. A. hig (*bis*). 23. A. gesomnunge. 25. A.
þyssum. 26. A. clypigende. 27. A. hig (*bis*). A. be-tweox.
A. hig. 29. A. ge-somnunge; B. gesamnunege. A. hig.
A. symones. 30. A. symones. A. sweger; B. swegr (*altered
to sweger*). A. hriðiende. A. hig. 31. A. hig. A. fefer
hig. 32. A. æfen wæs. A. hig. 33. A. dura.

Various Readings.

21. sona; dagum. 22. lære; lerende; anweld; boceras.
23. here; was; man on unclænum. 24. nazareniscea; eart.
25. cedde; þisum men. 27. wundredon; be-twux com; nywe;
anwalde unclænum gastum bo-beot; hersumiað. 28. rice.
29. End hrædlice; hyra; hi comon. 30. simonis swegr
hriðigende; sægdon. 31. ge-neahlæcende; hyo [*for* hi];
hee [*for* hyo]. 32. æfen geworden; hio [*for* hy]; un-halan.
33. seo burhwara; gegadered; dura.

                   ꝺ infoerden   capharnaum ða burug   ꝺ   sona   ineoðe ⁊ foerde to somnung   lærde hia
21 *Et ingrediuntur   capharnaum   et statim sabbatis ingressus aynagogam docebat eos.   * 12. viii.
                                                                                                lu. xxiii.

                ꝺ swigdon ⁊ styldon ofer   lar   his wæs forðon lærende hia swælce he   mæht   hæbbende ⁊ hæfde
22 *Et stupebant   super doctrina   eius   erat enim docens   eos   quasi   potestatem   habens   * 13. H.
                                                                                                        lu. iiii. xxiiii.
                                                                                                        mt. lxii.
       ꝺ ne   sum   uðuta   ꝺ   wæs in   somnung   hiora monn in gast únclæne   ꝺ   of-cliopaðe
et non sicut scribae.   23 *Et erat in synagoga eorum homo in spiritu inmundo et exclamauit * IIII. 14. viii.
                                                                                                    lu. xxv.

    cuoeðenða. hwæt   us   ꝺ   ðe ðu hælend ðe nazare cworne ðu losige ⁊ to losane úsig ic wat hwæt ðu arð
24 dicens   quid   nobis et tibi ihū   nazarene   uenisti   perdere   nos scio quis és

haligwer godes   ꝺ   bebead   him se hælend cwoeðende suiga ðu   ꝺ   gāa of ðæm menn   ꝺ
sanctus dei.   25 et comminatus est ei ihesus   dicens obmutesce et exi de homine.   26 et

bidtende ⁊ bāt bine se gast   unclænæ   ꝺ   of-cliopende stefne micla ⁊ miš micle stefne of-eoðe from him
discerpens eum spiritus inmundus et exclamans   uoce   magna   exiuit ab eo.

         ꝺ wundrande weron   alle   ðus þte bia gefregnðon bituih him cuoeðende hwæt ðæt   is   ðis humle
27 et mirati sunt omnes ita ut conquirerent inter se dicentes quidnam est hoc quae

  lár ðius ⁊ ðas niua forðon ⁊ þte in   mæht   ꝺ   gastum unclænum   hátas   ꝺ   eðmodigað him
doctrina hæc noua   quia   in potestate et spiritibus inmundis imperat et oboediunt ei.

        ꝺ foerdo ⁊ gesprang mersung ⁊ merðu his hraðe in   all   lónd   galilæo   ꝺ   recene
28 et   processit   rumor   eius statim in omnem regionem galilaeae.   29 *Et protinus * V. 15. ii.
                                                                                                lu. xxvi.
                                                                                                mt. lxvi. [L.]
    foerdon   of somnunge   cuomon   in   hus   symones   ꝺ andreo   mið ' iacob   ꝺ
egredientes de synagoga uenerunt in domum simonis et andreae cum iacobo et iohanne.

     gelegon wæs   ða   swer symones fobrondo wæs   ꝺ   sona cuoeðað ⁊ eueðon him of ðær ⁊ of ðæm
30 decumbebat autem   socrus simonis febricitans et statim   dicunt   ei   de illa.

       ꝺ cwom ⁊ geneolecðe ahof   ða ilca   ꝺ mišðy ge-grippen wæs hond his   ꝺ   reconlice forleort hia
31 et   accedens   eleuauit   eam   et   praehensa   manu eius et continuo dimisit eam

hál from februm   ꝺ ge-emb-ehtade him   eforn   ðonne ⁊ uutedlice ⁊ ða gewarð mišðy to sett eaðe sunna
   febris   et   ministrabat eis.   32 uespere   autem   facto cum occidisset   sol

geferedon ⁊ gebrohton to   him   alle   yfle hæbbende   ꝺ   diowbla hæbbende   ꝺ   wæs
          afferebant   ad eum omnes male habentes et demonia habentes.   33 et erat

all ceastre ⁊ alle burgwaras gesomnad to duru ⁊ to gæt
    omnis ciuitas   congregata   ad ianuam.

---

21. ꝺ infoerdun capharnaum þære byrg ꝺ sona reste-dagas infoerdo ⁊ ineode to somnu[n]gum gelærde hia
22. ꝺ swigadun ⁊ stylton ofer lære his wæs forþon lærende hia swilce ⁊ swa hæmæhte hæfde ꝺ no swa uðwutu
23. ꝺ wæs in somnungum hoora monn in gaste unclænum ꝺ oft cleopaðe   24. cwæþende hwæt us ꝺ ðe þu
hælend ðu nazarenisca come þu to losane ⁊ lorena usic ic wat hwæt þu þu eart halig god   25. ꝺ bebeod ⁊
bebeðen is him so hm ⁊ cwæðende swiga þu ꝺ gaa of ðæm menn gast unclæne   26. ꝺ bitende ⁊ bat hine gast
ðe unclæne ꝺ of-cliopende stæfne micelro ⁊ micele ꝺ ofeode from him   27. ꝺ wundronde wærun alle þus þte hie
frugno ⁊ ascadun betwihe heom cweþende hwæt þ is þis hwile lar þios ⁊ ðas niowa is forþon in mæhte ꝺ gastum
unclænum hataþ ꝺ edmoðað him   28. ꝺ sprang ⁊ foerde mersung ⁊ merðo his sona ⁊ instyde ⁊ ræþe in eallum þæm
londo galilæon   29. ꝺ recene foerde of somnungu comon in hus … þ is petrus ꝺ andreas mið iacob ꝺ iohannes
30. gelegen wæs wutudlice swægre … þ is petrus fefer drifende ꝺ ræþe cwoðun to him of þæm ⁊ of þære   31. ꝺ
com geneolacede ahof ða ilca ꝺ mišþy gegripen wæs hond his ꝺ ricenlice forlet hio hal from riðesohte ⁊ geðrif ꝺ
geþæignaðe heom   32. æfen wutudlice þa gewarð mišþy to sete sunne gefoerdun ⁊ brohtun to him alle þa
yfle hæbbende ꝺ deoful hæbende   33. ꝺ wæs alle cæstre ⁊ burg gesomnað to dore ⁊ geat.

34 ⁊ he manega gehælde þe missenlicum ádlum gedrehte wæron. ⁊ manega deofol-seocnyssa he ut adraf. ⁊ hi sprecan ne lét. forþam hi wiston ꝥ he crist wæs;	34 ⁊ he manega ge-hælde; þe mistlicen adle ge-drehte wæren. ⁊ manege deofol-seocnysse he ut a-draf. ⁊ hyo sprecen ne leten for þan þe hyo wisten þæt he crist wæs.
35 And swiðe ǽr arisende he ferde. on wéste stowe ⁊ hine þar gebæd	35 And swiðe ær sunne arisende he ferde on weste stowe. ⁊ hine þær ge-bæd.
36 ⁊ him fyligde simon. ⁊ þa ðe mid him wæron.	36 ⁊ hym fyligede symon ⁊ þa þe mid hym wæren.
37 ⁊ þa hi hine gemetton hi sædon him. eall þis folc ðe secð;	37 ⁊ þa þe hine ge-metten hyo saigden hym. eall þis folc þe seed.
38 Þa cwæð he fare we on ge-hende tûnas ⁊ ceastra. ꝥ ic ðar bodige. witodlice to ðam ic com.	38 Þa cwæð he fare we on gehende tunas ⁊ ceastres ꝥ ic þær bodige. Witodlice to þam ic com.
39 ⁊ he wæs bodigende on heora ge-samnungum ⁊ ealre galilea. ⁊ deofol-seocnessa ut adrifende;	39 ⁊ he wæs bodiende on heore samnenge ⁊ calre galileas. ⁊ deofel-seocnyssa ut-adrifende.
40 And to him com sum hreofla hine biddende. ⁊ gebigedum cneowum him to cwæþ; Drihten. gif þu wylt ðu miht ge-clænsian me;	40 End to hym com sum reofela hine biddende ⁊ beigden encowen hym to cwæð. Drihten gyf þu wilt þu miht ge-clænsien me.
41 Soðlice se hælend him ge-miltsode. ⁊ his hand aþenode ⁊ hine æt-hrinende ⁊ þus cwæð; Ic wylle. beo ðu geclænsod.	41 Soðlice se hælend hine ge-miltsede ⁊ his hand a-þenode ⁊ hine æt-hrinede ⁊ þus cwæð. Ic wille. byo þu ge-clænsed.
42 ⁊ þa he ðus cwæð sona seo hreofnys him fram ge-wât. ⁊ he wæs geclænsod.	42 ⁊ þa he þus cwæð; sona syo reoflyss him fram ge-wat. ⁊ he wæs ge-clænsed.
43 ⁊ sona he bead him	43 ⁊ sone he bæd hym
44 ⁊ cwæð. warna ꝥ ðu hit nanum men ne secge. ac gâ ⁊ æt-yw ðe þara sacerda ealdre. ⁊ bring for ðinre clænsunga ꝥ moyses bebead him on ge-witnesse.	44 ⁊ cwæð. warne þæt þu hit nanen menn ne segge. ⁊ ga ⁊ atewe þe þare sacerda ealdre. ⁊ bring for þinre clænsunge ꝥ moyses be-bead on ge-witnysse.
45 ⁊ he þa ut-gangende ongan bodian ⁊ widmærsian þa spræce; Swa ꝥ he ne mihte openlice on þa ceastre gân. ac beon úte on westum stowum ⁊ hi æghwanon to him comon.	45 ⁊ he þa ut-gangende on-gan bodien ⁊ wið-mærsian þa spræce. swa ꝥ he ne mihte openlice on þa ceastre gan. ac bye ute on westen stowen. ⁊ hyo aighwanen to hym comen.

Dys sceal on wodnes-dæg on þære fifteo-ðan wucan ofer pentecosten. A. B. Et venit ad eum leprosus deprecans eum et genu flexo dixit domine si uis potes me mundare. A.

Uenit ad Iesum leprosus deprecans eum ⁊ genu flexo dixit. Domine si uis potes me mundare.

Various Readings.

34. A. mislicum. A. deofol-seocnyssa. A. hig (*his*). 37. A. hig (*bis*). 38. B. witelice. 39. A. gesorunungum. A. calle. A. deofol-seocnessa. 40. *In the rubric*, B *has* pentecosten. B. biddend. B. cwoowum (*altered to* encowum). 41. A. aþenode. A. *om.* ⁊ *before* þus. 42. A. hreofnes. 43. B. bend [*for* bead]. 44. A. ge-wytnysse. 45. A. agan [*for* ongan]. A. hig [*for* hi].

Various Readings.

34. mislicum adlum; wæren; manega deofol-seocnyssa; let; wiston. 35. sunne *omitted.* 36. fylygde; wæren. 37. ⁊ þa hyo; gemetton; swgden; seeð. 38. ceastras. 39. hyra samnunge ⁊ ealre; deofol-seocnyssa. 40. reofela; gebigdum eneowum. 41. him ge-miltsode; aþenode; æt-hrinende; ge-clænsod. 42 reofnyss; ge-clænsod. 43. sona; bead *or* beod. 44. warna þæt þa [*sic*]; nanum men; seege; ac ga ⁊ ætyw; ealdra; þinra clænsunga. 45. bodian; beon ute; westum stowum; æghwanon; comon.

15

	ꝺ leonaꝺo·⁊ gēmꝺo monigo ꝼaꝼo geſwoenceꝺ woere·⁊ woron geſuoeneꝺo miſſenlicum aꝺlum ꝺ
34 et	curauit multos qui uexabantur uariis languoribus et

ꝺioblaſ menigo he ferꝺraf ût·⁊ aſirꝺe ꝺ nalꝺe leta ſproca bia·⁊ no lefꝺe hia to ſproceanne ꝼerꝼon wiſton hine
demonia multa eiciebat *Et non sinebat loqui ea quoniam sciebant eum * 16. viii.
lu. xxvii.

ꝺ on ꝩring ſuiꝼe arâs foerꝺe·⁊ færonꝺ ꝼona oeꝺe on woeſtigum ſtouo·⁊ ſtyꝺ ꝺ ꝼer gebæꝺ ꝺ
35 *Et diluculo ualde surgens egressus abiit in desertum locum ibique orabat. 36 et * 17. viii.
lu. xxviii.

fylgenꝺ wæs him ſimon ꝺ ꝼaꝼo miꝼ hine woeron ꝺ miꝼꝼy on-funꝺon hine cueꝺon him
secutus est eum simon et qui cum illo erant. 37 et cum inuenissent eum dixerunt ei

forꝼon·⁊ ꝼte alle ſoecmꝼ ꝼec ꝺ cueꝺꝼ to him gæ we·⁊ wutum geonga in ꝼa nêesto lônꝺ ꝺ
quia omnes quaerunt té. 38 et ait illis eamus in proximos uicos et

ꝼa ceaſtre ⸗ ɢc ꝼer ic boꝺiga ꝺ to ꝼis forꝼon ic ewom ꝺ wæs boꝺanꝺe in somnungum
ciuitates ut et ibi praedicem et hoc enim ueni. 39 et erat praedicans in sinagogys

hiora ꝺ alle galilæa ꝺ ꝺiobles forꝺraf·⁊ worpenꝺ ꝺ ewom to him licꝼrower
eorum et omni galilaea et daemonia eiciens. 40 *Et uenit ad eum leprosus * VI. 10. ii.
lu. xxxiii.
mt. lxiii.

bæꝺ hine·⁊ giorneꝺe hine ꝺ miꝼ cnew-beging cueꝺꝼ gif ꝼu wilt ꝼu mœht meh geclænſiga se hæ·⁊
deprœcans eum et genu flexo dixit si uis potes me mundare. 41 ihesus

ꝼa wæs milſanꝺe his ge-rahte honꝺ his ꝺ gehran·⁊ hrinanꝺe him cueꝺ to him ic willo geclænſiga
autem miseratus eius extendit manum suam et tnugens eum ait illi uolo mundare.

ꝺ miꝼꝼy gecueꝺ ꝼôna foerꝺe from him ꝼiu rioful ꝺ goclænſaꝺ wæs ꝺ beboaꝺ
42 et cum dixisset statim discessit ab eo lepra et mundatus est. 43 et comminatus

him ſona ꝺraf hine ꝺ cueꝺꝼ him to goſih ꝼu ⸗ nænigum monn ꝼu coeꝼe ah gaa æꝺ-eaw
ei statim eicit illum. 44 et dicit ei uide nemini dixeris sed uade ostende

ꝼee ꝼæm alꝺor ſacerꝺa ꝺ gef ſore elænſungo ꝼin ꝼa ꝼe heht moiſes in cyꝼniſſe him
té principi sacerdotum et offer pro emundatione tua quae praecipit moses in testimonium illis.

ſoꝼ he foerꝺe ongann boꝺiga ꝺ mœrſiga ⸗ worꝺ ꝼus ⸗ ꝼte uutedlice no mœhto owunga
45 *Et ille egressus coepit praedicare et diffamare sermonem ita ut iam non posset manifeste * 19. x.

in ꝼa ceaſtra ingconga·⁊ incuma ah uta in woeſtigum ſtowm wæs ⸗ wore ꝺ geſomnaꝺon·⁊ efne-gecwomon to
in ciuitatem introire sed foris in desertis locis esse et conueniebant ad

him eghuona·⁊ from halfe gehuelo
cum undique.

---

34. ꝺ leonaꝺo monige þa þe worun geſwæncte miſſenlicum aꝺlum ꝺ ꝺeofles monige he forꝺraf·⁊ afirꝺe ꝺ ne let
him ſprecan forþon he wiſton hine 35. ꝺ on ꝩringe ſwiꝼo aræs ꝺ foerꝺe·⁊ færenꝺe oeꝺe in weſtige ſtowo·⁊ ſteyꝺe
ꝺ ꝼær gebæꝺ 36. ꝺ fylgenꝺ wæs him ſimon ꝺ þaꝼe miꝼ him wærun 37. ꝺ miþꝼy onfunꝺun hine ewæꝺdun
to him forþon allo ſoecaþ ꝼe 38. ꝺ cwæþ to heom ſe hæ·⁊ gâ we·⁊ wutu gangan in þa nehſto lonꝺ ꝺ þa cæſtre
þto ꝺ oc ꝼær ic boꝺige ꝺ to ꝼiſſo forþon ic com 39. ꝺ wæs boꝺanꝺe in ſomnungum heora ꝺ allo galilo ꝺ
ꝺeoflas forꝺraf·⁊ forwarp 40. ꝺ com to him licþrowere beꝺ·⁊ biꝺenꝺe him ꝺ miꝺ eneu bogenꝺe·⁊ beginge cwæþ gif
ꝼu wilt þu mœht me geclonſigo 41. ſo hælonꝺ witudlice þa wæs miltſenꝺe him gerahto honꝺa his ꝺ hran him
cwæþ to him ic willo geclønſic 42. ꝺ miþꝼy cwæþ hræþe foerꝺe from him þa hriofal ꝺ geclenſaꝺ wæs.
43. ꝺ beboꝺen wæs him hræþe ꝺ ꝺraf hine 44. ꝺ cwæþ to him goſih ꝼu nænegum monn ſœege·⁊ cweþo ah gaa
æteaw þe ꝼæm alꝺor ſacerꝺ ꝺ agof for elænſungo þine þaþo heht moyſes in cyþniſſe ꝼæm 45. ſoꝼ he foerꝺe
ongan boꝺige ꝺ mœrſige worꝺ þus ⸗ wutuꝺlice ne mœhto eawunga in ꝼa ceaſtre ingangan·⁊ ineoꝺe ah butan
in woſtigum ſtowum wæro ꝺ geſomnaꝺon·⁊ efne-comon to him œghwonan from œghwileum halfe

CHAPTER II.

1] eft æfter dagum he eode into cafarnaum.] hit wæs ge-hyred þ he wæs on huse
2] manega togædere comon.] he to heom spræc.
3] hi comon anne laman to him berende. þone feower men bæron.
4] þa hí ne mihton hine inbringan for þære mænigu. hi openodon þone hróf þar se hælend wæs.] hi þa in-asendan. þ bed þe se lama on læg;
5 Soðlice ða se hælend geseah heora geleafan. he cwæð to þam laman; Sunu þe synt þine synna for-gyfene.
6 Þar wæron sume of ðam bocerum sittende.] on heora heortum þencende
7 hwi spycð þes þus. he dysegað. hwa mæg synna for-gyfan buton god úna;
8 Ða se hælend þ on his gaste oneneow. þ hi swa betwux him þohton. he cwæð to him. hwi ðence ge þas ðing on cowrum heortan.
9 hwæðer is eðre to secgenne to þam laman. þe synd ðine synna forgyfene. hwæðer þe eweðan aris nim ðin bed] gá.
10 þ ge soðlice witon þ mannes sunu hæfð anweald on eorðan; synna to for-gyfanne; He cwæð to þam láman
11 Þe ic secge arís. nim þin bed.] gá to þinum huse
12] he sona aras.] be-foran him eallum eode; Swa þ ealle wundredon] þus cwædon. næfre wé ǽr þyllic ne ge-sawon.

CHAPTER II.

1] eft æfter dagen he eode in-to capharnaum] hyt wæs ge-hyred. þ he wæs on huse
2] manege to-gadere comen] he to hem spræc.
3] hyo comen ænne lame man to him berende. þane feower men bæren.
4] þa hyo ne mihten hine in-bringen for þare manige hyo openedon þane rof þær se hælend wæs] hyo þa in-asende þ bed þe se lame on laig.
5 Soðlice þa se hælend ge-seah heore ge-leafen he cwæð. to þam lamen. Sune þe synde þine senne for-gefene.
6 þær wæren sume of þam bokeren sittende] on heore heortan þencende
7 hwi specð þes þus. he desigeð. hwa maig senne for-gefen buton god ane.
8 Ða se hælend þæt on his gaste on-cneow. þ hyo swa be-tweoxe heom þohten. he cwæð to heom hwi þence ge þas þing on eowre heorten.
9 hwæðer is eðre to seggene to þam lamen. ðe synde þine synne for-gefene. hwæðer to cwæðen aris nem þin bed] ga.
10 þæt ge soðlice witen þ mannes sune hæfð anweald on eorþan synnen to for-gefene. He cwæð to þam lamen.
11 Þe ic segge aris. nym þin bed] ga; to þinen huse.
12] he sone aras.] be-foren heom ellen eode. swa þ ealle wundreden] þus cwæðen næfre we ær þellic þing ne ge-sægen.

Various Readings.

Ch. ii. v. 1. A. capharnaum; B. Capernaum. 2. A. hym. 3. A. hig. A. ænne. 4. A. hig ne; B. hine [*for* hi ne]. A. mœnigeo; B. mœnigum. A. hig [*for* hi; *bis*]. A. openedon. B. þare [*for* þar]. A. in-asendon. 5. A. synd. B. forgifen. 6. A. heortan. 7. A. hwig spryeð. 8. A. hig. A. betweox. A. hwig. A. heortum. 9. A. geðre [*for* eðre]. A. secganne. A. *inserts*] *before* nim. A. bedd. 11. A. bedd. 12. A. heom [*for* him].

Various Readings.

Ch. ii. v. 1. dagum. 2. manega; comon; heom. 3. comon; þunne; bæron. 4. mihton; meniga; þonne; þar; halend; in-asenden; lama; læg. 5. halend; heora geleafan; laman; synt; sinne for-gyfene. 6. þare wæron; boceran; heora heorta. 7. desygað; mæg synna for-gyfen. 8. halend; betwux; þohton; cowran heortan. 9. hweðer bis; secganne; laman; sind; synna for-gyfene; hweðer ðe eweðen; nim. 10. hafs; synnan; forgyfenn; laman. 11. þinum. 12. sona; beforan; eallum; wundredon; cwæðon; þillic; þing *omitted*; ge-sægen.

CAP. II.

] eftersona infoerde capharnuum ꝥa burg æfter dagum] gehered wæs ꝥte in hus ᵹéro.
1 *Et iterum intrauit capharnaum post dies et auditum est quod in domo eſset.

] efne cuomon monigo ꝥus ꝥte ne mæhte foa ł nioma ne to duru] sprecend wæs him ł spræce
2 et conuenerunt multi ita ut non caperet neque ad ianuam et loquebatur

him word] cuomon feredon ł brengende to him ꝥone eorꝥ-crypel se ꝥe from feowrum wæs geboren
eis uerbum. 3 et uenerunt ferentes ad eum paraliticum qui a quatuor portabatur.

] hine ne mæhtun gebrenga hine him fore menigo ge-næcedon ł unꝥehton ꝥ hus ꝥer wæs]
4 et cum non possent offerre eum illi prae turba nudauerunt tectum ubi erat et

ge-opnadon adune 'sendon ꝥ bér on ꝥæm se eorꝥ-cryppel læg ł licgende wæs miꝥꝥy gesæh ꝥonne
patefacientes summiserunt grauatum in quo paraliticus iacebat. 5 cum uidisset autem

se hæł ł geloafo hiora ł ꝥara cuoeꝥ ꝥæm eorꝥ-crypple suna forgefen biꝥon ꝥe synno weron uut*edlice* ꝥer
ihesus fidem illorum ait paralitico fili dimittuntur tibi peccata. 6 erant autem illic

sume of uꝥnutum sittende] ꝥencendo ł smeande in heortum hiora hwæt ꝥes swæ ł ꝥus spreces
quidam de scribis sedentes et cogitantes in cordibus suis. 7 quid hic sic loquitur

ebolsas hua mæg forgeafa ł forleta synna nymꝥe an god ofꝥon sona ongæt ł miꝥꝥy ꝥ onengow
blasphemat quis potest dimittere peccata nisi solus deus. 8 quo statim cognito

se hælend gast his ꝥte sum smeadon ł ꝥohton bituih him cueꝥ to him huæt ꝥæs gio smeaꝥ in
ihesus spiritu suo quia sic cogitarent inter sé dicit illis quid ista cogitatis in

hearto hiurum Hwæt is eaꝥur to coeꝥanne ꝥæm eorꝥ-crypeło forgefen biꝥon ꝥe synno ł
cordibus uestris. 9 quid est facilius dicere paralitico dimittuntur tibi peccata án

cuoeꝥa aris] nim ł ber bere ꝥin] gaa ꝥte wut*edlice* wutaꝥ gie ꝥætte he mæht
dicere surge et tolle grauatum tuum et ambula. 10 ut autem sciatis quia potestatem

hæfeꝥ sunu monnes on eorꝥo forgefnisse synno cwoeꝥ ꝥæm eorꝥ-crypple ꝥe ic cueꝥo aris nim
habet filius hominis in terra dimittendi peccata ait paralitico. 11 tibi dico surge tolle

bér ꝥin] gáa in hus ꝥin] sona he aris under-leat ꝥ bér eode
grauatum tuum et uade in domum tuam. 12 et statim ille surrexit sublato grauato abiit

before allum sum ꝥte of-wundredon alle] hia worꝥedun god cueꝥende ꝥte næfre
coram omnibus ita ut ammirarentur omnes et honorificarent deum dicentes quia numquam

ꝥus ł swa we gesegon
sic uidimus.

Cap. II. 1.] æfter sona ł hræꝥe infoerde ł ineode capharnaum ꝥe byrig æfter dagum] gehered wæs ꝥte in huse
wære 2.] efne comon monige ꝥus ꝥte ne mæhte foan ł nioman ne to dore ł to gemte] sprecende wæs beom ł
him word 3.] comon toforende ł bringende to him ꝥone eorꝥ-crypel seꝥe from feowrum wæs geboren
4.] miꝥꝥy hí ne mæhtun gebringan hine him for mengo genacædun ł unwreogon ꝥ hus ꝥa béré ꝥær he wæs]
openedon ł opnende dydon adune sendun ł settun ꝥa bere in ꝥære ꝥe eorꝥ-crypol læg ł licgende wæs 5 miꝥꝥy
gesæh ꝥonne se hælend geleafa heora cwæꝥ to ꝥæm eorꝥ-crypełe sunu forgefen beoꝥan ꝥe synne ꝥine 6. weron
wutudlice ꝥær sume of uꝥwutum sittende] ꝥencende ł smeande in heortum heortum 7. hwæt ꝥes ꝥus ł swa
spreocaꝥ heo folsaꝥ hwa mæg forgeofan ł forletan synne nymꝥe ane god 8. of ꝥon sona onget se hælend gast his ꝥte
swa ꝥohton ł smeadon betwih heom cwæꝥ to heom hwæt ꝥæs ge ꝥoncaꝥ in heortum eowrum 9. hwæt is eꝥre ł
eaꝥur to cweꝥanne ꝥæm eorꝥ-crypelo forgefen beoꝥun ꝥe synne ꝥine opꝥe cweꝥan aris] nim ł ber ꝥine] gaa
10. ꝥæt wutudlice witaꝥ ge ꝥte he mæhte hæfeꝥ sunu monnes on eorꝥa forgefnisse synne cwæꝥ to ꝥæm eorꝥ-crypelo
11. ꝥe ic sægeo aris] nim bere ꝥine] gaa to huse ꝥinum 12.] instyde he aras] under-leat bere eode beforan
allum swa ꝥte ofwundradun alle] ꝥa worꝥadun god cweꝥende ꝥte hia næfre ꝥus ł swile ne gesegun.

C

13 eft he ut eode to ðære sǣ. ꝥ call seo menigeo him to com ꝥ he hi lærde.
14 ꝥ þa he forð eode he ge-seah leuin alphei. sittende æt his cep-setle. ꝥ he cwæð to him folga mē. þa aras he ꝥ folgode him.
15 ꝥ hit gewearð þa he sæt on his húse ꝥ manega manfulle. sæton mid þam hælende ꝥ his leorning-cnihtum; Soðlice manega þa ðe him fyligdon wæron
16 boceras.ꝥ farisei. ꝥ cwædon. witodlice he ẏtt mid mánfullum ꝥ synfullum. ꝥ hi cwædon to his leorning-cnihtum. hwi ytt cower lareow ꝥ drincð. mid manfullum ꝥ synfullum;
17 Þa se hælend þis ge-hyrde he sæde him. ne beþurfon na ða halan læces. ac ða þe untrume synt; Ne com ic na ꝥ ic clypode riht-wise ac synfulle.
18 ꝥ þa wæron Iohannes leorning-cnihtas ꝥ pharisei fæstende. ꝥ þa comon hi ꝥ sædon him; Hwi fæstað iohannes leorning-cnihtas ꝥ phariseorum. ꝥ þine ne fæstað;
19 Da .cw̄. se hælend. cweðe ge sceolan þæs brydguman cnihtes fæstan swa lange swa se brydguma mid him is. ne magon hi fæstan swa lange tíde swa hi ðone brydguman mid him habbað;
20 Soðlice þa dagas cumað þonne se brydguma him bið fram acyrred. ꝥ þonne hi fæstað; On þam dagum
21 nán man ne siwaþ níwne scýp to caldum reafe elles he afyrð þone níwan scyp. of þam caldan reafe. ꝥ biþ mare slite.

13 And eft he ut-code to þare sǣ. ꝥ call syo manege hym to com ꝥ he hyo lærde.
14 ꝥ þa he forð-code he ge-seah leuin alphei. sittende æt his cep-setle. ꝥ he cwæð to hym folge me. þa aras he ꝥ felgede hym.
15 ꝥ hit ge-warð þa he sæt on his huse ꝥ manege manfulle sæten mid þam hælende ꝥ his leorning-cnihten. Soðlice manege þa þe him felgden waren
16 bokeres ꝥ pharisei. ꝥ cwæðen witodlice he ett mid manfullen ꝥ synfullen. ꝥ hy cwæðen to his leorning-cnihten. hwi æt cower larcow ꝥ drinced mid mannfullen ꝥ senfullen.
17 Þa se hælend þis ge-hyrde he sæde heom. Ne be-þurfen na þa halen læces. ac þa þe untrume synden. Ne com ic na þæt ich cleopede riht-wise ac synfulle.
18 ꝥ þa wæren iohannes leorningenihtes ꝥ farisej fæstende. ꝥ þa comen hyo ꝥ segden him.

Hwi fæsted Iohannes leorning-cnihtes ꝥ phariscorum ꝥ þine ne fæsteð.
19 Da cwæð se hælend cweðe ge. sculen þas bredgumen cnihtes fæsten swa lange swa se bredgume mid heom is; ne magen hyo fæsten swa lange tide swa hyo þane bredgumen mid heom hæbbeð.
20 Soðlice þa dages cumeð þane se bredgume heom beoð fram acyrred ꝥ þanne hyo fæsteð. On þan dagen
21 nanman ne seweð nywe scep to ealden reafe. elles he afyrð þane neowan scep of þam ealden reafe ꝥ byð mare slite

Vidit ihesus leuin alphei sedentem ad theloneum.

Accesserunt ad iherum discipuli iohannis dicentes, Quare nos ꝥ pharisei ieiunamus frequenter.

Various Readings.

13. A. mænigeo; B. minigeo. A. hig [*for* hi]. 14. A. ge-seh. A. lefin. 16. pharisei. A. hig. A. hwyg [*for* hwi]. 17. A. læeas. A. synd. 18. A. hig. A. hwig. 19. A. sculon. A *omits from* swa se *to* lange *before* tide. A. hig. 20. A. hig. 21. A. scep [*for second* scyp].

Various Readings.

13. End (*with coloured initial*); seo menga. 14. folga; folgede. 15. ge-woarð; manega manfulla sæton; halende; cnihtum; manega; fyligdon. 16. boceras ꝥ farisei; cwæðon; ytt; manfullum; synfullum; hyo cwæðon; cnihtum; ytt; drinceð; manfullum; synfullum. 17. be-þurfon; halan; synt; ic. 18. wæron; cnihtas; pharisei; comon; sægden heom; Wwi (so, *with coloured* W *for* H); cnihtas. 19. hælend; ewede; sculon; bridguman cnihtas fastan; bridguma; magon; faston; þonne bridguman; him habbað. 20. dagas; þonne; brydguma heom byð; þonne; fæstað. On þam dagum. 21. siwað; ealdum; þone niwan scyp; ealdon.

┌ fœrende wæs efter sona ┐ sæ ┼ ĕc ĭs sæ ┐ all ðreat cymende wæs to him ┐ lœrde hia
13 *Et egressus est rursus et mare omnis quae turba ueniebat ad eum et docebat eos. * VII. 21. ii.
    lu. xxxviii.
    \ mt. lxxi.

┐ miððy ðona foerde gesœh   sittende to   ┐ cuoeð to him sœc mee ┼ fylg me
14 et cum praeteriret uidit leuin alphei sedentem ad teloneum et ait illi sequere me

┐ aras fylgende wæs hine ┐ geworden wæs miððy gelionede in hus ðæs monigo
et surgens secutus est eum. 15 *Et factum est cum accumberet in domo illius multi • 22. ii.
    lu. xxxviiii.
    clxxxvi.

bœrsunigo ┐ synnfullo ætgeadre geræston ┼ linigiendo weron mið ðone hæ ┼ ┐ ðegnum his weron forðon mt. lxxii.
publicani et peccatores simul discumbebant cum ihesu et discipulis eius erant enim

menigo ðaðe ┐ fylgdon ┼ fylgendo weron him ┼ hine ┐ wuðuto ┐ ða ældo gesogon forðon ┼ ðte he æt ┼ ett
multi qui et sequebantur eum. 16 et scribæ et pharisaei uidentes quia manducaret

mið synnfullum ┐ bœrsynnigum hia cuedon ðegnum his forhuon mið bœrsynnigum ┐ synfullum
cum peccatoribus et publicanis dicebant discipulis eius quare cum puplicanis et peccatoribus

ettes ┐ drinceð laruu iuer miððy geherde ðis se hæ ┼ cueð to him ne ned-ðarf habbað
manducat et bibit magister uester. 17 *Hoc audito ihesus ait illis non necesse habent • 23. ii.
    lu. xl.
    mt. lxxiii.

halo to lece uh ða ðe yfle habbað ne forðon ewom ic to ceigenne soðfæsto ah synfullo
sani medicum sed qui male habent non enim ueni uocare iustos sed peccatores. 18 et

weron ðegnas iohannis ┐ fæstendo ┐ cwomon ┐ cwedon him forhwon ðegnas
erant discipuli iohannis et pharisæi ieiunantes et ueniunt et dicunt illi quare discipuli

iohannis ┐ hia fæstað ðine uutedlice ðegnas ne fæstað ┐ cuoeð to him
iohannis et pharisaeorum ieiunant tui autem discipuli non ieiunant. 19 et ait illis

se hæ ┼ ah ne magon suno ða huile ðe brydguma mið him is fæsta sua longe tíd ┼ huile
ihesus num quid possunt filii nubtiarum quam diu sponsus cum illis est ieiunare quanto tempore

habbað mið brydgum ne magon fæsta cymeð ðonne dagas miððy genumen bið from
habent secum sponsum non possunt ieiunare. 20 uenient autem dies cum auferetur ab

him ðe brydguma ┐ ða hia fæstas in ðæm doege nænig niwes flyhtes siuieð
eis sponsus et tunc ieiunabunt in illa die. 21 nemo assumentum panni rudis assuit

gegerelo aldum oðer ðing from nimmeð fyllnisse niwo of alde ┐ mara toslitnessa bið
uestimento ueteri alio quin auferet supplementum nouum á ueteri et maior scissura fit.

---

13. ┐ fœrende wæs æfter sona ec to sæ eall þa þreat cymende to him ┐ lœrde hia 14. ┐ miððy þonan
foerde gesœh ... sittende to geafol-monunge ┐ cweþ to him folgam ┼ fylge me ┐ aras fylgende wæs him 15. ┐
geworden wæs miððy gehlionade in huse ðæs monige openlice aynnige ┼ hehsunne ┐ synnfulle ætgædre gereston ┼
hleonadun mið ðone hæ ┼ ┐ ðegnum his weron forðon monigu ðaðe ┐ fylgdun ┼ fylgende werun him 16. ┐
uðwutu ┐ ða aldu gisegun forðon ðæt he ett ┼ etende wæs mið ðæm synfullum ┐ bær-synnigum hiæ cwedun
ðegnum his for hwon mið bær-sunnigum ┐ synfullum etest (sic) ┐ drinceð larow iower 17. miððy giherde ðis ðe
hæ ┼ cwæð to him ne ned-ðœrfe habbas hælo ic to ðæc yfel habbas ne forðon com ic to ceganne soð-
fæste ah synfylle 18. ┐ werun ðegnas iohannes ┐ ða aldu fæstende ┐ comun ┐ cwedun him forhwon ðegnas
iohannes ┐ ða aldu fæstende ðine wutudlice ðegnas ne fæstas 19. ┐ cwæð to him ðe hæ ┼ ahne ne magun sunu
... ðe hwile ðe brydguma mið him is fæstende swa longe tide habbas mið ðone brydguma ne magun fæsta
20. cumeð ðonne dagas miððy ginumen bið from him ðe brydguma ┐ ða hia fæstas in ðæm dagum 21. nænig
forðon ... niowes flyhtes siowes giwedo ┼ gigerelu aldu oðeru ðing from-nimeð fylnisse niowe from aldun ┐ mara
to-slitnesse bið

C 2

22 ꝺ nān man ne deð niwe win on calde bytta. elles ꝥ win tobrycð þa bytta. ꝺ ꝥ win bið agoten. ꝺ þa bytta forwurðaþ; Ac niwe win sceal beon gedon on nīwe bytta. þon*ne* beoð butu gehealden;

23 **E**ft wæs geworden þa he reste-dagum þurh æceras eode. his leorning-cnihtas ongunnon þa ear pluccigean.

24 þa cwædon pharisei to hi*m*. loca nu hwæt þine leorning-cnihtas doð. ꝥ him alyfed næs. on reste-dagu*m*;

25 Ꝥa sæde he hi*m* ne rædde ge næfre. hwæt dyde dauid þa hine hingrode. ꝺ þa ðe mid hi*m* wæron.

26 hu he in godes huse eode. under abiathār þara sacerda ealdre. ꝺ he ǣt þa ofrung-hlafas. þe hi*m* ne alyfede nǣron to etanne. buton sacerdon anu*m*. ꝺ he scalde þa*m* ðe mid hi*m* wæron.

27 ꝺ he sæde hi*m*. reste-dæg wæs geworht for þa men. næs se man for ða*m* reste-dæge;

28 Witodlice drihten is mannes sunu eac swylce reste-dæges;

CHAPTER III.

1 **A**nd eft he eode on ge-samnunge ꝺ þar wæs ān man for-scruncene hand hæbbende

2 ꝺ hi gymdon hwæþer he on reste-dagu*m* gehælde. ꝥ hi hine gewregdon;

3 Đa cwæð he to ða*m* men þe for-scruncene hand hæfde. arīs gemang hi*m*.

---

22 ꝺ na*n*man ne doð nywe win on calde botta. elles ꝥ win to-brecð þa bytte. ꝺ þæt win beoð agoten ꝺ þa bytta for-wurðeð. Ac neowe win scell beon ge-don on neowe bytta þaune beoð ba twa ge-healden.

23 **E**ft wæs ge-worðen þa he reste-dagen þurh æceres eode. his learning-cnihtes on-gunnen þa ear pluccin.   *Ibat Ihesus sabbato per sata. discipuli eius esurientes ceperunt euellere spicas.*

24 þa cwæðen þa pharisej to him. Loce nu hwæt þine leorning-cnihtes doð. ꝥ heom alefeð næs on reste-dagen.

25 Đa saide he heom. ne rædde ge næfre hwæt dyde dauid. þa hym hingrede. ꝺ þa þe mid hym wæren.

26 hu he inne godes huse eode under abiathar þare sacerde ealdre. ꝺ he ǣtt of þa offrunge-hlafes. þe hym ne alyfde neren to ætenne. buton sacerden ane. ꝺ he scalde þam þe mid hym wæren.

27 ꝺ he saigde heom. reste-daig wæs ge-worht for þam men. nes se man for þam reste-daige.

28 Witodlice drihten is mannes sune eac swilce reste-dages.

CHAPTER III.

1 **E**nd eft he eode on ge-samnunge. ꝺ þær wæs an man for-scruncen handde hæbbende

2 ꝺ hyo gemden hwader he on reste-dagen ge-hælde ꝥ hyo hine ge-wreiden.

3 Ꝥa cwæð he to þam men þe for-scru[n]cene hand hæfde. aris ge-mang heom.

Various Readings.

22. A. for-weorþaþ. 23. A. pluccian þa ear. 25. A. hingrede; B. hungrede. 26. A. into [*for* in]. A. offrung-hlafas. A. næron alyfede (*omitting* ne); B. ne alyfed næron. B. ætanne. A. butan. A. sacerdum. 27. A. þam men; B. þa meu (*as in the text*).

Ch. iii. v. 1. A. *omits* And ; *with a large initial to* Eft. A. ge somnunge. 2. A. hig. A. wregdon.

Various Readings.

22. nan man; doð; bytta (*bis*); byð; for-wurðað; nywe; sceal; niwo; þonne; bute [*for* ba twa]. 23. Eft (*with coloured initial*); ge-worden; dagum; aceras; cnihtas ongunnen. 24. *second* na *omitted*; Loca; enihtas; alyfð; dagum. 25. sægde; eom [*so*, *for* heom]; nafre hwat; þa hine. 26. in; þara sacerda ealdra; æt; *of omitted*; offrung-hlafas; næron; ættanne butan sacerdum anum; wæron. 27. sægde. 28. dæges.

Ch. iii. v. 1. hand. 2. gymdon hwæðer; reste-dagum. 3. for-scruncene (for-scrucene *in* Hatton MS.).

21

ꝥ nænig monn sendeð win niwe in byttum aldum mara woen to-slitteð ꝥ win ða bytto
22 et nemo mittit uinum nouellum in utres ueteres alio quin disrumpet uinum utres

ꝥ ꝥ win hiꝼ agotten ꝥ ða bytto losað ah ꝥ win niwe in byttum niwum senda is rehtlic
et uinum effunditur et utres peribunt sed uinum nouum in utres nouos mitti debet.

ꝥ gewearð ꝥ geworden wæs oft sona miððy sunnedagum eode ðerh ꝥ ðegnas his ongunnun
23 *Et factum est iterum cum sabbatis ambularet per sata et discipuli eius coeperunt • VIII. 24. ii.
                                                                                         lu. xli.
                                                                                         mt. cxiiii.
forð-geonga ꝥ   ðonne cuoedon him heonu huæt doað gie
praegredi et uellere spicas. 24 pharisaei autem dicebant ei ecce quid faciunt sabbatis

ꝥ nis aleſed   ꝥ cueð to him ne leornade ge huæt dyde   ða ned
quod non licet. 25 et ait illis num quam legistis quid fecerit dauid quando necessitatem

hæfde ꝥ hyngerde he ꝥ ðaðe mið hinie weron   huu inn-eode hus godes under
habuit et esuriit ipse et qui cum eo erant. 26 quomodo introiit domum dei sub abiathar

aldor sacerda ꝥ hlafo fore-gegearwad ꝥ temised gebréc   ða nere leſed to eattanna nymðe
principe sacerdotum et panes propositionis manducauit quos non licet manducare nisi

sacerdum ꝥ salde ðæm ðaðe mið hine weron   ꝥ cueð to him rest-dæg fore monn
sacerdotibus et dedit eis qui cum eo erant. 27 *Et dicebat eis sabbatum p[r]opter hominem • 25. ii.
                                                                                           lu. xlii.
                                                                                           mt. cxvi.
geworden wæs ꝥ næs monn fore ræstdæge   forðon hlafurd is sunu monnes ec
factum est et non homo propter sabbatum. 28 itaque dominus est filius hominis etiam

to ræstdaege
sabbati.

CAP. III.

ꝥ ineode oft sona on ða somnung ꝥ wæs ðer monn hæfde hond drygi ꝥ
1 et introiit iterum synagogam et erat ibi homo habens manum aridam. 2 et

behealdon hine gif ꝥ hueðer on haligdagum gegemde ꝥte hia geteldon ꝥ niðria hine ꝥ cueð ðæm menn
obseruabant eum si sabbatis curaret ut accusareut illum. 3 et ait homini

hæbbende hond drygi aris in middum
habenti manum aridam surge in medium.

---

22. ꝥ nænig mon sendeð win niowe in byttum aldum mara woen toslites ðæt winn ða bytte ꝥ ꝥ win agoten
hið ꝥ ðio hytte losed ah ðæt win niowe in byttum niowe sendes is rehtlic   23. ꝥ giworden wæs efter sona
miððy sunna-dæge eode ðe hæ ꝥ ðerh ...ꝥ ðegnas his ongunnun forðgonga ꝥ ... 24. ða aldu wutudlíce
cwedun him heono hwæt doað ge on sunna-dæge ðætte nis alefed 25. ꝥ cwæð to him næfre ne liornados ꝥ ne
liornadun hwæt dyde dauid ða hned-bihoefe hæfde ꝥ hycrende he ꝥ ðaðe mið hine werun 26. hwa in-eode
in hus godes under abiathar aldor sacerda ꝥ hlafas fore-gigeorwadæ gibréc ða næron alefed to eotanne nymþe
anum sacerdum ꝥ salde ðæm ðe mið hine werun 27. ꝥ cwæð to him dæg for monum giworden wæs ꝥ næs
mon fore ræste-dæg 28. forðon hlafurd is sunu monnes ec to ræste-dæge.

Cap. III. 1. ꝥ in-eode efter sona in somnunga ꝥ wæs ðer mon hæfde honda dryge. 2. ꝥ bihooldun hine gif
ho halges dægos gigemde ꝥ him teldun ꝥ niðradun hine 3. ꝥ cwæð to ðæm menn hæbhende honda dryge aris
in middum.

4 þū cwæð he alyfð reste-dagum wel to dónne hweþer ðe yfele. sawla ge-hælan. hweþer ðe for-spillan. ꝺ hī suwodon.

5 ꝺ hi besceawiende mid yrre ofer hyra heortan blindnesse ge-unrēt cwæð to þam men; Aþene þine hand. ꝺ he aþenede hi. þa wearð his hand ge-hǣled sona;

6 Þa pharisei mid herodianiscum utgangende þeahtedon ongeu hine. hu hi hine fordon mihton.

7 ꝺ þa ferde se hǣlend to þære sǣ. mid his leorning-cnihton. ꝺ mycel menigeo him fyligde fram galilea. ꝺ iudea.

8 ꝺ hierusalem. ꝺ fram iudea ꝺ be-geondan iordane ꝺ to him com mycel menegeo ymbe tīrum ꝺ sidóne gehyrende þa ðing þe he worhte.

9 ꝺ he cwæð to his cnihtum þ hi him on scipe þenodon. for þære menigu þ hi hine ne ofþrungon;

10 Soþlice manegu he ge-hælde; Swa þ hi æt-hrinon his. ꝺ swa fela swa untrumnessa

11 ꝺ unclæne gastas hæfdon; þa hi hine gesawon. hi to-foran him astrehton. ꝺ þus cweðende clypedon. þu eart godes sunu.

12 ꝺ he him swyðe forbead. þ hi hine ne ge-swutelodon.

13 ꝺ on anne munt he ferde ꝺ to him ge-clypode þa ðe he wolde ꝺ hi to him comon

14 ꝺ he dyde þ hi twelfe mid him wæron. ꝺ he hi asende godspell to bodigenne.

4 Ða cwæð he alyfð reste-dagen wel to donne hwæðer ðe yfele sawle ge-hælen hwaðer to for-spillen. ꝺ hyo swigedon.

5 ꝺ hyo be-sceawiende mid corre ofer hire heorte blindnisse. he un-rot cwæð to þam men. ā-þene þine hand. ꝺ he a-þenede hyo. þa warð his hand ge-hæled sone.

6 Ða farisei mid herodianiscen ut-gangende þeohtendon on-gean hine. hu hyo hine for-don mihton.

7 ꝺ þa ferde se hælend to þare sæ. mid his leorning-cnihten ꝺ mycel menigeo him felgede fram galilea. ꝺ iudea.

8 ꝺ ierusalem. ꝺ fram idumea. ꝺ be-geonden iordane. ꝺ to him com mycel menige ymbe tyrum ꝺ sydonem ge-herende þa þing þe he worhte.

9 ꝺ he cwæð to his cnihten þ hyo hym on scype þenedon for þare manigeo þæt hyo hine ne of-þruugen.

10 Soðlice manege he hælde. swa þ hyo æt-rinen his. ꝺ swa fele swa untrumnysse

11 ꝺ unclæne gastes hæfden. Ða hyo hyne ge-seagen hyo to-foran hym astrehten. þus cweðende clepeden. þu ert godes sune.

12 ꝺ he hym swiðe for-bead. þ hyo hine ne ge-swuteledon.

13 ꝺ on ænne munt he ferde ꝺ to hym ge-clypede þa þe he wolde ꝺ hyo to hym comen

14 ꝺ he dyde þ hyo twelf mid him wæren ꝺ he hyo asende godspell to bodienne.

Various Readings.

4. B. well. A. hwæþer (bis). A. big swigedon. 5. A. hig be-sceawigende. A. heora. A. blyndnysse. A. hig [for hi]. 6. A. erodianiscum. A. ongean. A. hig. 7. A. enyhtum. A. mæniu [for monigeo]. 8. A. B. iudea (as in the text). A. be-eondan. A. mænigeo. 9. A. hig. A. þenedon. A. mænigeo; B. menigum. A. hig. 10. A. hig. B. is (altered to his). 11. A. hig (bis), B. cweðende. 12. A. hig. A. ge-swutelodon. 13. A. ænne. A. hig. 14. A. hig (bis). A. godspel.

Various Readings.

4. dagum; done hweðer; hweðer þe for-spillan; swuwodon. 5. hi; yrre; hyra heortan; ge-unrot; wearð; sona. 6 pharisei; herodianiscum; þeahtendon. 7. hælend; cnihton; fyligde; galilea. 8. menegeo; ge-hyrende; ðincg. 9. cnihtum; þenodon; menigeo þ hi; of-þrungon. 10. mænegeo; ge-hælde; hi [for hyo]; æt-hrinon is; untrumnyssa. 11. gustas hæfdon; gesawum; astrehton; ꝺ þus; clypedon; eart. 12. ge-swutelodon. 13. comon. 14. hy; bodiendo.

23

	ꝺ	cueð	to him	is aléfed	hræstdagum	wel	wyrce	⸶	yfle	ða sawole	hal	godoa	⸶
4	et	dicit	eis	licet	sabbatis	bene	facere	án	male	animam	saluam	facere	án

losiga	soð	hia	suigdon	ꝺ	ymb-sceawde	hia	mið	wræððo	unrótsade	ofer	ungloownise
perdere	at	illi	tacebant.	5	et circum-spiciens	eos	cum	ira	contristatus	super	caecitatem

hoartæs	hiora	cueð	to ðæm menn	aðon	hond	ðin	ꝺ	aðenede	ꝺ eft geboetad wæs	hond	him
cordis	eorum	dicit	homini	extende	manum	tuam	et	extendit	et restituta	est manus	illi.

	ða eodon	ðonne	sona		mið	heroðes	ðegnum	ðæhtung	hia dedon	wið	him	
6	*Exeuntes	autem	statim	pharisaei	cum		herodianis	consilium	faciebant	aduersus	eum	* VIIII. 26. ii[ii]. io. xciii. xcv.

	huu	hine	losiga mæhton	ꝺ	ðe hǽlend	mið	ðegnum	his	foerde	to sæ	ꝺ	monigo	mt. cxvi.
	quomodo	eum	perderent.	7	et ihesus	cum	discipulis	suis	secessit	ad mare.	*Et	multa	* 27. i. lu. xxxiiii. xlv. io. xlvi.

ðreád of	ꝺ		fylgendo wæs hine	from hierusalem	ꝺ from		ꝺ ofer	mt. xxiii.
turba	ā galilaea	et iudaea	secuta est eum.	8 ab hierosolimis	et ab	idumaea	et trans iorda-

	ꝺ ða ðe	ymb	tyre	ꝺ	sidone	monigo	miclo	herdon⸶herond weron	ða ðe	he wyrcende wæs
	nen et	qui	circa	tyrum	et	sidonem	multitudo	magna	audientes	quae faciebat

cwomon	to	him	ꝺ	cueð	ðegnum	his	ꝥto	scip	him gebrohton⸶geherdon	fore
uenerunt	ad	eum.	9	et dixit	discipulis	suis	ut	nauicula	sibi deseruiret	propter

ðæm monigo	ꝥto	hia ne fortrodon	hine		monigo	forðon	he gehǽlde	ðus	ꝥte hia ræsdon	on
turbam	ne	compremerent	eum.	10	multos	enim	sanabat	ita	ut inruerent	in

him	ꝥto	hino	hie gebrindon⸶hrina mæhtæs	sua	feolo⸶sua oft	ðonne	hia hǽfdon	uncuð	aðlo	ꝺ
eum	ut	illum	tangerent		quotquot	autem	habebant		plagas.	11 et

gasto	unclǽno	miððy	hine	gesegon⸶gesea mæhton	gefeollon⸶hluton him	ꝺ	hia weron clioppende⸶cliopadon	
spiritus	inmundi	cum	illum	uidebant	procidebant ei	*Et	clamabant	* 26. viii. lu. xxvii.

cweðendo	ðu arð	sunu godes	ꝺ	swiðe	bebead	him	ꝥto hia ne	æwades⸶mersades
dicentes	tú és	filius dei.	12 et	uehementer	cominabatur	eis	né	manifestarent

hine	ꝺ	astag	on	mor	ceigde	to	him	ðailco	walde	he	ꝺ	cwomun	to	him	
illum.	13	*Et ascendens	in	montem	uocauit	ad	só	quos	uoluit	ipse	et	uenerunt	ad	eum.	* X. 29. ii. lu. lxxxvi. mt. lxxviii.

	ꝺ	dyde	ꝥte	hia were	twelfo	mið	him	ꝺ⸶ec	ꝥte	sende	hia	bodiga	godspell
14	et	fecit	ut	essent	duodecim	cum	illo	et	ut	mitteret	eos	praedicare	euangelium.

---

4. ꝺ cwæð to him gif is alefed on ræste-dagum wel wyrca⸶yfle ða sawlo halo gidoa⸶locsiga soð hia swigadun 5. ꝺ ymbscoowadun hine miððy unrotsade ofer ungleownisse hoarta hiora cwæð to ðæm menn aðene honda ðino ꝺaðenede ꝺ eft gibœtod wæs honda him 6. ꝺ ða eodun ðona wutudlíce sona ða pharisæi mið herodes ðegnum ðæhtunge him dedun wið him bu hine losiga mæhtun 7. ꝺ ðe hǽlend mið ðegnum his foerde to sæ ꝺ monige ðroatas of galiloa ꝺ of iudeum fylgendo wærun him 8. ꝺ from hierusalem ꝺ from idumoum ꝺ ofer iordanes ꝺ ðaðe ymb tyri ꝺ sindone mengu miclo heronde werun⸶gibordun ðaðe he wyrcende wæs cømun to him 9. ꝺ cwæð to ðegnum his ꝥto scip him gibrohtun⸶bordun for ðæm mengum ðæt hie ne for-tredun hine 10. monige forðon he gihǽldo ðus ꝥte hiæ ræsdun on hine ꝥ hiæ him gihrionun awa feolu ðonne hǽfdo [un]cuð aiðulo 11. ꝺ gasta unclǽnra miððy hine gisegun gifeollun⸶lutun to him ꝺ cliopadun cweðende ðu arð sunu godes 12. ꝺ swiðe bibead him ꝥ hiæ ne cowde him 13. ꝺ astag on mor cegde to him ða ilcu waldo he ꝺ comon to him 14. ꝺ dyde ꝥte hiæ wore twelfe mið him ec̈ ꝥte sende hiæ to bodanne.

15 ꝺ he him anweald sealde untrumnessa to hælanne. ꝺ deofol-seocnessa ūt to adrifanne.
16 ꝺ he nemde simon petrum
17 ꝺ iacobum zebedei. ꝺ iohannem his broðor ꝺ him naman onsette. boaneries ꝥ is ðunres bearn.
18 ꝺ andream. ꝺ philippum. ꝺ bartholomeum ꝺ thomam. ꝺ iacobum alphei. ꝺ taddeum. ꝺ simonem chananeum.
19 ꝺ iudam scarioth. se hine scalde.
20 ꝺ eft him to com. swa micel menigu. ꝥ hi næfdon hlaf to etanne
21 ꝺ þa hi hine gehyrdon hi ferdon ꝥ hi hine namon ꝺ þus cwædon; Soðlice he is on hat-heortnesse gewend.
22 ꝺ þa boceras þe wendon fram hierusalem cwædon;
Soþlice he hæfð beelzebub ꝺ on deofla ealdre he deoful-seocnessa ut adrifð.
23 ꝺ he hi togædere geclypode. ꝺ on bigspellum him to cwæð; Hu mæg satanas satanan ut adrifan.
24 ꝺ gif his rice on him sylfum bið todæled hu mæg hit standan
25 ꝺ gif ꝥ hus ofer hit sylf ys to-dæled. hu mæg hit standan.
26 ꝺ gif satanas winð ongen hine sylfne he bið to-dæled ꝺ he standan ne mæg ac hæfð ende;
27 Ne mæg man þone strangan his æhta ꝺ his fatu be-reafian ꝺ on his hus gan, buton man þone strangan ærest gebinde. ꝺ þonne his hus reafige;

15 ꝺ he heom anweald sealde untrumnysse to hælenne. ꝺ deofel-seocnysse ut to adrifenne.
16 ꝺ he nemde symon petrum
17 ꝺ jacobum zebedej. ꝺ iohannem his broder ꝺ him naman on-sette boaneries ꝥ is þunres bearn.
18 ꝺ andream ꝺ philippum. ꝺ bartholomeum ꝺ thomam. ꝺ iacobum alphej. ꝺ taddeum ꝺ symonem chananeum.
19 ꝺ iuda scarioth. se hine scalde.
20 ꝺ eft him to com swa mycel manigeo ꝥ hyo næfden hlaf to ætenne.
21 ꝺ þa hyo hine ge-hyrden hyo ferden þæt hyo hine namen ꝺ þus cwæðen. Soðlice he is on hatheortnysse ge-wend.
22 ꝺ þa bokeres þe wenden fram ierusalem cwæðen.
Soðlice he hafð belzebub ꝺ on deofle caldre he deofel-seocnisse ut-adrifð.
23 ꝺ he hyo to-gadere ge-cleopede. ꝺ on bispellen heom to cwæð. hu maig sathanas sathana un adrifen (*sic*)
24 ꝺ gif his rice on him sylfen byoð todæled hu maig hit standen.
25 ꝺ gyf ꝥ hus ofer hit sylfen bið todæled hu maig hit standen.
26 Ænd gif sathanas winð an-gen hine sylfne he beoð to-dæled ꝺ he standen ne maig ac hafð ende.
27 Ne maig man þane strangen his ehte ꝺ his fate be-reafian ꝺ on his hus gan butan man þanne strangen ærest ge-binde þanne his hus reafige.

Various Readings.

15. A. heom. B. anwealde seald. A. ge-hælanne. A. deofel. 17. B. ꝺ zebedei, A. heom. A. boanerges. A. *has ꝺ matheum after bartholomeum, but it is added above in a later hand*. A. alfei. 19. A. iudas. 20. A. mænigeo. A. hig. B. ætanne. 21. A. hig (*three times*). 22. A. belzebub. A. deofolseocnyssa. 23. A. hig. A. clypode. 25. A. *omits this verse*. B. sylfe. 26. *For* ongen A. *has* wyð, *glossed by* ꝺ ongean. A. *omits* sylfne. 27. A. fata. A. butan.

Various Readings.

15. eom andweald; halenne. ond deofel-seocnyssa. 17. broðor. 20. menigeo; etene. 21. ge-hyrden; ferden; hi [*for third* hyo]; cwæden. 22. boceras; wendon; hierusalem; cwædon; deofla caldre; deoful-seocnyssa. 23. geclypode; bigspellum; mæg satanas satanan ut adrifan. 24. sylfum bið; mæg; standan. 25. hit sylf y to-dæled (*sic*); mæg; standen. 26. ꝺ gif satanas; byð; mag. 27. þone strangan; ehta; fatu; þone strangan; ꝺ þonne.

       ⁊   salde   him   mæht   gemnisses   to untrymnissum ⁊ to-wyrpnisc   diowla
15 et dedit illis potestatem curandi infirmitates et eiciendi daemonia. 16 *Et ⁊
* 30. ii.
lu. xbiii.
mt. lxxx.

gesette to symone   noma   petre   ⁊   iacob   yebeðies sunu ⁊   iohannem   broðer   iacobes ⁊
imposuit simoni   nomen   petrus.   17 et iacobum   zebedæi   et iohannem   fratrem   iacobi et

ge-sette him   ⱶ   is suno   ðunres   ⁊   andreas ⁊   philippum ⁊
imposuit eis nom[i]na boanerges quod est   filii   tonitrui.   18 et andream et philipum et bar-

       ⁊   ⁊   ⁊   ⁊   iacob ðe hwita   ⁊   ⁊   simon   ðe channanesca
tholomaeum et mattheum et thomam et iacobum alphei et taddaeum et simonem cananaeum.

     ⁊   seðe cc salde hine   ⁊   cumað ⱶ cwomon   to   huse   ⁊ efne cworn
19 et iudam scariot qui et tradidit illum *Et   ueniunt   ad   domum   20 et conuenit   * 31. X.

efter sona ðiu menigo ðus ⱶte   no   mæhton   ne   hlaf   brūca   ⁊   mißßy   gehordon   his
iterum turba   ita   ut   non   possent neque panem manducare.   21 et cum audissent sui

eodon to haldanne hine cuoedon   forðon   ⱶte   on   wræðo gecerred wæs   ⁊   wuðuuto
exierunt   tenere   eum dicebant   enim   quoniam   in   furorem uersus   est.   22 *Et scribuc * 32. ii.
lu. cxxvii.
mt. cxxi.

ðaðe from   hierusalem of-stigon ⱶ ðona euomon   hia cuoedon   ⱶte ⱶ forðon   hæfeð ⁊ forðon on
qui   ab   hierosolymis   descenderant   dicebant   quoniam   beelzebub habet et quia   in

aldor   diowla   drifeð   diowlas   ⁊ efne geceigdo ða ileo ⱶ mißßy geceigd weron ða ileo in bispellum
principe demonum eicit demonia.   23 *Et   conuocatis eis   in parabolis * 33. ii.
lu. cxxviii.
mt. cxxii.

cuoeð he ðo ðæm ⱶ to him   huu   mægo ðe wiðerword ðone wiðerwearda fordrifa ⱶ huu mæg ðe diowl ðone diowl
dicebat   illis   quomodo   potest satanas satanan

fordrifa   ⁊   gif   ⱶ   ric   in   him to-dæled bið ⱶ sio   ne   mæge   stonde   ric   ðæs   ⁊
eicere.   24 et si regnum in   sd   dinidatur   non potest stare regnum illius.   25 et

gif   hus   ofer   hia seolfa sie tostrogden ne   mæg   hus ða ilca stonde   ⁊   gif ⱶ ðeah
si domus super semet ipsam dispertiatur non poterit domus illa   stare.   26 et   si

se wiðerwearda efne arisa   on hine sulfne   toworpen wæs ⱶ bið ⁊   ne mæg gestonde ah ende hæfeð
satanas   consurrexit in semet ipsum dispertitus est et non poterit stare sed finem habet.

         mænig monn mæg fato   stronges   ingaað ⱶ ingeonga in   hus   to niommanne ⱶ genioma ⱶ gereofa ge (sic)
27 nemo potest   uasa fortis   ingressus   in domum   diripere

nymðe ærist ðone stronga gebinde ⁊   ðonne   hus   his reafað
nisi   prius   fortem   alliget et tunc domum eius diripiet.

_____

15. ⁊ salde him mæhte gemnisse to untrymnissum ⁊ to-worpnisse diowla   16. ⁊ gisette to simoni noma petres
17. ⁊ iacobus Zebedœs svno ⁊ iohannes broðer iacobes ⁊ gisette him noma ... ðæt is suno ðvnres 18. ⁊ andreas
⁊ philippus ⁊ batholomeus ⁊ matheus ⁊ thomas ⁊ iacobus ... ⁊ thadeus ⁊ ... ðone cananisca   19. ⁊ iudam ðone
scariothisca seðo salde hine   20. ⁊ cumað to huse ⁊ efne-comvn eft sona ðio mengv ðus ⱶ hiæ ne mæhtvn ne
hlaf brucca   21. ⁊ mißßy giherde his eodon to baldanne hine cwedun forðon ðœtte on wræððo giwcerred (sic)
wæs   22. ⁊ uð-wœtu ðaðe from hierusalem astigun ⱶ ðona comun him cwedun ⱶte ⱶ forðon belzebub hæfeð ⁊
forðon on aldor diowla gidrifes diowlo   23. ⁊ efne gicegde ða ilev in bispellum cwmð to ðæm ⱶ him huv mæg
he ðe wiðerworda diowul ðone diowul fordrifa ⱶ aſwella   24. ⁊ gif ðœt ric in him todæled bið ne mæg stonda
rice ðœt   25. ⁊ gif hus ofer hiæ solfe to-strogden bið ne mæg hus ðœt ilce stonda   26. ⁊ gif ðe wiðerworða
efne arises in hine solfne to-worpen wæs ⱶ bið ⁊ ne mæg gi-stonda ah ende hœfeð   27. nœnig mon mæg ⱶ mæhte
fato stronge ingaa ⱶ ingonga in hus to niomanne ⱶ ginioma ⱶ gireoſga nymðe ærist gibinde ðone strongv ⁊ ðonne
hus his reoſge

D

28 Soðlice ic eow secge þ calle synna synd manna bearnum forgyfene. ꝺ bysmorunga þam ðe hi bysmeriað;
29 Soþlice ic eow secge se þe ðone halgan gast bysmerað. se næfð on ecnysse forgyfenesse; Ac bið eces gyltes scyldig.
30 forþam þe hi cwædon he hæfð unclænne gast.
31 Þa com to him his modor ꝺ his gebroðra. ꝺ þar-ute stodon ꝺ to him sendon. ꝺ to him clypedon.
32 ꝺ mycel menigu ymb hine sæt and to him cwædon. her is þin modor ꝺ þine gebroðra ûte ꝺ secaþ þe;
33 He þa him andswarode ꝺ cwæð. hwylc is min modor ꝺ mine gebroþru.
34 ꝺ he cwæþ ða behealdende þe him abuton sæton. her is min modor ꝺ miue gebroðru;
35 Soðlice se ðe dêþ godes willan se is min modor ꝺ min broðor ꝺ swustor.

CHAPTER IV.

1 ꝺ eft he ongan hi æt þære sǣ læran. ꝺ him wæs mycel menegu togegaderod; Swa þ he on scip eode. ꝺ on þære sǣ wæs. ꝺ eall seo menegu ymbe þa [sǣ] wæron on lande.
2 ꝺ he hi fela on bigspellum lærde. ꝺ him to cwæð on his lare
3 gehyrað;
✠Ut eode se sædere his sǣd to sawenne.
4 ꝺ þa he sew sum fcoll wið þone weg. ꝺ fugelas comon ꝺ hit fræton;

Dis sceal on þære wucan æfter þam þe man be-lycð allelula.

28 Soðlice ic eow segge calle synne sende manne bearne for-gefene ꝺ bismerunge þam þe hye bysmeriged.
29 Soðlice ic eow segge se þe þanne halgan gast bysmericð se næfð on ecnysse forgyfenysse. ac beoð eches geltes sceldyg.
30 for þam þe hyo cwæðen. he hafð unclæne gast.
31 Þa comen to him his moder ꝺ his ge-broðre ꝺ þær-ute stoden ꝺ to him senten. ꝺ to hym clepeden.
32 ꝺ mycel maniga ymbe hine sæt. ꝺ to him cwæðen. Her is þin moðer ꝺ þine broðre ute ꝺ seceð þe.
33 He þa heom andswerede ꝺ cwæð. hwile is min moder ꝺ mine ge-broðre.
34 ꝺ he cw. Ða be-healdende þe him abuten sæten. her is min moder ꝺ mine gebroðre.
35 Soðlice se þe deð godes willen se is min moder ꝺ min broðer ꝺ mine swustren.

CHAPTER IV.

1 ꝺ eft he on-gan hyo æt þare sæ. læren ꝺ hym wæs micel manige to ge-gadered. Swa þ he on scyp eode. ꝺ on þare sæ wæs. ꝺ syc manige embe þa sæ. wæs on lande.
2 ꝺ he hy on fele byspellen lærden. ꝺ he heom to cw. on his lare
3 ge-hereð.
Ut eode se sædere his sæd to sawene.
4 ꝺ þa he scow sum fool wið þanne weig.ꝺ fugelas comen ꝺ hit fræten.

Exiit qui seminat seminare semen suum.

Various Readings.

28. A. bysmerunga. A. hig. 29. B. om. þe. 30. A. hig. B. unclæne. 31. A. moder. 32. A. mænigeo. A. ymbe. A. moder. 33. A. ꝺswarede; B. answerode. A. moder. A. gebroðra. 34. A. abuten. B. mine [for min, *wrongly*]. A. moder. A. gebroðra. 35. A. moder. A. broðer. A. swuster.

Ch. iv. 1. B. And (*with large initial*). A. hig. A. mænigeo. A. mænio. A. *inserts* sǣ, *which* the text *and* B *omit*. A. wæs [*for* wæron]. 2. A. hig fela. 3. *Rubric in* AB. 4. A. scow.

Various Readings.

28. MS. Reg. *inserts* ꝺ *before* ealle; synna synd manna bearna for-gyfene ꝺ bysmerunga; hi bysmariað. 29. þonne; bismeriað; ecenysse forfynysse (*sic!*); bit eces gyltes seyldig. 30. cwæðen; un-clænne. 31. Da comon (*with large initial*); modor; ge-broðra; stoden; sendon; clypedon. 32. meniga; cwæðon; modor; broðra; secað. 33. him ꝺswarode; ge-broðra. 34. abuton. 35. modor; broðer; min swuster.

Ch. iv. 1. mænega; ge-gaderud; eall seo manega (*where the Hatton MS. omits* eall). 2. fela byspellen lærden; lære. 3. ge-hyreð. *Rubric in both MSS*. 4. feoll; þonne; comon; fræton.

27

28 *Amen dico uobis qoniam omnia dimittentur filiis hominum peccata et *34. ii.
lu. cxlvii.
mt. cxxlii.

blasphemiae quibus blasphemauerint. 29 qui autem blasphemauerit in spiritum sanctum non

habet remisionem in aeternum sed reus erit aeterni delicti. 30 quoniam dicebant

spiritum inmundum habet. 31 *Et ueniunt mater eius et fratres et foris stantes miserunt *35. ii.
lu. lxxxii.
mt. cxxx.

ad eum uocantes eum. 32 et sedebat circa eum turba et dicunt ei ecce mater

tua et fratres tui foris quaerunt te. 33 et respondens eis ait quae est

mater mea et fratres mei. 34 et circum-spiciens eos qui in circuitu eius sedebant ait

ecce mater mea et fratres mei. 35 qui enim fecerit uoluntatem dei hic frater meus et

soror mea et mater est.

CAP. IV.

1 *Et iterum coepit docere ad mare et congregata est ad eum turba multa ita ut in *XI. 36. ii.
lu. lxxvi.
mt. cxxxi.

nauem ascendens sederet in mari et omnis turba circa mare super terram erat. 2 et docebat

illos in parabolis multa et dicebat illis in doctrina sua. 3 audite ecce exiit seminans

ad seminandum. 4 et dum seminat aliud cecidit circa uiam et uenerunt uolucres et

comederunt illud.

---

28. soð ic cweðo iow ðætte alle forgefen bioðvn sunum monna ꝉ forleten synno ꝉ hio eofolsadun of ðæm hie
eofulsadun   29. soðe ðonne eofolsas on halge gastes ne hæfes forgefnisse in uenisse ah synnig ꝉ scyldig bið ðære
ecan scyld   30. forðon him cwedun ðon gast unclæne hæfeð   31. ꝉ comun moder his ꝉ broðro ꝉ ute stondas
sendun to him cegende ꝉ cegdun to him   32. ꝉ gisætt ꝉ setun ymb hine ðe ðreatt ꝉ cwedun him heonu moder
ðin ꝉ broðro ute soecas ðec   33. ꝉ ond-sworude him cwæð hwæt is moder min ꝉ broðro mine   34. ꝉ ymb
locade ꝉ scoowade him ꝉ ða ðaðe vtan ymb heop his setun cwæð heonu moder min ꝉ broðro mine   35. soðe forðon
doeð willu godes ðes broðer min ꝉ swester min ꝉ moder is
   Cap. IV. 1. ꝉ ofter sona ongann læra ꝉ to sæ ꝉ gisomnad wæs to him mengu ðreatas swa ðte in seip astag
gisette on sæ ꝉ all ðe ðreat ymb sæ ofer eorðo wæs   2. ꝉ lærde hia in bispellum monigum ꝉ lærde him in lare
his   3. giherde heonu eode ðe sedere ꝉ sawend to sawond (sic)   4. ꝉ miððy giseow oðer ꝉ sum gifeol ymb ða
strete ꝉ comun flegende ꝉ fretun ꝉ etun ðæt

D 2

5 Sum feoll ofer stan-scyligean þar hit næfde mycele corðan. ꝵ sona úp eóde. ꝵ forþam hit næfde corþan þicenesse.

6 þa hit up-eode. Seo sunne hit forswælde. ꝵ hit forscranc. forþam hit wyrtruman næfde.

7 ꝵ sum feoll on þornas. þa stigon ða þornas ꝵ forðrysmodon ꝧ. ꝵ hit wæstm ne bær.

8 ꝵ sum feoll on god laud ꝵ hit sealde upp-stigende ꝵ wexende wæstm; ꝵ án brohte þritig-fealdne; Sum syxtig-fealdne; Sum hund-fealdne;

9 And he cwæð. gehyre se ðe caran hæbbe to gehyranne.

10 ꝵ þa he ana wæs hine axodon ꝧ bigspell þa twelfe þe mid him wæron.

11 ꝵ he sæde him. cow is geseald to witanne godes ríces gerýnu; Þam þe úte synt ealle þing on bigspellum gewurþað.

12 ꝧ hi geseonde geseon ꝵ na ne ge-seon ꝵ gehyrende gehyren ꝵ ne ongyten þe læs hí hwænne sýn gescyrede. ꝵ him sín hyra synna forgyfene.

13 Ða sæde he him. ge nyton þis bigspell. ꝵ hu mage ge ealle bigspell witan;

14 Se þe sæwð. word he sæwð;

15 Soðlice þa synt wið þone weg þar ꝧ word is gesawen. ꝵ þonne hi hit gehyrað; Sona cymð satanas ꝵ afyrð ꝧ word þe on heora heortan asawen ys.

16 ꝵ þa synt gelice þe synt ofer þa stanscylian gesawen; Sona þænne hi ꝧ word gehyrað. ꝵ ꝧ mid blisse onfoð.

5 sum feoll ofer stanscylygean. þær hit næfde mycele corðan. ꝵ sone up-eode. ꝵ for þan hit næfde eorðe þicdnysse.

6 þa hit up-eode syo sunne hit for-swælde. ꝵ hit for-scranc. for þam hit writtrume (sic) næfde.

7 sum feoll on þornes. þa stigen þa þornes ꝵ hy for-þrismeden ꝧ. ꝵ hit wæstme ne bær.

8 ꝵ sum feoll on god land. ꝵ hit sealde up-stigende ꝵ wexende wæstme. ꝵ an brohte þrittig-fealdne. sum sixtig-fealdne. sum hundredfealdne.

9 Ænd he cw̄. ge-here se þe caren hæbbe to ge-herenne.

10 ꝵ þa he anc wæs. hyo hine axoden. ꝧ by-spelle þa twelfe þe mid hym wæren.

11 ꝵ he saide heom. cow is ge-seald to witene godes rices ge-rinen. Þam þe ute synd ealle þing on byspellen ge-wurðað.

12 ꝧ hyo seonde ge-seon. ꝵ nane ge-seon ꝵ ge-hyred ge-heren ꝵ ne geoten þe læs hyo hwanne syo ge-cyrde. ꝵ heom scon heore synne for-gefene.

13 Ða saigde he heom. ge nyten þis byspell. ꝵ hu magen ge ealle byspell witen.

14 Se þe sawð. word he sawð.

15 Soðlice þa synde wið þanne weig. þær ꝧ word is ge-sawen. ꝵ þanne hyo hit ge-hered. sone cymð sathanas. ꝵ aferrð þæt word. þe on heora heortan a-sawen is.

16 Ænd þa synd ge-lice þe synde ofer þa stan-scyligen ge-sawen. Sona þan hy ꝧ word ge-hyrað. ꝵ ꝧ mid blisse on-foð

Various Readings.

5. A. stan-scylian. B. mycel. A. þycnysse. 6. A. wyrtruma. 7. A. stigan. A. forþrysmedon. 8. A. up-stygende; B. upstigende. A. þryttyg-fealdne wæstm. 9. A. goaran. 10. A. aesedon. 11. A. heom. A. synd. A. ge-weorðað. 12. A. hig. A. gehyron. A. ongiton. A. hig. A. gecyrrede. A. heora. 13. B. nihton. A. magon. 15. A. synd. A. hig. A. om. heora. 16. A. synd (bis). A. þonne hig.

Various Readings.

5. stau-scylygean; þiscnysse (sic). 6. for þan; wyrttrume. 7. þornas (bis); stigun; om. by; for-þrusemedon. 8. þritid-fealdne; hund-fealdne. 9. ge-hyre; cara habbe to ge-hyrenne. 10. big-spella; wæron. 11. sægde; wit-anne; gerynu; synt; [MS. Hatton *has* eall ealle, *by mistake;* MS. Reg. *has* ealle *only*]; byg-spellum. 12. geonde [*for* seonde]; nane [*for* nane=na ne]; ge-hyrend ge-byren; ongeoten; hwænne syn; heora; for-gyfene. 13. sægde; mage; byg-spel witan. 15. synd; weg; þonne; ge-hearð; satanas; afyrrð. 16. ꝵ þa synt; þe synd; stan-scyligan ge-sæwen; Sone.

29

```
           sum     ðc    feoll    ofer    stænas    ðer   ne   hæfde    eorðu   michel ꝥ menig   ꝥ   hræðe
        5  aliud  uero  cecidit  super   petrosa   ubi   non  habuit   terram      multam      et   statim

 upp-iornende wæs ꝥ arisæn wæs    forðon      næfde       heanisse    eorðes      ꝥ      ða   arison wæs ꝥ ða upp-eode
    exortum     est          quoniam   non  habebat altitudinem  terræ.   6 et quando        exortus  est

 sunna ge-drugade ꝥ forbernde   forðon      næfde      wyrtruma  gedrugade      ꝥ    sum    feoll  in  ðornum
   sól       exaestuauit        eo   quod  non  haberet  radicem  exaruit.    7  et  aliud  cecidit in  spinis

   ꝥ   astigon ꝥ upp-eodun  ðornas    ꝥ    under-dulfon    ꝥ     ꝥ   wæstm   ne   salde     ꝥ    oðer   feoll  on
   et    ascenderunt        spinæ    et    suffocauerunt  illud    et  fructum  non  dedit.   8  et  aliud  cecidit in

  eorðu    godum     ꝥ    salde    wæstm    stigende      ꝥ      wæxende      ꝥ    to-brohte   enne ꝥ an   ðrittig   ꝥ
  terram   bonam    et   dabat   fructum  ascendentem   et   crescentem   et   adferebat   unum      trigenta  et

  an     sexdig    ꝥ    an    hundrað       ꝥ   he cuoeð    so ðo hæfeð    caro   to heranne  geheræð      ꝥ
 unum   sexagenta  et  unum    centum.      9  et dicebat  qui habet aures  audiendi audiat.   10  et

  miððy   wæs   syndrigon        gefrægndon      hine   ða    ðaðe    mið  him  weoron  mið     * tuelf       bispell
  cum   esset  singularis     interrogauerunt   eum    hi    qui    cum   eo   erant  cum    duodecim     parabolas.

      ꝥ    cueð    to him  iouh   gesald   is   ꝥ ge wita    hernise    rices  godes ðæm  uutedlice ðaðe  uta  sint     * 37. i.
     11 et dicebat   eis    nobis  datum  est    scire     misterium   regni   dei  *Illis   autem  qui  foris sunt       lu. lxxvii.
                                                                                                                         io. cviiii.
  in  bispellum    alle    biðon        ꝥte  gesegon    gesæð      ꝥ    ne    goseað    ꝥ    ða herond  geheræð    ꝥ     mt. cxxxiii.
  in   parabolis  omnia   fiunt.    12  ut   uidentes  uideant   et   non   uideant   et   audientes   audiant   et

  ne    onenawæð      ðylæs    biðon gehworfed ꝥ gecerred    ꝥ    bið  forgefen  him    synna       ꝥ   cueð  to him
  non   intellegant   nequando     conuertantur           et    dimittantur   eis   peccata.    13  et  ait   illis

  ne  cunnige    bispell    ðas    ꝥ     huu      alle     bispello    gio go-cunnas ꝥ gio-cunna  gie magon      soðe
  nescitis    parabolam    hanc   et   quomodo   omnes   parabolas              cognoscetis.       .  14 *Qui    * 38. ii. lu.
                                                                                                                  lxxviii. mt.
    saueð    word     saueð     ðas uutedlice aron  seðe  ymb  woeg  ðer  bið gesauen    word    ꝥ  miððy       cxxxv.
  seminat  uerbum   seminat.    15 hi autem sunt qui circa uiam ubi seminatur uerbum et cum

  geherdon    sona    cuom ꝥ cymeð  ðe wiðorworda  ꝥ genioms  word    ꝥte   gesawon  wæs in hearta hiora
  audirent confestim    uenit       satanas    et  aufert uerbum quod seminatum est in corda eorum.

      ꝥ  ðas  sint   gelic     ðaðe  ofer    stænero  saueð ꝥ sauað  ðaðe   miððy  geherdon ꝥ geheræð   word     sona
     16 et hi sunt similiter  qui   super  petrosa  seminantur    qui    cum    audierint        uerbum    statim

  mið  glædnise  onfoeð    ꝥ
  cum  gaudio  accipiunt  illud.
```

---

5. oðer ꝥ sum soðlice gifeol ofer stænero ðer ne hæfde eorðo .... ꝥ hræðe up-iornende wæs forðon ne hæfde
heanisse eorðo   6. ꝥ ða aras ꝥ up-arnende wæs surine ꝥ drygde ꝥ forbernde ꝥ forðon ne hæfde wyrtruma adrugade
7. ꝥ oðer gifeol in ðornas ꝥ astigun ꝥ up-eadun ðornas ꝥ under-dulfun ðæt ꝥ wæstem ne salde   8. ꝥ oðro
gifeol on eorðo gode ꝥ salde wæstem stigende ꝥ wexendo ꝥ to-brohte an ꝥ enne ðritig ꝥ an sextig ꝥ an hundreð
9. ꝥ he cwæð seðe hæfeð earu to gihoranne gihere   10. ꝥ miððy wæs syndrigum gifrngnun hine ðæt ðaðe
mið hine werun mið twelf bispellum   11. ꝥ cwæð to him iow gisald is ðæt giwite ... rico godes ðæm ðonne
ðaðe uto werun in bispellum allo bioðon   12. ꝥ gisegun giscead ꝥ ne giseas ꝥ ða gihorend giheras ꝥ ne
on-cnawað ðy læs gihwerfed ꝥ gicerred bioðon ꝥ bið for-gefen him synne   13. ꝥ cwæð to him ne cunno ge bispell
ðas ꝥ hvv allo bispell gicunniga ꝥ magvn gicunniga   14 seðe saweð word saweð   15. ðas wutudlice arun seðo
ymb woeg ðer gisawen bið word ꝥ miððy giherdun sona com ꝥ cymeð ðe wiðer-worda ꝥ giniomæð word ðætte
gisawen wæs in hearta iowrum.   16. ꝥ ða sint gilice ðaðe ofer stænero sawen ꝥ sawendo bið ðaðe miððy giherdon
word sona mið glædnisse on-foas ðæt

17] hi nabbað wyrtruman on him. ac beoð unstaðolfæste.] syþþan upcymð deofles costnung] his ehtnys for þam worde;

18 Hi synd on þornum gesawen. ꝥ synd þa ðe ꝥ word gehyrað.

19] of-yrmðe] swicdome worold-welene.] oðra gewilnunga ꝥ word of-þrysmað.] synt buton wæstme gewordene.

20] þa ðe gesawene synt ofer ꝥ gode land. þa synd þe ꝥ word gehyrað] onfoð.] wæstm bringað. Sum þritig-fealdne. sum syxtig-fealdne.] sum hund-fealdne;

21 He sæde him cwyst þu cymð ꝥ leoht-fæt ꝥ hit beo under bydene asett. oððe under bedde. witegere ꝥ hit sy ofer candel-stæf asett;

22 Soðlice nis nan ðing behydd þe ne sy geswutelod; ne nis digle geworden. ac ꝥ hit openlice cume;

23 Gehyre gif hwa earan hæbbe to ge-hyranne.

24] he cwæð to him warniað hwæt ge gehyran.] on þam gemete. þe ge metað eow bið gemeten] eow bið ge-ict.

25 þam bið geseald þe hæfð] þam ðe næfð. eac ꝥ he hæfð him bið æt-broden.

26] he cw. godes rice ys swylce man wurpe god sæd on his land

27] sawe] arise dæges] nihtes.] ꝥ sæd. growe] wexe þonne he nat;

28 Soðlice sylf-willes seo corðe wæstm berað ærest gærs syððan ear. syþþan fullne hwæte on þam eare;

| 17] hyo næbbeð wertrumen on heom. ac beoð un-staðelfæste.] sedðan up kymd deofles costnunge] his ehtnyss for þam worde.

18 Hyo synden on þornen ge-sawen. ꝥ synden þa þe ꝥ word ge-hereð.

19] of-ermðe] swicedome weorld-welene] oðre wilnunge ꝥ word of-þresmed] synden buten wæstme ge-worðene.

20] þa ge-sawene sinde ofer þæt gode land. þa sinde þa þe ꝥ word ge-hered] on-foð] wæstme bringeð. sum þrittig-fealdne. sum sixti-fealdne.] sum hundfealdne.

21 End he saigde heom cwæðst þu cemð ꝥ leoht-fet ꝥ hit beo under bydene úsett odðe under bedde. witegere ꝥ hit syo ofer candel-stef úsett.

22 Soðlice nis nan þing be-hyd þe ne syo ge-swutelod. ne nis digle ge-worden ac ꝥ hit openlice cume.

23 Ge-hyre gyf hwa caren habbe to ge-heranne.

24] he cw̄. to heom. warniað hwæt ge ge-heren] on þam ge-mette þe ge meteð cow beoð ge-meten.] cow byð ge-eht.

25 þam beoð ge-seald þe hæfð.] þan þe næfð. eac ꝥ he hæfð him bið æt-broden.

26] he cwæð. Godes rice is swilce man þe worpe god sæd on his land.

27] sawe] arise daiges] nihtes.] ꝥ sæd growe] wexe þanne he nat.

28 Soðlice selfwilles syo eorðe wæstme byreð. ærest gærs.] sedðan ear. sydðan fullne hwæte on þam eare.

Various Readings.

17. A. hig. A.] ⁊ ac [*for* ac]. A. costung; B. costnunge. 18. A. hig. 19. A. world-welena; B. worolde-welene. A. ofþrysmiað. A. synd butan. 20. A. synd. 21. A. And he (*with large initial* A). A. aset. A. wite-geare. A. sig. 22. A. sig. 23. A. gearan. 24. A. cwyð. A. gehyron. A. yht [*for* ge-iet]. 26. A. worpe. 28. A. bereð. A. fulne.

Various Readings.

17. wyrtruman; unstadelfeste; syððam up cymð; costnung; ys ehtnys. 18. synd; þorne; synt; *om.* þe; gehyrað. 19. yrmðe; swicedome; of-ðrysmað; synt butan; ge-wordene. 20. synt (*bis*); *om.* þa; ge-hyrað; bringað; sixtig. 21. smgde; cwebst; cymð; fæt; aset; oððe; stæf. 22. be-hydd. 23. Ge-hyora; earan hæbbe. 24. ge-hyren; ge-meton; ge-eet. 25. þam; bið æt-brogden. 26. weorpe. 27. weoxe þonne. 28. sylf-willes; berað arest; *om.*]; syððan (*bis*); wæste.

31

```
       ꝥ   nabbað  wyrtryma                              soða ꝉ æfterðon    miððy arās costung   ꝥ
      17  et  non  habent   radicem   in  sō  sed  temporales  sunt      deinde          orta  tribulatione  et

   oehtnisse     fore    word     sona ꝉ hræðe  ge-ondspurnad bið          ꝥ  oðero  sint   ðaðe  on  ðornum
  persecutione  propter  uerbum   confestim    scandalizantur.       18  et  alii   sunt   qui   in  spinis

  bia saueð ꝉ sauas  ðas  sint  ðaðe  word    geheras                ꝉ  tolnisse   woruldes   ꝥ   lōswist   walana ꝉ weala
  seminantur         hi   sunt  qui   uerbum  audiunt.     19  et  aerumnas   saeculi   et   deceptio  diuitiarum

   ꝥ  ymb  æfterra ꝉ oðoro ꝉ hlaf  lust-giornisses     in-eoden    under-delfað  word      ꝥ  buta  wæstm  bið gemoetat
  et  circa   reliqua         concupiscentiae      introeuntes   suffocant    uerbum   et   sine   fructu  efficitur.

       ꝥ  ða   sint  ðaðe  ofer   eorðo   god    gesauen    sint  ða ðe  heras   word     ꝥ  onfoað     ꝥ
      20  et   hi    sunt  qui   super   terram  bonam    seminati  sunt  qui  audiunt  uerbum  et  suscipiunt  et

  wæstmiað    an   ðrittig  ꝥ   an    sextig   ꝥ   an   hundrað           ꝥ  he cuoeð   to him
  fructificant unum triginta  et  unum  sexaginta  et unum   centum.    21 *Et   dicebat     illis   * XII. 39. ii.
                                                                                                     lu. cxxxiii.
                                                                                                     lxxviiii.
  ahno ꝉ hueðor  cuom  leht-fæt ꝉ sæcceilla   ꝥto   under  mitta ꝉ fætt  gesetted bið  ꝉ  under  bod   ahne  ꝥto  ofer  mt. xxxii.
  numquid  uenit    lucerna       ut    sub      modio       ponatur    aut   sub  lecto  nonne ut  super

  leht-isærn ꝉ  bið gesettet           nis  forðon   ænig  ðing  ge-dogled        ꝥto   ne  bið  œd-caued  no
  candelabrum   ponatur.     22 *Non  enim  est  aliquid absconditum  quod  non  manifestetur  nec   * 40. ii.
                                                                                                     lu. lxxx.
                                                                                                     mt. xcii.
  aworden  wæs    degle     ah  ꝥte  in  oauung  cymeð        gif  hua  hæfeð  oaro  hernisses  gehornð           ꝉ
  factum   est   occultum  sed  ut   in  palam  ueniat.     23 siquis habet aures audiendi audiat.   24 *Et     * 41. ii.
                                                                                                     lu. lvi. mt. l.

  cuoeð  he  to him  geseað hunt  gie heras  on  sua  huælc  gewægo  gewoogen  gie biðon  oft gewoegen bið iowh
  dicebat  illis  uidete quid  audiatis   in   qua   mensura  mensi  fueritis   remetietur    uobis

   ꝥ  gesald bið ꝉ gooeced bið  iowh          seðe  forðon  hæfeð  gesald bið  him   ꝥ  seðe     næfeð    uutedlice  ꝥto
  et     adicietur         uobis.     25 *Qui  enim habet   dabitur   illi   et  qui  non  habet  etiam quod  * 42. ii.
                                                                                                             lu. ccxxx.
                                                                                                             mt. celxxi.
  hæfeð  genumen bið  from him        ꝥ  he cuoeð  ðus  is    ric   godes    huu  suæ      gif  mon
  habet   auferetur    ab  illo.   26 *Et  dicebat sic  est  regnum  dei  quemammodum  si  homo    * 43. x.

  worpað  ðone sawonde ꝉ sodere  on   eorðo        ꝥ  slepias ꝉ slepeð    ꝥ     arisað   on  næht  ꝥ on  dæg    ꝥ   sēd
  iaceat     sementem          in  terram.    27  et   dormiat    et exsurgat nocte  ac  die  et  semen

  wœxað ꝉ wyrtrumiað  ꝥ inwœxað   ða huilo ne wat  ðo         lustum forðon oorðo wæstmiað  ærist   gers
  germinet  et increscat dum nescit ille.    28 ultro enim terra fructificat primum herbam

  æfterðon  ðone ðorn  soðða     full    hwæte    in    eher
  deinde    spinam   deinde plenum frumentum in spica.
```

---

17. ꝥ ne habbað wyrtruma in him ah tido wexende worun sona miððy aras costung ꝥ oehtnisse foro wordo sona ꝉ hræðe gi-ond-spurnað bið 18. ꝥ oðre sindun ðaðe in ðornum sawas ða sint ðaðe word giheras 19. ꝥ tælnisse woorlde ꝥ lose-west willana ꝥ ymb æfter ꝉ oðero lust ꝉ giornisse in-eodun under-dolfas word ꝥ buta wæstme gimoetid bið 20. ꝥ ða siut ðaðe ofer eorðo gode gisaweno sindun ða sindun ðaðe giheras word ꝥ on-foað ꝥ wæstmas au ðritig ꝥ an sextig ꝥ an hundreð 21. ꝥ ho cwæð to him ahno ꝉ hwer cymeð lehtfæt ꝉ sæcela ꝥto under mitta ꝉ fæto bið gisæted sætte vnder bodde ahne ꝥto ofor leht-isærne gisæted bið 22. ne forðon is ænig gi-dogled sætte ne æt-eowud no bið ne giwordun wæs degle ah ꝥto in eowunga cymeð 23. gif hwelc hæfeð eara hernisse giheras 24 ꝥ cwæð to him gisoað hwæt ge giharas in swa hwelce giwogo giwogen gi bioðon eft giwoger. bið iow ꝥ gisald ꝉ giæced bið iow 25. seðe forðon hæfeð gisald bið him ꝥ seðe ne hæfeð wutudlice sætte hæfeð ginumen bið from him 26. ꝥ ho cwæð ðus is rice godes huv swa gif mon worpos ðone sawende on eorðo 27. ꝥ slopiað ꝥ arisas on næht ꝥ on dæge ꝥ sed wœceð ꝉ wyrtrymað ꝥ wœxeð ða hwilo ne watt ðo 28. lustum forðon oorðo wæstmas ærest gers æfter ðon ðone ðorn soðða full hwæte in œhher

29 And þon*ne* se wæstm hine forð-bringð. sona he sent his sícol forþa*m* ꝥ rip ǽt is.
30 ꝩ eft he cwæð. for hwa*m* geanlicie we heofena ríce. oððe hwylcu*m* bigspelle wið-mete we hit;
31 Swa swa senepes sæd. þon*ne* hit bið on corðan gesawen. hit is calra sæda læst þe on corðan synt.
32 ꝩ þon*ne* hit asawen bið hit astihþ. ꝩ bið calra wyrta mæst ꝩ hæfð swa mycele bógas ꝥ heofenes fugelas eardian magon under his scéade.
33 ꝩ manegu*m* swylcu*m* bigspellu*m* he spræc to hi*m* þæt hi mihton gehyran;
34 Ne spæc he na butan bigspelle. eall he his leorning-cnihtu*m* asundron rehte.
35 ꝩ sæde hi*m* þon*ne* æfen bið uton faran agen;
36 And þas menigu forlǽtan; hi onfengon hine swa he on scipe wæs. ꝩ oþre scipu wæron mid hi*m*.
37 ꝩ þa wæs mycel ýst windes geworden. ꝩ yþa he awearp on ꝥ scyp ꝥ hit gefylled wæs
38 ꝩ he wæs on scipe ofer bolster slapende. ꝩ hi awehton hine ꝩ cwædon. ne be-limpþ to þe ꝥ we forwurþað.
39 ꝩ he arás ꝩ þa*m* winde bebead. ꝩ cwæð to ðære sǽ; Suwa ꝩ gestille. ꝩ se wind geswac þa. ꝩ wearð mycel smyltnes.
40 ꝩ he sæde hi*m* hwi synt ge forhte. gyt ge nabbað geleafan.

29 ꝩ þanne se wæstme hine forð-bringð.
soue he sent his sicel for þan ꝥ rip æt is.
30 And eft he cw̄. for hwan an-lichie we heofene ríce oðð̄e hwilcan bispellen wið-mete we hit.
31 Swa swa senepes sæd þanne hit beoð on corðan ge-sawen. hit is alre sæde læst þe on corðan synt.
32 ꝩ þanne hit asawen byð hit astihð ꝩ byð alre wirte mæst. ꝩ hæfð swa miccle boges. ꝥ heofenes fugeles eardian mugen under his sæade.
33 ꝩ manigen swilcen byspellen he spæc to heom ꝥ hyo mihten ge-heran.
34 Ne spæc he na buton byspellen ealle he his leorning-cnihten asundren rehte.
35 ꝩ saide heom þanne æfen beoð uten faren agen
36 ꝩ þa manige for-lætende. hyo onfengen hine swa he on scype wæs ꝩ oðre scype wæren mid hym.
37 ꝩ þa wæs micel yst windes ge-worðen. ænd yþa he awarp on ꝥ scyp ꝥ hit wæs gefelld
38 ꝩ he wæs on scype ofer bolster slæpende. ꝩ hyo awehten hine ꝩ cwæðen. ne be-lympð to þe ꝥ we for-wurðeð.
39 ꝩ he arás ꝩ þa*m* winde be-bead ꝩ cw̄. to þare sǽ. Swug ꝩ ge-stille. ꝩ se wind ge-swac þa. ꝩ warð mycel smoltnes.
40 ꝩ he saigde heom hwi synde ge forhte. gyt ge næbbeð ge-leafen.

Various Readings.

29. A. forð-brynes. 31. A. synd. 33. A. big. 34. A. spræc. 35. A. on-gean. 36. A. ꝩ þa mænigeo for-lætende big. 37. A. B. wæs gefylled. 38. A. hig. A. for-weorþað. 39. A. gestyl. 40. A. hwig synd.

29. þonne; brines; sicol. 30. hwam anlicie; oððe hwilleum bi-spellum. 31. þonne; bið; oalre. 32. þone; ealra wirta; bogas; fugelas; seade. 33. manegu*m* swylcu*m* bigspellum; mohton ge-hyran. 34. butan big-spelle; enihtan; asundran. 35. sægde; þonne afen byð ute færen. 36. monege; hy on-fengon; wæron. 37. ge-worden ꝩ yþa; ge-fylled. 38. awyhten; cwæðen; for-wurðeð. 39. Swuga; wearð; smyltnes. 40. sægde; synt; næbbeð ge-leafan.

33

⁊ miððy hine forð-brohte wæstm sona sende rip-isern forðon cwom rīpes tīd   ⁊
29 et cum sé produxerit fructus statim mittit falcem quoniam adest messis. 30 *Et *44. li.
                                                                                                 lu. clxvii.
                                                                                                  mt. cxxxvii.

cuoeð to hwæm we gelīc-lēta welle rīc godes ⁊ to huæm ða bispello miððy we gegearuagað ðæt
dīcebat cui adsimilabimus regnum dei aut cui parabolae cumparabimus illud.

       sum corn sinapis ⁊ miððy gesawen wæs on earðu læsest is allum seðum ðaðe
31. sicut granum sinapis quod cum seminatum fuerit in terra minus est omnibus seminibus quae

aron on eorðu   ⁊ miððy gesauen wæs astag ⁊ bið mara allum wyrtum ⁊ græsum ⁊
sunt in terra.   32 et cum seminatum fuerit ascendit et fit maius omnibus holeribus et

doeð ⁊ wyrcað telgo ⁊ twiggo miclo ðus ⁊ suæ þte his magon under scua his fuglas heofnæs bya ⁊ wunia
facit ramos magnos ita ut possint sub umbra eius aues caeli habitare.

      ⁊ mið ðullucum monigum bispellum he gespræc to him word sum suiðe his mæhton gehera buta
33 *Et talibus multis parabolis loquebatur eis uerbum prout poterant audire. 34 sine *45. vi.
                                                                                                    mt.cxxxvii[!].

biseno ⁊ bispello uutedlīce ne wæs spræcend ⁊ ne spræce to him syndrige uutedlīce ðegnum his toscændade ⁊
parabola autem non loquebatur eis *scorsum autem discipulis suis disse- *46. x.

trahtade ⁊ he sægde alle   ⁊ cwæ[ð] to him on ðæm dæge miððy efern ⁊ smyltnis were awordæn
rebat omnia. 35 *Et ait illis illa die cum sero esset factum *XIII. 47. li.
                                                                                   lu. lxxxiii.
                                                                                   mt. lxviiii.

fære wæ ofer togægnæs   ⁊ forleorton ðone here ⁊ forletende ðreat togenomon hine sum ðt[e] his weron in
transeamus contra. 36 et dimittentes turbam adsumunt cum ita ut erant in

scip ⁊ oðero scipo weron mið him   ⁊ geworden wæs wind-ræs ⁊ yrre michelo windes ⁊ ȳð
naui et aliae naues erant cum illo. 37 et facta est procella magna uenti et fluctús

sende ⁊ wæs fœrende in þ scipp sua þte gefylled wæs ðæt scip   ⁊ wæs ðe ⁊ he in scipp on ⁊ oferusa
mittebat in nauem ita ut impleretur nauis. 38 et erat ipse in puppi supra

bolstære slepende ⁊ awæhton hine ⁊ cuoeðon to him laruu ne to ðe byreð forðon ⁊ þ we sie dead ⁊ ne
ceruical dormiens et excitant eum et dicunt ei magister non ad té pertinet

recces ðu ⁊ we deado sie   ⁊ aras stiorend wæs to winde ⁊ cueð to ðæm sae swiga
quia perimus. 39 et exsurgens comminatus est uento et dixit mari tace

wes dum   ⁊ blann ⁊ hræste þ wind ⁊ geworden wæs smyltnisse miclo ⁊ michelo   ⁊ cueð to him hwæt
ommutesce et cessauit uentus et facta est tranquillitas magna. 40 et ait illis quid

frohte ⁊ forhto arogio ⁊ gobiðon ⁊ gesint ne gēt habbað ge ðone geleafu
timidi estis needum habetis fidem.

---

29. ⁊ miððy hine forð-brohte wæstem sona sende rip-isern forðon cem ripes tīdo. 30. ⁊ cwæð to hwæm we
gilic-lētan welle rīce godes ⁊ to hwæm ða bispol miððy we gi-goorwigas ðæt   31. swa ⁊ þte corn senepes ðæt
miððy gisawen wæs on eorðu lytel is allum sawendum ðaðe sind on eorðu   32. ⁊ miððy gisawen ... astigeð ⁊
bið mara allum grasum ⁊ wyrceð ⁊ doeð telgo ⁊ twigo miclo ðus þ him magun under scua his fuglas heofnes bya ⁊
wu[n]ige 33. ⁊ mið ðuslicum monigum bispellum hiæ sprooceas to him word swa swiðe hiæ mæhtum (sic) gihæra
34. buta bisine wutudlīce ne wæs spræconda to him syndrige wutudlīce ðegnum his sægde alle   35. ⁊ cwæð
to him on ðæm dæge miððy eforn wæs giworden fære we ofer togægnes   36. ⁊ forleortun ðone here to-ginomun
... swa þte him werun in scipe ⁊ oðro sciopu werun mið him   37. ⁊ giwordon wæs wind ⁊ yst micelo windes
⁊ ȳð færende ⁊ sendende in ðæt scip sende þte gifylled wæs ðæt scip   38. ⁊ wæs he ⁊ ðo in scipe on ⁊ ofer bolstre
slepende ⁊ awehtun hine ⁊ cwælun to him larew ne to ðe gibyreð forðon ðæt we deade ⁊ ne recces ðu ⁊ ah we
deado sie   39. ⁊ arisende ðe stiorend wæs windes ⁊ cwæð to ðæm sæ swiga wes dumb ⁊ blan ⁊ roste ðe wind
⁊ giwordon wæs smyltnisse micelo   40 ⁊ cwæð to him hwæt forhte aron ge ne gett habbæs ge gileofu.

E

41] hi micclum ege him ondredon.]
cwædon ælc to oðrum hwæt wenst þu hwæt
is ðes ꝥ him [wyndas]] sǽ hyrsumiað;

CHAPTER V.

Dis sceal on
trige dæg on
þære scofeȝan
wucan ofer
pentecosten.
Venit iheus
in regionem
gerasenorum
& exeunte ei
de naui statim
occurrit el de
monumentis.

1 Ða comon hi ofer þære sǽs muðan
on ꝥ rice. hierasenórum

2] him of scipe gangendum him sona
agen árn ún man of þam byrgenum on un-
clǽnum gaste;

3 Se hæfde on byrgenum seræf] hine nán
man mid racenteagum ne mihte gebindan.

4 forþam he oft mid fot-coppsum] ra-
centeagum gebunden. toslat þa raceteaga]
þa fot-coppsas tobræc.] hine nán man ge-
wyldan ne mihte.

5] symle dæges] nihtes he wæs on
byrgenum and on muntum. hrymende] hine
sylfne mid stanum ccorfende;

6 Soðlice ða he þone hælend feorran
geseah. he árn] hine gebæd.

7] mycelre stemne hrymende] þus cw̄.
eala mæra hælend godes sunu hwæt is me]
þe. Ic halsige þe ðurh god ꝥ ðu me ne
þreage;

8 Þa cwæð se hælend. eala unclæna
gast. ga of ðysum men;

9 Da ahsode he hine hwæt is þin nama.
þa cwæð he min nama is legio. forþam we
manega synt.

10] he hine swyðe bæd ꝥ he hine of
þam rice ne dyde.

11 þar wæs embe þone munt mycel
swyna heord lǽsgende.

41] hyo mychelen eige heom on-drædden.
] cwæðen ælc to oðren. hwæt wenst þu
hwæt is þes þe him windes] sǽ hersumiað.

CHAPTER V.

1 Þa comen hyo ofer þare sæs muðan
on ꝥ rice jerasenorum.

2] him of scipe gangenden him sona
agen arn an man of þam byregenen on un-
clænen gaste.

3 Se hæfde on byregene seref] hine nan
man mid racetegen ne mihte ge-binden.

4 for þan he oft mid fot-copsen] race-
tegen ge-bunden to-slat þa raketegen.]
þa fot-copses to-bræc.] hine nan man ge-
welden ne myhte.

5] symle daiges] nihtes he wæs on
byrigenne.] on munten remende.] hine
sylfne mid stanen ecorfende.

6 Soðlice þa he þane hælend feorren ge-
seah. he arn] hine ge-bæd.

7] mycelere stefne remde.] þus cwæð.
Eale mære hælend godes sune. hwæt is me
] þe. ic hælsige þe þurh god ꝥ þu me ne
ðreage.

8 Da cwæð se hælend. eala þu un-clænc
gast ga of þisen men.

9 Da axsede he hine hwæt is þin name.
Da cwæð he min name is legio. for þan
we manege synde.

10] he hine swiðe bæd ꝥ he hine of
þam riche ne dyde.

11 þær wæs ymb þanne munt mycel swin-
heord. læsiende.

Various Readings.

41. A. hig. A. mycelum; B. myclum. A. B. *insert
wyndus*], *which the text omits.*
Cap. v. 1. Rubric *from* A; B. *has the same, omitting
the Latin, but the scribe has added* probatio penue. A.
hig. A. gerasenorum. 2. A. ongean. 3. A. racetæagum.
4. A. B. fot-copsum. A. raceteágum. A. B. fot-copsas.
5. A. symble. 7. A. stefne. 8. B. *has* þu *inserted after*
eala, *above the line.* A. byssum. 9. A. acsode. A. loio.
A. synd. 10. A. nydde (*for* dyde]; B. dydde. 11. A.
þa. A. ymbe. A. læswigende; B. læswende.

Various Readings.

41. hy myclum; on-drædon; cwmdon; oðrum; ꝥ [*for*
þe]; windas; hyrsumiað.
Cap. v. 1. comon; hierasenórum. 2. gangendum; on
[*for* an]; byregnum; unclænum. 3. byregenum serœf;
racetegan. 4. fot-copeum; racentegan; racetogan; fot-
copsas; ge-wylden. 5. byrigennum; muntum hrymende;
stanum. 6. þene. 7. mycele stemne hrynde; eala; ha-
lend. 8. þisum. 9. axsode; nama; þam; manega synt.
10. bød; rice. 11. þonne; læswende.

⁊ ondreardon mið micelo fyrhto ⁊ hia cuedon   him bitwien   hua woenes ðu is ðes forðon ꝥ to
41 et timuerunt magno timore et dicebant ad alterutrum quis putas est iste quia

ðe wind ⁊ sæ heraꝥ ꝥ ědmodað him ꝥ hersumiað
et uentus et mare   oboediunt ei.

CAP. V.

⁊   cuomon   ofer swira ꝥ ofer luh ðæses on   lond   gerasenorum   ⁊ miððy cade him
1 et uenerunt trans   fretum   maris in regionem gerasenorum.   2 et exeunti ei

of scip recone togægnes arn him of byrgennum ꝥ of bendum mon in gast unclæne   seðe
de naui statim   occurrit   ei de   monumentis   homo in spiritu inmundo. 3 qui

hús ꝥ lytelo by hæfde in   byrgennum ⁊   ne hræcentegum huil ꝥ uutedlice ænig monn hine mæhte
   domicilium habebat in monumentis et neque   catenis   iam   quisquam eum poterat

gebinda   forðon oftust ꝥ symle mið feotrum ⁊ mið hræcentegum gebunden wæs   toslat   ða hræcengo
ligare.   4 quoniam   sepe   compedibus et   catenis   uinctus   disrupisset   catenas

⁊ ða fattro forbræc ꝥ toscœnde ⁊ nænig monn mæhte hine temma ꝥ halda   ⁊ symle næht ⁊
et compedes comminuisset et   nemo   poterat eum domare. 5 et semper nocte ac

dæge in byrgennum ꝥ in fæstnungum ⁊   morum   wæs ⁊ eliopende ⁊ falletande ꝥ ðærscende hine to stanum
die in   monumentis   et in montibus erat et clamans et   concidens   sé lapidibus.

       gesæh ða ðone hælond   fearr to gearn ⁊ worðade hine   ⁊ eliopponde stefne miclo
6 uidens autem ihesum á longe cucurrit et adorauit eum.   7 et clamans uoce magna

cuoeð hwæt me ⁊ ðe ðu hælond sunu godes ðæs heista ic halsigo ðec ðerh god ne mec ꝥ ðu mec ne
dicit quid mihi et tibi ihesu fili dei   summi   adiuro té per deum   ne   me

wurmece   cuoeð forðon to him gaa ðu gaast unclæne from ðæm menn   ⁊   gefregn   hine
torqueas. 8 dicebat enim illi exi spirite inmunde ab homine.   9 et interrogabat eum

hwælt ðe to noma is ⁊ cuoeð to him here to noma me is forðon monig we sindon 10 et + ꝥ xij.
                                                                                  ðusend ꝥ is
quod tibi nomen est et dicit ei legio† nomen mihi est quia multi sumus.   10 et + legio [ðis]
                                                                                  wæs diowla
biddende wæs ꝥ bæd hine suiðe lónga ꝥ te hine ne fordrife   buta ðæt lond   wæs uutedlice ðer ymb legio.
deprecabatur eum multum   né sé expelleret extra regionem. 11 erat autem ibi circa

ðone mor worn berga ꝥ swina miehil foedende
montem grex porcorum magnus pascens.

---

41. ⁊ ondreardun mið micelre fyrhto ⁊ cwedun bitwien him hwa woenestu is ðes forðon ⁊ wind ⁊ sæ heraꝥ
ꝥ eðmodað him.
Cap. V. 1. ⁊ comun ofer swira ꝥ ofer luh sæs in lond gerassenorum 2. ⁊ miððy eode to him of scipe togæg-
nes arn him of byrgennum ꝥ of bendum monn in gaste vnclænum.   3. seðe hus ꝥ byinge lytle hæfde in byrgennum
⁊ ne racentegum hwile ænig mon hine mæhte gibinda. 4. forðon oftust mið feoturvm ⁊ mið racontegum gibun-
den wæs to slat ða racentego ⁊ ða feoturo forbræc ꝥ toscænde ⁊ nænig mæhte hine tomma ꝥ gihalda   5. ⁊ symle
on næht ⁊ on dæge in byrgennum ⁊ on morum wæs eliopende ⁊ falletende hine on stanum   6. gisæh wutudlice
ðone hælend fearra to giarn. ⁊ to worðanne hine   7. ⁊ cliopande stefne micelre cwœð hwœ[t] me ⁊ ðe ðu hælend
sunu godes ðæs hesta ic halsige ðec ðerh god ne mec ne wræsse 8. cwæð forðon to him gaa gast unclæne
from ðæm menn   9. ⁊ gifrægn hine hwæt ðe noma is ⁊ cwœð to him here noma me is forðon monige wo
sindun (ꝥ is ðusend ꝥ xii ðusend ꝥ is legio ðis wæs diowla legio. [margin])   10. ⁊ biddende wæs hine longe ðæte
(sic) he hine fordrife butta ðæt lond   11. wæs wutudlice ðer ymb ðone mor worn berga ꝥ swina micelra foedende

E 2

12 ꝼ þa unclænan gastas hine bædon ꝼ cwædon; Send ús on þas swyn ꝧ we [on] hi gegán.
13 ꝼ þa lyfde se hælend sona. ꝼ ða eodon þa unclænan gastas on þa swýn. ꝼ on myclum hryre seo heord wearð on sǽ besccofen. twa þusendo ꝼ wurdon adruncene. on ðære sǽ;
14 ' Soþlice þa ðe hi heoldon flugon ꝼ cyddon on þære ceastre ꝼ on lande ꝼ hí ut codon ꝧ hi ge-sawon hwæt þar gedón wǽre.
15 ꝼ hi comon to þam hælende ꝼ hi gesawon þone ðe mid deofle gedreht wæs. gescrydne sittan. [ꝼ] hales modes. ꝼ hi him ondredon.
16 ꝼ hi rehton him þa ðe hit gesawon hu hit gedón wæs. be þam ðe deofolseocnesse hæfde ꝼ be þam swynum.
17 ꝼ hi bædon ꝧ he of hyra ge-mærum fore;
18 Þa he on scip code hine ongan biddan se ðe ǽr mid deofle gedreht wæs. ꝧ he mid him wære;
19 Him þa se hælend ne getiðode. ac he sæde him ga to þinum huse to þinum híwum ꝼ cyð him hu mycel drihten gedyde ꝼ he ge-miltsode þe;
20 And he ða ferde ꝼ ongan bodigean on decapolim hu fela se hælend him dyde. ꝼ hig ealle þæs wundredon;

21 A nd þa se hælend eft on scype ferde ofer þone muþan him com to mycel menigu ꝼ wæs ymbe þa sǽ.

12 ꝼ þa unclæne gastes hine bæden ꝼ cwæðen. Send us on þas swin ꝧ we hyo on gan.
13 þá lefde se hælend sone. ꝼ þa eoden þa un-clæne gastes on þa swin. ꝼ on myccelen rere se heord warð on sæ be-scofen twa þusende. ꝼ wurðan adruncen on þare sæ.
14 Soðlice þa þe hyo hielden flugen ꝼ cyddan on þare ceastre ꝼ on lande ꝼ hyo ut coden ꝧ hyo ge-seagen hwæt þær ge-worðan wære.
15 ꝼ hyo comen to þam hælende ꝼ hyo ge-seagen þane þe mid deofle ge-dreht wæs. ge-scridne sitten ꝼ hales modes. ꝼ hyo him on-dretten.
16 ꝼ hyo rehten heom þa þe hit ge-seagen. hu hit ge-don wæs be þam þe þa deofelseocnysse hæfde. ꝼ be þam swinen.
17 ꝼ hyo bæden ꝧ he of hire mæren fore.
18 Þa he on scyp eode hine on-gan byddan se þe ær mid deofle ge-dreht wæs. ꝧ he mid him wære.
19 Him þa se hælend ne ge-teiþede. ac he saigde him. ga on þinen huse to þinen heowen ꝼ kyð heom hu mycel drihten gedyde ꝼ he ge-miltsede þe.
20 ꝼ he þa ferde ꝼ on-gan bodigen on decapolim hu fele se hælend hym dyde. ꝼ hyo calle wundredon.

21 E nd þa se hælend eft on scype ferde ofer þane muðen him com to mycel menigeo. ꝼ wæs embe þa sæ.

Various Readings.

12. A. *inserts* on, *which the text and* B. *omit.* A. hig. gan; B. hig gán. 13. A. mycelum. A. B. bescofen. A. adruncen. 14. A. B. hig. B. flugun. A. cyðdon. A. B. hig. B. codun. A. B. hig. 15. A. B. hig (*bis*). A. B. *insert* ꝼ *which the text omits.* A. B. hig. B. ondredun. 16. A. B. hig. B. rehton. A. deofol-seocnysse; B. deofol-seocnessum. 17. A. B. hig. A. bædon hyne. A. heora. A. ferde [*for* fore]. 19. A. heom [*for second* him]. 20. A. ongann bodian. A. fæla. A. B. *omit* þæs. B. wundredon. 21. A. *om.* And, *and has* Da *with a large initial.* A. mænio; B. menigeo.

Various Readings.

12. cwæðon. Sænd; *om.* on *before* gan. 13. halend sona; mycelum ryre seo; wearð; be-scofen; wurðen adruncenne. 14. heoldon; cyddon; ge-sawon; ge-don wære. 15. halende; ge-sawon þonne; ge-dreht; sittan; on-dretton. 16. rehtum (*sic*); ge-sawon; deoful-seenysse; swinum. 17. bædon; hyora ge-mæron. 19. ge-tiþode; sægde; þinum (*bis*); heowum; cyð; ge-miltsode 20. bodigen; wundredon. 21. þone muðan; menegea.

37

⁊ bedon hine ða gaastas cweðende send usic in ðæm bergum ðte in him·⁊ in ðæm
12 et deprascabantur eum spiritús dicentes mitte nos in porcos ut in eos

we ingeonga·⁊ gæ ⁊ gelefde him·⁊ ðæm recene se hælend ⁊ miððy fœrende weron ða gástas unclæno
introeamus. 13 et concessit eis statim ihesus et exeuntes spiritus inmundi

in-eodon in ðæm bergum ⁊ mið miclo bræs·⁊ ongeong worn . todrifen wæs in sæ to twæm ðusendum
introierunt in porcos et magno impetu grex praecipitatus est in mare ad duo milia

⁊ under-drencdo wæron in sæ seðe·⁊ ðaðe uutedlíce foeddon hia geflugon ⁊ sægdon in
et suffocati sunt in mare. 14 qui autem pascebant eos fugerunt et nuntiauerunt in

ða coastre ⁊ in londum ⁊ fœrende woeron to geseanne huæt were ðæs wercæs ⁊ cwomon to ðæm
ciuitatem et in agros et egressi sunt uidere quid esset facti. 15 et neniunt ad

hælend ⁊ gesegon hine·⁊ ðene seðe from diowle gebered wæs sittende gecladed·⁊ gegerelad ⁊ hales ðohtes
ihesum et uident illum qui a dæmonio uexabatur sedentem uestitum et sane mentis

. ⁊ ondreardon ⁊ sægdon ðæm ðaðe gesegon hulic geworden were him seðe diowl
et timuerunt. 16 et narrauerunt illis qui uiderant qualiter factum esset ei qui dæmonium

hæfde ⁊ of bergum ⁊ bidda hine ongunnun ðte afirrade from gemærum hiora
habuerat et de porcis. 17 et rogare eum coeperunt ut discederet á finibus eorum.

⁊ miððy astigon ðæt scip ongann hine gebidda seðe from diowle auæled·⁊ gebered wæs ðte *48. viii.
18 *Cumque ascenderunt nauem coepit illum deprœcari qui dæmonio uexatus fuerat ut   lu. lxxxiiii.

were mið him ⁊ ne forleort hine ah cuæð to him gaa in hus ðin to ðinum ⁊
esset cum illo. 19 et non admisit eum sed ait illi uade in domum tuam ad tuos et

to-sæg him huu micla ðe drihten dyde ⁊ milsande sie ðines ⁊ eode ⁊ ongann
adannuntia illis quanta tibi dominus fecerit et misertus sit tui. 20 et abiit et coepit

bodiga in ðær byrig huu micla him dyde se hælend ⁊ alle gewundradon ⁊ miððy *XIIII.49.it.
prædicare in decapoli quanta sibi fecisset ihesus et omnes mirabantur. 21 *Et cum lu. lxxxv.
                                                                                   mt. lxxiiii.

oferstag se hælend in scip eft ofer ðæt luh efne-cwom ðread menigo to him ⁊ wæs
transcendisset ihesus in naui rursus trans fretum conuenit turba multa ad illum et erat

ymb sæ
circa mare.

---

12. ⁊ bedun hine gastas cweðende send usih in ða bergas ðte we in hia ingonge·⁊ ingæ 13. ⁊ gilefde him
sona ðe hælend ⁊ miððy fœrende werun gastas unclæne in-eodun in ða bergas ⁊ micle ræse·⁊ ongonge worn todrifen
wæs on sæ to twæm ðusendum ⁊ adrencte wæron on sæ 14. seðe wutudlíce foedde hiæ giflugun ⁊ sægdun in
ðær cæstre ⁊ on londum ⁊ fœrende werun to seanne hwæt were ðæs wercæs 15. ⁊ comun to ðæm hælend ⁊
gisegun hine·⁊ ðene seðe from diowlum gibered wæs sittende giclænsad ⁊ hales giðohtes ⁊ on-dreordun 16. ⁊
sægdun ðæm ðaðe gisegvn hwelc giworden were ⁊ seðe diowol hæfde ⁊ of bergum 17. ⁊ bidda hine on-gunnan
ðte he afirde from gimærum hiora 18. ⁊ miððy astigun in ð scip ongan hine gibidda seðe from diowle awæled
wæs ðte were mið him 19. ⁊ ne forleorte hine ah cwmð to him gaa in hus ðin to ðinum ⁊ to sægganne
him hu micel ðe drihten dyde ⁊ milsende sie ðin 20. ⁊ eade ⁊ on-gan bodiga in ðær byrig hu micel him
dyde ðe hælend ⁊ alle giwundradun 21. ⁊ miððy ofer-stag ðe hælend in scip eft ofer þa luh efne-comun
ðreatas monige to him ⁊ wæs ymb ðone sæ.

22 ꝺa com sum of heah-gesamnungum iāirus hatte; ꝛ þa he hine gesoah he astrehte hine to his fotum

23 ꝛ hine swyðe bæd. ꝛ he cwæð; Min dohtor is on ytemestum siðe. cum ꝛ sete þine hand ofer hi ꝧ heo hal sy ꝛ lybbe;

24 Ða ferde he mid him ꝛ him fyligde mycel menigeo ꝛ þrungon hine;

25 ꝛ þa ꝧ wif ðe on blodryne twelf winter wæs.

26 ꝛ fram manegum læcum fela þinga þolode. ꝛ dælde eall ꝧ heo ahte. ꝛ hit naht ne fremode. ac wæs þe wyrse;

27 Þa heo be ðam hælende gehyrde heo com wið-æftan þa menigu ꝛ his reaf æt-hrán;

28 Soðlice heo cwæð gif ic fúrþon his reafes æt-hrine ic beo húl;

29 And þa sona wearð hyre blodes ryne adruwod. ꝛ heo on hire gefredde ꝧ heo of þam wite gehæled wæs;

30 And þa hælend on-eneow on him sylfum ꝧ him mægen of code. he cwæð bewend to þære menigu; Hwa æthran mines reafes.

31 þa cwædon his leorning-cnihtas þu ge-syxst þas menigu þe ðringende. ꝛ þu ewyst hwa æt-hran me;

32 And þa beseah he hine ꝧ he ge-sawe þæne ðe ꝧ dyde;

33 Ðat wif þa ondrædende ꝛ forhtigende com ꝛ astrehte hi be-foran him ꝛ sæde him eall ꝧ riht;

---

22 ꝛ þa com sum of heah-ge-samnengen Iairus hatte. ꝛ þa he hine ge-seah he astrehte hine to his foten.

23 ꝛ hine swiðe ge-bæð. ꝛ he cwæð. Min dohter is on ytemesten siðe. cum ꝛ sete þine hand ofer hyo ꝧ hye hal sige ꝛ libbe;

24 Þa ferde he mid hym ꝛ hym felgede micel menige ꝛ þrungen hine.

25 Ænd þa ꝧ wif þe on blodes rine twelf wintre wæs.

26 ꝛ fram manigen læcen feole þinge þolede. ꝛ dælde eall ꝧ hyo ahte. ꝛ hit naht ne fremede ac wæs þe wyrse.

27 Ða hi be þam hælende ge-hyrde hy com wið efte þa menigeo. ꝛ his reaf æt-ran.

28 Soðlice hyo cwæð gyf ic furðer his reaf æt-rine ic by hal.

29 ꝛ þa sone warð hire blodes rine a-druwede. ꝛ hyo on hire fredde þæt hyo of þam witege ge-hæled wæs.

30 And [þa] se hælend on-eneow on hym selfen þæt hym magen of code. he cwæð be-wend to þare mænige. Hwa æt-ran mine reaf.

31 Ða cwæðen his leorning-enihtes. Þu ge-seohst þas menigeo þe þrungen þe. ꝛ þu cwæðst hwa æt-ran me.

32 ꝛ þa be-seah hine ꝧ he ge-seahge þane þe ꝧ dyde.

33 ꝧ wif þa on-drædende ꝛ forhtigende com ꝛ astrehte hyo be-foren him ꝛ saigde him eall ꝧ riht.

Various Readings.

22. B. gesamnunegum. 23. A. dohter. A. ytemestan. A. B. hig [*for* hi]. A. sig. 24. A. mænie; B. menigu. 25. A. B. blodes ryne. 26. A. fæla. B. þinega. A. fremede. 27. A. mænegeo. 28. A. forþan. 30. A. mænigeo. A. myne reaf; B. mine reaf. 31. B. leormineg. A. gesyhst. A. mænegeo. 32. A. beseh. A. B. *om.* he *before* hine. A. þone. 33. A. B. hig.

Various Readings.

22. gesamnungum; hætte; fotum. 23. bead; dohter; ytemestum; heo hal syo. 24. heom; fyligde; menigeo; þrungen. 25. And; winter. 26. manegum læcum; þinga; eall; heo. 27. heo [*for both* hi *and* hy]; æften; menegeo. 28. heo; furðor; beo. 29. sona wearð; adruwod; heo; ge-fredde; wito [*where* MS. Hatton *wrongly has* witege]. 30. þa *is supplied from* MS. Reg.; sylfum; mægen; menegeo; æt-hran. 31. cwæðen; cnihtas; menigu; þryngande [*for* þrungen þe]; cwyðst. 32. ge-sawe. 33. astrihte; beforan; sægde.

˧ cuom sum monn of hehsomnungum genæmned wæs Iarus ˧. gesœh hine feoll ⊦ þ hleot ː to
22 et uenit quidam de archc-synagogis nomine iairus et uidens eum procidit ad

fotum his ˧ bæd hine longa cuoeðende forðon ⊦ þte dohter min in utmestum is
pedes eius. 23 et deprecabatur eum multum dicens quoniam filia mea in extremis est

cym on-sett hond ofer hia þte hia hál sie ˧ his hliðge ˧ eodo mið him ˧ fylgede
ueni inpone manus super eam ut salua sit et uiuat. 24 et abiit cum illo et sequebatur

hine ðreato menigo ˧ geðringdon hine ⊦ ðene ˧ ⊦ oe þ wif ðy wæs in utiorninse blodes
eum turba multa et comprimebant illum. 25 et mulier quae erat in proflu[u]io sanguinis

wintrum twoelfum ˧ wæs menigo ⊦ foolo ðrowungo ⊦ ðrouenda ⊦ geðolade from swiðe monigum leeum
annis duodecim 26 et fuerat multa perpesa á compluribus medicis

˧ mið ðy gesald wæs alle hire ðingo ne æniht (sic) gehalp ah swiðor wyrse hæfde mið ðy
et erogauerat omnia sua nec quicquam profecerat sed magis deterius habebat 27 cum

gehorde from hælend cwom in ðreat bi-hianda ˧ gehran woode his geeuoeð forðon
audisset de ihesu uenit in turba retro et tetigit uestimentum eius. 28 dicebat enim

forðon gif ⊦ gegerelo his ic hrino ic hal beom ⊦ gehæled ic biom ˧ breeone ⊦ sona gedrugad
quia si uel uestimentum eius tetigero salua ero. 29 et confestim siccatus

wæs esprynge blodes hiro ˧ gefoolde mið lichoma þte gehæled were from adle ˧ sona
est fons sanguinis eius et sensit corpore quod sanata esset á plaga. 30 et statim

ðe hælend ongeat on hine seolfne þ mæht seðe eode from him efne-gecerde to ðæm folce he geewoeð
ihesus cognoscens in semetipso uirtutem quae exierat de eo conuersus ad turbam aiebat

hwa gehran gewedo mino ˧ cwoeden to him ðegnas his ðu geslist ðæt ðreat ðringende
quis tetigit uestimenta mea. 31 et dicebant ei discipuli sui uides turbam comprimentem

ðee ˧ ðu cuocðes hua me gehran ˧ ymb-seeawade to geseanne hia ⊦ ðailec ðiu ðis dyde
té et dicis quis me tetigit. 32 et circumspiciebat uidere eam quae hoc fecerat.

þ wif uut*edlíce* ondreard ˧ forhtade wiste þte geworden were on hir euom ˧ gefeall befora
33 mulier autem timens et tremens sciens quod factum esset in só uenit et procidit ante

hine ˧ cuoeð to him all þ soðest
eum et dixit ei omnem ueritatem.

34 þa cwæð se hælend. dohtor þin geleafa þe hale gedyde. ga þe on sibbe ⁊ beo of ðisum hal;

35 Him þa gyt sprecendu*m* hi comon fra*m* þa*m* heah-gesamnungu*m* ⁊ cwædon; Ðín dohtor is dead. hwi drecst þu leng þone lareow;

36 þa he ge-hyrde ꝥ word þa cwæð se hælend ne ondræd þu ðe gelyf for án;

37 And he ne lét hi*m* ænigne fyligean. buton petru*m*. ⁊ iacobu*m*. ⁊ iohanne*m*. Iacobes broðor

38 ⁊ hi comon on þæs heáh-ealdres hus. ⁊ he ge-seah mycel gehlyd wepende ⁊ geomriende;

39 And þa he ineode he cw̄. hwi synd ge gedrefede ⁊ wepað. nis þis mæden na dead ac heo slæpð;

40 Ða tældon hi hine; He þa callu*m* út adrifenu*m*. nam petru*m* ⁊ þæs mædenes modor. ⁊ þa ðe mid hi*m* wæron. ⁊ inn-eodon suwiende þar ꝥ mæden wæs.

41 ⁊ hire hand nam ⁊ cwæð. thalim-tha cumi. ꝥ is on ure geþeode gereht. mæden þe ic secge arís;

42 ⁊ heo sona aras ⁊ eode; Soðlice heo wæs twelf wintre. ⁊ ealle hi wundredon mycelre wundrunge.

43 ⁊ he hi*m* þearle bebead ꝥ hi hyt nanu*m* men ne sǽdon ⁊ he het hire etan syllan;

34 Ða cwæð se hælend. dohter þin geleafe þe hæle ge-dyde. ga þe on sibbe ⁊ beo of þisen hal.

35 Hym þa gyt spræcenden hio comen fram þam heah-samnungen ⁊ cwæðen. Ðin dohter ys dead hwi drecst þu leng þane lareow.

36 Ða he ge-herde ꝥ word. þa cwæð se hælend ne on-dræd þu þe ge-lef for an.

37 Ǽnd he ne let hym anigene felgian. buton petrum ⁊ Iacobum ⁊ Iohannem Iacobes broðer.

38 ⁊ hyo comen on þas heah-ealdres hus ⁊ he ge-seah mycel ge-hled wepende ⁊ gemeriende.

39 ⁊ þa he in-eode he cwæð. Hwi sende ge gedrefede ⁊ wepeð nis þis mæden dead. ac hyo slepð.

40 Ða tealden hyo hym. He þa ealle ut-adrifene. nam petru*m* ⁊ þas mâidenes moder ⁊ þa þe mid heom wæren ⁊ in-eode swigende þær þæt maiden wæs.

41 ⁊ hire hand nam ⁊ cwæð. thalim-thacumi. ꝥ is on ure þeode ge-reht. maide þe ic segge aris.

42 ⁊ hyo sona aras ⁊ eode. Soðlice hyo wæs twelf wintre ⁊ ealle hyo wundredon. mycelere wundrunge.

43 ⁊ he heom þearle be-bead ꝥ hyo hit nanen men ne saiden. ⁊ he het hire syllen æten.

Various Readings.

34. A. dohter. A. þyssu*m*. 35. A. B. hig. B. gesamnunegu*m*. A. hwig. B. drectu, *altered to* drecst þu. B. lencg. 37. A. nænigne. B. fylgean. A. broðer. 38. A. B. hig. A. *om.* heah. A. gesch. A. geomrigende. 39. A. hwig. A. B. *om.* na. 40. A. hig. A. moder. A. in-eodon swigende. 41. A. thalym. thacui (*with* thabi thá cumi *above*); B. thalim thacumi. 42. A. B. hig. B. wundredun. 43. A. hig.

Various Readings.

34. dohtor; hale; þisu*m*. 35. sprecendom; comon; samnungv*m*; cwæðon; dohtor his; þone. 36. ge-hyrde; gelyf. 37. ænigne fylgan; broðor. 38. comon; ge-seh; ge-hlyd wependre ⁊ geomriende. 39. synd; wepað; slæpð. 40. hine [*for* hym]; eallu*m* ut-adrifenu*m*; modor; hi*m* weron ⁊ in-eoden swugiende; mægden. 41. thalim thacumi *in both* MSS.; mæden. 42. wundrodon. 43. nánu*m*; sægdon; syllan etan.

41

he uu*tedlice* ꝥ ðonne cwoeð to hir la dohter geleafa ðin ðec hal dyde gaa in sibb ⁊ wæs hal
34 ille   autem   dixit ei   filia   fides tua té saluam fecit uade in pace et esto sana

from adle ðine   ða geona hine ꝥ he sprecende cuomon from ðæm folces aldormonn cuoðende forðon dohter
á   plaga tua.   35 adhuc   eo   loquente ueniunt ab arche-synagogo dicentes quia filia

ðin dead is humtd lenge ꝥ forðor styres ðu ðone laruu   so hælend uu*tedlice* word   ꝥte
tua mortua est quid   ultra   uexas magistrum.   36 ihesus autem uerbo   quod

gecuooden wæs gehœrde cuoeð to ðæm aldormenn nelle ðu ondrede ah ðæt ana nu gelef   ⁊ ne
dicebatur audito   ait arche-synagogo noli timere tantummodo crede.   37 et non

leort monigne monno to fylgenne hine buta petre ⁊ iacob ⁊ iohan broðor iacobes   ⁊
admisit quemquam sequi   sé nisi petrum et iacobum et iohannem fratrem iacobi.   38 et

cuomon in   hus ðæs aldormennes gesaeh ꝥ wanung ⁊ woepende ⁊ mœniende suiðe
ueniunt in domum arche-synagogi et uidet tumultum et flentes et heiulantes multum.

⁊ in-eode cuoeð to him huætd ꝥ forhuon arogle gestyred ⁊ gie hreamas ꝥ mægden ne is dead
39 et ingressus ait eis   quid   turbamini   et   ploratis puella non est mortua

ah slepod   ⁊ in-hlogun hine he hueðre miððy fordrifenum allum ꝥ miððy alle ute fordraf gonom
sed dormit. 40 et inridebant cum ipso uero   eiectis omnibus   adsumit

ðone fader ⁊ moder ðæra maedno ⁊, ðaðe mið him weron ⁊ infoerde ðer wæs ðæt mægden licende
patrem et matrem puellae et qui secum erant et ingreditur ubi erat puella iacens.

⁊ gebeald hond dœre mægdne cuoeð to hir ðis is ebrisc word   ꝥ is getrahtad in latin
41 et tenens manum puellae   ait illi talitha cumi quod est   interpraetatum

la dohter ꝥ la mœgdon ðo ic sœgo aris   ⁊ sona   arus ꝥ mægdon ⁊ ge-eode ꝥ geongeude wæs
     puella   tibi dico surge. 42 et confestim surrexit puella et   ambulabat

wæs uu*tedlice* wintra tuoelfe ⁊ fore-styldten feer-suige mið ðœr maasto   ⁊ bebead ðæm
erat autem annorum duo-decim et ob-stupuerunt stupore   maximo.   43 et praecepit illis

suiðe ꝥte nœnig monn ꝥ wisto ⁊ cuoeð sealla hir ætta
uehementer ut   nemo id aciret et dixit dari illi manducare.

---

34. he wutudlice cwæð him dohter gileofa ðin ðec hale gidyde gong in sibbo ⁊ wes hal from adle ðinum
35. ða geona he sprecende comon from ðæs folches somnungum cweðende forðon dohter ðin deod is hwæt
leng ꝥ forður styrestu ðone larow   36. ðe hælend wutudlice word ðætte gicweden wæs giherde cwæð to ðæm
heh-aldurmenn nelle ðu ðe on-dreda ah ðæt ana nu gilefes   37. ⁊ ne ge-leort monigne monno to fylganne ꝥ fylge
him buta petre ⁊ iacobe ⁊ iohanne broðor iacobes   38. ⁊ cømun to husum ðæs aldormennes ⁊ gisæh ða wanunga
⁊ woepende ⁊ mœnende swiðe   39 ⁊ in-eode cwæð to him hwæt arun ge onstyred ⁊ hreamas ðæt mœgden ne
is dead ah slepoð   40. ⁊ in-hlogun hine he hwæðre mið fordrifnum allum ginom ðone fæder ⁊ moder ðæs mægdnes
⁊ ða ðo mið him werun ⁊ in-foerdo ðer wæs ðæt mægden liegende   41. ⁊ giheold honda ðæs mægdnes cwæð
to hir ðis is ebrisc word ðæt is gitrahtad on lœden la dohter ðo ic sœge aris   42. ⁊ sona arus ðæt mægden
⁊ eode ꝥ gongende wæs, wæs wutudlice wintra twelfe ⁊ for-styltun swigungo micelre   43. ⁊ bibeod ðæm swiðe ꝥ
nænig mon wisto ⁊ cwæð sellas hir cata

F

CHAPTER VI.

1 And þa he ðanon eode he ferde on his eðel. ꝥ him folgodon his leorningcnihtas;

2 ꝥ gewordenum reste-dæge he ongann on gesamnunge læran ꝥ manege gehyrdon ꝥ wundrodon on his lare ꝥ cwædon; Hwanon synd þyssum ealle þas ðineg and hwæt is se wisdom þe him ge-seald is. ꝥ swylce mihta þe ðurh his handa gewordene synd;

3 Hu nys [þys] se smið marian sunu. iacobes broðor. ꝥ Iosepes. ꝥ iude [ꝥ] simonis. hu ne synt his swustra her mid ús. ꝥ þa wurdon hi gedrefede.

4 þa cwæð se hælend; Soðlice nis nán witega buton wurðscipe. buton on his eðele ꝥ on his mægðe. ꝥ on his húse;

5 And he ne mihte þar ænig mægen wyrcan. buton feawa untrume on-asettum his handum he ge-hælde.

6 ꝥ he wundrode for heora ungeleafan;

He ða lær[en]de þa castel be-ferde.

7 ꝥ him twelfe togeclypode. ꝥ agan hi sendan twam ꝥ twam. ꝥ him anweald sealde unclænra gasta.

8 ꝥ him bebead ꝥ hi naht on wege ne namon. buton gyrde áne. ne codd ne hlaf. ne feoh on heora gyrdlum;

9 Ac ge-sceode mid calcum ꝥ ꝥ hi mid twam tunecum gescrydde næron;

10 And he cwæð to him; Swa hwylc hús swa ge ingað. wuniað þar oð ꝥ ge út-gan.

CHAPTER VI.

1 And þa he þanen eode he ferde on his æðel. ꝥ him folgeden his leorningcnihtas.

2 ꝥ ge-worðene reste-daige he ongan on samnunge læren. ꝥ manege ge-hyrden ꝥ wundreden on his lare ꝥ cwæðen. hwanen synden þisen ealle þas þing ꝥ hwæt is se wisdom þe him ge-seald is. ꝥ swilce mihte þe þurh his handa ge-worðen synde.

3 hu nis þis se smið maria sune. jacobes broðer ꝥ iosepes. ꝥ iude ꝥ symones. hu ne synde his swustre her mid ús. ꝥ þa wurðen hyo ge-drefede.

4 þa cwæð se hælend. Soðlice nis nan witege buten wurdscipe. buton on his æðele. ꝥ on his mægðe ꝥ on his huse.

5 ꝥ he ne mihte þær anig mægen wercen. buton fewan untrume on-asetten his handan he ge-hælde.

6 ꝥ he wundrede for heore un-ge-leafen.

He þa lærende þanne castell be-ferde.

7 ꝥ him twelfe to ge-cleopede. ꝥ angan hyo sænden twam ꝥ twam. ꝥ heom anweald sealde un-clænre gaste.

8 ꝥ heom be-bead ꝥ hyo naht on weige ne namen buton gyrdel ane. ne cod. ne hlaf. ne feoh. on eowre gyrdlen.

9 Ac ge-scode mid calken. ꝥ ꝥ hyo twam tunecan ge-scridde næren.

10 And he cw̄. to heom. Swa hwile hus swa ge ingað. wunieð þær oððæt ge ut-gan.

Various Readings.

Cap. vi. 1. A. þanen; B. þanun. A. folgedon. B. loornineg. 2. A. ongan; B. angann. A. go-somnunge; B. ge-samnuuege. A. mænige; B. menege. A. wundredon. A. hwanon. B. þyng. 3. A. *inserts* þys, *which the text and* B. *omit.* A. broðer. A. B. *insert* ꝥ *before* simonis. A. synd. A. B. hig. 4. A. B. butan. A. weorð-scype. 6. A. lærende; B. lærde (*as in Corpus MS.*). 7. A. B. hig. B. anwald. 8. A. B. hig. A. naman; B. namun. B. hyra. 9. A. B. hig. B. nærun. 10. B. wunigað.

Various Readings.

Cap. vi. 1. Ænd; þanon; folgodon. 2. ge-wordenum; dæge; angann; menege ge-hyrdon ꝥ wundrodon; ewæðon hwanon synd þyssum; mihta; gewordon synd. 3. hwu; om. þis; smid marian sunu; broðor; simonis; swustra; wurdon. 4. hælend; witega buton wurðscipe. 5. ænig; wyrcean; fewa untrumma on-asettum handum. 6. heora un-geleafan; lærde (*sic*); þa castel. 7. ge-cleopode; agan (*sic*); sændon; unclænra. 8. wege ne namon; gyrde (*sic*); codd; hyo (*sic*) gyrdlum. 9. ge-sceode; calcum; tunecum; næron. 10. cwæð; wuniað.

CAP. VI.

1 *Et
    ꝥ foerde ðona eode in oeðel his ꝥ fylgedon hine ðegnas his
    egressus inde abiit in patriam suam et sequebantur illum discipuli sui. 2 *Et   *XV. 50. i.
                                                                            lu. xviiii.
gewarð haligdoeg + sunnadoeg ongann in somnung + in sprec lære ꝥ monigo geherdon gewundrade woeron   ia. lviiii.
facto sabbato coepit in synagoga docere et multi audientes admirabantur   mt. cxli.

in lár his cuoeðende hwona ðisum ðas alle ꝥ hwœlc is snytru ðiu gesald is him
in doctrina eius dicentes unde huic haec omnia et quae est sapientia quae data est illi

ꝥ mæhte ðullico ðaðe ðerh honda his biðon ge-doen ah-ne ðis is smið + wyrihte sunu
et uirtutes tales quae per manus eius efficiuntur. 3 nonne iste est faber filius

mariæs broðer iacobes ꝥ iosephes ꝥ ꝥ ahne ꝥ suoestro his her mið usic sint + biðon
mariae frater iacobi et ioseph et iudae et simonis nonne et sorores eius hic nobiscum sunt

ꝥ ge-ondspyrned weron in him ꝥ cuoeð to him se hælend forðon ne is witge buta
et scandalizabantur in illo. 4 *Et dicebat eis ihesus quia non est propheta sine *51. i.
                                                                       lu. xxi.
worðung + worðnis buta + ah on oeðel his ꝥ in cyððo his ꝥ in hus his ꝥ ne mt. cxlii.
honore nisi in patria sua et in cognatione sua et in domo sua. 5 et non

mæhte ðer mæht monige gewyrce buta hwon un-trymigo mið on-setnum hondum ge-gæmde + gehælde
poterat ibi uirtutem ullam facere nisi paucos infirmos inpositis manibus curauit.

ꝥ gewundrad wæs fore un-geleaffulniso hiora ꝥ ymb-eode ða portas utan-ymb gelærde
6 et mirabatur propter incredulitatem illorum *Et circumibat castella in circuitu docens. *52. ii.
                                                                       lu. clxviiii.
                                                                       mt. lxxvi.

ꝥ efne-geceigde tuoelfe ꝥ ongann hia sende tuoge ꝥ gesalde him + ðæm mæht gasta
7 *Et conuocauit duodecim et coepit eos mittere binos et dabat illis potestatem spiritum *XVI. 33. ii.
                                                                         lu. lxxxvii.
un-clænra ꝥ bebead him + ðæm ne æniht hia gelædde + genomo on woeg buta gerd an mt. lxxxii.
inmundorum. 8 et praecepit eis ne quid tollerent in uia nisi uirgam tantum

ne poha + posa ne hlaf ne on gyrdils mæslen ah gescoed mið ðuongum ꝥ ne ge-gearuad were
non peram non panem neque in zona aes. 9 sed calciatos sandalis et ne induerentur

mið tuæm tunucum + tuæm cyrtlum ꝥ ge-cuoeð to him sua hwider + suahwœlc gie gaas in hus
duabus tunicis. 10 *Et dicebat eis quocumque introieritis in domum *54. ii.
                                                                       lv. lxxxvii[i].
ðer wunað wið + oðð ðæt gie geonge ðona   mt. lxxxii.
illic manete donec exeatis inde.

Cap. VI. 1. ꝥ foerde ðona eade in oeðel his ꝥ fyligdun him ðegnas his   2. ꝥ giwarð halig-dæg on-gan in somnunga + in sprece læra ꝥ monige giherdun giwundrade werun in larum his cweðende hwona . . . ðas + ðissum alle . . . ðas is snytru + hwele gisald wæs him ꝥ mæhte ða ileu, ðaðe ðerh honda his gidoen bioðon   3. ah ne ðis is smiðes sunu ꝥ maria broðer iacobes ꝥ iosepes ꝥ iudæs ꝥ simonis ah ne swester her usih mið sindun ꝥ onspyrnade werun in him   4. ꝥ cwæð to him ðe hælend forðon ne is witga buta worðunge buta on oeðle his ꝥ on cyððo his ꝥ in huse his   5. ꝥ ne mæhte ðer ænig . . . giwyrcan buta hwon untrymige mið onsetnum honda gongende + gihælde   6. ꝥ giwundrad wæs fore ungileoffulnisse hiora ꝥ ymb-eode ða portas utan ymb gilærde   7. ꝥ efne gicegde twelfe ꝥ ongan hiæ senda twoege ꝥ gisalde him mæhte gasta unclænra   8. ꝥ bibead him ðæt nænliht hiæ gilædde on woeg butan gerde ane ne pohha + posa ne hlaf ne on gyrdelse mæslen   9. ah giscoed mið ðwongum ꝥ ne gi-georwad were mið twæm tunucum   10. ꝥ gi-cwæð to him swa hwider swa ge gaas in hus ðer wunað wið + ðæt ge gæ ðona

11 ꝥ swa hwylce swa eow ne ge-hyraðˇ. þonne ge þanon ût gaðˇ ûsceacaðˇ ꝥ dust of eowrum fotum. him on ge-witnesse;

12 And ût-gangende hi bodedon ꝥ hi dædbote dydon

13 ꝥ hi manega deofol-seocnessa ût-adrifon. ꝥ manega untrume mid ele smyredon ꝥ gehældon ;

14 And þa gehyrde herodes se cyng þæt; Soþlice his nama wæs swutol geworden ꝥ he cwæðˇ; Witodlice Iohannes se fulluhtere of deaðˇe aras. ꝥ on him synd forþam mægenu geworht ;

15 Sume cwædon he is elias. sume cwædon he is witega swylce ân of þam witegum ;

16 Ða herodes ꝥ ge-hyrde he cwæðˇ ; Se iohannes þe ic be-heafdode se aras of deaðˇe ;

Dys godspel sceal innan hærefeste to sce iohannes messan. Misit herodes & tenuit iohannem. A. B.

17 Soðˇlice herodes sende ꝥ hêt iohannem gebindan on cwerterne. for þære herodiadiscan his broðˇar lâfe philippus. for þam ðˇe he nam hi;

18 Þa sæde Iohannes heróde. nys þe alyfed to hæbbenne þines broðˇer wîf;

19 Ða syrwde herodias ymbe hine ꝥ wolde hine of-slean ꝥ heo ne mihte;

20 Soðˇlice herodes on-dred Iohannem ꝥ wiste ꝥ he wæs rihtwis. ꝥ halig. ꝥ he heold hine on cwerterne. ꝥ he ge-hyrde ꝥ he fela wundra worhte ꝥ he luflice him hyrde;

21 Þa se dæg com herodes gebrydtide he ge-gearwode mycele feorme his ealdor-mannum. ꝥ þam fyrmestum on galilea.

---

11 ꝥ swa hwilce swa eow ne hereðˇ þanne ge þanen ut-gaðˇ. âscaceðˇ ꝥ dust of eowren foten hem on ge-witnysse.

12 ꝥ ut-gangende hyo bodedan ꝥ hyo deadbote dyden

13 ꝥ hyo manege deofel-seocnysse ut-adrifen. ꝥ manege untrume mid ele smereden ꝥ ge-hælden.

14 Ænd þa ge-hyrde herodes se kyng ꝥ. Soðˇlice his name wæs swutel ge-worðˇen. ꝥ he cwæðˇ. Witodlice johannes se fulluhtere of deaðˇe arns. ꝥ on him synd for þan manege ge-worht

15 sume cwæðˇen he is helias. sume cwæðˇen he is witege. swilc an of þam witegen.

16 þa herodes ꝥ ge-herde he cw̃. Se Johannes þe ic be-heafdede se aras of deaðˇe.

17 Soðˇlice herodes sende ꝥ het iohanne ge-binden on cwarterne. for herodiadiscan his broðˇer lafe philippus for þan þe he nam hyo.

18 Ða saigde iohannes herode. nis þe alyfeðˇ to hæbbe þines broðˇer wif.

19 Ða swerde herodias ymbe hine ꝥ wolde hine of-slean ꝥ hyo ne mihte.

20 Soðˇlice herodes on-drædde iohanne ꝥ wiste ꝥ he wæs riht-wis. ꝥ halig. ꝥ he heold hine on cwarterne. ꝥ he ge-hyrde ꝥ he fela wundre worhte ꝥ he lufelice him ge-hyrde.

21 Ða se daig com herodes ge-berde-tide. he ge-garwede micele feorme his ealdor-mannen. ꝥ þam fermestan on galiléé.

Misit herodes et tenuit Iohannem et uinxit eum in carcerem propter herodiadem.

Various Readings.

11. B. þanun. 12. A. B. hig. B. bededun. A. B. hig. 13. A. B. hig. A. deofel-seocnyssa. B. smyrdon. 14. A. cyning. A. nama swutel geworden wæs. 15. B. cwædun (2nd time). A. helias. 17. *Rubric;* B. adds— et uinxit eum in carcerem propter herodiadem. A. cwearterne. A. herodianiscan. A. broðˇer; B. broðˇer. A. B. hig. 18. A. habbenne. 20. A. cwearterne. A. lufelice. B. gehyrde. 21. A. gebyrd-tyde; B. gebyrdtide. B. mycle. B. ealdor-mannen.

Various Readings.

11. hiræðˇ þonne ; þanun ; a-scacaðˇ ; eowrum fotum him. 12. bededen ; dædbote dydon. 13. manega deofol-seocnyssa ut adrifen ; manega ; smyreden ; ge-hælden. 14. cyning ; swutel ge-worðˇen ; þam mænega. 15. cwæðˇen he his ; cwæðˇdon ; witega. swylce ; witegum. 16. ge-hyrde ; Iohannes ; beheafdede. 17. Iohanne ge-bindam (*sic*) ; cwerternum ; broðˇer ; for þam. 18. sægde ; alyfed to hæbbenne. 19. serwde (*where MS. Hatton is wrong*). 20. on-dred iohanne; cwærterne; feola wundra; lufelice. 21. ge-byrd-tide; gegarewode; mannen; fyrmestum; galilea.

45

         ꝺ sua-huelc seðe   ne   onfoeð   iuh   ne ge-hereð   iuh miððy gie gaas ðona scoacas ꝼ drygas   * 55. ii.
11 *Et quicumque non receperit uos nec audierint uos   exeuntes   inde   excutite   lv. cxliii.
                                                                                                                                                                             lxxxviii.
      ꝥ asca   of   fotum   iurum   in   cyðnisse   him   miððy geeado forobodadon ꝼ fore-sægdon   ꝥ   mt. lxxxv.
puluerem de pedibus uestris iu testimonium illis. 12 *Exeuntes   praedicabant   ut   * 56. ii.
                                                                                                                                                                             lv. xc.
                                                                                                                                                                             mt. cxliii.
    hreawnise   dedon   ꝺ diowlas monigo fordrifon ꝺ smirodon mið ole menigo untrymigo
paenitentiam agerent.   13 et daemonia multa eiciebant et ungebant oleo multos aegrotos

    ꝺ gehœldon   ꝺ   geherde   herodes cynig   eawunge   forðon geworden wœs noma his ꝺ   * XVII. 57. ii.
et sanabant.   14 *Et audiuit herodes rex manifestum enim factum est nomen eius et   lv. xc.
                                                                                                                                                                   mt. cxliii.

   cuoeð   forðon   iohannes ðe fullwihtere   eft arás from deadum ꝺ   forðon   un-woen sint   mæht
dicebat quia iohan[n]es baptista   resurrexit á mortuis et propterea inopinantur uirtutes

in him ꝼ in ðæm   oðero uutedlice cuoedon forðon helias is oðero ac cuoedon witgo is swelce
   in illo. 15 alii autem dicebant quia helias est alii uero dicebant propheta est quasi

     an from witgom   miððy ꝥ geherde herodes cuoeð ðone ic geceorf iohannes ðis from
unus ex prophetis. 16 *Quo audito herodes ait quem ego decollaui iohannen hic á   * 58. x.

   deadum   eft arás   se forðon herodes sende ꝺ geheald iohannen ꝺ geband hine in carcere   * 59. ii.
mortuis resurrexit. 17 *Ipse enim herodes misit ác tenuit iohannen et uinxit eum in carcere   lu. xii.
                                                                                                                                                     mt. cxliii.

      fore   herodiades   hláf   philipes broðer his forðon   lædde   hine   cuoeð forðon
propter herodiadam uxorem philippi fratris sui quia duxerat eum (sic). 18 *Dicebat enim   * 60. vi.
                                                                                                                                                   mt. cxlv.

  iohannes   herode ne is gelefed ðe to habbanne hláf   broðres ðines   herodia uutedlice gesetnado
iohannes herodi non licet tibi habere uxorem fratris tui. 19 herodias autem insidiabatur

him ꝺ walde ofslaa hine ne mæhte   herodes forðon ondreard iohannen wiste hine
illi et uolebat occidere eum nec poterat. 20 herodes enim metuebat iohannen sciens eum

  wor soðfæst ꝺ   halig   ꝺ   geheald   hine   ꝺ miððy geherde hine menigo he gedyde ꝺ lustlice
uirum iustum et sanctum et custodiebat eum et audito   eo multa faciebat et libenter

hine   geherde   ꝺ miððy dæg maecalic gecuom ꝼ geneolecde herodes cennise his farma ꝼ symbel
eum audiebat. 21 et cum dies oportunus   accidisset   herodes natalis sui   cenam

dyde ꝼ worhte ðæm aldormonnum ꝺ   holdum   ꝺ forwostum galilœas   † oꝼer ðrim
   fecit   principibus   et tribunis† et primis galilaeae.   hundradum
                                                                                                                                          tribunus bið
                                                                                                                                          forwost.

---

11. ꝺ swa hwelc swa ne onfoeð iow ne gi-hereð iow mið ðy gegas ðona scœcas ꝼ drygas ðu ascn ꝼ ðæt dust of
fotum iowrum in cyðnisse him   12. ꝺ ƿiððy giœdun to him forbodadun ꝥte hreonisse dedun   13. ꝺ diowlas
monige fordrifon ꝺ smiredun mið oele menigo untrymige ꝺ gihælde   14. ꝺ giherde herodes cynig eowunga
forðon giworden wœs noma his ꝺ cwœð forðon iohannes ðe fulwihtere eft aras from deuðe ꝺ forðon bia un-woeno
sint mœhte in him   15. oðro wutudlice …… oðro soðlice cwedun witgu is swelce an from witgum
16. miððy giherde herodes cwœð ðone ic ofceorf iohannen ðes from … eft aras   17. seðe forðon herodes
sende ꝺ giheold iohannen ꝺ giband hine in cerc-erne fore herodiades lufe philippes broðer his forðon lædde hine
18. cwœð forðon iohannes herodiado ne is gilefed ðe to habbanne lufe broðer ðines   19. herodiade wutudlice
giœttnade him ꝺ walde of-sla hine ne mæhte   20. herodes wutuꞎlice ondreord iohannes wiste hine wer
soð-fæst ꝺ ðæt hallig ꝺ giheold hine ꝺ giherde hine menigo he gidyde ꝺ lust-lice hine giherdun (sic)   21. ꝺ
miððy dæge macalice gicom ꝼ gineolicade herodes cennise his fœarne dyde ðœm aldur-monnum ꝺ holdum ꝺ forwestum galiles

22] þa ða þære herodiadiscan dohtor inn-eode] tumbode. hit licode heróde.] callum þam ðe him mid sæton; Se cing cwæð þa to ðam mædene. bide me swa hwæt swa þu wylle] ic þe sylle;

23 And he swór hire. soðes ic þe sylle swa hwæt swa þu me bitst. þeah þu wylle healf min rice;

24 Ða heo út eode heo cwæð to hyre meder; Hwæs bidde ic; Þa cwæþ heo. iohannes heafod þæs fulluhteres;

25 Sona þa heo mid ofste inn to þam cininege eode. heo bæd] þus cwæð; Ic wylle þ ðu me hrædlice on anum disce sylle iohannes heafod;

26 Þa wearð se cininęg geunret for þam aðe.] for þam ðe him mid sæton; Nolde þeah hi ge-unretan.

27 ac sende ænne cwellere] bebead þ man his heafod on ánum disce brohte; And he hine þa on cwerterne beheafdode.

28] his heafod on disce brohte] hit sealde þam mædene.] þ mæden hit sealde hire meder;

29 Ða his cnihtas þ ge-hyrdon hi cómon] his líc namon.] hine on byrgene ledon;

30 Soðlice þa ða apostolas togædere comon. hi cyddon þam hælende eall þ hi dydon] hi lærdon.

31] he sæde him; Cumað] uton gán onsundron on weste stowe.] us hwon restan; Soðlice manega wæron þe comon] agén-hwyrfdon] fyrst næfdon þ hi æton.

32] on scyp stigende. hi fóron onsundran on weste stowe.

22] þa þa þare herodiadiscen dohter in-eode] tumbede. hit licode herode.] callen þam þe him mid sæten. Se kyng cwæð þa to þam meigdene. bide me swa hwæt swa þu wille.] ich þe sylle.

23 Ænd he swor hire. Soðes ich þe sylle swa hwæt swa þu me bydst. þah þu wille half mine rice.

24 Þa hye ut eode. hyo cwæð to hire moder. Hwæs bidde ich. Þa cwæð hye. Iohannes heafed þas fulluhteres.

25 Sona þa hye mid efste in to þam kynge geode. hyo bæd] þus cwæð. Ic wille þ þu me rædlice on anen dissce selle johannes heafed.

26 Da warð se kyng ge-unrot for þan aðe.] for þam þe mid him sæten. Nolde þah hyo unrotan

27 ac sente ænne cwellere] be-bead þ man his heafed on anen dissce brohte. Ænd he hine þa on cwarterne be-heafdede.

28] his heafed on disce brohte.] hit scalde þam maigdene.] þ maigden hit scalde hire moder.

29 Ða his cnihtes þæt ge-herden. hyo comen] his lichame namen] hine on berigene leigdon.

30 Soðlice þa þa apostles to-gædere comen. hyo kydden þam hælende eall þ hyo dyden.] hyo lærden.

31] he saigde heom. Cumeð] uten gan asundran on weste stowe.] us hwon resten. Soðlice manege wæren þe comen] agen hwærfden] ferst næfden þ hyo æten

32] on scyp stigende hyo foren onsundren on weste stowe.

Various Readings.

22. A. dohter in-eode] tumbade. A. cyning; B. cineg. A. mædenne. 23. A. byddest. 25. A. ofeste. A. into. A. cyninge. A. sylle on anum disce. 26. A. cyning. A. þuh hig. ; B. þeah hig. 27. A. asende (for ac sende]. B. anne. A. cwelere. A. ewearterne. B. beheafdude. 28. A. *inserts* anum *before* disce. B. medyr. 29. A. hig. A. lychaman ; B. lic (*altered to* lichamon). A. byrgenne. 30. A. hig. A. B. hig. A. hig. 31. B. asundran, B. stowæ. A. ageon-hwyrfdon. A. B. hig. 32. A. D. hig. A. on-sundron. B. stowæ.

Various Readings.

22. hediadiscen (*sic*) dohter; ealle; sæton; cyning; mægdene; ic. 23. Ænd; ic; bitst; deäs [*for* þah]; healf. 24. heo; ic; heo [*for second* hye]; heafod. 25. hyo; cynge eode heo; anum disce sylle; heafod. 26. wearð; cyning; þam [*for* þan]; sæton; þeah. 27. sende anne; heafod; anum disce; cwærterne beheafdude. 28. heafod; mædene; mægden. 29. cnihtas; ge-hyrdon; lic namon; byrigene. 30. apostlas togædere comon; cydden; hælende; dydon; lærdon. 31. sæde; Cumað; uton; restan; manega wæron; comon; hwærfdon; fyrst næfdon. 32. foron onsundron.

ᚩ miꝥꝥy   in-eode   dohter   ꝥᚹᚱᚫ   herodiades ᚩ   plᚫgede   ᚩ   gelicade·ᚩ miꝥꝥy gelicade herode
22 cumque   introisset filia   ipsius   herodiadis et saltasset   et   placuisset   herodi.

ec miꝥ·ᚩ ᚫdgeadre ꝥᚹm hlingendum cynig   cuoeꝥ ꝥᚹm mᚫgdne giuig·ᚦwilnig from me ᚦte ᚦu willt·ᚦwᚫlle ᚩ
 simulque   recumbentibus   rex   ait   puellae   pete ǎ me   quod   uis   et

ic sello ꝥe   ᚩ   swor hir forꝥon·ᚦ ᚦte sum bwᚫt ꝥu gegiuas ic sello ꝥe ꝥah se   a half   rices
 dabo tibi.   23 et iurauit illi   quia   quidquid petieris   dabo tibi licet demedium regni

mines   ꝥiu miꝥꝥy from eode cuoeꝥ moeder hire huᚫt ic giuge wᚫlle ᚩ hiu cuoeꝥ heafud iohannis
 mei.   24 quae cum exisset dixit matri suae quid   petam   et illa dixit capud iohannis

fulwihteres   miꝥꝥy   inn-eode sona   miꝥ   oefeste   to cynige wilnade cuoeꝥ ic willo ᚦte
 baptistae. 25 cumque   introisset statim cum festinatione ad regem petiuit dicens nolo   ut

reconlice ᚦu selle me   in disc heofud iohannis fulwihteres   ᚩ un-rodsade se cyning fore
 protinus   des mihi   in disco capud iohannis baptistae.   26 et contristatus rex   propter

aꝥ gesuoeronum   ᚩ   fore   ec miꝥ restende   walde   hia   unrotsige   ah sende   ne walde
 iúsiurandum   et   propter simul recumbentes uoluit††   eam contristare.   27 sed misso † ·ᚱ noluit.

sceware   ge-beht to gebrenga heafud his   in   disc ᚩ   gccearf   hine in carchern   ᚩ
 speculatore praecepit ad-ferri capud   eius iu disco et decollauit eum in carcere.   28 et

to-brohte heafud his in disc ᚩ salde   ᚦ ꝥᚹm mᚫgdne ᚩ ᚦ mᚫgden cuoeꝥ moder his   miꝥꝥy
 attulit capud eius in disco et dedit illud   puellae et puella dicit matri sum.   29 quo

geherdon ꝥegnas   his   cuomon   ᚩ   lᚫdon lichoma his   ᚩ   gesetton   ᚦ   in   byrgenne
 audito discipuli eius uenerunt et tulerunt corpus eius et posuerunt illud in monumento.

         ᚩ efne-cwomon   ꝥa apostolas   to ꝥᚹm hᚫlende   eft-gesᚫgdon   him   alle   ꝥaꝥe dydon   ᚩ   *XVIII.
30 *Et con-uenientes   apostoli   ad   ihesum   renuntiauerunt illi omnia quᚫ egerant   et   6l. viii.
                                                                                                            lu. xci.
         lᚫrdon   ᚩ   cuoeꝥ to him cymes   sundrig   in   woestig styd ᚩ   restas   huon
            docuerant. 31 *Et ait illis uenite seorsum in desertum locum et requiescite pusillum * 62. x.

woeron   forꝥon ꝥaꝥe   cuomon   ᚩ eft-cuomon·ᚦ menigo ne   etes   first   hᚫfdon   ᚩ
 erant   enim   qui ueniebant et rediebant multi nec manducandi spatium habebant.   32 *Et * 63. vi.
                                                                                                mt. lxxvii.
astigedon   in scip   foerdon   in   ·woestig   styd   sunduᚱ
 ascendentes in naui abierunt in desertum locum seorsum.

---

22 miꝥꝥy in-eode dohter ꝥᚹre herodiades ᚩ plᚫgede ᚩ gilicade herode ᚫc miꝥ ꝥᚹm hlionendum cynig cwᚫꝥ ꝥᚹm
mᚫgdne giowa from me ꝥᚹtte ᚦu wylt ᚩ ic selo ꝥe   23. ᚩ swor hir forꝥon forꝥon (sic) ꝥᚹtc swa hwᚫt swa
ᚦu giowas ic selo ꝥe ah ꝥe all half rice min.   24. ꝥio miꝥꝥy from eade cwᚫꝥ to moeder hire hwᚫt giowigo
ih welle ᚩ hio cwᚫꝥ heofud iohannes ꝥᚹs fulwihteres   25. miꝥ ꝥy in-eode sona miꝥ oefeste to ꝥᚹm cynige
wilnade cwᚫꝥ ic wyllo ꝥᚹtte recunlice ꝥu selle me on disce heofvd iohannes ꝥᚹs fulwihteres.   26. ᚩ unrotsade
wᚫs ꝥe cynig fore aꝥum giswornum ᚩ fore co (sic) miꝥ restendum nalde hia uᚫrotsiga   27. ah sende sceawere·ᚦ
sceawende wᚫs beht to gibrenga·ᚦ to-brohte heofud his on disce ᚩ giceorᚱ hine in carc-erne   28. ᚩ to-brohte
heofud his on disce ᚩ salde ꝥᚫt ꝥᚹm mᚫgdne ᚩ ꝥᚫt mᚫgden salde moeder hire   29. miꝥ-ꝥy giherdun ꝥegnas
his comon ᚩ lᚫddun lic-homa his ᚩ settun ꝥᚫt in byrgenne   30. ᚩ efne comun ꝥa apostolas to ꝥᚹm hᚫlende
eft sᚫgdun him alle ꝥa ꝥe dydon ᚩ lᚫrdun   31. ᚩ cwᚫꝥ to him cumaꝥ ge syndrige in woestige stowe ᚩ
rᚹste him (sic) werun forꝥon ꝥa ꝥe comun ᚩ eft comun monige ᚩ ne etes firste hᚫfde   32. ᚩ astᚫgdun on scip
foerdun in woestig styd·ᚦ stowe sundrige

33 ꝥ gesawon hi farende. ꝥ hi ge-cneowon manega; And gangende of þam burgum þyder urnon. ꝥ him beforan comon;
34 And þa se hælend ðanon eode. he geseah mycele menegu. ꝥ he ge-miltsode him for þam þe hi wæron swa swa scēp þe nanne hyrde nabbað; And he ongan hi fela læran.
35 ꝥ þa hit mycel ylding wæs. his leorning-cnihtas him to comon ꝥ cwædon. þeos stow is wēste ꝥ tīma is forð agān.
36 forlæt þas menegu. ꝥ hi faran on ge-hende tunas. ꝥ him mete biegan. ꝥ hi eton;
37 Þa cwæð he sylle ge him etan; Ða cwædon hi uton gan. ꝥ mid twam hundred penegon hlafas biegan. ꝥ we him etan syllað;
38 Ða cwæð he hu fela hlafa hæbbe ge. gað ꝥ lociað. ꝥ þa hi wiston hi cwædon. fif hlafas ꝥ twegen fixas.
39 ꝥ þa be-bead se hælend ꝥ ðæt folc sæte ofer ꝥ grene hig.
40 ꝥ hi þa sæton hundredon ꝥ fiftigon.
41 ꝥ fif hlafum. ꝥ twam fixum onfangenum he on heofon locode ꝥ hi bletsode. ꝥ þa hlafas bræc. ꝥ scalde his leorning-cnihtum. ꝥ hi toforan him asetton. ꝥ twegen fixas him eallon dælde
42 ꝥ hi æton þa ealle ꝥ gefyllede wurdon;
43 And hi namon þara hlafa. ꝥ fixa lafe. twelf wilian fulle;
44 Soðlice fif þusend manna þara etendra wæron;

33 ꝥ ge-seagen hyo farende ꝥ hyo ge-cneowen manege. Ænd gangende of þam burgen þider urnen. ꝥ him be-foren comen.
34 ꝥ þa se hælend þanen eode. he geseah mycele menigeo. ꝥ he ge-miltsede heom. for þam þe hyo wæren swa swa scep þe nænne herde næbbed. ꝥ he on gan hyo feola læren.
35 ꝥ þa hit mycel ylding wæs his leorning-cnihtes him to comen ꝥ cwæðen. þeos stowe is weste ꝥ time is forð agan.
36 for-læt þas manigeo ꝥ hyo faren on ge-hende tunes ꝥ heom mete beggen ꝥ hyo etan.
37 Þa cwæð he selle ge heom etan. Da cwæðen hyo utan gan. ꝥ mid twam hundred panegen hlafes byggen ꝥ we heom æten syllen.
38 Ða cwæð he hu fela hlafe hæbbe ge gað ꝥ lokiað. ꝥ þa hyo wiston hyo cwæðen. fif hlafes ꝥ twegen fisces.
39 ꝥ þa be-bead se hælend þæt ꝥ folc sæte ofer ꝥ grene haig.
40 ꝥ hyo þa sæten hundredon ꝥ fiftigen.
41 ꝥ fif hlafen. ꝥ twam fiscen on-fangenen he on heofon lokede. ꝥ hyo bletsode. ꝥ þa hlafes bræc. ꝥ scalde his leorning-cnihten ꝥ hyo to-foren heom asetten. ꝥ twegen fixsces heom eallen dælde.
42 ꝥ hyo æten þa ealle ꝥ ge fylde wurðen.
43 And hyo name[n] þare hlafe ꝥ fixsce lafe twelf wilien fulle.
44 Soðlice fif þusend manna þare ætendre wæren.

Various Readings.

33. A. B. hig. (*twice*). B. gcencowun, B. burhgum. 34. A. þanon, A. mænigeo. A. B. hig. A. sceap. A. A. nænne. A.B. hig. A. fæla. 35. B. leornineg-cnihtas. 36. A. mænegeo. A. hig. A. faron; B. farun. A. byegon. A.B. hig. 37. A.B. hig. A. penegum. 38. A. fæla. A. byg. A.B. hig. 40. A.B. hig. A. hundredum. A. fyftegum; B. fiftigum. 41. A. heofen. A.B. big. A. bletsade. A.B. hig. A. eallum. 42. A. big. 43. A.B. hig. A. þara. A. B. lafa. 44. A. þara.

Various Readings.

33. ge-sawon; fwrende; manega; buhrgum; urnon; beforan comon. 34. þanon; menegeo; ge-miltsode; waron; sceap; hyrde nabbað; læron. 35. cnihtas; cwæðon; tima. 36. menega; tunas; byggan; eton. 37. sylle; cwæðon; vton; ponegon hlafas byegan; etan syllað. 38. hwu fele hlafa habbe; lociað; cwæðon; hlafas; twegge fiscas. 39. heig. 40. sæton; fiftigum. 41. hlafum; fyxum; on-fangenum; locode; hlofas; cnihtas; to-foran; asetton; fixas; dældon. 42. eton; wurdon. 43. namon þara; fiscæ; wylian. 44. þara etendre wæron.

ꝺ gesegon hia geongende ꝺ on-geton monigo ꝺ foeꝺemenn ꝺ of allum ceastrum
33 et uiderunt eos abeuntes et cognouerunt multi et pedestres et de omnibus ciuitatibus

efne-ge-uurnun ꝺider ꝺ before gecuomon hia . ꝺ eode gesaeh micelo ꝺreat se hælend ꝺ
concurrerunt illuc et praeuenerunt eos. 34 et exiens uidit multam turbam ih*esus* et

milsanꝺe wæs ofer hia forꝺon weron suelce scip ne hæfdon hiorde ꝺ ongann læra hia
misertus est super eos quia erant sicut oues non habentes pastorem et coepit docere illos

feolo-ꝼ monigo ꝺ miꝺꝺy soꝺlice stando ꝼ monigo wæs geneolecdon ꝺegnas his cuoꝺꝺende unbyed
multa 35 et cum iam mora multa fieret accesserunt discipuli eius dicentes disertus

is styd ꝺis ec soꝺ tid is fore-ge-ead ꝼ tid eade forlet hia ꝼ ꝺa ꝼte hia geonga in ꝺa nesta
est locus hic *Et iam hora praeteriuit. 36 dimitte illos ut euntes in proximas * fi4. i.
lv. xciii.
io. xluiiii.
gemæro ꝺ londo bycges-ꝼ ceapas him metto ꝺa ettes ꝺ geonduaearde cueꝺ to ꝺæm selles int. exluti.
uillas et uicos emant sibi cibos quos manducent. 37 et respondens ait illis date

him . eatta ꝺ cuoedon him miꝺꝺy ge-eadon bycge we miꝺ penningum tuæm hundum blafo ꝺ selle we
eis manducare et dixeru[n]t ei euntes emamus denariis ducentis panes et dabimus

him to ettanne ꝼ to brucanne ꝺ cuoeꝺ to him hu monig hlafo habbaꝺ gio gaaꝺ ꝺ geseaꝺ ꝺ miꝺꝺy
eis manducare. 38 et dicit eis quot panes habetis ite et uidete et cum

oneneawn ꝼ ongeton cuoeꝺon fif ꝺ tuoege fiscas ꝺ heht him ꝼte gesniꝺa gedyꝺon
cognouissent dicunt quinque et duos pisces. 39 et praecipit illis ut accumbere facerent

alle æfter ofer groene gers ꝺ to-dældon in dalum ꝺerh hundraꝺ
omnes secundum contubernia super uiride faenum. 40 et discubuerunt in partes per centenos

ꝺ ꝺerh fiftigum ꝺ miꝺꝺy weron onfence fif hlafo ꝺ tue fiscas locade in
et per quinquagenos. 41 et acceptis quinque panibus et duobus piscibus intuens in

heofne gebloedsade ꝺ gebrægo ꝺa hlafo ꝺ salde ꝺegnum his ꝼte hia gesetta before hia ꝺ tuoege
caelum benedixit et fregit panes et dedit discipulis suis ut ponerent ante eos et duos

fisces dælde allum ꝺ eton alle ꝺ gefyllod-ꝼ gefylde weron ꝺ genomen
pisces diuisit omnibus. 42 et manducauerunt omnes et saturati sunt, 43 et sustulerunt

ꝺa hlafo ꝺara screadunga tuoelf ceaulas fulle ꝺ of fiscum woeron uutedlice ꝺa ꝺe
reliquias fragmentorum duodecim cophinos plenos et de piscibus. 44 erant autem qui

brecon-ꝼ eton fif ꝺusendo wœro-ꝼ wœrana
manducauerunt quinque milia uirorum.

---

33. ꝺ gisegun him gongende ꝺ ongetun-ꝼ comun monige ꝺ foeꝺo men of · allum cæstrum efne-giurnun ꝺider
ꝺ bifora comon him 34. ꝺ eode gisæh micle ꝺreatas ꝺe hælend ꝺ milsende wæs ofer him ꝺa ꝺe werun swelce
scip ne hæfdun hiorde ꝺ on-gan læra him feolu-ꝼ monige 35. ꝺ miꝺꝺy soꝺlice stondas monige werun to-gineoli-
cadun ꝺegnas his oweꝺend him unbyed-ꝼ westig is stow ꝺis ec soꝺ tide is fore-giead 36. forlet hia ꝼ ꝺa ꝼ hie
gonge, in ꝺa nestu gimæru ꝺ lond byccas-ꝼ ceopias him mett ꝺa ꝺe eotas 37. ꝺ ondsworade cwæꝺ to him ꝺe
hælend sellas ꝺæm iow miꝺ to eotanne ꝺ ewedun him miꝺꝺy eadun goncge we-ꝼ ga we miꝺ peningum twæm
hundreꝺum blafa ꝺ selle we him to eotanne 38. ꝺ cwæꝺ to him hwæt hlafa habbas go gaꝺ ꝺ giseaꝺ ꝺ miꝺꝺy
oneneownan cwedun to him fife ꝺ twoege fiscas 39. ꝺ bibead him ꝼ hiœ gisnide... alle æfter... ofer groenum
hegge-ꝼ grœse 40. ꝺ gi-dældun him in... hundreꝺ ꝺ ꝺerh fiftigum 41. ꝺ miꝺ-ꝺy werun on efenne fif blafum
ꝺ... locade on heofnas gibletsade ꝺ bræc ꝺa hlafas ꝺ salde ꝺegnum bis ꝼte him gisette bifora him ꝺ twoege
fiscas dælde allum 42. ꝺ etun ꝺ alle ꝺ gifylde werun 43. ꝺ ginomun ꝺa lafe ꝺara scradunga twelf ceowlas
fulle ꝺ of fisco 44. werun wutudlice ꝺa ꝺe etun fif ꝺusend weorona

45 Ða sona he nydde his leorning-cnihtas on scyp stígan. þ hi him beforan foron ofer þæne muþan to beth-saida. oþ he þ folc for-lete;

46 And þa he hi for-let he ferde on þone munt ꝉ hine ana þær gebæd;

47 And þa æfen wæs þ scyp wæs on middre sǽ. ꝉ he ana wæs on lande

48 ꝉ he ge-seah hi on rewette swincende. him wæs wiðer-weard wind; And on niht embe þa feorþan wæccan he com to him ofer þa sǽ gangende. ꝉ wolde hi for-bu-gan;

49 Þa hi hine gesawon ofer þa sǽ gan-gende hi wendon þ hit unfǽle gast wære. ꝉ hi clypedon;

50 Hi ealle hine gesawon. ꝉ wurdon gedrefede ꝉ sona he spræc to him ꝉ cwæð; Gelyfaþ ic hit eom. ne þurfon ge eow on-drædan.

51 ꝉ he on scyp to him eode. ꝉ se wind geswác ꝉ hi þæs þe mú betwux him wun-dredon.

52 ne ongeton hi be þam hlafon; Soðlice heora heorte wæs ablend;

53 And þa hi ofer-segledon. hi comon to genesúr. ꝉ þar wicedon.

54 ꝉ þa hi of scipe eodon. sona hi hine gecneowon;

55 And eall þ ríce befarende hi on sæccingum bæron þa untruman. þar hi hine gehyrdon;

45 ÞA sona he nydde his leorning-cnihtes on scyp stigon þ hyo him be-foren foran ofer þanne muðan to bethsaida. oð he þ folc for-lete.

46 ꝉ þa he hyo for-let. he ferde on þanne munt. ꝉ hine ane þær ge-bæd.

47 Aud þa æfen wæs þ scyp wæs on midre sæ. ꝉ he ane wæs on lande.

48 ꝉ he ge-seah hyo on reowette swin-cende. heom wæs wiðerward wind. Ænd on nyht ymbe þa feorþan weccan he com to heom ofer þa sæ gangende. ꝉ wolde hyo for-bugen.

49 Ða hyo hine ge-seagen ofer þa sæ gangende. hyo wenden þ hyt un-fele gast wære. ꝉ hyo clypedon.

50 Hyo ealle hine ge-seagen ꝉ wurden ge-drefede. ꝉ sone he spræc to heom. ꝉ cw. Ge-lefeð ich hit em. nellen ge eow andreden.

51 ꝉ he on scyp to heom eode. ꝉ se wind ge-swæc. ꝉ hyo þas þe ma be-twcoxe heom wundredon.

52 ne on-geaten hyo be þam hlafan. Soð-lice heore heorte wæs ablend.

53 And þa hyo ofer-seigledon. hyo comen to genesar. ꝉ þær wicoden.

54 ꝉ þa hyo of scype eoden. sone hyo hine ge-cneowen.

55 Ænd eall þ rice be-farende. hyo on sæccinge bæren þa untrumen þær hyo hine ge-hyrden.

Various Readings.

(Rubric—B. dæg). 45. B. leornineg. A. B. hig. B. forun. A. þone. A. betsaida. 46. A. D. hig. 47. B. midre. 48. B. ge-seh. A. B. hig. A. ymbe. A. B. hig. 49. A. B. hig (twice). A. uneléene [for unfæle]. A. B. hig. 50. A. B. Hig. A. hyne ealle. B. gesawun ꝉ wundor (sic). A. nellan; B. nellen [for ne þurfon]. B. adrædan. 51. A. B. hig. A. betweox. 52. A. on-geaton. A. B. hig. A. blafum; B. hlafun. B. hyra. 53. A. B. hig. A. hig. 54. A. hig. A. B. hig. B. gecneowun. 55. A. hig (twice).

Various Readings.

45. cnihtas; stigan; be-foran; þonne. 46. þonne; ana; ge-bæd. 47. Ænd; efen. 48. ge-seh; rewette; forþan wæccan; eom; þam; for-bugen. 49. ge-sawon; so; un-fale; ware; clypedon. 50. ge-sawan; wurðon; sona he sprecð; Ge-lyfað ic hit eom; andrædon. 51. him; goswac; þæs; betweox. 52. on-geaton; heora. 53. hi ofer-sigledon; þar wicedon. 54. ge-cnewon. 55. eal; sæccingum baron þa untruman; hin ge-hyrdon.

51

⁊ sona ge-ðreatde ðegnas his astige ðæt scip ꝥ to hia fore-eode hine ofer luh
45 *Et statim coegit discipulos suos ascendere nauem ut praecederent cum trans fretum *63. ui.
mt. exluiii.

to ðær byrig ða hwile he forleorte ðæt folc ⁊ miððy forleorte hia ge-eode on mór
ad bethsaidam dum ipse dimitteret populum. 46 *Et cum dimisisset eos abiit in montem *XVIIII.
66. ii.
lu. xliii. xxxu.
mt. exluiii.

gebidda ⁊ miððy e[[c]ru-]-smolt woere wæs scip in middum sæwes ⁊ he ana on eorðu
orare. 47 *Et cum sero esset erat nauis in medio mari et ipse solus in terra. *67. llll.
io. II. mt. cl.

⁊ gesœh hia wynnende in rowineg wæs forðon wind wiðer-word him ⁊ ymb ða feorða
48 et uidens eos laborantes in remigando erat enim uentus contrarius eis et circa quartam

wacan nœhtes cuom to him geongende ofer sæe ⁊ walde bi-cerre hia soð hia ꝥ
uigiliam noctis uenit ad eos ambulans super mare et uolebat praeterire eos. 49 at illi ut

gesegon hine geongende ofer sæ hia woendon yfel wiht were ⁊ ceigdon ⁊ clioppadon
uiderunt eum ambulantem super mare putauerunt phantasma esse et exclamauerunt.

alle forðon hine gesegon ⁊ un-rodsad ⁊ gestyred weron ⁊ sona gesprecend wæs mið him ⁊ cwœð
50 omnes enim eum uiderunt et conturbati sunt et statim locutus est cum eis et dixit

to him gelefes ic am nallað gie ondrede ⁊ astag to him in scip ⁊ geblann ꝥ wind
illis confidite ego sum nolite timere. 51 *Et ascendit ad illos in nauem et cessauit uentus *68. ui.
mt. clii.

⁊ forðor suiðe bituih him stylton ⁊ suigdon ne forðon onencaun of hlafum wæs forðon
et plus magis intra sé stupebant. 52 non enim intellexerant de panibus erat enim

hearta hiora fore-geblind ⁊ fore-geðistrat ⁊ miððy ofer-foerdon ðerh cuemon on earðo
cór illorum obcoecatum. 53 *Et cum trans-fretassent peruenerunt in terram *69. ll.
lv. xxxui.
mt. cliii.

ðæs folces genatzeað ⁊ ⁊ miððy fœrende wœron of scip sona ongeton hine
gennesareth et applicuerunt. 54 cumque egressi essent de naui continuo cognouerunt eum.

⁊ ðerh wurnon all lónd ða ilca onguunun in berum hia ða ðe yfle hæfdun
55 et percurrentes uniuersam regionem illam coeperunt in grabatis eos qui sé male habebant

ymb beara ðer geherdon hine æd he were
circumferre ubi audiebant eum esse.

---

45. ⁊ sona giðreatade ðegnas his to stigaune in scip ꝥ hic fore-eode hine ofer luh to ðær byrig ða while
he forleorte ðæt folc 46. ⁊ mið-ðy forleort hiæ eade on mor gibidda 47. ⁊ mið-ðy efern ⁊ smolt wæs scip
on middum sæ ⁊ he ana on eorðo 48. ⁊ giseah hiœ winnende in rowineg wæs forðon wind wiðerword him ⁊
ymb ða fearða wæcune nœhtes corn to him ðe hœlend gongende ofer sœ ⁊ walde bicorra hiœ 49. soð him ꝥ
gisegun hine gongende ofer sœ hiœ woendun yfel wiht were ⁊ cliopadon ⁊ cegdun 50. alle ðaðe hine gisegun
⁊ gidrœfde ⁊ unrotsade werun ⁊ sona he sprecende wœs mið him ⁊ cwœð to him giteðts ic hitt am nallon ge
ondreda 51. ⁊ astag to him in scip ⁊ giblan ⁊ sette ðe wind ⁊ forðor swiðe bitwih him stylttun ⁊ swigadun ⁊
ðreadun 52. ne forðon onencowun of hlafum wæs forðon hearta hiora for-blindad 53. ⁊ mið-ðy foerdun ðerh
comun on eorðo ðæs folches genesares ⁊ a to plícā 54. ⁊ mið-ðy fmrende werun of scipo sona on-gotun hine
55. ⁊ ðerh urnun all lond ⁊ ðeade ða ilcu on-gunnun on berum him ða ðe yfel hæfdun ymb beara ðer hiœ giherdun
hine ꝥ he were

56 And swa hwar swa he on wíc oþþe on túnas eode. on stræton hi þa untruman ledon. ꝉ hine bædon ꝥ hi huru his refes fnæd æt-hrinon. ꝉ swa fela swa hine æt-hrinon hi wurdon hale.

56 Ænd swa hwær swa he on-wienede on tunas eoden. on stræten hyo þa untrumen leigdon. ꝉ hine bæden ꝥ hyo hwore his reafes flned æt-rinen. ꝉ swa fele swa hine æt-rinen hyo wurðen hale.

CHAPTER VII.

Dys sceal on wodnes-dæg on þære þryddan lenctan wucan.
A. B.
Accesserunt ad Ihesum. A.

1 Þa comon to him pharisei ꝉ sume boceras cumende fram hierusalem.

2 ꝉ þa hi ge-sawon sume of his leorning-cnihton besmitenum handum ꝥ is un-þwogenum handum etan. hi tældon hi ꝉ cwædon ;

3 Pharisei ꝉ ealle iudeas ne etað buton hi hyra handa gelomlice þwean. healdende hyra yldrena gesetnessa.

4 ꝉ on stréete hi ne etað buton hi ge-þwegene beon. ꝉ manega oþre synd þe him gesette synt. ꝥ is calicea frymða. ꝉ ceaca. ꝉ árfata. ꝉ mæstlinga ;

5 And þa axodon hine pharisei ꝉ þa boceras. hwi ne gað þine leorning-cnihtas æfter ure yldrena gesetnysse. ac besmitenum handum hyra hlaf þicgað ;

6 Ða andswarode he him ; Wel witegod isaias be eow liceteterum swa hit awriten is ; þis folc me mid welerum wurðað. soðlice hyra heorte is feor fram me.

7 on idel hi me wurðiað. ꝉ manna láre ꝉ bebodu læraꝥ ;

8 Soþlice ge forlætað godes bebod. ꝉ healdað manna laga. þweala ceaca ꝉ calica. ꝉ manega oþre þylce ðing ge doð ;

CHAPTER VII.

1 ÐA comen to hym farisej ꝉ sume bokeres cunende fram ierusalem.

2 ꝉ þa hyo ge-seagen sume of his leorniug-cnihten be-smitene handen ꝥ is un-þwogenen handen æten. hyo telden hyo ꝉ cwæðen.

3 Farisej ꝉ ealle iudeas ne ætcð buton hyo heore hande ge-lomlice þwean healdende hcora yldre ge-setnysse.

4 ꝉ on stræte hi ne æta. buton hyo ge-þwegen. beon. ꝉ manege oðre synde þe heom ge-sette synde. ꝥ is calice frymþa ꝉ ceaca. ꝉ apfata ꝉ manslage. (sic).

5 Ac þa axode hine farisej ꝉ þa boceres hwi ne gad þine leorning-cnihtes æfter ure yldrena ge-setnysse. ac be-smitenen handen heora hlaf þiggieð.

6 Ða andswerede he heom. Wel wite-gede ysaias be eow liceteren swa hit awriten is. Ðis folc me mid weleren wurðed. soð-lice heore heorten his feor fram me.

7 on ydel hyo me wurðiaꝥ. ꝉ manna lare ꝉ bebode læred.

8 Soðlice ge for-lætcð godes bebod. ꝉ healded manna lage. þweala ceaca ꝉ calica. ꝉ manege oðre þellice þing ge doð.

Various Readings.

56. A. hig (twice). A. reafes; B. riefes. A. fuædes æthrynan moston. A. fœla. A. hig.
Cap. vii. 1. A. farisei. 2. A. hig. A. cnyhtum. A. un-þwægenum. A. B. hig (twice). 3. A. B. farisei. A. hig heora. A. heora. A. gesetnyssa. 4. A. B. hig. A. byg. A. synd [for synt]. A. B. fyrmða. 5. A. acsodon. A. B. farisei. B. gesetednyssa. 6. A. B. witegode. A. lyceterum; B. liceterum. A. weorþað. A. heora. 7. A. B. hig. A. weorðiað. B. lara. 8. A. þwealu. A. þyllice.

Various Readings.

56. on wic oððe [for on-wienede]; stræton hi þa untruman legdon; huru [for hwore]; refus fned æt rinon; wurdon.
Cap. vii. 1. farisei; boceras. 2. ge-sawon; cnihtum be-smitenvm handum; un-þwogenum handum etan; tældon; cwæðon. 3. Farisei; etað; heora handa; hiora yldera ge-setnyssa. 4. etað; muneu; synt [for 2nd synde]; calycea fyrmpa (sic); apfata (sic) ꝉ mæstlinga. 5. Ænd; axsodon; boceras; gað; cnihtas; ge-settednysse; be-smite-num handan; þicgað. 6. andswarede; witegode; liceterum; weleren wurðað; hcorte is [where Hatton MS. has heortenhis indistinctly]. 7. lara ꝉ bebodu læred. 8. for-lætað; healdað; laga; manega; þyllice.

53

) swa huider infoerde in londum + in uicorum + in ceastrum in plæcum geseton
56 et quocumque introibat in uicos uel in uillas aut in ciuitates in plateis ponebant

ða un-trymigo) ge-bedon hine ꝥte + fasne gewoede his gehrinon) sua oftor gehri-
infirmos et depraecabantur eum ut uel fimbriam uestimenti eius tangerent et quot-quot tange-

non hine hale gewurdon
bant eum salui fiebant.

CAP. VII.

) ewomon toi him) sume oðer of uðuutum cymende from hierusolim
1 *Et conueniunt ad eum pharisaei et quidam de scribis uenientes ab hierusolimis. * xx. 76. x.

) miððy gesegon sume oðero from ðegnum his gemænelicum mið hondum ꝥ is un-ðuegenum
2 et cum uidissent quosdam ex discipulis eius communibus manibus id est non lotis

eata hlafo forcuoedon fordon) alle iudei buta oftor geðuogon
manducare panes uitu-perauerunt. 3 pharisaei enim et omnes iudaei nisi crebro lauerent

hondo ne etton gehealdon setnesse+selenisse aeldra) from ðing-stow sie gefulwuad ne
manus non manducant tenentes traditionem seniorum. 4 et a foro nisi baptizentur non

etton hia) oðero menigo sint ða ðe gesald aron ðæm + him to haldanne fuulwihta calica + disca)
comedunt et alia multa sunt quæ tradita sunt illis seruare baptismata calicum et

) gefrugnun hine) uð-uuto forhuon
urceorum et eramentorum et lectorum. 5 *Et interrogant eum pharisaei et scribae quare * 71. ul.
mt. cliii.

ðegnas ðine ne geongas æfter gesetnisse+geselenisse œldra ah un-clænum hondum eatas
discipuli tui non ambulant iuxta traditionem seniorum sed communibus manibus manducant

hlaf soð he onduearde cuocað to him wel gewitgade of . iuih legerum suæ
panem. 6 at ille respondens dixit eis bene prophetauit esaias do uobis hypocritis sicut

awritten is folc ðis mið muðum mec worðias hearta uutedlice hiora . long is from me in
scriptum est populus hic labiis me honorat cór autem eorum longe est á me. 7 in

idelnisse uutedlice mec worðias gelœrende larua boda monna oft forleorton forðon
uanum autem me colunt docentes doctrinas praecepta hominum. 8 relinquentes enim

beboda godes gie haldas setnesse monna fulwihta ombora) calica) oðero gelico
mandata dei tenetis traditionem hominum baptismata urceorum et calicum et alia similia

ðisum wundrum monigo
his facitis multa.

56.) swa hwider in-foerde in lond+in gimœru+in cœstre in plœsum settun ða untrymigu) gibedun hine
ꝥte + fœse giwœdun his gihrionon) swa oftor gihrionun him hale giwurdun
Cap. VII. 1.) mið-ðy comon to him ða aldu) sume oðre of uð-wutum cymende from hierusalem 2.)
mið-ðy gisegun sume oðre of ðegnum his gimetelicum mið honðum ꝥœt is un-ðwœgnum cotas hlafas for-cwœdun
him 3. aldv) alle iudeas buta oftor giðwogun honda ne etuin giheoldon setnesse+selnesse œldra 4.) from
ðing-stowe se gi-fulwad ne etuu) oðre menigu sindun ða ðe gisald arun him to haldanne ful-wiht calice)
on-bora hiora)... 5.) gifrœgn hine aldor-men) uð-wutu ewœðende forhwon ðegnas ðine ne gongas æfter
gisetnisse œldra ah un-clœnum hondum eotað hlafas 6. soð he ꝥworde cwœð him forðon wel gewitgade esaias
of iow legerum swa awriten is folche ðis mið muðe mec weorðas heorte wutudlice hiora long from me 7. in
idelnisse wutudlice mec worðas gi-lœrde larwas) bibodu monna 8. oft for-leortun hine bibodu godes gi-haldas
setnisse monna fulwiht on-bora hiora) calicœ) oðre gilice ðissum wundrum monig

9 Ða sæde he him. wel ge on idel dydon godes bebod þ ge eower laga healdon ;
10 Moyses cwæð. wurða þinne fæder ꝸ þine modor. ꝸ se ðe wyrigþ his fæder ꝸ his modor. swelte se deaþe ;
11 Soðlice ge cweþað. gif hwa segð his fæder ꝸ moder corbán þ is on ure geðeode gyfu. gif hwyle is of me þe fremað.
12 ꝸ ofer þ ge ne lætað hine ænig þing dón his fæder oððe meder
13 toslitende godes bebod. for cower stúntan lage þe ge gesetton. ꝸ manega oþre þing ðysum gelice ge doð ;
14 And eft þa menegu he him toclypede ꝸ cwæð ; Ge-hyraþ me calle ꝸ ongytað ;
15 Nis nán þing of þam men on hine gangende þ hine besmítan mæge ; Ac þa ðing þe of ðam men forð-gað. þa hine besmitað.
16 gif hwa earan hæbbe gehlyste me ;
17 And þa se hælend fram þære menegu eode his leorning-cnihtas hine án big-spell ahsodon;
18 Þa cwæð he. ꝸ synt ge þus un-gleawe ne on-gyte ge. þ call þæt utan cymð on þone man gangende. ne mæg hine be-smitan.
19 forþam hit ne gæð on his heortan. ac on his innoð. ꝸ 'on forð-gang gewíteð ealle mettas clænsigende ;
20 Ða sæde he him þ ða þing ðe of þam men gað. þa hine besmitað ;

9 Þa sæde he heom. wel ge on ydel dyden godes be-bod. þ ge cower lage healden.
10 Moyses cwæð wurðe þinne fæder ꝸ þine moder. ꝸ se þe wergeð his fader ꝸ his moder swelte se deaðe.
11 Soðlice ge eweðad. gyf hwa sægd his fader ꝸ his moder corban. þæt is on ure þeode gyfu. gyf hwile is of me þe fremeð.
12 ꝸ ofer þæt ge ne læteð hine anig þing. þanne his fæder oðða his moder
13 to-slitende godes be-bod for cower stunten lage. þe ge ge-sætten. ꝸ manege oðre þing þise gelice ge doð.
14 And eft þa manige he him to-clepede ꝸ cwæð. Ge-heræð me ealle ꝸ ongetæð.
15 Nis nan þing of þam meun on hine gangende þ hine be-smiten mage. Ac þa þing þe of þam men forð gæð. þa hine be-smiteð.
16 gyf hwa earan hæfð hleste me.
17 End þa se hælend fram þare mani-geo eode his leorning-cnihtes hine on bispellen axoden.
18 Ða cwæð he. ꝸ sende ge swa un-gleawe ne on-geate ge. þ eall þ utan cymð on þanc mann gangende. ne maig hine be-smiten.
19 for þan hit ne gæð on his heorten. ac on his innoð. ꝸ on forðgang ge-witeð ealle metas clænsiende.
20 Ða saigde he heom. þ þa þing þe of þam men gað. þa hine besmiteð.

Various Readings.

9. A. B. lage. 10. A. woorða. A. moder. A. B. wyrgð. A. moder. 13. A. þysum. 14. A. mænegeo. 16. A. gearan. A. B. hæfð. 17. A. mænigeo. A. acsodon. 18. A. synd. 19. B. clænsiende.

Various Readings.

9. him ; dydon ; healdon. 10. wurða ; wyrgð ; fæder. 11. eweðað ; sægð ; fæder. 12. ænig ; don [for þanne, but over an erasure] ; oððe. 13. ge-setton ; manega. 14. Ænd ; menega ; to-cleopeda ; ge-hyrað ; ongytað. 15. men ; be-smitað. 16. ge-hlyste. 17. halend ; menegu ; cnihtas ; an bigspel axsoden. 18. aynt ; þús [for swa] ; unglæowe ; þonne man ; mæg ; be-smitan. 19. heortan ; forð-gan ge-witað. 20. sægde ; besmitað.

7 cuoeð to him woel bismerlice gie doeð   bebod   godes *þ*   selenisse   iuer   gie haldas
9 et dicebat illis bene irritum   facitis praeceptum dei ut traditionem uestram seruetis.

moses forðon cuoeð worðig feder   ðin 7 moder   ðin 7 seðe mis-cuoeðas feder *ł* moder
10 moses enim dixit honora patrem tuum et matrem tuam et qui maledixerit patri aut matri

mið deaðe ge-deðed se   gie nut*edlíce* cuoeðas gif he cuoeðas monn feder *ł* moeder geafa *þ*
morte moriatur.   11 uos autem dicitis si dixerit homo patri aut matri corban quod

is geafa   *þ* sua huæt from me ðe   gewæxe   7 lustume ne forgefes gie hine   ænig
est donum quod-cumq*ue* ex me tibi pro-fuerit. 12 et ultro non dimittitis eu*m* quicquam

gewyrca *ł* gedoa feder his *ł* moeder   eft gie toslitas word godes ðerh setnesa   iuer*a*
facere   patri suo aut matri. 13 rescindentes uerbum dei per traditionem uestra*m*

ðone   gie saldon 7 biseno   ðuslico   monigo gie doas *ł* wyrcas   7 to-ge-ceigde *·* eft   *þ* folc
quam tradidistis et similia huius-modi multa   facitis.   14 et aduocans iterum turbam

cuoeð to him heres gie mee alle   7 on-cnauasgie   noht is buta   monna   in*n*-gaas in hine
dicebat illis audite me omnes et intellegite.   15 nihil est extra hominum introiens in eum

þ mæhge hine gewidlige   ah   ða ðe   of   menn   fore-cymeð ða sint ðaðe gewidlas
quod · possit eum coinquinare sed quae de homine precedunt illa sunt quae communicant

ðone   gif hua haefeð caro to heranne gohera.   7 miððy inge-eode in hus from
hominem. 16 siquis habet aures audiendi audiat. 17 *·*Et cum introisset in domum á *·*72. ui.
                                                                                                                    mt. cluii.

ðreate gefrugnun   hine   ðegnas   his   bissen   7 cuoeð to him sua oc gic   un-hogo
turba interrogabant eum discipuli eius parabola*m*. 18 et ait illis sic et uos inprudentes

arogic ne on-cnawesgie forðon alle   uta   inn-eode *ł* inngaas in ðone monno ne mæge hine
estis non intellegitis quia omne extrinsecus introiens in hominem non potest eum

gewidlige   forðon ne inn-gaað in hearta his ah in womb   7 in utgeong *ł* in feltun ũt-gaas
communicare. 19 quia non introit in cór eius sed in uentrem et in   secessum   exit

clænsas alle   meto   cuoeð uut*edlice* forðon ða ðe of menn utguað ða   ge-widlegas
purgans omnes escas. 20 dicebat autem quoniam quae de homine exeunt illa communicant

ðone monno
hominem.

---

9. 7 cwæð to him wel bismerlice gidoas bibod godes *þ*te selenisse iower gihaldas   10. moyses forðon cwæð
worða feder ðinne 7 moder ðine 7 seðe mis-cweðes feder *ł* moeder mið deaðe gideðed bið   11. ge wutudlice
cweðtas gif him cweoðas mon feder his *ł* moeder his ... gefe *þ*te swa hwæt is of me ðe giwoxe   12. 7 lustum
ne for-geofas him ænig gi-wyrce *ł* gidoe feder his *ł* moeder   13. eft ge toslitas word godes ðerh setnisse iower
ðone gisaldun 7 bisine ðuslicu swiðe monigu gidoas   14. 7 to-gicegde eft ðæt folc cwæð to him giheras ge
mec alle 7 on-geotas   15. noht is buta monnum in-gas in hine ðæt mæge hine gi-wid-liga ah ða ðe of menn
for-cumas ða sindun ða ðe gi-wid-ligas menn *ł* ðone monn   16. gif hwele *ł* hwa hæfeð earu to giheranne gihere
17. 7 mið-ðy ineode in hus from ðreate gifrugnun ðegnas his bispellum   18. 7 cwæð to him swa ec 7 ge
un-hogu aron ge ne miððy oncnawas ge forðon alle ute in-eode lu ðone monno ne mæge hine giwidliga
19. forðon ne ingað in heorte his ah in womba 7 innun utgongum ut-gaas clænsiaða alle metas   20. cwæð
wutudlice forðon ða ðe of mon utgas ða gi-widligas ðo monno

21 Innan of manna heortan. yfele geþancas cumað. unriht-hæmedu. ꝧ forligeru. manslihtas.
22 [stala.] gytsung. mān. facnu. sccamleast. yfel gesihð. dysinessa. ofer-modignessa. stuntscipe.
23 ꝧ calle þas yfelu of þam innoðe cumað ꝧ þone man besmitað;
24 Ða ferde he þanon on þa endas tíri ꝧ sidónis. ꝧ he in-agán on ꝧ hús. he nolde ꝧ hit ænig wiste. ꝧ he ne mihte hit be-miðan;
25 Sona þa án wif be him ge-hyrde. þære dohtor hæfde unclǣne gast. heo ineode. ꝧ to his fotum hi astrehte;
26 Soðlice ꝧ wif wæs hæðen. sirofenisces cynnes. ꝧ bæd hine ꝧ he ðone deofol of hyre dehter adrife;
27 Þa sæde he hire; Læt ærust þa bearn beon gefylled. nis na gód ꝧ man nime þara bearna hlaf. ꝧ hundum worpe.
28 Ða ꝧswarode heo ꝧ ep̄; Drihten ꝧ is soð; Witodlice þa hwelpas etað under þære mýsan. of ðara cilda cruman;
29 Þa sæde he hyre for þære spræce; Ga nú. se deofol of ðinre dehter gewít;
30 And þa heo on hyre hus eode heo gemette ꝧ mæden on hyre bedde licgende. ꝧ þone deofol ut-gán;
31 And eft. he eode of tíra gemærum ꝧ com þurh sidónem to þære galileiscan sǣ betwux midde endas decapóleos.

21 in nen of manne heorten yfele geþances cumæð. unriht-hameðe. ꝧ forleigre. manslihte.
22 stale. gytsunge. man facnu. scamelost. yfel ge-sihðe. desynysse. ofer-modignessa. stunt-scipe.
23 calle þas yfele of þan innoðe cumeð. ꝧ þane man be-smiteð.
24 Þa ferde he þanen on þa ændes tyri ꝧ sidonis. ꝧ he in-agan on þæt hus. he nolde ꝧ hit anig wiste. ꝧ he ne mihte hit be-miðan.
25 Sona þa an wif be him ge-hirde. þare dohter hæfde un-clæne gast. hyo in eode ꝧ to his foten hyo astrehte.
26 Soðlice ꝧ wif wæs hæðene sye-rofeniscas cynnes. ꝧ bæd hine. þæt he þane deofel of hire dohter adrife.
27 Ða saigde he hire. Læt ærest þa bearn beo ge-fylled. Nis na gód ꝧ man neme þare bearne hlaf. ꝧ hunden weorpe.
28 Þa andswerede hyo. ꝧ cw̄. Drihten ꝧ is soð. Witodlice ða hwelpes æted under þare mysan; of þare cyldrene crumen.
29 Þa saide he hire for þare spæce. Ga. nu se deofel of þinre dohter ge-wit.
30 And þa hyo on hire us eode. hyo ge-mette ꝧ maigden on hire bedde liggende. ꝧ þane deofel ut-agan.
31 Ænd eft he eode of tyrum ge-mæren ꝧ com þurh sydonem to þare galileiscan sæ. be-tweox mid ændes decapoleos.

þis godspel sceal on þære prytteoðan wucan ofer pentecosten. A. B. Exiens ihesus de finibus tyri uenit per sidonem ad mare galilæ. A.

Various Readings.   *Various Readings.*

22. A. B. stala (*which* Corp. MS. *omits*). A. dysignyssa. A B. ofer-modignes. 23. A. B. *omit* ꝧ. B. þan. 24. A. þanen. 25. A. dohter. A. unclænne. A. B. hig. 26. A. deofel. 27. A. ærest. A. þæra. A. weorpe. 28. A. ꝧsworode; B. andswarede. A. þam mysum. A. þæra. 30. A. deofel ut-agan. 31. A. betweox.

21. Innan; manna heortan; ge-þances cumað; bæmede; forligere. manslihtas. 22. stala. gitsung; ge-sihð. dyainessa. ofer-modignes. 23. cumað; þonne; besmitað. 24. þanon; endas; [MS. Hatton *has* in-agan gan, *by mistake*]; ænig. 25. dohter hæfde; fotum. 26. hæðen; syrofuniscas; þonne deofol; dohter. 27. sagde; æresta; bæarn beon; nyme þara bearna; hundum. 28. wælpes otað; cyldra cruman. 29. sæde; deofol; dohter. 30. Ænd; heora; mæden; þonne deofol ut-gan. 31. gemærum; þara; betwux; oendea.

57

from innueeard forðon of heorta monno smeaungas yfle of-cymeð un-rehtwisnise esuicnis
21 ab intus enim de corde hominum cogitationes male procedunt nequitiae dolus

un-secomfulnise derne logero unreht-haemedo morðor-slago ðiofunto gitsungas ego yfel efolsong
inpudicitia adulteria fornicationes homicidia. 22 furta auaritiae oculus malus blasphemia

oferhygd unwisdom all ðas yfelo of innweard foro-cymeð ꝸ wiðlað✝ ðone monno
superbia stultitia. 23 omnia haec mala ab intus procedunt et communicant hominem.

ꝸ ðona aras foerde in gemæram tyres ꝸ sidonis ꝸ in-eode hus nænig monn waldo
24 *Et inde surgens abiit in fines tyri et sidonis et ingressus domum neminem uoluit *XXI.

wutta ꝸ ne maehte gehæla ꝸ wif forðon sona ꝸte geherde from him hire✝ðære hæfde dohter
scire et non potuit latere. 25 mulier enim statim ut audiuit de eo cuius habebat filia

gaast unclæne in-foerde ꝸ fore-feoll to fotum his wæs uutedlice ꝸ wif hæðen ðæs
spiritum inmundum intrauit et procidit ad pedes eius. 26 erat autem mulier gentilis syro-

cynnes is nemned syro-phoenisa ꝸ bedon hine ꝸte ðone diowl he forwurpe✝fordrife of✝from dohter hire
phoenissa genere *Et rogabat eum ut demonium eiceret de filia eius. *73. ui.
                                                                                               mt. cluiiii.

he cueoð to ðæm let✝blinn ærist ꝸ ðu gefoeda ða suno no is forðon god to onfoanne hlaf
27 qui dixit illis sine prius saturari filios non est enim bonum sumere panem

ðæra suno ꝸ senda hundum soð hiu onduearde ꝸ cueoð him uutedlice la drihten forðon ec
filiorum et mittere canibus. 28 at illa respondit et dicit ei utique domine nam et

hwoelpes under bænd his eattas of screadungum ðæra cnæhta ꝸ cueð to hir fore ðis
catelli sub mensa commedunt de micis puerorum. 29 et ait illi propter hunc

word gaa eode ðe diowl of dohter ðinra ꝸ miððy gofoerde✝geoode to hus hire
sermonem uade exiit dæmonium de filia tua. 30 et cum abisset domum suam

gemitte✝infand ꝸ mægden licende ofer✝on bedd ꝸ ðo diowl ofeode ꝸ eftersona ðona foerde
inuenit puellam iacentem supra lectum et daemonium exisse. 31 *Et iterum exiens *XXII.
                                                                                                              74. x.

of gemærum tyres cuom ðerh sidon to sæ galilæs bituih medo gemæro of decapolis
de finibus tyri uenit per sidonem ad mare galilaeae inter medios fines decapoleos.

---

21. from ionnawordum forðon of heorte monna sweaunga yfel oft cumað derne giligero un-reht-hæmed morður-
slagu 22. ðiofonto gitsunge un-rohtwisnisse eswienisse unscomfulnisse ego yfle eofulsongas ofer-hygd un-wisdom
23. allo ðas yfel from ionawordum fore cumað ꝸ wid-las ðone monno 24. ðu aras foerde in gimæram tyris ꝸ
sidonis ꝸ in-eode hus nænig mon walde wuta ꝸ ne mæhte gihæla 25. ꝸ wif forðon sona ꝸte gihærle of him
hiro✝ðære hæfde dohter gast unclænne infoerde ꝸ for-feol to fotum his 26. ꝸ wæs wutudlice wif ðæt hæðen
ðæs sirophinisca cynnes ꝸ gi-bedon hine ꝸte ðone diowul forwurpe of doohter his 27. he cwæð to ðæm lett✝
blin ærist ðæt ðu gifoede ða suno ne is forðon good to on-foanne hlaf ðæra sununa ꝸ sendo hundvm 23. soð
hio ond-sworude ꝸ cwæð him wutudlice la drihten forðon ec ꝸ hwelpes under beadum of screadungum him eatas
ðæra cnæhta 29. cwæð to hir fore ðissum word✝ gaa ꝸ eode ðe diowul of duohter hire 30. ꝸ mið-ðy
gifoerde✝eade to huse... gimitte✝fand ꝸ mægden licende ofer beddo✝ræste ꝸ ðæt diowul of eade 31 ꝸ ofter
sona foerde of gimærum tyres com ðerh sidon to sæ galilæs bitwih middum gimærum of decapolem

II

32 ⁊ hi læddon him ænne deafne ⁊ dumbne. ⁊ hine bædon þ he his hand him on sette;

33 Ða nam he hine onsundran of þære menigu. ⁊ his fingras on his earan dyde ⁊ spætende his tungan onhrán;

34 ⁊ on þone heofon behealdende geómrode ⁊ cwæð; Effeta. þ is on ure geþeode sy þu ontyned;

35 And sona wurdon his earan geopenode. ⁊ his tungan bend wearð unslyped ⁊ he rihte spræc;

36 And he bead him þ hi hit nanum men ne sædon; Soþlice swa he him swiþor bebead. swa hi swiðor bodedon.

37 ⁊ þæs þe ma wundredon ⁊ cwædon; Ealle þing he wel dyde. ⁊ he dyde þ deafe gehyrdon. ⁊ dumbe spræcon;

CHAPTER VIII.

Dis god-spel ge-byrað on þære ebloðan wucan ofer pentecosten. A. B.

1 Eft on þam dagum him wæs mid micel menigu ⁊ næfdon hwæt hi æton; Þa cwæþ he to-somne geclypedum his leorning-cnihtum;

2 Ic ge-miltsige þysse menegu. forþam hi þry dagas me ge-anbidiað ⁊ nabbað hwæt hi eton;

3 Gif ic hí fæstende to hyra husum læte. be wege hi ge-teorigeað; Sume hi comon feorran.

4 ⁊ þa ⁊swarodan him his leorning-cnihtas; Hwanon mæg ænig man þas mid hlafum on þisum westene gefyllan;

32 ⁊ hyo lædden him ænne deafne ⁊ dumbne. ⁊ hine bæden. þ he his hand on him asette. •

33 Ða nam he hine asundre of þare manige. ⁊ his fingre on his earen dyde. ⁊ spættende his tunge on-hran.

34 ⁊ on þanne heofen be-healdende. gemorode. ⁊ cwæð. Effeta. þ is on ure geþeode syo þu untyned.

35 Ænd sone wurðan his earen ge-openede. ⁊ his tunge bend warð un-slyped ⁊ he rihte spæc.

36 ⁊ he be-bead heom þ hyo hit nanen menn ne saigden. Soðlice swa he heom swidre be-bead. swa hyo swidere bodeden.

37 ⁊ þas þe ma wundredon. ⁊ cwæðen. ealle þing he wel dyde. ⁊ he dyde þ deafe ge-hyrden. ⁊ dumbe spræcan.

CHAPTER VIII.

1 Eft on þam dagen him wæs mide mycel manigeo. ⁊ næfden hwæt hyo æten. Ða cwæð he to-somne ge-clepeden his leorning-cnihten. Cum turba multa esset cum Iesu.

2 Ic ge-miltsie þisse manigeo. for þan hy þri dages me ambidiað. ⁊ næbbed hwæt hyo æten.

3 Gyf ich hyo fæstende to hyre huse læte be weige hyo ge-teorieð. sume hyo comen feorran.

4 þa andswerede him hys leorning-cnihtes. Hwanen maig ænig man þas mid hlafen on þissen westen ge-fellen.

Various Readings.

32. A. B. hig. A. *inserts* man *after* dumbne. A. bædon hyne. A. B. asette. 33. A. on-sundron. A. mænigeo. A. gearan. 34. A. heofen. A. sig. 35. A. gearan. 36. A. hig. A. heom. A. hig.
Cap. viii. 1. A. mænigeo. A. B. hig. 2. A. mænigeo; B. menigu. A. B. hig (*twice*). A. etan. 3. A. B. hig (A. *thrice*; B. *twice*). A. heora. A. ge-teoriað. 4. A. B. *omit* ⁊. A. ⁊swarodon; B. ⁊swarode. B. þissum.

Various Readings.

32. lædden; enne; dumbene; bæden. 33. menega; fingra; earan; spatende. 34. þonne heofon be-heldende geomorede; sy. 35. sona wurðan; earan; tungen; wearð; spræce. 36. Ænd; noman men (*sic*); sægdon; swiður; swyder bodedon. 37. þæs; wundredon; cwæðon; ge-hyrdon; spræcon.
Cap. viii. 1. dagum; monega; næfdon; ge-clypedum; cnihtum. 2. monega; þam hyo þry dagas; ge-anbidiað; næbbað; etan. 3. hyora husum; wege hig ge-teorigeað; comon. 4. andswarode; cnihtas. Hwanon mæg ænig; hlafum; þissum westum ge-fyllan.

59

	ꝺ to-laeddon him deaf ꝺ dumb ꝺ gebedon hine þte on-sette him hond
32	et adducunt ei surdum et mutum et deprœcantur eum ut inponat illi manum.

	ꝺ to-gegrap ł gelahte hine of ðæm folce sundurlice sende fingeras his in earliprico ꝺ gebleuu
33	et adpraehendens eum de turba seorsum misit digitos suos in auriculas et expuens

	gehran tunga his ꝺ on-feng in heofnum . ꝺ cuoeð him þ is
	tetigit linguam eius. 34 et suscipiens in caelum ingemuit et ait illi effetha quod est

	to un-tyn ꝺ sona untyndo woeron earo his ꝺ un-bunden wæs gebend tungœs his ꝺ
	adaperire. 35 et statim apertae sunt aures eius et solutum est uinculum linguae eius et

	spreccend wæs rehtlice ꝺ bebead ðæm ilcom þte ne œnigum men hia g[e]cuoede ł ne gesægde sua suiðe	
	loquebatur recte. 36 et praecipit illis né cui dicerent	*75. ulil. lu. c.

	uutedlice him fore-bead swa swa suiðor mara forðor hi bodadon ꝺ hine ł of ðon forðor to-gewun-
	autem eis praecipiebat tanto magis plus praedicabant. 37 et eo amplius admi-

	dradun hia ðus cuoeðende wel alle dyde ꝺ deofo dyde þte hia geheras ꝺ dumbo þte hia gesprecas	
	rabantur dicentes *Bene omnia fecit et surdos fecit audire et mutos loqui.	* 76. ul. mt. clx.

CAP. VIII.

	in ðæm dagum eftersona miððy ðreat monigo wæs ne hæfdon þte hia eton ł mæhton eata	
1	*IN illis diebus iterum cum turba multa esset nec haberent quod manducarent	* XXIII.

	efnegecoigdum ðegnum cuoeð to him ic milsa ofer ðreat forðon heno gee ł soðlice ðrio dogor
	connuocatis discipulis ait illis. 2 misereor super turbam quia ecce iam triduo

	ge-ł-abidas mec ne habbas hia þte hia geette ꝺ gif ic forleto hia fæstende in hus hiora
	sustinent me nec habent quod manducent. 3 et si dimisero eos ieiunos in domum suam

	his gelesað on woeg summe menn forðon of ðæm fearre cuomon ꝺ geonducardon him ðegnas
	deficient in uia quidam enim ex eis de longe uenerunt. 4 et responderunt ei discipuli

his huona ðas mæge hua ł hwelc hér gefylle mið hlafum on woestern
sui unde istos poterit quis hic saturare panibus in solitudine.

---

32. ꝺ to-læddum (*sic*) him deofe ꝺ dumbe ꝺ gi-bedun hine þte he onsette hine honda   33. ꝺ to-gi-grap hine of ðæm ðreate synderlice sende fingras his in ear-liprica his ꝺ gibleow gihran tunga   34. ꝺ onfeng on heofnum ꝺ ... ꝺ cwæs to him ... ðæt is to untyn   35. ... sona ontynde werun earu his ꝺ un-bunden wæs gibend tunga his ꝺ sprecende wæs rehtlice   36. ꝺ bibend ðæm ilca ðæt he œnigum men gi-sægde swa swið wutudlice him forbead swa swiðor mara forðor hiæ bodadun   37. ꝺ hine of ðon forðor to-gi-wundradun ðus cweðende wel alle dyde ꝺ deofe dyde ðætte hia giheras ꝺ dumbæ sprecun.
Cap. VIII. 1. in ðæm dægum efter sona miððy ðreote monigra werun ne hæfdun ðæt þ him etun ł eetan mæhtun efne gicedun ða ðegnas cwæð...   2. ic milsa ofer.ðreott forðon heonu ge ðrio dogor ge-biddas mec na habbas him ðætte him ete   3. ꝺ gif ic forleto hiæ fæstende in hus hiora hie giloesigas on woege sume men forðon of ðæm feorra comun   4. ꝺ gi-ond-wordun him ðegnas his hwona ðas mæg hwelc ł hwa her gifylle mið hlafum on woesterne.

5 Þa axode he hi hu fela hlafa hæbbe ge. hi cwædon seofan;

6 Ða het he sittan þa menegu ofer þa eorþan; And nam þa scofon hlafas ꞇ gode þancode. ꞇ hi bræc ꞇ sealde his leorning-cnihtum ꝥ hi toforan him asetton. ꞇ hi swa dydon;

7 And hi næfdon buton feawa fixa ꞇ he þa bletsode. ꞇ het beforan him settan.

8 ꞇ hi æton ꞇ wurdon gefyllede ꞇ hi na-mon ꝥ of þam brytsenum beläf. seofon wilian fulle;

9 Soðlice þa ðe þar æton. wæron fif þusend ꞇ he hi þa for-let;

10 [A]nd sona he on scyp mid his leorning-cnihtum astah. ꞇ com on þa dælas dalmanuða;

11 And þa ferdon ða pharisei. ꞇ ongun-non mid him smeagean ꞇ tacen of heofone sohton ꞇ his fandedon;

12 Þa ew. he geomriende on his gaste. hwi secð þeos cneoris tacen; Soþlice ic eow secge ne bið þisse cneorisse tacen geseald.

13 ꞇ hi þa forlætende eft on scyp astah. ꞇ ferde ofer þone muðan.

14 ꞇ hi ofergeton ꝥ hi hlafas ne namon. ꞇ hi næfdon on scype mid him buton ænne hläf.

15 ꞇ he him bead ꞇ cwæð; Lociað ꞇ warniað fram pharisea ꞇ herodes hæfe;

5 Þa axode he hyo hu fele hlafe hæbbe ge. hyo cwæðen seofen.

6 Þa het he sitten þa manige ofer þa corðan. ꞇ nam þa seofe hlafes ꞇ gode þancede. ꞇ hyo bræc ꞇ sealde his leorning-cnihten. ꝥ hyo to-foran heom asetten. ꞇ hyo swa dydon.

7 ꞇ hyo næfden buten feawe fisxe. ꞇ he þä bletsede. ꞇ het be-foren heom asetten. ꞇ hyo swa dyden.

8 ꞇ hyo æten ꞇ wurðen fylde. ꞇ hy na-men þæt of þam brithmen (sic) be-laf seofen wilien fulle.

9 Soðlice þa þe þær æten. wæren feower þusendæ. ꞇ he hyo for-let.

10 [E]nd sone he on scyp mid his leorn-ing-cnihten astah. ꞇ com on þa dæles dalmanu-ða.

11 ꞇ þa ferden þa farisei ꞇ on-gunnen mid hym smeagen. ꞇ taene of hefene sohten ꞇ his fandeden.

12 Þa cwæð he reowsiende on his gaste. hwi seed þeos cneorys taken. Soðlice ic eow segge ne beoð þisse cneorisse tacen ge-seald.

13 ꞇ hyo þa for-lætende eft on scyp astah. ꞇ ferde ofer panne muðan.

14 ꞇ hyo ofer-geaten ꝥ hyo hlafes ne namen. ꞇ hyo næfden on scype mid heom buten ænne hlaf.

15 ꞇ he heom. bæd ꞇ cwæð. Lokiað ꞇ warniað fram farisea ꞇ herodes hæfe.

Various Readings.

5. A. sesode. A. B. hig. A. fwla. A. habbe. A. hig. A. seofen. 6. A. mænigeo. A. seofen; B. seofan. A. B. hig (thrice). 7. A. hig. 8. A. big. A. B. hig. A. seofen; B. scofan. 9. A. hig. 10. A. *places* astah *after* scyp. 11. A. furysei. A. heofene. 12. A. geomrigende. A. hwig. B. cneores. A. taen (1st time). 13. A. hig. 14. A. hig (thrice); B. hig (twice). A. ofer-geaton. B. anne. 15. B. warnigeað. A. B. farisea.

Various Readings.

5. axsode; fela; habbe; hy cwæðen seofen. 6. sittan þa menge; eorðam (sic); seofan; þancode; cnihtas; a-setton. 7. næfden buton feawa fixa; bletisode; beforan; a-setton; dydon. 8. æton; wurdon ge-fyllede; namon ꝥ; bretsunum; seofan wiligan. 9. wæron for þusend. 10. sona; cnihtan; dales. 11. Ænd; ferden; pharisei; 'on-gunnon; smeagean; heofone sohton; fandedon. 12. ge-omriende [*for* reowsiende]; seecð; seegge; byð; encrosse. 13. þonne. 14. ofer-geaton; hlafas; næfdon; buton. 15. eom; Lociað; warnigeað.

] gefraign‑ł‑groascade hia huu feolo lafo habbað gie ðaðe cuoedon seofo   ] bebead ðæm folce
5 et interrogauit eos quot panes habetis qui dixerunt septem.   6 et praecipit turbae

to-dœla on-ufa‑ł‑ofer eorðe] on-feng ða seofo hlafas ðoneungo dyde gebræco] he gesalde ðegnum
discumbere supra terram et accipiens septem panes gratias agens fregit et dabat discipulis

his ðte hia to-gesotte] to-geseton hia ðœm ðreate   ] hia hæfdon lyttelra fisca huon†] ða ilco † ineg.
suis ut adponerent et adposuerunt turbae.   7 et habebunt (sic) pisciculos paucos et ipsos

gebloedsade] heht to-setto .] éton] gefylde woeron] genomon ðte
benedixit et iusit adponi.   8 et manducauerunt et saturati sunt et sustulerunt quod

ofer-gelœfed wœs of ðæm screadungum seofa cewlas‑ł‑mondo woeron soðlico ðaðe éton suelce
superauerat de fragmentis septum sportas.   9 erant autem qui manducauerunt quasi

feower ðusendo] forleort hia] breconne astag ð scip mið ðegnum his cuom on
quattuor milia et dimisit eos.   10 et statim ascendens nauem cum discipulis suis uenit in

dalum‑ł‑on londum ðære megða .] foerdon ða ae-laruas] ongunnun efne-gesoeca mið hine
partes dalmanutha.   11 *Et exierunt pharisaei et· coeperunt conquirere cum eo * XXIIII. 77. liii. lo. xxiii. liii. mt. clxi.

ð hia sohton‑ł‑soecende from him becon of heofne eostondo hine] soofade‑ł‑gemænde mið gaste cuoeð
quaerentes ab illo signum de caelo temtantes eum.   12 et ingemescens spiritu ait

huæt eneoureso das‑ł‑huætd ðius ðoed soocað becon soðlice ic sægo iuh ne bið sáld eneoreso ðisum
*Quid generatio ista quaerit signum amen dico uobis si dabitur generationi isti * 78. ui. mt. clxiii.

becon .] forleort hia astag aftersona gefoerde ofer ð luh] forgetne woeron
signum.   13 et dimittens eos ascendens iterum abiit trans fretum.   14 et obliti sunt

onfengo‑ł‑to onfoane hlafas] buta anum hlafe ne hæfdon mið in scip] bebead
sumere panes et nisi unum panem non habebant secum in naui.   15 *Et praecipiebat * 79. ii. lu. cxliiii. mt. clxiiii.

ðæm‑ł‑him cuoeðende geseað behaldas from daersto ðæra æ-laruas] from dœrsto heroðis
eis dicens uidete cauete á fermento pharisaeorum et fermento erodis.

5.] gifrægn‑ł‑ascade him hwæt hlafa habbas go him cwedun siofune   6.] bibeod ðæm ðroote to dœlanne
ofer eorðe] onfeng ða siofunæ hlafas ðoneungo dyde gibræc] salde ðegnum his ðte to-gisette] to-gisetun
him ...   7.] him hæfdun lytelra fisca hwon] ða ilco giblotsade] giheht to-gi-sitta   8.] etun] gifylde
werun] ginomun ðæt gilœfed wœs‑ł‑† to lafo wœs of ðæm screadungum siofu eeowlas fulle   9. werun soðlice
ðaðe etun swelce siofu ðusendo] forleort him   10.] recone astag ð scip mið ðegnum his comun in dœl‑ł‑on
lond ðære megðe   11.] foerdun ða larwas] on-gunnun efne-giscocan mið him ðætte hie sohtun from him
becon of heofne eostondo hine   12.] seafade‑ł‑mænde mið gaste cwæð hwæt eneorisso ðios soecað becun
soðlice ic sægo iow ne bið sald eneorisse ðisser becun   13.] forleort him astag efter sona ... gifoerde ofer luh
14.] for-getne worun ðegnas his on-fenge blafo] buta anum blafo ne hæfdun mið him in scipe   15.] bibeod
ðæm‑ł‑him cweðende giseoð] bihaldas from dœrstum ðara æ-larwa] from dœrstum herodes.

16 þa þohton hi betwux him ꝥ cwædon; Næbbe we nâne hlafas.

17 þa se hælend ꝥ wiste. he cwæð. Hwæt þence ge forþam ge hlafas nabbað. gyt ge ne oncnawað ne ne ongytað. gyt ge habbað eowre heortan geblende ;

18 Eagan ge habbað ꝺ ne ge-seoð. ꝺ earan. ꝺ ne gehyrað. ne gē ne þencaþ

19 hwænne ic bræc fíf hlafas ꝺ twegen fixas ꝺ hu fela wyligena ge namon fulle; Hi cwædon þa twelfe ;

20 And hwænne seofon hlafas feower þusendum. ꝺ hu fela wyligena. brytsyna ge namon. hi sædon seofon;

21 Ða sæde he him hwi ne ongyte ge gȳt ;

22 And hi comon þa to bedzaida ꝺ hi brohton him þa ænne blindne ꝺ hine bædon ꝥ he hine æthrine.

23 ꝺ þa æthran he þæs blindan hand ꝺ lædde hine butan þa wíc. ꝺ spætte on his eagan. ꝺ his hand onasette ꝺ hine axode hwæþer he aht gesawe;

24 Ða cwæð he þa ða he hine beseah. ic ge-seo men swylce treow gangende ;

25 Eft he asette his handa ofer his eagan ꝺ he geseah þa. ꝺ wearð ge-edniwod. swa ꝥ he beorhtlice eall geseah ;

26 Ða sende he hine to his huse. ꝺ cwæð gâ to þinum huse. ꝺ ðeah þu on tûn gâ nænegum þu hit ne sege ;

16 þa þohten hyo be-tweoxe heom. ꝺ cwæðon. næbbe we nane hlafes.

17 þa se hælend ꝥ wiste. he cwæð. hwæt þence ge for þan ge hlæfes næbbeð. gyt ge ne on-cnaweð ne on-gyteð. gyet ge hæbbeð eowre heorte ge-blende.

18 Eagen ge hæbbeð ꝺ ne ge-seoð. ꝺ earen ꝺ ge ne hereð. ne ge ne þenceð

19 hwanne ic bræc fíf hlafes ꝺ twegen fixas. ꝺ hu fela wiligenne ge naman fulle. Hy cwæðon þa twelfe.

20 Ænd hwanne seofan hlafas feower þusende. ꝺ hu fele wiligene britsena ge namen fulle. hy saiden seofen.

21 Ða saigde he heom. hwi ne ongyte ge hyt.

22 ꝺ hyo comen þa to bethsaida. ꝺ hyo brohten hym þa ænne blindne. ꝺ hine bæden ꝥ he hine æt-rine.

23 ꝺ þa æt-ran he þas blinden hand end lædde hine buton þa wic. ꝺ spætte on his eagen. ꝺ his hand on asette ꝺ hine axode. hwæder he aht ge-seage.

24 Ða cw. he. þa þæ he hine be-seag. ic ge-seo men swilce treow gangende.

25 Eft he asette his hand ofer his eagen. ꝺ he ge-seah þa. ꝺ warð ge-eodneowed. swa ꝥ he brihtlice eall ge-seah.

26 Ða sende he hine to his huse. ꝺ cwæd. ga to þinen huse. ꝺ þeah þu on tun gû nanen þu hit ne segge.

Various Readings.

16. A. hig betweox. 19. A. fœla. A. B. wylegena. A. B. hig. A. þa cwædon. 20. A. fœla wylegena, A. hig. A. seofen; B. scofan. 21. A. hwig. A. B. *omit* ge. 22. A. hig (*twice*). 23. A. acsode.

Various Readings.

16. þohton; betwux; cwærðon; hlafas. 17. for þam; on-cnawað; on-gytað; gyt; heortan. 18. Eagen ge hæbbeð; earan; ge-hyrað; þenceð. 19. hwænne; hlafas; wylegena; Hyo. 20. hwænne; hwu; wyligena brysena (*sic*) ge naman; *om.* fulle; sægdon seofon. 21. sagde; *om.* hit. 22. comon; blinde. 23. at-hran; þæs blindan; ꝺ lædde; eagan; hweðer; haht ge-sæwe. 24. þa þa; bo-seah. 25. hande; eagan; wearð ge-edniwod; brehtlice. 26. þinum; nænegum; sege.

⁊ hia geðohton him bituon ðus cueðende ðte ᛫ forðon hlafo ne habbas we ofðon ongæt
16 *Et cogitabant ad alterutrum dicentes quia panes non habemus. 17 quo cognito * 80. ui.
mt. clx u.

se hælend cueoð ðæm ᛫ him huætd smeas gie forðon hlafo nabbas gie ne get oncnauasgie ⁊ ne gie
iesus ait illis quid cogitatis quia panes non habetis nondum cognoscitis neque intel-

cunnon ðageon ᛫ get ðiostrig ᛫ blind is gie habbað hearta iuer ego habbað gie ᛫ hæbbende ne
legitis athuc caecatum habetis cór uestrum. 18 oculos habentes non

geseað gie ⁊ earo gie habbað ne geherað gie ne eft ðohtogie ᛫ ðoncesgie huonne ᛫ huu fif blafas
uidetis et aures habentes non auditis nec recordamini. 19 quando quinque panes

ic bræcc on fif ðusendo ⁊ huu monig mondo ðara screadunga fulle gie genomon ᛫ geberon cueðon
fregi in quinque milia et quot cophinos fragmentorum plenos sustulistis dicunt

him tuoelfo huoenne ᛫ ða ⁊ seofo hlafas on feuer ðusendo huu monig ceolas ðæra screa-
ei duodecim. 20 quando et septem panes in quattuor milia quot sportas fragmento-

dunga gie nomon ⁊ cueodon to him seofana ⁊ he gecuoeð to him huu ne ðageon ᛫ get gie oncnauas
rum tulistis et dicunt ei septem. 21 et dicebat eis quomodo nondum intellegitis.

⁊ cuomon to bethsaiða ðær byrig ⁊ to-læddon him blindne monne ⁊ gebedon hine ᛫ þte hine ᛫ ðone
22 *Et ueniunt bethsaida et adducunt ei caecum et rogabant eum ut illum * XXV.
81. n.

gehrinde ⁊ to-gelæhte hond ðæs blindæs ofgelædæ ðene ᛫ hine buta ðæm londe ⁊ spæft on
tangeret. 23 et ad-prachendens manum caeci eduxit eum extra uicum et expuens in

ego his onsetnum hondum his gefrægn hine ᛫ ðene gif ᛫ huoeðer huoele buoego gesege ⁊
oculos eius inpositis manibus suis interrogauit eum si aliquid uideret. 24 et

uploeade ᛫ ymbseeuade cueoð ic geseom menn suoelee treuo geongende æfterðon eftersona
aspiciens ait uideo homines uelut arbores ambulantes. 25 deinde iterum

onsette honde ofer ego ðæs ᛫ his ⁊ ongann gesea ⁊ eft-niuad wæs sua ᛫ ðus þte gesego gleoulice
inposuit manus super oculos eius et coepit uidere et restitutus est ita ut uideret clare

alle ⁊ sende ðene ᛫ hine in hus his ðus cueðende gaa in hus ðin ⁊ gif on
omnia. 26 et misit illum in domum suam dicens uade in domum tuam et si in

lond ðu gegass ᛫ geongas nænigum menn ðu gecnoeðe ðis ᛫ gesæge
uicum introieris nemini dixeris.

---

16. ⁊ hia giðohtun him bitwion ðus cweðende forðon blafas ne habbas we 17. of ðon ongæt ðe hælend
cweð to ðæm hwæt smeogas ge forðon hlafas ne habbas ge ne geit on-cnawas ge ne cunnan ða geona ᛫ ðiostur
᛫ blinde habbas ge heorta iowre 18. ego habbas ge ne gi-seas ge earu habbas ge ne gi-heras ne eft ðohtun ge
19. hwænne ᛫ hu fif hlafas ic bræc in fif ðusend ⁊ hu monig monde ðara screadunga fulle ge ginomun cwedun
him twolfe 20. hwænne ⁊ siofune hlafas in feower ðusendo hu monig ceowül ðara screadunga genomun ⁊
cwedun him siofune 21. ⁊ he cwæð to him hu monige ða geona ge on-cnawas 22. ⁊ cornun to bezn ⁊ to-
gi-læddun him blinde mean ⁊ bedun hine þte him gehrine 23. ⁊ to-lahte honda ðæs blinda lædde hine buta
ðæt lond ⁊ speeft in egu his on-setnum hondum his gifrægn hine gif hwele hwoegnu gisego 24. ⁊ up-loccade
cwæs ic gisiom menn ᛫ ⁊ ᛫ treo gongende 25. æfter ðon sette honda ofer egu his ⁊ on-gan gisea ⁊ eft-niowad
wæs swa þte gisego gleowlice alle 26. ⁊ sende hine in hus his ðus cweðende gaa in hus ðin ⁊ gif in lond
ðu ge-gongs nanum men ðu cyðe ðis.

Dys god-spel
sceal on áce
petres mæsse-
dæge. A. B.

27 Ða eode he J his leorning-cnihtas on þ castel cesareæ philippi. J he on wege. his leorning-cnihtas ahsode. Hwæt secgað men þ ic sy;

28 Þa andswarodon hi. sume Iohannem þone fulluhtere. sume heliam sume sumne of þam witegum;

29 Ða cwæð he hwæt secge ge þ ic sy; þa andswarude petrus him J cwæð; Ðu eart crist.

30 J ða bead he him. þ hi nænegum be him ne sædon;

31 Ða ongan he hi læran þ mannes sunu gebyreð fela þinga þolian J beon aworpen fram ealdormannum. J heahsacerdum J bóccrum J beon ofslegen. J æfter þrim dagum arisan.

32 J spræc þa openlice. J þa nam petrus hine J ongan hine þreagean

33 þa be-wende he hine J cidde petre J cwæð; Gá on-bæc satanas forþam þu nast þa ðing þe synd godes. ac þa ðing þe synd manna;

34 Þa cwæð he togædere geclypedre menegu mid his leorning cnihtum; Gif hwa wyle me fyligean wið-sace hine sylfne J nime his cwylminge J folgige mé;

35 Se ðe wyle his sawle hale gedon se hi for-spilð; Se ðe for-spilð his sawle for me. J for þam godspelle se hi ge-hælð;

36 Hwæt fremað men ðeah he ealne middan-eard gestryne. J do his sawle forwyrd.

27 Þa eode he J his leorning-cnihtes on þ castell ceastre philippi. J he on weige his leorning-cnihtes axode. hwæt seggeð men þ ic syo.

28 Ða andswereden hyo. sume Johannem þanne fulluhtere. sume heliam. sume sumne of þam witegen.

29 Ða cwæð he. hwæt segge ge þ ic syo. Þa andswerede petrus hym. J cw. Þu ert crist.

30 J þa bead he hym þ hyo nanen be him ne saigden.

31 Ða on-gan he hyo læren þ mannes sune ge-bered feole þinge þolien. J beo aworpen fram caldor-mannen. J heah-sacerden. J bokeren. J beon of-slagen. J æfter þreom dagen arisan.

32 J spæcen þa openlice. J þa nam petrus hine. J gan hine þreatigen.

33 þa be-wende he hine J kydde petre. J cw. Ga on bæce sathanas for þan þu nast þa þing þe synde godes. Ac þa þing þe synde manne.

34 Ða cwæð he to-gædere ge-clepede manega mid his leorning-cnihten. Gyf hwa wile me felgien wið-sace hine sylfne. J nime his cwelmenge J folgie me.

35 Se þe wile his sawle hæle ge-don. se hyo for-spilð. Se þe for-spild his sawle for me. J for þam godspelle se hyo ge-hælð.

36 Hwæt fremed men þeah he calne midden-eard ge-streonig. J do his sawle forwurðc.

Various Readings.

27. A. hpylippi (*sic*). A. aesode. A. sig.   28. A. Jswarodon hig.   29. A. sig. A. Jswarede.   30. A. hig.   31. A. hig. A. fæla.   B. caldor-mannon.   32. B. spræc. B. þreagan.   34. A. togædre goclypodre mænigeo.   B. cwylminege.   A. folgie.   35. A. B. hig (*twice*).   36. A. ealne middan-geard.

Various Readings.

27. cnihtas; castel ceastre; weyge; cnihtas axsode.   28. andswaroden; þonne; witegvm.   29. seo; eart.   30. hi nænegum; sægdum.   31. læron; ge-byreð feola; þolian; nænegum; cældor-mannon. heah-saccrdum J bocerum; of-slegan; dagum.   32. specen; þreatigan.   33. cydde; bæc; synt; synd manna.   34. to-gadere geclypede menega; cnihtum; fyligean; cwilminge.   35. for-spylð; for-spilð.   36. fremeð; myddan-eard gestreny; for-wyrð.

ꝥ gefoerde + fǽrende wæs se hǽlend ꝫ ꝥegnas his in ceastra   philipes ꝫ on woeg
27 *Et   egressus   est .iesus et discipuli eius in castello caesareae philipi et in uia * XXVI.
                                                                                                82. i.
                                                                                                lv. xciiii.
gefrægn   ꝥegnas   his   cuoeꝥ to him huoelcne mec cuoeꝥas ꝥ ic sio ꝥas menn   ꝥa ꝥe io. lxxiiii.
interrogabat discipulos suos dicens   eis   quem me dicunt esse homines.   28 qui mt. clxul.

onduoardon him cuoeꝥende iohannes se fuluihtere oꝥoro he-li oꝥoro ꝥec suoelce onno of witgum
responderunt illi dicentes iohannes baptistam álii heliam álii uero quasi unum de prophetis.

         ꝥa cuoeꝥ to him gie   æc huoelc mec gie cuoeꝥas ꝥ ic sio ge-onduearde petrus cuoeꝥ him ꝥu arꝥ
29 tunc dicit illis uos uero quem me   dicitis   esse. *Respondens petrus ait ei tú és * 83. ii.
                                                                                                lu. xcu.
                                                                                                mt. clxuiii.
crist   ꝫ forbead + stiorde + stiorond wæs him ne ǽnigum gecuedon his of him   ꝫ
christus.   30 et   comminatus est   eis né cui   dicerent de illo. 31 et

ongann lǽra hia forꝥon is reht-lic sunu monnes feolo geꝥoliga ꝫ forcuma from ældum   ꝫ
coepit docere illos quoniam oportet filium hominis multa pati et reprobari á senioribus et

from   heh-sacerdum   ꝫ from uuꝥ-uutum ꝫ ofslaa ꝫ æfter ꝥriim dagu eft arisa   ꝫ eaunga
a summis sacerdotibus et   scribis et occidi et post tres dies resurgere. 32 et palam

word he wæs sprǽcend + be gesprǽce   ꝫ   gelǽhte   hine petrus ongann geꝥreadtaige hine
uerbum   loquebatur   *Et apprehendens eum petrus coepit increpare eum.   33. * 84. ui.
                                                                                          lu. xcui.
                                                                                          mt. clxuiii.

seꝥe gecerde ymb ꝫ gesæh ꝥegnas his stiorde + forbeadend wæs petre cuoeꝥende geong on bæce + mec
qui conuersus et uidens discipulos suos comminatus est petro dicens uade   retro

behianda ꝥu wiꝥerworda forꝥon ne on-cnauas ꝥu ꝥaꝥe + ꝥa ꝥing godes, sint ah ꝥa ꝥe sint monno
me   satana   quoniam non sapis   quae   dei sunt sed quae sunt hominum.

     ꝫ geceiged + gecliopad wæs ꝥ folc miꝥ ꝥegnum his cuoeꝥ to him gif hua wœllæ æfter mech fylga.
34 *Et   conuocata   turba cum discipulis suis dixit eis si quis uult post me sequi * XXVII.
                                                                                          85. ii.
                                                                                          lu. xcui.
onsæcce hine seolfne + him seolfum ꝫ lǽdæ ꝥroune his ꝫ fylge + soece moh   seꝥe forꝥon wœlle mt. clxx.
deneget   séipsum   et tollat crucem suam et sequatur me. 35 qui enim uoluerit

saul   his   hal   gedoe losiaꝥ hia her on life soꝥo uutedlice losas   saul   his   fore mec
animam suam saluam facere perdet   eam   qui autem perdiderit animam suam propter me

  ꝫ godspell   hal   his go-doe   huæt forꝥon fore-stondes menn gif + ꝥæh gestriona middengeard
et euangelium saluam eam faciet. 36 quid enim proderit homini si lucretur mundum

allne   losuist   gedoe saules his   .
totum et detrimentum faciat animae suae.

27. ꝫ fǽrende wæs ꝥe hǽlend ꝫ ꝥegnas his in cæstre cessaros philipes ꝫ on woege gifrægn ꝥegna his cwæꝥ
to him hwelc mec cweoꝥas were ic mon ꝥes   28. ꝥaꝥe ꝫsworadun him cweꝥende iohannem ꝥe fulwihtere
oꝥer helias oꝥer me swelce enne of witgum   29. ꝥa cwæꝥ to him ge æc soꝥlice hwelc me cweꝥes ꝥ ic sie
gi-ꝫsworade petrus cwæꝥ him ꝥu arꝥ crist   30. ꝫ for-bead + stiordo him ne ǽngum gieweodo of him   31. ꝫ
on-gun lǽra hiæ forꝥon is reht-lic sunu monnes feolu giꝥoeige ꝫ for-cuma from ældum ꝫ from heh-sacerdum ꝫ
uꝥ-wutum ꝫ of-sla ꝫ æfter ꝥriim dagum oft arisæn   32. ꝫ œwunge word sproeende wæs ꝫ to-gilæhte hine petrus
ongan giꝥreatiga hine   33. seꝥo gicorde ymb ꝫ gisæh ꝥegnas his stiorende + forboedende wæs petre cweꝥende
gong on bæcline + hihionda mec ꝥu wiꝥerworda forꝥon ne on-cnawestu ꝥaꝥe godes sindun ah ꝥaꝥe sindun
monna   34. ꝫ cegende wæs ꝥæt folc miꝥ ꝥegnum his cwæꝥ to him gif hwelc wœlle æfter me fylga onsæce
hine solfne.... ꝫ fylge mec   35. seꝥe forꝥon wœlle sawle his hale gidoæ loesigaꝥ hiæ seꝥe wutudlice losas
sawla his fore mec ꝫ god-spell hale his gidoeꝥ   36. hwæt... forstondes menn ꝥæh gistrione allne middengeard
ꝫ lose-west gidoe sawle his

I

37 oþþe hwyle gewryxl sylð se man for his sawle;

38 Soðlice se þe me for-syhð ꝉ mine word on þisre unriht-hæmedan ꝉ synfulran eneorisse. Ðone mannes sunu for-syhþ; Ðonne he cymð on his fæder wuldre mid halgum englum;

37 odðe hwile ge-wrixl syld se man for his sawle.

38 Soðlice se þe me for-sihð ꝉ mine word on þisre unriht-hameðen ꝉ synfullen eneorysse. þane mannes sune for-sihð. þanne he cemð on his fader wulder mid his halgen ænglen.

CHAPTER IX.

1 Þa sæde he him soðlice ic secge eow. ꝥ sume synt her wuniende. þe deað ne onbyrigeað. ær hi ge-seon godes rice on mægne cuman;

2 Ða æfter syx dagum nam se hælend petrum ꝉ iacobum ꝉ iohannem ꝉ lædde hi sylfe onsundran on sumne heahne munt ꝉ wearð beforan him ofer-hiwud.

3 ꝉ his reaf wurdon glitiniende swa hwite swa snaw. swa nan fullere ofer corðan ne mæg swa hwite gedôn;

4 Þa æt-ywde him helias mid moyse ꝉ to him spræcon;

5 Ða andswarode petrus him ꝉ cwæð. lareow gód is ꝥ we her beon ꝉ uton wyrcan her þreo eardung-stowa. þû ane. ꝉ moyse ane. ꝉ helie ane;

6 Soðlice he nyste hwæt he cwæð. he wæs afæred mid ege;

7 And seo lyft hi ofer-sceadewude. ꝉ stefn com of þære lyfte ꝉ cwæð. þes is min leofesta sunu gehyrað hine;

CHAPTER IX.

1 Ða sæde he heom. soðlice ic segge eow ꝥ sume synd her wuniende. þe deað ne on-berieð ær hyo ge-seon godes rice on mægene cuman.

2 Þa æfter six dagen nam se hælend petrum ꝉ Iacobum ꝉ Iohannem ꝉ lædde hyo selfe on-sundren on summe heahne munt ꝉ warð be-foren heom ofer-cawed.

3 ꝉ his reaf wurðen glitiniende swa hwite swa snaw. swa nan fullere ofer corðen ne maig swa hwite don.

4 Ða atewde heom helias mid moyse ꝉ to hym spæcen.

5 Þa andswerede petrus hym. ꝉ cwæð. Lareow god is ꝥ we her beon. ꝉ uten wercen her þreo eardung-stowe. þe ane. ꝉ moyse ane. ꝉ helie ane.

6 Soðlice he nyste hwæt he cwæð. he wæs afered mid eige.

7 ꝉ syo lift hyo ofer-scadewede. ꝉ stefen com of þare lifte. ꝉ cwæð. þes is min leofeste sune ge-hereð hine.

Dis sceal on wætern-dæg en þære forman fæsten wucan. A. B.

Assumpsit Jesus petrum ꝉ Iacobum ꝉ Iohannem seorsum in montem excelsum, et transfiguratus est ante illos. II. R.

Various Readings.

38. A. þyssere. A. ryce [*for* wuldre].

Cap. ix. 1. A. synd. A. wunigende. A. on-byrgað. A. hig. B. mægene. 2. B. (*rubric*) sæterne. A. hig. B. sylue. A. B. onsundron. A. ofer-bywod. 3. A. glitenigende. 4. A. elias. B. spæcon. 5. A. Iswaæde. 7. A. B. hig. A. ofer-sceadewode. A. stefen.

Various Readings.

37. sylð. 38. synfullran eneornysse; þonne [*for* þane]; þonne [*for* þanne]; cymð; wuldre; halgum englum.

Cap. ix. 1. com; synt; on-bearinð; ge-sean. 2. dagum; sylue; wearð beforan com ofer-cawed. 3. wurdon; corðan; mag; wite. 4. ætywde; spacen. 5. uton wyrcan; eardung-stowa. 7. seo; ofer-sceadewode; leofesta sunu gehyrað.

                 ⳨ hum͞t   soleð   monn   hucerf⳨huoele fore   sauel   his   seðe   forðon   mec   ondetenta
37 aut quid dabit homo commutationem pro anima sua. 38 *Qui enim me confusus * 06. ii.
                                                                                                                                  lv. xcuii.
                                                                                                                                  mt. xciiii.
           bið] mino word in encoreso   ðas ðerne-leger]   arg   ] sunu monnes ondeteð hine
fuerit et mea uerba in generatione ista adultera et peccatrice et filius hominis confidetur eum

miððy cymeð on wuldre fadores his mið englum halgum
cum uenerit in gloria patris sui cum angelis sanctis.

CAP. IX.

          ] he cuœð to him soðlice ic cuœðo iuh forðon sint   sume   of her ðæm stondendum ða ðe ne
1 *Et dicebat illis amen dico uobis quia sunt quidam de hic stantibus qui non * 67. ii.
                                                                                                                                lv. xcuiii.
                                                                                                                                mt. clxxii.
ge-birgeð ðone deað oððæt gesceað   ric   goddes cymende in mæghte⳨on mægne   ] æfter dagum
gustabunt mortem donec uideant regnum dei ueniens in uirtute. 2 et post dies

sex to genom se hǽlend petrum   ]   iacob   ] iohannem   ]   lædde his on mor   heh
sex adsumit iesus petrum et iacobum et iohannem et ducit illos in montem excelsum

suindrige him ane]   oferhiued   wæs fore ðæm⳨him   ] woede   his awordne sint
seorsum solus et trans-figuratus est coram ipsis. 3 et uestimenta cius facta sunt

scinendo huit⳨lixendo suiðe suelce snauu sua   ofer   eorðo ne mæge huito   gedoe
splendentia candida nimis uelut nix qualia fullo super terram non potest candida facere.

    ] æd-cauude ðæm   mið moise] woeron sprecende mið ðæm hǽlende   ] onducarde petrus
4 et apparuit illis helias cum mose et erant loquentes cum iesu. 5 et respondens petrus

cuœð to ðæm hǽlen la larua   god   is her us to wossanne] wyrce we ðrea husa   ðe   an]
ait iesu rabbi bonum est hic nos esse et faciamus tria tabernacula tibi unum et

mosi an] heliæ an   ne forðon wiste huæt he gecuœð woeron forðon mið fyrhto
mosi unum et heliae unum. 6 non enim sciebat quid diceret erant enim timore

gefyrhtad   ] aworden wæs wolcen ⳨ofer fore-brædde hia] cuom stefn of ðæm wolcne cuœðende ðis
exterriti. 7 et facta est nubis obumbrans eos et uenit uox de nube dicens hic

is sunu min leof⳨leofuste geheræð hine⳨ðene
est filius meus carissimus audite illum.

---

37. ⳨ hwæt ⳨ huu seðleð (sic) mon hwerfes fore sawle his   38. se ðe forðon mec ondettende bið] mino word
in encoreswum ðæssum derne-giligre] arog-nisse] sunu monnes ondeteð hine mið ðy cymeð in wuldor fædur his
mið englum halgum
     Cap. IX. 1.] he ewmð to ðæm soð ic cwoðo iow forðon sindun sume of her ðæm stondendum ðaðe ne
gi-birgeð ðone deoð oððæt hiæ gisceað rice godes cymende in mæhte   2.] æfter dagum sexum to gi-nom
ðe hælend petrum] iacobum] iohannem] lædde hia on mor hehne syndrigne him ana] ofer-hiowad wæs
hifora ðæm ⳨ him   3.] giwedo his giwordne werun scinendo lixendo swiðe swelce snaw swa afu⳨ (sic)
ofer eorðu ne mæg is hwitu gidoe   ℣.] æt-eowde ðæm helias mið moysen] werun sprecende mið ðone
hǽlend   5.] ondsworude petrus ewæð to ðæm hǽlende la larwa god is her us to wosanue] wyrce we ðria
hus ðe an] moyse an] helim an   6. ne forðon wiste hwæt he ewæð weron forðon mið fyrhto gifyrhted
7.] aworden wæs wolcen ofer-brædde hia] com stefn of wolcne cweðende ðis is sunu min leof⳨leofusta
giheræð hine

8 And sona ða hi besawon hí nanne hi mid him ne gesawon buton þone hælend sylfne mid him;

9 And þa hi of þam munte astigon he bead him ꝥ hi nanum ne sædon þa ðing þe hi ge-sawon buton þonne mannes sunu of deaðe arise;

10 Hi þa ðæt word gcheoldon betwux him ꞇ smeadon hwæt ꝥ wære þonne he of deaðe arise;

11 And hi hine ahsodon þa. hwæt secgað pharisci ꞇ þa boceras. ꝥ gebyrað ærest helias cume;

12 Ða sæde he him andswariende; Helias ealle þing ge-edniwað þonne he cymð. swa be mannes suna awriten is ꝥ he fela ðolige ꞇ si ofer-hogod;

13 Ac ic secge eow ꝥ helias com ꞇ hi dydon him swa hwæt swa hi woldon swa be him awriten is;

14 And þa he com to his leorning-cnihtum he ge-seah mycele menegu abutan hi ꞇ boceras mid him sprecende.

15 ꞇ sona eall folc þæne hælend geseonde wearð afæryd ꞇ forht. ꞇ hine gretende him to urnon;

16 Þa ahsode he hi. hwæt smeage ge betwux eow;

17 Him ꞇswarode ân of þære menigu; Lareow. ic brohte minne sunu dumbne gast hæbbende

Dis sceal to þam ymbrene innan hærefeste on wodnes dæg. Respondens unus de turba dixit. magister attuli illum meum ad te. A.

Various Readings.

8. A. B. *insert* þa *after* And. A. hig (*thrice*). A. nænne. B. þonne. 9. A. hig (*thrice*); B. hig (*last time*). 10. A. Hig. A. betweox. 11. A. hig. A. acsedon. A. farysei; B. farisei. B. æryst. A. *inserts* ꝥ *after* ærest. 12. A. ꞇswarigende. A. fœla þolie. A. sig. 13. A. hig (*twice*). 14. A. mænigeo; B. menego. A. hig. 15. B. werð. A. afœred. 16. A. axode. A. hig. A. B. betweox. 17. *First part of rubric scribbled in* B. A. ꞇswarede. A. mænegu. A. gast.

---

8 And sone þa hyo ge-seagen hine. nænne hyo mid hym ne ge-seagen buten þanne hælend selfne mid heom.

9 ꞇ þa hyo of þam munte astigen he bæd heom þæt hyo nanen ne saigden þa þing þe hyo ge-seagen. buten þanuc mannes sune of deaðe arise.

10 Hyo þa ꝥ word ge-heolden betwuxe heom. ꞇ smeagden hwæt ꝥ wære þanne he of deaðe arise.

11 And hyo hine axoden þa; hwæt segged farisei ꞇ þa bokeres þæt ge-byrað ærest helias cume.

12 Ða saigde he heom andsweriende. Helias ealle þing edniwieð þanne he cymð. Swa beo mannes sune awriten is. ꝥ he feole þolie ꞇ sie ofer-huged.

13 Ac ic segge eow ꝥ helias com ꞇ hyo dyden hym swa hwæt swa hyo wolden. swa by hym awriten is.

14 ꞇ þa he com to his leorning-cnihten. he ge-seah mycele menigeo abuton hyo ꞇ boceres mid hem spræcende.

15 ꞇ sone call folc þane hælend seonde warð aferd ꞇ forht. ꞇ hine gretende him to urnen.

16 Ða axode he hyo. hwæt smeage ge be-tweox eow.

17 Hym andswerede an of þare manigeo. Lareow ich brohte minne sune dumbne gast hæbbende

---

Various Readings.

8. sona; be-sawon; hyo [*for* hine]; sawon buton þæne hælend sylfne. 9. astigon; bead; nænnon; sægden; ge-sawon buton þonne. 10. heolden be-twux; smealidon; ware þonne. 11. Ænd hi; seggeð pharisei; boceras; arest. 12. sægde; gdniwað þonne; be; þolige; ofer-hogod. 13. dydon; be. 14. leorning-cnihtum; menegeo; boceras; him sprecende. 15. þone halend; wearð; urnon 16. be-twux. 17. andswerede; menigu; ic; sunu; habbende.

69

⁊ sona ymb-locadon nænig monn long ꝥ forðon gesegon buta ðæm hælende ana mið
8 et statim circum-spicientes neminem amplius uiderunt nisi iesum tantum secum.

⁊ of-stigendum ðæm ꝥ him of ðæm mor geheht. ꝥ bebead ðæm ꝥte ne ænigum ðaðe gesegon. i. ða sihðo
9 et descendentibus illis de monte praecepit illis ne cui quae uidissent

gesægdon buta mißßy sunu monnes from deadum eft arisa ⁊ ꝥ word gehealdon mið
narrarent nisi cum filius hominis á mortuis resurrexerit. 10 *Et uerbum continuerunt apud * 88. x.

him efne-gefrugnon huæd hit were mið ðy from deadum eft arise ⁊ gefrugnon hine
sé conquirentes quid esset cum á mortuis resurrexerit. 11 *Et interrogabant eum * 09. ui.
                                                                                                                                                                                mt. clxxiii.

ðus cuoeðende huæd forðon cuocðað ælaruas ⁊ uuðuuto forðon risnolic were ꝥ goras ꝥte he gecuome
dicentes quid ergo dicunt pharisaei et scribae quia helias oporteat uenire

ærist seðe onduearde cuoeð to him mißßy cymes ærest eftgoboetað alle ⁊ huu
primum. 12 qui respondens ait illis helias cum uenerit primo restituet omnia et quomodo

auritten is on sunu monnes ꝥte feolu geðolas ꝥ scile ðoliga ⁊ gebéned ꝥ geniðrad ꝥ getolod uh
scribtum est in filium hominis ut multa patiatur et contempnatur. 13 sed

ic sægo iuh forðon ꝥ ꝥte ac helias cymeð ⁊ dydon him sua huæt waldon sua auritten is
dico uobis quia et helias uenit et fecerunt illi quaecumque uoluerunt sicut scribtum est

of him ⁊ cuom to ðegnum his gesæh ðræt micelo ymb hia ⁊ ða uuð-uuto
de eo. 14 *Et ueniens ad discipulos suos uidit turbam magnam circa eos et scribas * XXVIII.
                                                                                                                                                                                 90. x.

gefrugnon ꝥ gesohton mið him ⁊ sona eghuelc ꝥ all folc gesæh hine gestylte
conquirentes cum illis. 15 et confestim omnis populus uidens eum stupe-factus est

ondreardon ⁊ geuurnon groeton hine ⁊ gefraign hia huæt bituih iuh gefruignas ꝥ
expauerunt et accurrentes salutabant eum. 16 et interrogauit eos quid inter uos conqui-

fraslas ⁊ onduearde an of ðæm ðreate la laruua to gebrohte sunu min to ðe * 91. ii.
ritis. 17 *Et respondens unus de turba dixit magister attulit filium meum ad té lv. xcuiiii.
                                                                                                                                                                                mt. clxxiiii.

hæbbende gaast dumb
habentem spiritum mutum.

---

8. ⁊ sona ymb-loccadun nænig mon long ꝥ forðon gisegun butan ðæm hælende ana mið   9. ⁊ of-stigendum
ðæm of ðæm more bibeod ðæm ꝥ him ꝥætte nænig ðaðe gisegun ða gisihðe gisægdun buta mißßy sunu
monnes from doaðe eft arisoð   10. ⁊ ðæt word giheoldun mið him efne giffrugnun hwæt bit were mißßy
from deoðe aras   11. ⁊ gifrugnun hine eweðende hwæt forðon cweoðas ælarwas ⁊ uð-wutu forðon helias
risen-lic to cumanne ærist   12. se ðe ondsworade cwæð to him helias mið ðy cymeð ærest eft giboeteð alle ⁊
huu ꝥ swa awriten is in sunu monnes ꝥte feolu giðolas ⁊ gihened ꝥ giniðrad bið   13. ah ic sægo iow forðon
helias cymeð ⁊ dydon him swa hwæt swa him waldun swa awriton is of him   14. ⁊ com to ðegnum his
gisæh ðreotas miclo ymb hia ⁊ uð-wutu gifrugnun mið him   15. ⁊ sona aghwelc ꝥ alle ꝥ folc gisæh hine
gi-stylted wæs ⁊ ondreordun ⁊ ornun groetun hine   16. ⁊ gifrægn hia hwæt bitwih iow gi-fregnas   17. ⁊
ond-worde an of ðæm ðreote cwæð la larwa to gi-brohte sunu min to ðe hæbbende gast unclænne

18 se swa hwær swa he hine gelæcð forgnit hine. ꝸ toðum gristbitað ꝸ for-scrineþ. ꝸ ic sæde þinum leorning-cnihtum ꝥ hi hine ut adrifon ꝸ hi ne mihton;
19 Ða ꝸswarode he him: eala ungeleaffulle cneorys swa lange swa ic mid eow beo. swa lange ic eow þolige; Bringað hine to me.
20 þa brohton hi hine. ꝸ þa he hine geseah sona se gast hine gedrefde ꝸ on eorðan for-gnyden fæmende he tearflode;
21 And þa ahsode he his fæder. hu lang tid is syððan him þis gebyrede; Þa cwæð he of cildhade.
22 he hine gelómlice on fyr ꝸ on wæter sende ꝥ he hine for-spilde ; Ac gif þu hwæt miht gefylst us ure gemiltsud;
23 Ða cwæð se hælend. gif þu gelyfan miht ealle þing synd gelyfedum mihtlice;
24 Ða sona hrymde þæs cildes fæder. ꝸ wepende cwæð; Drihten ic gelyfe. gefylst minre ungeleaffulnysse ;
25 And þa se hælend geseah þa to-yrnendan menegu. he bebead þam unclænan gaste þus eweðende ; Eala deafa ꝸ dumba gast. ic beode þe gu of him ꝸ ne ga þu leng on hine;
26 He ða hrymende ꝸ hine swyþe slitende eode of him. ꝸ he wæs swylce he dead wære; Swa ꝥ manega cwædon soðlice he is dead;

18 se swa hwær he hine læed forgnit hine. ꝸ toðen grist-byteð. ꝸ for-scrineð. ꝸ ic segge þinen leorning-cnihten ꝥ hyo hine ut adrifen. ꝸ hyo ne mihten.
19 Ða andswerede he him. eale un-geleaffulle eneorrysse swa lange swa ich mid eow beo. swa lange ich eow þolige. bringed hine to me.
20 ða brohten hyo hine. ꝸ þa he hine ge-seah sone se gast hyne ge-drefde ꝸ on eorðen for-guiden fæmende he terflede.
21 And þa axode he his fæder hu lange tide is sydðan hym þis ge-byrede. Ða cwæð he of child-hade
22 he hine ge-lomlice on fere ꝸ on wætere. sente ꝥ he hine for-spilde. Aagyf ꝥ hwæt miht ge-fylst us ure ge-miltsed.
23 Ða cwæð se hælend. gyf þu ge-lyfen miht ealle þing sende ge-lyfenden mihtilice.
24 Ða sone remde þæs childes feder ꝸ wepende cwæð. Drihten ich ge-lyfe gefylst minre ungeleaffulnysse.
25 And se hælend ge-seah þa to-eornenden manigeo. He be-bead þam unclænan gaste þus eweðende. Eale deafe and dumbe gast ic beode þe ga of him ꝸ ne ga þu leng on hine.
26 He þa remende ꝸ hine swiðe slitende eode of him. ꝸ he wæs swilce he dead wære. Swa ꝥ manege cwæðen soðlice he is dead.

Various Readings.

18. A. hig (*twice*). 19. A. ꝸswarede. 20. A. hig. B. geseh. 21. A. aesode. 22. B. Aagif [*for* Ae gif]. A. ge-myltsod. 23. A. wylt, *with* ꝥ myht *above* [*for* miht]. A. myhtelice. 25. A. mænigeo; B. menigu.

Various Readings.

18. MS. Reg. *inserts* swa *after* hwær; laeð; toþum gristbitað; sægde þinum leorning-cnihtvm; adrifon; mihton. 19. eala; eneorrysse (*sic*); ie (*twice*); Bringað. 20. seah sona; eorðan; teorflode. 21. axsode; fader; tid; cild-hæde. 22. fiere; wutere; Aagif (*sic*) þu; ge-miltsud. 23. halend; ge-lyfau; synd gelyfendum. 24. sona hrymde; cyldes fæder; ic; un-ge-leafulnysse. 25. MS. Reg. *inserts* þa *after* And; to-yrnenden menigv; Eala. 26. hrymende; manega cwæðon.

scðe sua-huer hine gegripes gebites┼toelites hine ꝫ fæmeð ꝫ gristbitteð mið toðum ꝫ
18 qui ubicumque eum adpraehenderit adlidit eum et spumat et stridet dentibus et

scrineeð ꝫ cuoeð ðegnun ðinum ꝥte hia fordrifen hine ꝫ ne mæhton seðe onduearde
arescit et dixit discipulis tuis ut eicerent illum et non potuerunt. 19 qui respondens

him cuoeð la cnewreso ungeleoffull ða huile mið iuh ic beom ða huile iuih ic ðola brenegas hine to
eis dixit ó generatio incredula quamdiu apud uos ero quamdiu uos patiar adferte illum ad

me ꝫ ge-brohten hine ꝫ mi ðy gesæh hine recone┼sona gaast gestyrede┼godroefde hine
me. 20 et attullerunt eum et cum uidisset illum statim spiritus conturbauit eum

ꝫ mi ðy wæs gebored on corðe he gefealde hine fæmende ꝫ gefrægn fæder his huu miceles
et elisus in terram uolutabatur spumans. 21 et interrogauit patrem eius quan-

┼longes tides┼huu long firstes is of ðon ðis him gelamp soð he cuoeð from cildhád ꝫ
tum temporis est ex quo hoc ei accidit at ille ait ab infantia. 22 et

symble hine ꝫ in fyr ꝫ on wætro sende ꝥte hine losade┼fordyde ah gif huæd ðu mæge gehelp
frequenter eum et in ignem et in aquas misit ut eum perderet sed siquid potes adiuua

usic wæs milsende user┼usra se hælend uutedlice cuoeð him gif ðu mæge gelefe alle mæhtiga
nos misertus nostri. 23 iesus autem ait illi si potes credere omnia possibilia

ðæm gelefes ꝫ sona goeliopade fæder ðæs cnæhtes mið tehærum he gecuæð ic gelefe help
credenti. 24 et continuo exclamans pater pueri cum lacrimis aiebat credo adiuua

uu-geleaffulnise minne ꝫ mið ðy gesæh se hælend þone iornende ðreat gestiorande wæs
incredulitatem meam. 25 et cum uideret iesus concurrentem turbam comminatus est

ðæm guaste un-clæne cuoeðende ðæm ðu la demb ꝫ ðu la dumbe gaast ic ðe bebeode geong from him
spiritui inmundo dicens illi surde et mute spiritus ego tibi praecipio exi ab eo

ꝫ forðor ꝥte ðu ne inngae in hine ꝫ cliopade suiðe getearende hine ge-eode of him
et amplius ne introeas in eum. 26 et exclamans multum discerpens eum exiit ab eo

ꝫ aworden is┼wæs suelce were dead suæ ꝥte monige cuoedon ꝥte dead were┼wæs
et factus est sicut mortuus ita ut multi dicerent quia mortuus est.

---

18. se ðe swa hwer hine ge-gripes he bites ꝫ slites hine ꝫ fæmes ꝫ grist-bites mið toðum ꝫ screpes ꝫ ewæð
ðegnum ðinum ꝥ him for-drife hine ꝫ ne mæhtun 19. seðe ond-worde him cwæð la cneorisse ungi-leofful ða
hwyle mið iow ic biom ða hwile iow ic ðole brengas hine to me 20. ꝫ gibrohtun hine ꝫ mið ðy gisegun
hine sona ðe gast gidroefde hine ꝫ mið ðy wæs gibered on corðu he gifeald hine fæmende 21. ꝫ gi-frægn
fæder his hu longe tide is of ðon ðis him gilamp soð he cwæð from cildhada 22. ꝫ symle hino ꝫ in fyre
ꝫ on wættre sende ꝥ hine losade ah gif hwæt ðu mæge gihelp user wes milsende user 23. ðe hælend wutudlice
ewæð to him gif ðu mæge gilefa alle almæhtiga ðæm gilefas 24. ꝫ sona gicliopade┼cegende wæs fæder ðæs
cnæhtes mið teorum he gi-ewæð ic gilefe to-helpe ungileoffulnisse mine 25 ꝫ mið ðy gismh ðe hælend
ðone iornende ðreott gi-stiorende wæs ðæm gaste unclænum ewesonde ðu la deofu ꝫ dumba gast ic ðe bibeodu
gaa from him ꝫ forðor ðæt ðu ne in-gæ in hine 26. ꝫ cliopade swiðe ꝫ monige teorende hine gieode from
him ꝫ giworden wæs swelce dead were swa ꝥte monige ewedun ðætte deod is┼were

27 þa nam se hælend his hand 7 hine up ahóf 7 he aras þa;

28 And þa he into þam huse code his leorning-cnihtas hine digollice ahsodon. hwi ne mihton we hine ut adrifan;

29 Ða sæde he þis cynn ne mæg of nanum men ût gân buton þurh gebedu 7 on fæstene;

30 þa hi þanon ferdon hi forbugon galileam. he nolde ꝥ hit ænig man wiste;

31 Soðlice he lærde his leorning-cnihtas 7 sæde; Soþlice mannes sunu bið gesceald on synfulra handa ꝥ hi hine ofslean. 7 ofslagen þam ðriddan dæge he arist;

32 Ða nyston hi ꝥ word. 7 hi adredon hine ahsiende;

33 þa comon hi to capharnaum 7 þa hi æt ham wæron he ahsode hí hwæt smeade ge be wege.

34 7 hi suwodon; Witodlice hi on wege smeadon hwyle hyra yldost wære;

35 þa he sæt he clypode hi twelfe 7 sæde him. gif eower hwyle wyle beon fyrmest. beo se eaðmodust 7 eower ealra þen;

36 Þa nam he anne cnapan 7 ge-sette on hyra middele. þa he hine beclypte he sæde him;

37 Swa hwyle swa anne of þus geradum cnapum on minum naman onfehð. se onfehþ me; And se þe me onfehð he ne onfehþ me. ac þone þe me sende;

27 Ða nam se hælend his hand 7 hine up ahof 7 he aras þa.

28 7 þa he in-to þam huse code. his leorning-cnihtes hine digelice axoden. hwi ne mihte we hine ut adrifen.

29 Ða sæde he þis cyn ne maig of nænen men ut-gan buton þurh bede 7 on fæstene.

30 Ða hyo þanen ferden hyo for-bugen galilée he nolde þæt hit anig man wiste.

31 Soðlice he lærde his leorning-cnihtes 7 saide. Soðlice mannes sune beoð ge-seald on synfullre manne hande. ꝥ hyo hine ofslean. 7 of-slagen þan þridden daige he arist.

32 Ða nysten hyo ꝥ word. 7 hyo andredden hine axiende.

33 Ða comen hyo to capharnaum. 7 þa hyo æt ham wæren. he axode hyo. hwæt smægde ge be weige.

34 7 hyo swigeden. Witodlice hyo on weige smaigden hwile heore yldest were.

35 Ða he sæt he cleopede hyo twelfe 7 saide heom. gyf eower hwile wile beon formest byo se eadmodest 7 eower ealre þeign.

36 Þa nam he ænne cnape ge-sette on heora middele. þa he hine beclypte he saigde heom.

37 Swa hwile swa ænne of þus geraden cnapen on mine namen on-fehð. se onfegð me. 7 se þe me on-fehð. he ne onfehd me ac þane þe me sende.

Various Readings.

28. A. dygelice acsodon; B. diglice axoden. A. hwig. 29. A. B. cyn. 30. A. hig þanon. A. B. hig. 31. A. hig. 32. A. hig (*twice*). A. ondredon. A. acsigende. 33. A. hig (*thrice*). A. acsode, B. smeada. 34. A. hig (*twice*). A. heora. 35. A. hig. A. heom. A. eadmodost. 36. A. heora mydlene. 37. onfehð me [*for* me onfehð].

Various Readings.

27. hælend. 28. leorning-cnihtes; digellice. 29. mæg; nænum; fæstene. 30. þanen ferdon; for-bugan galileam; ænig. 31. leorning-cnihtas; sæde; sunu; synfullre manne hande; hyno (*sic*); þam ðriddan dæge. 32. nyston; adrendon (*sic*). 33. comon; wæron; axsode; smeagode. 34. swuwodon; smeagdon; hyors; wære. 35. clypode; sæde; fyrmest; admodest; ealra þegn. 36. cnape; sægde. 37. ge-radum cnapum; minum namvn; on-fehð [*for* on-fegð]; on-fehð [*for* on-fehd]; þone.

73

se hǽlend uutedlice geheald hond his ahof hine ꝼ aras ꝼ miððy incode in
27 iesus autem tenens manum eius eleuauit illum et surrexit. 28 *Et cum introisset in * 92. k.

hus ðegnas his deglice gefrugnon hine forhuon uoe ne mæhte woe fordrifa hine
domum discipuli eius secreto interrogabant eum quare nos non potuimus eicere eum.

ꝼ cueð to him ðis cynn on nænig mæhtig ofgeonga buta on gebeadum ꝼ fæstern ꝼ ꝼ mið fæstern
29 et dixit illis hoc genus in nullo potens exire nisi in oratione et iciunio.

ꝼ ðona foerdon bi-eodon galileam ne walde aenig gowuta he gelǽrde
30 *Et inde profecti praetergrediebantur galileam nec uolebat quemquam scire. 31 docebat * XXVIIII.
93. ii.
lu. ci.
uutedlice ðegnas his ꝼ cueð to him ꝼte sunu monnes gesald bið on hónd monna ꝼ mt. clxxui.
autem discipulos suos et dicebat illis quoniam filius hominis tradetur in manus hominum et

of-slaeð hine ꝼ miððy of-slægen bið ðe ðirda daeg eft arisað soð hia ne cuðon ꝼ word ꝼ
occident eum et occisus tertia die resurget. 32 at illi ignorabant uerbum et

ondreardon hine ꝼ hia gefrugno ꝼ cuomon to ðær byrig ðaðe miððy æt huse woeron gefrugnon
timebant cum interrogare. 33 *Et uenerunt capharnaum qui cum domi essent interrogabant * 94. x.

hia hwætd on woeg gie getrahtade soð hia suigdon gif hua bituih him on woeg ge-teledon ꝼ
eos quid in uia tractabatis. 34 *At illi tacebant siquidem inter se in uia disputa- * 95. ii.
lv. cii. cexviii.
mt. clxxviii.
gellioton ꝼ hua ꝼ huele woere hiora mara ꝼ maast ꝼ eft saet goecigde tuoelfo ꝼ cuoeð ðæm gif
uerant quis esset illorum maior. 35 et residens uocauit duodecim et ait illis si

hua wœlle forðmest wosa bið ꝼ sio allra hlætmæst ꝼ allra emboht-monn ꝼ on-feng
quis uult primus esse erit omnium nouissimus et omnium minister. 36 et accipiens

ꝼ cnæht gesette hine in middum hiora ðone ꝼte elioppende ꝼ friendo wæs cuoeð to him sua huœlc
puerum statuit eum in medio eorum quem ut complexus esset ait illis. 37 quisquis

an of ðuslicum cnæhtum onfoað on noma minum mec onfoað ꝼ sua hua mec onfoað
unum ex huiusmodi pueris receperit in nomine meo me recipit *Et quicumque me susciperit * 96. i.
lv. cxvi.
io. cxx.
ne mec onfoað ah ðene seðe mec sende mt. xcviii.
non me suscipit sed eum qui me misit.

---

27. ðe hǽlend soðlice gihcold honda his ꝼ ahof hine ꝼ aras 28. ꝼ miððy incode ꝼ in hus ðegnas his
degol-lice gifrægn hine forhwon we ne mæhtun for-drifan hine 29. ꝼ cwæð to him ðis cynn nænige mæhte
ofgonga buta on gibeodum ꝼ on fæsterne . 30. ꝼ ðona foordun bieodun galileæ nænig walde swa swa giwuta
31. he gilǽrde wutudlice ðegnas his ꝼ cwæð to him ꝼte sunu monnes gisald bið in hond monna ꝼ ofslas hine
ꝼ miððy ofslægen bið ðe ðirda dæge eft arises 32. soð him ne cuðun.... hine ꝼ hie gifrugnon 33. ꝼ
comun to ðær byrig ðæ ðe miððy æt huse, wærun gifrægn him hwæt him on woege gitrachtade 34. soð him
swigedun gif hwa bitwion him on woege gitoldun gif hwele were ðara mara ꝼ maast 35. ꝼ eft sæt giceg twelfe
ꝼ cwæð to him gif hwa wœllo foermest bið alra lætmœst ꝼ allra embihtmon 36. ꝼ on-feng ðone cnæht gisette
hine in middum hiora ðonne ꝼte eliopende were cwæð to him 37. swa hwelc an of ðuslicum cnæhtes onfoeð
on noma minum mec onfoeð ꝼ swa hwa swa mec onfoeð ne mec onfoeð ah ðene seðe mec sende

K

Dis sceal on wodnes dæg on þære wyge- san wucan ofer pente- costen. Dixit iohannes ad iesum. Magis- ter uidimus quendam in nomine tuo eicientem de- monia. A.

38 Ða ꝥswarode iohannes ꝥ cwæð; La-
reow sumne we ge-sawon on þinum naman
deofol-seocnessa ut adrifende. se ne fyligð
us. ꝥ we him forbudon;
39 Þa cwæð he ne for-beode ge him nis
nān þe on minum naman mægen wyrce ꝥ
mæge raðe be me yfele specan;
40 Se þe nis agen eow se is for eow;
41 Soðlice se ðe sylð drinc eow calic
fulne wæteres on minum naman forþam ge
cristes synt. ic eow soþ secge. ne forlyst he
his mede;
42 And swa hwa swa ge-drefð ænne of
þyssum lytlingum on me gelyfendum. betere
him wære ꝥ ān cweorn-stan wære to his
swuran gecnyt ꝥ wære on sæ beworpen;
43 And gif þin hand þe swicað ceorf
hi of; Betere þe is ꝥ þu wanhal to life
ga. þonne þu twa handa hæbbe ꝥ fare on
helle. ꝥ on unacwencedlic fyr
44 þar hyra wyrm ne swylt ꝥ fyr ne bið
acwenced;
45 And gif ðin fot swicað þe ceorf hine
of. betere þe is ꝥ þu healt gā. on ece
lif þonne þu hæbbe twegen fet ꝥ si aworpen
on helle un-acwencedlices fyres.
46 þar hyra wyrm ne swylt ne fyr ne bið
adwæsced;
47 Gif þin eage þe swicað weorp hit ūt.
betere þe is mid anum eagan gān on godes
rice þonne twa eagan hæbbende sy aworpen
on helle fyr.

38 Þa andswerede iohannes ꝥ cwæð.
Lareow sume we ge-seagen on þinen namen
deofol-seocnysse ut adrifende. se ne fylged
us. ꝥ we him for-buden.
39 Ða cw̄. he ne for-beode ge hym nis
nan þe on minen namen magen werce ꝥ mage
raðe be me yfele spræcen.
40 So þe nis agen eow se is for eow.
41 Soðlice se þe sylð drenc eow calix
fulne wæteres on minen namen for þan ge
cristes synde. ic eow soð segge ne forleost
he his mede.
42 And swa hwa swa ge-drefd ænne of
þisen litlingen on me ge-lefenden. betere
him wære ꝥ an cweorn-stan wære to his
sweoren ge-cnyt. ꝥ wære on sæ ge-worpen.
43 And gyf þin hand þe swiced ceorf hyo
of. Betere þe is þæt þu wan-hælðe leofie.
þanne þu twa hande hæbbe ꝥ fare to helle.
ꝥ on un-cwæncedlic fyr.
44 þær hire wyrm ne swellt ꝥ fer ne beoð
acwenced.
45 Ænd gyf þin fot swiceð þe cerf hine
of. Betere þe is þæt þu halt ga on eche lyf.
þanne þu hæbbe twege fet. ꝥ syo aworpen
on helle un-acwencedlices fyres
46 þær heora wyrm ne swelt ne fyr ne
beoð adwesced.
47 Gyf þin eage þe swiceð wyrp hit ut.
betere þe is mid anen eage gan on godes
riche þanne twa eagen hæbbende syo aworp-
en on helle fyr

Various Readings.

38, B. Larew. A. deofel-seocnyssa. 39. A. yfele be me sprecan. 40. A. ongon. 41. A. syndon. 42. B. anne. A. þysum. A. swooran. 43. A. hig. A. *om. 2nd* on. 44. A. heora. 45. A. syg. 46. A. heora. 47. A. ꝥ sig.

Various Readings.

38. ꝥswarode; Larew; ge-sawon; þinum naman; deofol-seocnysse; fyligð; for-budon. 39. minum namen; wyrce; sprecan. 41. dryne; calic; wateres; minvm naman; þam; synt; for-lyst. 42. ge-drefð; þisum lytlingum; ge-lyfen-dum; wære *(2nd time)*; swuran; sæ. 43. swicað; heo; wan-hal to lyfe gu þonne; un-acwencedlic. 44. hyre; swylt; fyr; byð. 45. And; swicað; ceorf; healt; ecce; þonne; habbe. 46. hyora; bið adwæsced. 47. eaga; swicað; anum eagan; rice þonne; eagan habbende.

geonducarde him iohannes cuoðtende la larua we gesegon sum oðer on noma ðinum forworpon
38 *Respondit illi iohannes dicens magister uidimus quendam in nomine tuo eicientem * XXX.
07. uiii.
lu. cilí.

mið dioblum seðe ne fylges us ꝼ forbudun him se hælend uut*edlice* cuoeð nallas gie
daemonia qui non sequitur nos et prohibuimus eum. **39** *iesus* autem ait nolite

forbeada hine nænig *monn* is forðon seðe wyreas mæht on noma minum ꝼ mæge recone ylle
prohibere eum nemo est enim qui faciat uirtutem in nomine meo et possit cito male

spreca of mec   seðe forðon ne is   wið iuih fore iuih is   sua hua forðon
loqui de me.   **40** qui enim non est aduersum uos pro uobis est. **41** *Quis-quis enim * 98. ul.
mt. c.

drinca geseleð iuh calic ꝼ copp wætres on noma minum forðon cristes aroge soðlice ic sægo iuh ne
potum dederit uobis calicem aquae in nomine meo quia *christi* estis amen dico uobis non

losað mearde his   ꝼ sua hua geondspurnas an of ðisum læsestum gelefendum
perdet mercedem suam. **42** *Et quisquis scandalizauerit unum ex his pusillis credentibus * 99. il.
lu. excuíf.
mt. clxxuiiií.

on mec god ꝼ betra is him suiðor gif ꝼ ðæh sie ymbunden ꝼ ymbsald coern asales byrðen to suiro his ꝼ on
in me bonum est ei magis si   circumdaretur   mola ásinaria   collo eius et in

sæ gesended woere   ꝼ ðæh ꝼ gif ondspurnas ðeh hond ðin ofecarf ða ilca betra ꝼ god is
mare mitteretur. **43** *Et si scandalizauerit té manus tua abscide illam   bonum est * 100. ui.
mt. clxxx.

ðe un-hal ingaa in lif ðon tuoege honde hæbbe gegeonge in tintergo fyres una-drys-
tibi debilem introire in uitam quam duas manus habentem ire in gehennem ignem inextin-

endlic   ðer wyrm hiora ne bið dead ꝼ ꝼ fyr ne bið gedrysned   ꝼ gif fót
guibilem. **44** *Ubi uermis eorum non moritur et ignis non extinguitur, **45** et si pes * 101. x.

ðin ðec ondspurnað coarf hine ꝼ ðene god is ðe halt ingeonga in lif mee ðon
tuus té scandalizat amputa illum bonum est tibi claudum introirae in uitam aeternam quam

tuoege foet hæbbe sende in tintergo fyres un-adrysnendlice   ðer wyrm hiora ne
duos pedes habentem mitti in gehennam ignis inextinguibilis. **46** ubi uermis eorum non

bið dead ꝼ ꝼ fyr ne bið adrysned   ðæh gif egu ðin geondspurnað ðec geworp hine god
moritur et ignis non extinguitur. **47** quod si oculus tuus scandalizat té eice eum bonum

is ðe anége ingeonga in ríc godes ðon tuoego ego   hæbbe gesende on tintergo   fyres
est tibi luscum introirae in regnum dei quam duos oculos habentem mitti in gehennem ignis.

---

38. giꝼsworade him ioh*annes* cweðende la larwa we gisegun sume oðre on noma ðinum forworpen mið diowlum
seðe ne fylges us ꝼ for-budun him   39. ðe hælend wutudlice cweð nallas ge for-beada him nængum is forðon
seðe doeð mæhto on noma minun ꝼ mæge recone ylle spreoca of me   40. seðe forðon ne is wið iow fore iowih
is   41. swa hwa forðon drinca gisoleð iow of emlee ꝼ coppe wætres on noma minum forðon cristes arun soðlice
ic sægo iow forðon ne losað mearde his   42 ꝼ swa hwa giond-spyrnas anum of ðisuum læsestum gilefendum
in mec god is him swiðor gif ðe sio unbunden ꝼ unsæled bið ewoærne byrðenne to swira his ꝼ on sæ gisended
were   43. ꝼ gif on-spyrnas ðec honda ðin accorf ða ilen god is ðe un-hal inga in lif ðonne twa honda hæbbe
gonge in tintergu fyres inunadrysendlic   44. ðer wyrmas hiora ne biað deode ꝼ ꝼ fyr ne bið gidrysnad
45. ꝼ gif foett ðine ðec onspurnas coerf hine ꝼ ða god is ðe halt to gonganne in lif ece ðonne twoge foet hæbbe
sende in tintergu fyres un-adrysendlic   46. ðer wyrmas hiora ne biað doode ꝼ æmt fyr ne bið drysned   47.
ꝼte gif egu ðin gi-ond-spyrnes ðec giworp him god is ðe blind to gonganne in rice godes ðonne tuu egu hæbbe
gisende in tintergu fyres

K 2

48 þar hyra wyrm ne swylt. ne fyr ne bið acwenced;

49 Soðlice ælc man bið mid fyre ge-sylt ꝉ ælc offrung bið mid scalte gesylt;

50 God is sealt gif ꝥ sealt unsealt biþ on þam þe ge hit syltað; Habbað scalt on eow. ꝉ habbað sibbe betwux eow;

CHAPTER X.

1 And þanon he com on iudeisce endas of iordane; Þa comon eft menigu to him ꝉ swa swa he ge-wunode he hi lærde eft sona;

2 Ða ge-nealæhton him pharisei ꝉ hine axodon. hwæþer alyfð ænegum men his wif forlætan. his þus fandigende;

3 Þa ꝉswarode he him. hwæt bead moyses eow.

4 hi sædon; Moyses lyfde ꝥ man write hiw-gedales boc. ꝉ hi for-léte;

5 Ða cwæð se hælend. for eower heortan heardnesse he eow wrat þis bebod;

6 Fram fruman gesceafte god hi ge-worhte wæpned-man ꝉ wimman

7 ꝉ cwæð. for þam se mann forlæt his fæder ꝉ modor ꝉ hine his wife geþeot.

8 ꝉ beoð twegen on anum flæsce. witodlice ne synt na twegen ac án flæsc;

9 Þæt god ge-samnode ne syndrige ꝥ nán man;

10 And eft innan huse his leorning-enihtas hine be þam ylcan ahsodon;

48 þær heora wyrm ne swelt. ne fer ne beoð acwenced.

49 Soðlice ælc man byð mid fyre ge-sylt. ꝉ ælc offrung beoð mid scalte ge-sylt.

50 God is salt ꝉ gyf þæt salt un-selt byð on þam þe hit selteð. Hæbbeð salt on eow ꝉ hæbbed sibbe be-tweoxe eow.

CHAPTER X.

1 ꝉ þanen he com on iudeisce endas of iordane. Ða comen eft manegeo to him. ꝉ swa swa he ge-wunede he hyo lærde eft sona.

2 Ða ge-neahlaeten hym farisej. ꝉ him axsoden hwæðer alyfð anigen men his wif to læten. his þus fandiende.

3 Ða andswerede he heom. hwæt bead moyses eow.

4 hyo saigden. Moyses lyfde ꝥ man write hiw-ge-dæles boc. ꝉ hyo for-leten.

5 Ða cwæð se hælend. for eower heorten hærdnysse he eow wrat þis be-bod.

6 fram frumen ge-sceefte god hyo ge-worhte wæpned ꝉ wifman.

7 ꝉ cwæð. for þan se man for-læt his fæder and his moder. ꝉ hine his wife ge-þeot.

8 ꝉ beoð twegen on anen flæsce. witodlice ne synden na twegen. ac an flæsc.

9 ꝥ god ge-samnode ne syndrige ꝥ nan man.

10 And eft innen huse his leorning-enihtes hine be þam ylcen aesoden.

Various Readings.

48. A. heora. 49. A. ofrung. 50. A. beteox; B. betweox. Cap. x. v. 1. A. þanen. A. mænigu. B. gewunude. A. hyg. 2. A. B. farisei. A. acsedon. B. fandiende. 3. A. ꝉswarede 4. A. hig. A. B. hig. 5. A. heardnysse. A. *omits* eow. 6. A. B. hig. A. wæpman ꝉ wyfman; B. wæpned ꝉ wimman. 7. A. mann. A. moder, 8. A. synd. 9. A. ge-somnode. B. mann. 10. A. acsedon.

Various Readings.

48. swylt; bið. 49. bið; bið. 50. un-salt; sealtað. Habbeð; habbað; be-twux.
Cap. x. v. 1. þanom; menegeo. 2. ge-neahlæhton; hine axoden hwæðe; ænegum; for-læton [*for* to læten]. 4. sægdon; for-lete. 5. heorten heardnysse. 6. frumen gesceafte; wæpned; wifman. 7. þam; *om.* his *before* moder; ge-þeoht. 8. beð; anum synt. 10. innen; leorning-enihtas; ylcen acsodon.

ðer wyrm hiora ne bið dead ꝺ fyr ne bið gedrysned	eghwelc forðon mið fyre
48 ubi uermis eorum non moritur et ignis non extinguitur.	49 omnis enim igne

sie gecostað ꝸ gesælt ꝺ eghwelc cuic almus ge-costad sie   god is ꝥ salt ðah se salt gif unful sio
sallietur   et omnis uictima sallietur. 50 *Bonum est sál quodsi sál insulsum fuerit *102. ii. lu. clxxxu. mt. xxxi.

on ðon ꝥ gie gehaldas habbað in iuh salt ꝺ sibb habas bi-tuih iuh
in quo illud condietis habete in uobis sál et pacem habete inter uos.

CAP. X.

ꝺ ðona aras cuom on gemœrum iudæas bigionda iordane ꝺ gesomnadon efter sona menigo *XXXI.
1 *Et inde exsurgens uenit in fines iudaeae ultra iordanen et conueniunt iterum turbae luc. ui. mt. clxxxuiiii.

to him ꝺ suæ ꝥto he gewuna wæs eftersona laerde hia   ꝺ togeneolecdon ða ac-laruuas gefrug-
ad eum et sicut consueuerat iterum docebat illos. 2 et accedentes pharisaei interroga-

nun hine gif ꝸis gelefed were ꝥ wif forleta cunnedon ꝸ gecostadon hine   soð he onduearde
baut eum si licet uiro uxorem demittere temtantes eum. 3 at ille respondens

cuoeð to him huæt iuh behead moses   ðaðc cuoedon moses forgeaf' bóc
dixit eis quid uobis praecepit moses. 4 qui dixerunt moses permisit libellum repudii

ꝥte were awritten ꝺ forleten   ðæm onduearde se hælend cuoeð to heardnisse heortes iueres
scribere et dimittere. 5 quibus respondens iesus ait ad duritiam cordis uestri

awrat iuh bebod ðiosne   from fruma uutedlice scæftes woepen mon ꝸ hee ꝺ hiuu ꝸ wifmon
scripsit uobis praeceptum istud. 6 ab initio autem creaturæ masculum et feminam

worhte hia god   fore ðis forletes monn fæder his ꝺ moder ꝺ geneoleces to
fecit eos deus. 7 propter hoc relinquet homo patrem suum et matrem et adhærebit ad

wife his   ꝺ bið on tuoege in lichoma ana ꝸ [an]um forðon uutedlice ne sint tuoege ah an
uxorem suam. 8 et erunt duo in carne una itaque iam non sunt duo sed uno

lichom   ꝥte forðon god gegeædrad monn ne to-sceada he   ꝺ in hus eftersona ðegnas
caro. 9 quod ergo deus iunxit homo non separet. 10 *Et in domo iterum discipuli *104. 1.

his of ðæm ilca ge-frugnon hine
eius de eodem interrogauerunt eum.

---

48. ðer wyrmas hiora na bið deade ꝺ fyr hiora ne bið adrysned   49. eghwelc forðon mið fyre sic giscostað
ꝺ eghwelc ciwicu almes gicostad bið   50. god is ðæt salt ðæt sie salt gif un-ful bið on ðon ðæt ge gi-haldas
habbað bitwih iow salt ꝺ sibbe habbas bitwih iow
 Cap. X. 1. ꝺ ðona aras com in gimæru iudea bigeonda iordanen ꝺ gisomnadun efter sona ... to him ꝺ swa
ðætte giwuna wæs efter sona lærde him   2. ꝺ to gineo-licadun ða larwas gifrugnun hine gif is alefed were
ꝥ wif for-leta cunnadun ꝸ costadun hine   3. soð he ꝺwyrde cwæð him hwæt iow bibodon wæs from moyse
4. ða ðe cwedun moyses for-gæf boc ꝥte were awriten ꝺ for-leten   5. ðæm onwyrde ðe hælend cwæð to
heard-nisse heortes iowre awrnt iow bibeod ðis   6. from fruma wutudlice giscæfte wepned-monn ꝺ wif-monn worhte
him god   7. fore ðisse for-lates mon fæder his ꝺ moder ꝺ gineolices to wife his   8. ꝺ bioðon twoege in
lichoma ana forðon wutud[lice] ne sindun twoege ah ana lichoma   9. ðætte forðon god efne-giæedrað ðunne
monno ne to-sceadeð he   10. ꝺ in hus efter sona ðegnas his gifrugnun hine ef ðæm ilca

11 Ða cwæð he swa hwylc mann swa his wif forlæt ꝼ oþer nimð unriht-hæmed he wyrcð. þurh hi;

12 And gif ꝥ wif hire were forlæt ꝼ oþerne nimð. heo unriht-hæmð;

Dys sceal on frige dæg on þære syxtan wucan ofer pentecosten. Offerebant iesum patuulos ut tangeret eos. A.

13 And hi brohton him hyra lytlingas ꝥ he hi æthrine. þa ciddon his leorning-cnihtas þam ðe hi brohton;

14 Þa se hælend hi ge-seah unwurðlice he hit for-bead ꝼ sæde him; Lætaþ þa lytlingas to me cuman ꝼ ne for-beode ge him; Soðlice swylcera is heofona rice;

15 Soþlice ic secge eow swa hwylc swa godes rice ne onfehð swa lytling ne mæg he [on] ꝥ;

16 Ða beclypte he hí. ꝼ his handa ofer hi settende bletsode hi;

Dis sceal on wodnes dæg on þære seofeðan wucan ofer pentecosten. Cum egressus esset iesus in uia percurrens quidam genu flexo ante eum rogabat eum. A.

17 And þa he on wege eode sum him to arn ꝼ gebigedum cneowe toforan him cwæð. ꝼ bæd hinc; La góda lareow hwæt do ic. ꝥ ic éce lif age;

18 Þa cwæð se hælend. hwi segst þu me godne. nis nan mann god buton god ana;

19 Canst þu ða bebodu. ne unriht-hæm þu. ne slyh þu. ne stel þu. ne sege þu lease gewitnesse. facen ne do ðu. wurða þinne fæder ꝼ þine modor;

20 Ða ꝼswarode he goda lareow. eall ðis ic geheold of minre geoguðe;

21 Se hælend hine þa beheoldende lufode ꝼ sæde him; An þing þe is wana gesyle call ꝥ ðu age ꝼ syle hit þearfum. þonne hæfst þu gold-hord on heofonum ꝼ cum ꝼ folga me;

11 Ða cwæð he. swa hwilc man swa his wif for-læt ꝼ oðer nymð unriht-hameð he wyrcð þurh hyo.

12 Ænd gyf ꝥ wif hire were forlæt ꝼ oðerne nymð. hyo unriht-hæmeð.

13 Ænd hyo brohten him heore litlenges ꝥ he his æt-rine. þa cyddan his leorning-cnihtes þam þe hyo brohten.

14 Ða se hælend hyo ge-seah un-wurðlice he hit for-beod ꝼ saigde heom. Læteð þa litlinges to me cumen ꝼ ne for-beode ge heom. soðlice swilcere is heofone rice.

15 Soðlice ic segge eow swa hwile swa godes rice ne on-fehð swa swa litling ne maig he on ꝥ.

16 Ða be-clepte he hyo ꝼ his hande ofer hyo settende bletsede hyo.

17 And þa he on weige eode sum hym to arn ꝼ ge-begden cneowen to-foren hym cwæð ꝼ bæð hine. La gode lareow hwæt do ic þæt ic ece lyf age.

18 Þa cwæð se hælend hwi saigst þu me godne; nis nan man god buton god ane.

19 Canst þu þa be-bode. ne unriht-hæm þu. ne slyh þu. ne stel þu. ne sege þu lease ge-witnysse. fæcen ne do þu. wurðe þine fæder ꝼ þiue moder.

20 Ða andswerede he gode. lareow eall þis ic heold of minre geogeðe.

21 Se hælend hine þa behealdende hyfode (sic) ꝼ saide hym. An þing þe is wane. syle eal þæt þu age. ꝼ syle hit þearfen þanne hafst þu ꝥ goldhord on heofene. ꝼ cum ꝼ folge me.

Various Readings.

11. A. man. A. hig. 12. A. wer. 13. A. hig (*thrice*); B. hig (*once*). 14. A. hig geseh. unweorðlice. A. heofona. 15. A. ne gwð he on þæt; B. ne mæg he on þæt; (MS. Corp. om. on). 16. A. hig (*thrice*); B. hig (*twice*). 18. A. hwig. 19. A sloh. A. gewytnysse. A. woorða. A. modor. 20. A. ꝼswarode he ꝼ cW. A. geogeðe. 21. B. heofenum.

Various Readings.

11. oðer; unriht-hamed; hi. 12. un-riht-hæmð. 13. brohton; litlyngas; æt-hrine; leorning-cnihtas brohton. 14. hælend; sæde; Læteð; litlinges; heone (*sic*). 15. mæg. 16. beclypte. 17. Ænd; wege; gebegdum cneowum to-foran; bæd; hæge. 18. secgst; mann. 19. Cænst; slygh; wurða; fader. 20. goda larew. 21. halend; beheoldende lufode; sægde; wana; eall; þearfum þonne hæfst; om. ꝥ; heofonum.

                    ꝉ cuoeð to him   sua hwœlc for-letas ꝉ forleta welle   wif   his   ꝉ   oðer   laede   dernelegor
        11 *Et dicit   illi quicumque   dimiserit   uxorem suam et aliam   duxerit adulterium * 103. ii.
                                                                                                            lu. cxcu.
                                                                                                            mt. cxí.
        efnesende ꝉ geondade ofer hia ꝉ bi hir   ꝉ gif ꝥ wif forletas ðone wer hire   ꝉ to oðrum onfoes
            committit   super eam.   12 et si uxor dimiserit uirum suum et alii nubserit

        hiu syngoð   ꝉ   brohton to him lytlo cild ꝥte he gehrine ðœm ða ðegnas uutedlice   stioredon
          moechatur.   13 *Et offerebant illi paruulos ut tangeret illos discipuli autem comminabantur * 106. ii,
                                                                                                           lv. ccxui.
                                                                                                           mt. [c]xcll.
        ðœm brengendum   ða miððy gesœh ðe hœlend unwyrðe brohte ꝉ cueð to him lotas   ða lytlo
         offerentibus.   14 quos cum uideret iesus indigne tulit et ait illis sinite paruulos

        gecuma to me   ꝉ   ne fore-letas gie hia ꝉ ða ðuslicra is forðon ríc   godes   soðlice ic sœgo
         uenire ad me et ne prohibueritis eos talium est enim regnum dei.   15 amen dico

        iuh sum hua ne onfoas   ríc   godes swolc   lyttel   ne in-gaað in ðœt   ꝉ
         nobis quisque non receperit regnum dei uelut paruulus non intrabit in illud   16 et

        gefrigade   hia ꝉ on-sette   hond ofer ꝉ on ða ilco gebledsade   hia   ꝉ miððy fuerende
        complexans eos et inponens manus super illos benedicebat eos.   17 *Et cum egresus * XXXII.
                                                                                                107. ii.
                                                                                                lu. cxxi.
        wœs on woeg   fore arn sum oðer cneuu beged fore hine bœdd   hine   la larua god ꝉ goda hued mt. cxciii.
         esset in uiam procurrens quidam genu flexo ante eum rogabat eum magister bone quid

        sceal ic doa ꝥto   lif   ðce   ic onfoe   se hœlend uutedlice cueð to him huœt mec ðu cuoðas
          faciam ut uitam aeternam percipiam.   18 iesus autem dixit ei quid me dicis

        god nœnigmonn god buta ane   god   ða bebodo wast ðu ꝥ ðu ne dernelice ꝥ ðu ne of-slœ ꝥ ðu
         bonum nemo bonus nisi unus deus.   19 praecepta nosti né adulteris né occidas né

        ne forstele ꝉ ne forðiofe ꝥ ðu leas gecyðnisse ꝉ witniso ne coeða ꝥ ðu facun ne gedoe ar-worðig fœder   ðin
                furcris   né falsum testimonium dixeris né fraudem feceris honora patrem tuum

         ꝉ modor   ꝉ   he onduearde cueð la larua ðas   all   ic geheald from gigoðe minum
        et matrem.   20 et ille respondens ait magister haec omnia obseruaui á iuuentúte mea.

          se hœlend uutedlice miððy behaldend hine lufade hine ꝉ cueð him   ân   ðe is forgeten geong sua huœt
        21 *Iesus   autem   intuitus   eum dilexit eum et dixit illi unum tibi deest uade cumque * 108. ii.
                                                                                                        lu. clii. ccxuiii.
        ðu hœbbe bebyg ꝉ sel ðorfendum ꝉ hœfis ꝉ ðu scealt habba ge-strion in heofne ꝉ cym soec ꝉ fylig mee   mt. cxciiii.
          habes uende et dá pauperibus et   habebis   thesaurum in caelo et ueni sequere me.

---

11. ꝉ cweð to him swa hwelc for-letes wif his ꝉ oðer lœde to derne-gíligrum eft-sende ofer hiœ   12. ꝉ
gif ꝥ wif for-leteð wer hire ꝉ to oðrum foes hio syngað   13. ꝉ brohtun to him lytlo ꝥte gihrine ðœm ða
ðegnas wutudlice stiordun ðœm brengendum   14. ða miððy gi-sœh ðe hœlend un-wyrðne brohte ꝉ cweð to him
lotas ða lytlo cuma to me ꝉ ne for-letas him ðus-licra is forðon rice godes   15. soð ic cweðo iow swa hwelc
ne foeð rice godes swelce lytelne no gœð in ðœt   16. ꝉ gifragade hiœ ꝉ on gisette honda ofer hia gibletsade
hiœ   17. ꝉ mið ðy fœrende wœs on woeg fore arn sum oðer cneo gibe[ge]d bifora hine gibœd hine la larwa
god hwœt sceal ic doa ꝥte lif ece ic onfoe   18. ðe hœlend soðlice cwœð to him hwœt mec ðu cwoðes goolue
ne œngú good buta ana god   19. ða bibodu wastu ðœto derne-líce ðœtte ðu ne ofslœ ðœtte ðu ne stelo ðœtte
ðu lease witnesse ꝉ cyðnisse cweðe ðœt ðu facun ne doe ar-wyrða fœder ðinne ꝉ moder ðíno   20. ꝉ he Jwyrde
cweð him la larwa alle ðas ic giheald from gigoð-hade minum   21. ðe hœlend wutudlice miððy biheold hine
lufade hine ꝉ cweð to him an ðe forgeten is geong swa hwœt swa ðu hœbbe bibygo ꝉ sel ðarfum ꝉ hæfes
gistrion goldes in heofnum ꝉ cym soec ꝉ fylig me

22 And for þam worde he wæs ge-unret
⁊ ferde gnornigende for þam he hæfde mycele
æhta ;
23 Þa cwæð se hælend to his leorning-
cnihton hine beseonde. swyþe carfoðlice on
godes rice gað þa þe feoh habbað ;
24 Ða forhtedon his leorning-cnihtas be
his wordum ; Eft se hælend him ⁊swariende
cwæð. eala cild swyðe carfoðlice þa ðe on
heora feo getruwigeað gað on godes rice ;
25 Eaþere ys olfende to farenne þurh
nædle þyrel þonne se rica ⁊ se welega on
godes rice ga ;
26 Hi þæs ðe ma betwux him wundredon
⁊ cwædon ⁊ hwa mæg beon hal
27 þa beheold se hælend hi ⁊ cwæð ; Mid
mannum hit is uneaþelic ac na mid gode ;
Ealle þing mid gode synt eaðelice ;
28 Þa ongan petrus cweþan ; Witodlice
we ealle þing for-leton ⁊ folgodon þe ;
29 Ða ⁊swarode him se hælend. nis nan
þe his hus for-læt. oððe gebroþru. oþþe ge-
swustra. oððe fæder. oþþe modor. oððe
bearn. oþþe æceras for me ⁊ for þam god-
spelle
30 þe hund-feald ne onfo. nu on þisse
tide. hus ⁊ broðru ⁊ swustru. fæder ⁊
modor. ⁊ bearn. ⁊ æceras. mid ehtnessum
⁊ on toweardre worulde ece lif ;
31 Manega fyrmeste beoð ytemeste ⁊
ytemeste fyrmyste ;

22 ⁊ for þan worde he wæs unge-rot. ⁊
ferde gneorgende for þan he hæfde mycele
ehte.
23 Ða cwæð se hælend to hys leorning-
cnihten hine be-seonde. swiðe carfodlice on
godes rice gað þa þe feoh hæbbeð.
24 Ða forteden his leorning-cnihtes be his
worden. Eft se hælend heom andswerede ⁊
cw. Eala chyld. swiðe earfodlice þa þe on
hire feo ge-truwiad gad on godes rice.
25 eaðere is olfende to farene þurh nædle
þyrl. þanne se rice ⁊ se welege on godes
rice ga.
26 Hyo þas þe ma be-twexe heom wun-
dreden ⁊ cwiðen. ⁊ hwa mæig beon hal.
27 þa be-heold se hælend hyo ⁊ cwæð.
Mid mannen hit is un-eaðelic. ac na mid
gode. Ealle þing mid gode synde eaðelice.
28 Þa on-gan petrus cweðen. Witodlice
we ealle þing for-leten. ⁊ folgeden þe.
29 Ða andswerede hym se hælend. Nis
nan þe his hus for-læt. oððe ge-broðre.
oððe swuster. oððe fæder oððe moder.
oððe bearn. oððe aceres for me. ⁊ for
þam godspelle.
30 þe hundfeald ne on-fo. nu on þisse tide.
hus ⁊ broðre ⁊ swustre. ⁊ fæder ⁊ moder ⁊
bearn. ⁊ æceres. mid ehtnyssen ⁊ on to-
wearde wurlde ece lyf.
31 Manege fyrmeste byð ytemeste. ⁊
ytemeste fermeste.

Various Readings.

22. *A cross (+) is prefixed to this verse in* A. A. om.
And. B. gnorngende. B. mycle. 23. A. leorning-cnyhtum.
24. A. forhtedon. A. wurdon. A. ⁊swarigende. A. getru-
wiað. 25. A. Eaðre. B. þuruh. A. þyrl. 26. A. hig.
A. betweox. 27. A. B. hig. A. þyng synd eaðelice myd
gode. 28. *Space left for Rubric in* A. B. angan. A.
folgedon. 29. A. moder, 30. A. broðra. A. swustra.
A. *inserts ⁊ before* fæder. A. moder. A. ehtnyssum. 31.
A. ytemyste (*twice*); B. ytemyste (*2nd time*). A. B. fyrmeste
(*2nd time*).

Various Readings.

22. þam; gnorngende; þam; mycel. 23. halend;
leorning-cnihtan; beo-seonde; carfoðlice; habbað. 24.
forhteden; worden; halend; cyld; carfoðlice; heore; gað.
25. farenne þuruh; þyrel. þonne; welega. 26. þæs; be-
twux; wundrodon; cwæðen; mæg. 27. halend; man-
num; synd eaðelice. 28. cweðen; for-leton; folgodon.
29. halend; ge-swustra; moder; aceras. 30. broðra;
swustra; fæder; æceras; ehtnyssum; towearde worulde.
31. Manega; fyrmyste [*for* fermeste].

81

	seðe miððy geunrodsad wæs on		word	eade	scofendo	wæs	forðon hæfde + hæbbend	æhto	* 109. ii.
22	*Qui contristatus	in	uerbo	abiit	maerens	erat enim	habens	possesiones	lu. cxx. mt. cxu.

menig	]	ymb-locade so hælend cueð	ðegnum	his	suiðe un-eaða + heðg	ðaðe gestriono
multas.	23	et circum-spiciens iesus ait discipulis	suis	quam	difficile	qui pecunias

habbað in	ric godes	inn-gaas + inn-geongað	ða ðegnas uut*edlice*	forstyldton	on wordum his soð
habent in	regnum dei	introibunt.	24 discipuli autem	obstupescebant	in uerbis eius at

sæ hælend eftersona ond[u]earde cueð to him	leafa suno la	suiðe	heðg	is	ðaðe gelefeð in strionum
iesus rursus respondens ait	illis filioli ó	quam	difficile	est	confidentes in pecuniis

in ric goddes	ꝥ hia ingae	eaðor	is	camolf	ðerh ðyril+ego nedles ofer-fara	ðonne	+ne micla dear.
in regnum dei	introire.	25 facilius	est	camelum	per foramen acus transire	quam	

se wælig + ðe wlonca inngeonga in goddes ric		ðaðe suiðor gewundradon cuoeðende to him
diuitem intrare in regnum dei.	26	qui magis admirabantur dicentes ad semet

seolfum]	hua mæge hal wuosa	] sceaudo his se hælend cueð mið	monnum un-mæhtig
ipsos et	quis potest saluus fieri.	27 et intuens illos iesus ait apud	homines inpossibile

is ah ne is mið	god	alle forðon mæhto + eðelico sint	mið	god	ongann petrus him
est sed non	apud	deum omnia enim possibilia	sunt	apud deum.	28 coepit petrus ei

ge-cueoða heono we	forleorton	alle]	fylgdon + sohton	ðec		onducarde se hælend cueð	* 110. ii.
dicere ecce nos	dimisimus	omnia et	secuti sumus	te.	29	*Respondens iesus ait	lu. cxxxi. mt. excuiii.

soðlice ic cueoðo iuh. nænig monn is seðe forleteð	hus + broðro + suoestro + moder +
amen dico uobis nemo est qui reliquerit	domum aut fratres aut sorores aut matrem aut

fæder + suno + londo	fore	mec]	foro	godspell		seðe ne onfoeð
patrem aut filios aut agros	propter	me et	propter	euangelium	30	qui non accipiat

hunteantig-siða hunt ða huðle + ane nu	in	tide + life disum huso]	broðro]	suoestro]	modero]
centies	tantum	nunc in tempore hoc domos et	fratres et	sorores et	matres et

suno] londo mið	oehtendum	] in	world	ðæm to-uearde lif	ece		monigo uut*edlice*
filios et agros cum	persecutoribus	et in	sæculo	futuro uitam aetern*am*.		*31	Multi autem	* 111. ii. lu. cixxiii. mt. excuiii.

biðon ða forðmesto hlætmesto	] ða hlætmesto forðmesto
erunt primi nouissimi	et nouissimi primi.

---

22. seðe miððy giwundrad wæs in worde eode scofendo wæs forðon hæfse miclo æhte   23.] ymb-loccade ðe hælend cwæð to ðegnum his swiðe uneaðe + heðige ðaðe gistriono habbas in rice godes in-gað   24. ða ðegnas wutudl*ice* forstyltun on wordum his cwæð ðe hælend eftor sona ǽsworude cwæð sunu loofa la swiðe heðig is ðaðe giløfað on gistrion in rice godes ꝥ hiæ ingæ   25. eator is camole ðerh ðyrel + egu nedles ðerh-fara ðonne ðe welgo + ðe wlonca in-gonge in rice godes   26. ðaðe swiður giwundradun eweðende to him solfum] hwa mæge hal wosa   27.] sceowende in him ðe hælend cwæð mið monnum unmæhtig is ah ne is mið god allo · forðon mæhte sindun mið god   28. ongan petrus him cweoða heono wo for-leortun alle] fyligdun + sohtun ðec   29. ondworde ðe hælend cwæð soð ic cweoðo iow nænig is seðe forletes hus + broðer + swoster + moder + fæder + sunu + lond fore moe] fore god-spelle   30. seðe ne on-foeð hunteantigum siða ða hwilo nu in tide + in life ðissum huso] broðer] swester] moder] sunu] lond mið oehtendum in wearlde ðær towarde lif eco   31. monige wutudlice bioðun ærist ða foer-mestu] ða lætemestu foerðmest

L

32 Soþlice hi ferdon on wege to hieru-
salem ꝫ se hælend him be-
foran eode ꝫ hi adredon him hine ꝫ
him fyligdon. ꝫ eft he nam hi twelfe ꝫ
ongan him secgan þa ðing þe him to-
weardc wæron

33 ꝥ we nu astigaðto hierusalem ꝫ man-
nes sunu bið ge-scald sacerda caldrum ꝫ bo-
cerum ꝫ ealdrum. ꝫ hi hine deaðe ge-
nyþeriað. ꝫ hi hine þeodum syllað.

34 ꝫ hi hine bysmriað ꝫ hi him on spætað
ꝫ hine swingað ꝫ of-sleað hine. ꝫ he arist on
þam þriddan dæge;

35 Him þa ge-nealæhton to. iacobus. ꝫ
Iohannes Zebedeis suna ꝫ cwædon; La-
reow. we wyllað ꝥ þu us do swa hwæt
swa we biddað;

36 Þa cwæð he hwæt wylle gyt ꝥ ic inc
do.

37 þa cwædon hi; Syle unc ꝥ wyt sitton
on þinon wuldre. an on þine swyðran
healfe ꝫ oþer on þine wynstran;

38 Ða cwæð se hælend. gyt nyton hwæt
gyt biddað; Mage gyt drincan þone calic.
þe ic drince ꝫ beon gefullod on þam fulluhte
þe ic beo gefullod;

39 Þa cwædon hi wyt magon; Ða cwæð
se hælend gyt drincað þone calic þe ic
drince. gyt beoð gefullode þam fulluhte
ðe ic beo gefullod;

32 Soðlice hyo ferden on weige to ieru-
salem. ꝫ se hælend heom be-
foren eode. ꝫ hyo adreddem heom hine. ꝫ
him felgden. ꝫ eft he nam hyo twelfe ꝫ
on-gan heom seggen þa þing þe heom to-
wearde wæron.

33 ꝥ we nu astigeð to ierusalem. ꝫ
mannes sune beoð ge-seald sacerde ealdren
ꝫ boceren. ꝫ caldren ꝫ hyo hine deaðe ge-
nyþerieð. ꝫ hyo hine þeoden sylleð.

34 ꝫ hine bysemeriad. ꝫ hyo hym on
spæteð. ꝫ hine swingeð. ꝫ of-sleað hine.
ꝫ he arist on þam þridðen daige.

35 Him þa ge-neahlahten to Iacobus ꝫ
Iohannes zebedeus sunu. ꝫ cwæðen. Lareow
we willeð ꝥ þu us do swa hwæt swa we
byddað.

36 Þa cwæð he hwæt wille gyt ꝥ ic inc
do.

37 Þa cwæðen hyo. Syle unc ꝥ wit
sitten on þinen wuldre. an on þinen swið-
ren healfe. ꝫ oder on þinen winstren.

38 Ða cwæð se hælend. gyt nyten hwæt
gyt byddað. Mage gyt drincen þanne calix
þe ic drinke. ꝫ beon ge-fulled on þam ful-
luhte þe ic beo ge-fulled.

39 Ða cwæðen hyo wit magen. þa cwæð
se hælend. gyt drincað þanne calicx. þe
ich drince. gyt beoð ge-fulled þa fulluhte
þe ic beo ge-fulled.

Various Readings.

32. A. B. hig (A. *thrice;* B. *once*). A. ondredon. A.
fylgdon; B. fylidon. 33. A. hig (*twice*). 34. A. hig (*twice*).
B. *om. 1st* hi. A. bysmeriaðs. 37. A. B. hig. A. þynum.
A. þynre [*for* þine; *twice*]. 39. A. *omits this verse.*

Various Readings.

32. beforan; adredon; fyligdon; heon seggan; eoru;
waron.' 33. sacerda ealdrum ꝫ boceruꝳ ꝫ ealdrum; ge-
nyðeriað; hi [*for last* hyo]; þeodum syllað. 34. bysmriað;
swinguð; ðridðan. 35. ge-neahlæchton; zebedeis sunan;
cwæðon. 37. þa cwæðon; þinum; þine swißtran; oðer;
þine wynstran. 38. hælend; drincan þonne calic; drince;
ge-fullod. 39. cwaðen; hælend; þonne calic; ic; ge
bið.

woeron forðon on woeg astigon in hierusalem ꝗ fore-eode ꝉ onfora wæs geongend hia se hælend • XXXIII.
32 *Erant autem in uia ascendentes iu hierosolyma et   praecedebat   illos iesus 112. ii.
lu. cxxxii.
mt. cci.

ꝗ hia suigdon ꝗ fyligdon ondreardon ꝗ to-geaom efterscna tuoelfo ongann sœm-ꝉ him cuoeða ða ðingo
et stupebant et sequentes timebant et adsumens iterum duodecim coepit   illis dicere quae

woeron him toweardo ꝉ gelimpa scealde   forðon heono woe stigeð in hierusalem ꝗ sunu monnes
essent ei   euentura.   33 quia ecce ascendimus in hierosolima et filius hominis

bið g[e]sald aldormonno   sacerda ꝗ wuðuutum ꝗ   geniðrias hine to deaðe ꝗ   selles hine hæðnum
tradetur principibus sacerdotum et scribis et damnabunt eum morte et tradent eum gentibus.

ꝗ bismerageð him ꝗ hia spittes hine ꝗ hia suingeð hine hia acuoellað hine ꝗ ðe ðirdda doeg
34 et inludent ei et conspuent cum et flagellabunt eum interficient eum et tertia die

eft arisað   ꝗ geneoleedon to him iacob ꝗ iohannes suno zebeðies cuoeðende la larua • 113. ui.
resurget. 35 *Et accedunt ad cum iacobus et iohannes filii zebedaei dicentes magister mt. cci.

woe wallað ꝥte suae hueat wo willniað ðu doe us   soð he cuoeð him huæt willniað gé ꝥte
uolumus quodcumque petierimus facias nobis. 36 at ille dixit eis quid uultis ut

ic gedoe iuh   ꝗ cuoedon sel us ꝥte an to suiðre ðinra ꝗ oðer to wynstra
faciam uobis. 37 et dixerunt dǽ nobis ut unus ad dexteram tuam et alius ad sinistram

ðinra we sitta in wuldre ðino   se hælend uutedlice cuoeð him ne uutogie huætd gie giwigeð hi magoge
tuam sedeamus in gloria tua.   38 iesus autem ait eis nescitis quid petatis potestis

drinca ðone calic ðone ic drinco ꝉ   ꝥ fuluiht ofðon ic se gefulwuad ꝥ gie sie in-gefulwuade
bibere calicem quem ego bibo aut baptismum quo ego baptizor   baptizari.

soð hia cuoedon him we magon se hælend uutedlice cuoeð him ꝥ calic ec ðon ðone ic drinco gie drinca
39 at illi dixerunt ei possumus iesus autem ait eis calicem quidem quem ego bibo bibetis

ꝗ ꝥ fulwiht of ðæm ic beom gefulwuad se gie gefulwuad
et babtismum quo ego baptizor baptizabimini.

---

32. werun forðon on woege astigun in hierusalem ꝗ fore eode ꝉ gongende wæs him ðe hælend ꝗ swigdun ꝗ
fyligdun ondreordun ꝗ to ginom efter sona twelfe ongan ðæm cweoða ða ðing weron him toworde 33.
forðon heono we stigas hierusalem ꝗ sunu monnes gisald bið aldurmonnum sacerda ꝗ uð-wutum ꝗ giniðrias
hine to deaðu ꝗ sellas hine hæðnum   34. ꝗ bismeriges hine ꝗ spittas ... ꝗ hiæ swingas hine ꝗ hiæ cwellað
hine ꝗ ðy ðirdan dœge arises   35. ꝗ gineolicadun to him iacobus ꝗ iohannes sunu zebedędes eweðende la
larwa. wallon we ꝥte awa swa wo willnias ðu doe us 36. soð he cwœð him hwæt wilnigas ge ꝥte ic doe
iow   37. ꝗ cwedun sel us ꝥte an to swiðre ðinra ꝗ oðer to ðær swiðre ðinre ge-sitte in wuldre ðinum
38. ðe hælend soðlice cwæð him ne wutun ge hwæt ge giowigas hu magon ge ðone calic drinca ðone ic drinco
ꝉ ðæt ful-wiht of ðon ic fulwade ꝥ go sie in-gifulwade   39. soð hia cwodun him we magun ðonne hælend
wutudlice cwæð him ðone calic etðon ðone ic drinco ge drinco ꝗ ðæt fulwiht of ðæm ic biom gifulwud ðe ge
gifulwiað

L 2

40 Soðlice nis hit na min inc to syllene ꝥ gyt sitton on mine swyðran healfe oððe on þa wynstran. ac þam þe hit ge-gearwod ys;

41 Þa ge-bulgon þa tyne hi be Iacobe ⁊ Iohanne;

42 Ða clypode se hælend hi ⁊ cw̄; Wite ge ꝥ þa ðe ou þeodum ealdor-scype habbað ꝥ hyra ealdras anweald ofer hi habbað;

43 Soðlice on eow hit nis swa. ac swa hwyle swa wyle mid eow yldest beon se byð eower þen.

44 ⁊ se ðe wyle on eow fyrmest beon. se byþ ealra þeow;

45 Soðlice ne com mannes sunu. ꝥ him man þenode. ac ꝥ he þenode. ⁊ his sawle scalde for manegra alysednysse;

Dys ge-byrað on sunnan dæg ꝩꝩ halgan dæge. A.

46 Þa comon hi to gericho ⁊ he ferde fram gericho ⁊ his leorning-cnihtas ⁊ mycel menegu. timeus sunu bartimeus sæt blind wið þone weg wædla.

47 þa he ge-hyrde ꝥ hit wæs se nazareniscea hælend. he on-gan þa clypian ⁊ cweðan; Hælend. dauides sunu gemiltsa me;

48 Þa budon him manega ꝥ he suwode. he clypode þa þæs ðe ma miltsa me dauides sunu;

49 Ða æt-stod se hælend ⁊ het hine clypian; Þa sædon hi þam blindan. beo ge-heortra ⁊ arís. se hælend þe clypað;

---

40 Soðlice nis hit na min inc to sylle þæt gyt sitten on mine swiðren healfe. odðe on þa wynstren. ac þam þe hit ge-gearewod is.

41 Þa ge-bulge þa teone hyo be Iacobe ⁊ johanne.

42 Ða cleopede se hælend hyo ⁊ cwæð. Wite ge ꝥ þa þe on þeoden calderscype hæbbeð þæt heore ealdres anweald ofer hyo hæbbeð.

43 Soðlice on eow hit nis swa. ac swa hwile swa wile mid eow eldest beon. se beoð eower þen.

44 ⁊ se on eow wile fermest beon. se beoð ealre þeow.

45 Soðlice ne com mannes sune. þæt him man þenode. ac ꝥ he þenode. ⁊ his sawle scalde for manegre alysendnysse.

46 Ða comen hyo to jerico. ⁊ he ferde fram ierico ⁊ his leorning-cnihtes ⁊ micel manege ⁊ timeus sunu bartimeus sunu sæt blind wið þanne weig wædle.

47 þa he ge-herde ꝥ hit wæs se nazareisca hælend. he on-gan clepien. ⁊ cwæðen. Hælend dauiðes sune ge-miltse me.

48 Þa buden him manege þæt he swigeden. he cleopede þa þæs þe ma. miltse me dauiðes sune.

49 Ða æt-stod se hælend ⁊ het hine clepian. Ða saigden hyo þam blinden. beo ge-heortra ⁊ aris. se hælend þe clypað.

Various Readings.

40. A. *omits* na. A. syllanne; B. sylle. A. go-earwod. 41. A. hig. 42. A. B. hig. A. ealder-scipe. A. heora. A. hig. 44. A. yldest [*for* fyrmest]. 46. A. B. hig. A. hiericho. A. iericho. A. mænio; B. menigeo. 47. A. nazarenisca. 48. A. swigode. 49. A. hig.

Various Readings.

40. sitton; swiðran; oððe; winstran; ge-garewed. 41. ge-bulgon; tyne. 42. clypode; þeodum ealdor-scype habbeð; heora eldres; habbað. 43. biðˍ. 44. wille fyirmest; byð ealra. 45. mann; manegra alysednissa. 46. comon; gericho; gerico; leorning-cnihtas; manega; om. *second* sunu; þonne; wædla. 47. nazaronisca; on-gan þa clypian; cweðan. Halend dauides sunu ge-miltsa. 48. manega; swugode; clypode; þes; miltsa; dauides. 49. et-stod; halend; hin clepyau; sægden; blindan.

85

```
         sitta uutedlice to  swiðra    minra  +  to  winstra   ne   is   min  to sellanne  ah    ðæm
     40  sedere autem    ad  dexteram  meum  uel  ad sinistram non  est  meum    dare     sed  quibus


gegoaruad is            ꝺ   ge-herdon ða teno onguunnun wuræsia of iacob ꝺ iohanne    se hœlend
paratum est.        41 *Et audientes  decem coeperunt indiguari de iacobo et iohanne. 42 iesus

uutedlice ceigde  hia cuoeð him wutasgie forðon ðas ðæðo gesene sint ꝥ hia aldordom hærdnum  go-wælde
autem uocans     eos ait illis scitis    quia    hi  qui  uidentur    principari gentibus dominantur

ðæm + him  ꝺ  alder-menn hiora  mæht    habbas hiora + ðæra  ne suœ + ðus is + se uutedlice + huoeðre in
  eis   et principes eorum  potestatem  habent ipsorum.  43 non ita       est               autem    in

 iuh  ah sua hua seðe  wælle  wosa maara + hera  bieð + sie iwer hera + embehtmonn    ꝺ sua hua seðe
uobis sed quicumque uoluerit fieri     maior      erit  uester     minister.       44 et quicumque

 wælle    in  iuh   forðmest wosa bie + se allra  ðræl + esne       forðon ꝺ  sunu  monnes  ne  cuom
uoluerit  in uobis  primus   esse  erit   omnium seruus.        45 *Nam et filius hominis non uenit

ꝥte ge-embehta him ah ꝥte ge-embohtade oðrum ꝺ ꝥte he salde sawel  his lesnise + to losine fore
ut ministraretur ei sed ut       ministraret     et daret animam suam  redemtionem  pro

monigum              ꝺ  cuomon to hierieho  ꝺ mið ðy foerde he + hine fœrende in ða burug ꝺ    ðegnas  his
multis.          46 *Et ueniunt hierichum  et       proficiscente eo         hiericho et discipuli eius

ꝺ mið monig-fald hera + ꝺ monigo monigfald sunu timæies      blind  gesaet æt + uch woeg giornade
et      plurima multitudine    fillus timaei bartimaeus caecus sedebat iuxta uiam mendicans.

  seðo mißy geherde    ꝥte se hœlend nazaresca wæs ongann cliopia   ꝺ  cuoeða la sunu dauiðes hœlend
47 qui cum audisset  quia   iesus   nazarenus  est  ooepit clamare et  dicere   fili dauid iesus

  milsa mines           ꝺ  stiordon him menigo ꝥte he swigde soð he micla suiðor ge-cliopade
miserere mei.        48 et comminabantur ei multi ut taceret et ille multo magis clamabat

la sunu dauiðes miltsa mines    ꝺ  stod se hœlend geheht   hine  ceiga   ꝺ  ceigdon ðone blindo
fili dauid miserere mei.    49 et stans iesus praecepit illum uocari et uocant caecum

his cuoeðende him glædl-mód wæs ðu aris ceigas ðec
    dicentes   ei animaequior esto surge uocat té.
```

---

40. sittas witudlice on ða swið min + on ða wynstra ne is min to sellanne iow ah ðæm ðe gigearwad is
41. ꝺ giherdun ða tenu ongunnun wræðiga of iacobe ꝺ iohanne 42. ða hœlend wutudlice ceigde him cwæð
to him wutas ge forðon ðas ðæðo gisegene bieð ꝥ hiæ alder-dom hæðnum gi-wældas ðæm + him ꝺ alder-men hiora
mæhte habbað hio + ðara 43. ne swa + ðus is wutudlice in iow ah swa hwa swa welle wosa mara + hera bið
iower hera + embihtmon 44. ꝺ swa hwa swa welle in iow ærist + foerðmest wosa bið ðo alra ðræl + esne
45. forðon ꝺ sunu monnes ne com ꝥte gi-embihte him ah ꝥte gi-embihtade oðrum ꝺ salde sawlo his lesnise fore
monigum 46. ꝺ comun to hiericho ꝺ mißy foerde hiæ in ða burug ꝺ ðegnas his ꝺ mið monig-falde mengu
sunu timœes bartimæus blind gisætt neh + æt woege giornade 47. seðe mißy giherde ðætte ðe hœlend nazn-
renisca wæs on-gan cliopiga ꝺ cwoeða sunu dauiðes hœlend gemilsa me 48. ꝺ mißy stiordun him ðio mengu
ꝥte swigede soð he micla swiðor cliopade sunu dauiðes milsa me 49. ꝺ gistod ðe hœlend giheht hine ceiga
ꝺ ceigdon ðone + ða blindu cweðende him glædmod wes ðu aris ceiga ðec

50 He þa awearp his reaf ꝛ forð ræsde. ꝛ to him com;

51 Ða cwæð se hælend. hwæt wylt þu ꝥ ic þe dó; þa cwæð he. lareow ꝥ ic geseo.

52 þa cwæð se hælend to him. gá þin geleafa þe halne gedyde. ꝛ he sona geseah ꝛ him fyligde on wege;

CHAPTER XI.

Dys ge-byrað feower wucon ær myddan wintran. A.

1 Ða he ge-nealæhte hierusalém ꝛ bethania to oliuetes dune. he sende his twegen leorning-cnihtas.

2 ꝛ cwæð to him. faraþ to þam castele þe [ongean] inc ys and gyt þar sona gemetað assan folan getigedne. ofer þæne nán man gyt ne sæt. untigeað hine ꝛ to me gelædað;

3 And gyf hwa to inc hwæt cwyð. secgað ꝥ drihten hæfð his neode. ꝛ he hine sona hider læt.

4 ꝛ þa hi ut-ferdon hi gemetton þone folan ute on twycenau beforan dura. getigedne. þa untigdon hi hine

5 ꝛ sume þe þar stodon þus sædon him; Hwæt do gyt þone folan untigende.

6 þa cwædon hi; Swa se hælend unc bead ꝛ hi leton hi þa;

7 Ða læddon hi þone folan to þam hælende ꝛ hi hyra reaf on á-ledon ꝛ he on sæt;

50 he þa his reaf awarp. ꝛ forð ræsde. ꝛ to him com.

51 Ða cwæð se hælend. hwæt wilt þu þæt ic þe do. þa cwæð he. lareow. ꝥ ic ge-seo.

52 þa cwæð se hælend to him. Ga; þin ge-leafe. þe halne ge-dyde. ꝛ he sona ge-seah. ꝛ hym felgde on weige.

CHAPTER XI.

1 Þa he ge-nehlahte ierusalem ꝛ bethania to oliuete dune. he sende his twegen leorning-cnihtes.

2 ꝛ cw̄. to heom. Farcð to þam castele þe on-gean inc ys ꝛ gyt þær sone ge-meteð assen fole ge-teidne; ofer þane nan man geot ne sæt. unteigeð hine ꝛ to me ge-lædeð.

3 And gyf hwa to gine aht cweð; seggeð ꝥ drihten hæfd his neode. ꝛ hyo hine sona hider læt.

4 ꝛ þa hyo ut ferden hyo ge-metten þanne fole ut on twi-cinan be-foran dure ge-teigdne. þa unteigden hyo hine.

5 ꝛ sume þe þær stoden þus snigden heom. Hwat do gyt þan folen unteygende.

6 þa cwræðen hyo swa se hælend unc bead. ꝛ hyo leten hyo þa.

7 Ða lædden hyo þanne folan to þam hælende. ꝛ hyo heora reaf on aleigden. ꝛ he on sæt.

Various Readings.

50. A. hys reaf awearp; B. his reaf awearp. 52. A. fylgde.

Cap. xi. 1. A. olifetes. 2. A. B. castelle. A. ongean; B. ongen; *which the* Corpus MS. *omits* B. getiggedne. A. þone. 4. A. hyg. A. hig. B. twycinan. A. hig. 6. A. B. hig. A. hig. A. B. hig. 7. A. hig (*twice*); B. hig (*once*). A. heora.

Various Readings.

50. awearp. 51. halend. 52. halend; fyligde.

Cap. xi. 1. ge-neahlacte; dune. 2. Farað; þær sona ge-metað assan folan getygedne; þæne; geat; sæt; uttygeð (*sic*). 3. inc hwæt cwyð; hæfð. 4. forðen; ge-metton þone folan; before dora getegdne; un-tygdon. 5. stodon; sægdon; þone folan untygende. 6. cwæden; halend; hi [*for second* hyo]. 7. læddon; þonne; halende; alegdon; set.

```
       seðo  forewoearp+misðy gewoarp    wǽdo     his geswigde  cuom   to  him       ꝥ  onducarde
   50  qui            proiecto          uestimento suo exiliens uenit ad cum    51 et respondens

se hælend  cuoeð    him   huæd  wilt ðu ðo  ꝥ ic gedoe    se blinde  uutedlice cuoeð him   laruu gód  ꝥte
  iesus     dixit   illi  quid   uis tibi    faciam        caecus     autem    dixit  ei   rabboni   ut

ic gesii+mænge sea     se hælend uutedlice cuoeð him  gaa geleafo  ðin ðec    hal   dyde ꝥ     sona
    uideam.         52 iesus     autem     ait   illi uade fides    tuo té   saluum fecit et confestim

gesæh ꝥ    fylgde    hine in woeg
uidit et sequebatur eum in uiam.


                                    CAP. XI.

              ꝥ  misðy to-geneoleedon to hierusalem  ꝥ       to    mor    oeleboama  sende tuoege of
           1 *Et cum   adpropinquarent hirosolymae et bethaniæ ad montem oliuarum   mittit duos ex  * XXXV.
                                                                                                     117. ii.
                                                                                                     lu. ccxxxii.
   ðegnum     his       ꝥ cuoeð ðæm gaað  in     burig   ꝥ  is fora ongesægn iuh  ꝥ   sona          mt. ccui.
  discipulis suis.    2 et ait  illis ite in castellum quod est  contra      uos et statim

in-oedon+in-geongas        ꝥ in gie onfindes ꝥ fola gebunden ofer+on ðene no ænig   get   monna  gesæt
  introeuntes          illud inuenietis  pullum ligatum  super quem nemo athuc hominum sedit

un-bindes ðene ꝥ  to-lædes     ꝥ gif hua  iuh  cuoeðas huæd doas gie cuoeðas ꝥto  drihtne
  soluite illum et adducite.  3 et si quis uobis dixerit quid facitis dicite quia domino

bohoflic+ned-ðarf is ꝥ   sona  hine forlætes hider       ꝥ  foerdon   on-fundon    fola
  necessarius   est et continuo illum dimittet huc.   4 *Et abeuntes inuenerunt pullum * 118. ii.
                                                                                        lu. ccxxxiii.
                                                                                        mt. ccuiii.
gebunden ær+bofora ðon dor uta æt woegena geletum ꝥ un-binde hia hine     ꝥ  sume of ðer
  ligatum     ante ianuam foris in      biuio  et   soluunt  eum.  5 et quidam de illic

stondendum   cuoedon  him  huæd doas gie un-bindas ðone fola      ða ðe  cuoeden him sum  gehaton
  stantibus  dicebant illis quid facitis soluentes pullum.      6 qui dixerunt eis sicut praece-

hæfde  him  se hælend ꝥ  forleorton  him      ꝥ  læddon   ꝥ fola  to ðæm hælende ꝥ on-setton him
 perat illis iesus    et dimiserunt eis.    7 et duxerunt pullum ad iesum   et inponunt illi

gegerelo   his  ꝥ  sætt ofer+on hine+ðene
uestimenta sua et sedit super     eum.
```

---

50. se ðe forworpe gi-wedo his giswigende com to him   51. ꝥ ondsworæde him ðe hælend cwæð hwæt wylttu
ꝥ ic ðe gidoe ðe blinda wutudlice cwæð him larow good ꝥte ic gi-sie   52. ðe hælend wutudlice cwæð to him
gaa gileafa ðin ðec halne gidoes ꝥ sona gisæh ꝥ fyligde him on woeg

Cap. XI. 1. ꝥ misðy to-ginoelicædun hierusalem ꝥ bethania to more oele-boomes sende twoege of ðegnum his
2. ꝥ cwæð ðæm gaa in cæstre ꝥte on-gægn iow iow (sic) ꝥ sona ingongas ðæt ge onfindes ðone fola gibundenne
ofer ðone gett nænig monn gisæt un-bindas ðone ꝥ to-gi-lædas   3. gif hwelo iow bi-cweðos hwæt doæs ge
cweoðas sætte drihtne bihoefe+ned-ðarf is ꝥ sona hine forletæs hider   4. ꝥ foerdun onfundun fola gibundenne
biforn ðæn dore ute æt woega giletum ꝥ unbundun hine   5. ꝥ sumo of ðær stondendum ewodun him hwæt
doas ge unbindas ðone fola   6. ðaðe ewodun him swa gibæten hæfde hio ðo hælend ꝥ forleortun hine   7. ꝥ
læddun ðone fola to ðam hælende ꝥ onsettun hine gi-gerlu his ꝥ sæt ofer him

8 Manega hyra reaf on þoŋe weg strehton. sume þa boceras of þam treowum heowon ꝼ streowodon on þone weg.

9 ꝼ þa ðe beforan codon ꝼ þa ðe æfter folgodon cwædon þus osannā sy gebletsod se þe com on drihtnes naman;

10 Si gebletsod ꝥ rice þe com ures fæder dauides osannā on heahnessuw;

Dis sceal on þone feorþan frige-dæg ofer pentecosten.
Cum introisset iesus hierosolimam in templum. A.

11 And he eode þa on hierosolima templ ꝼ calle þing he be-sceawode; Þa æfen tima wæs he ferde to bethaniam mid his twelf leorning-cnihtum;

12 And oþrum dæge þa hi ferdon fram bethania hine hingrode;

13 Ða he feorran geseah an fic-treow þe leaf hæfde he cōm ꝼ sohte hwæþer he þar on aht funde þa he him to cōm ne funde he þar buton leaf ūne; Soðlice hit wæs þæs fic-treowes tima;

14 Þa cw̅ he. heonon forð on ecnesse ne ete ænig mann wæstm of þe. ꝼ his leorning-cnihtas þæt gehyrdon.

15 Þa comon hi eft to hierusalem ꝼ þa he on ꝥ templ eode he ongann drifan of þam temple syllende ꝼ bicgende. ꝼ mynetera procu. ꝼ heah-setlu þe þa culfran cypton he to bræc.

16 ꝼ he ne geþafode ꝥ ænig man ænig fæt ðurh ꝥ templ bære

17 ꝼ he þa lærende ðus cw̅ to him; Nis hit awriten ꝥ min hus fram callum þeodum bið ge-nemned gebed-hus. soðlice ge dydon ꝥ to sceaðena scræfe;

8 Manega heore reaf on þane weig strehten. sume þa boges of þam trewen heowan. ꝼ streoweden on þanne weig.

9 ꝼ þa þe be-foren coden ꝼ þa þe æfter folgeden cwæðen þus. osanna; syo ge-bletsod se þe com on drihtenes name.

10 sy bletsod þæt rice þe com ures fæder dauiðes osanna on hehnyssen.

11 ꝼ he eode þa on icrosolima temple. ꝼ calle þing he be-sceawede. Da afen time wæs he ferde to bethania mid his twelf leorning-cnihten.

12 And oþren daige þa hyo ferden fram bethanie him hingrede.

13 Ða he ferren ge-seah an fic-treow þe leaf hæfde. he com ꝼ sohte hwæðer he þær on aht funde. þa he him to com; ne funde he þær buton leaf ane. Sodlice hit wæs þas fic-treowes time.

14 Ða cwæð he. heonen forð on cenysse ne æte anig man wæstme of þe. ꝼ his leorning-cnihtes ꝥ ge-hyrden.

15 Ða comen hyo eft to ierusalem ꝼ þa he on ꝥ tempel eode. he gan drifen of þam tempel syllende ꝼ byggende. ꝼ muneteres procu. ꝼ heah-setle. þe þa culfran cheptan he to-bræc.

16 ꝼ he ne ge-þafode ꝥ anig man anig fet þurh þa tempel bære

17 ꝼ he þa lærende þus cwæð to heom. Nis his awriten ꝥ min hus fram callen þeoden beoð ge-nemned bed hus. soðlice ge dyden ꝥ to seapene seerefe.

Various Readings.

8. A. heora. A. B. boceras [*as in the text*]. B. heowun. A. streowedon; B. streowodon. 9. A. folgedon. A. sig. 10. A. Sig. A. heannyssum. 11. A. tempel. 12. A. B. hig. 13. A. ðær (*2nd time*). 14. A. heonen. A. man. 15. *Space for rubric in* A. B. A. ANd þa. A. B. hig. A. tempel. A. ongan. B. mynetra. B. ciptun. 16. A. þur. A. tempel.

Various Readings.

8. heora ref; þone; strehton; boceras (*altered to* bogas): treowvm; strowodon; þone. 9. beforan; folgodon; gebletsod; drihtnes naman. 10. Si ge-bletsod; dauides. 11. templ; be-sceawode; æfen tima; bethaniam; leorning-cnihtum. 12. Ænd oðrum dæge; ferdon; bethania hine. 13. feorran; hweðer; tima. 14. heonon; ete ænig mann wæstm; leorning-cnihtas; ge-hyrdon. 15. comun; templ; temple; biegende; mynetra procu; heah-setlu; cepton. 16. ænig (*2nd time*); þæt tempel. 17. lerende; ellum þeodum bið; soðlic; scaþena scræfe.

89

menigo uut*edlice* woedo his legdon ⁊ brædon on uoeg oðro uut*edlice* ða twiggo ⁊ ða telgo gebugun ·⁊
8 multi autem uestimenta sua strauerunt in uia alii autem frondes caede-

rendon of ðæm trewum ⁊ tredon on ðæm woeg ⁊ . ða ðe fore eodon ⁊ ða ðe fylgdon • 119. l.
· bant de arboribus et sternebant in uia. 9* Et qui praeibant et qui sequebantur lu. cxxxiiii.
io. c.
cliopadun cuoeðende la hæl wusig se gebloedsad se ðe cuom in noma drihtnes sie gebloedsad ᚦte mt. ccuiiii.
clamabant dicentes ósanna benedictus qui uenit in nomine domini. 10 benedictum quod

cuom ríc fadores uses dauides la hæl usic in heanissum ⁊ inn-eode hierusalem in
uenit regnum patris nostri dauid ósanna in excelsis. 11* Et introiuit hierosolima in *XXXVI.
120. ui.
mt. ccxiiii.
temple ⁊ miððy ymsceawde allum miððy gee efrn wæs tíd gefoerde on beth*ania* mið
templum et circumspectis omnibus cum iam uespere esset hora exiuit in bethaniam cum

tuoelfum ⁊ oðer dœg mið ðy foerdon from beth*ania* gewyncerde ⁊ mið ðy gesæh
duodecim. 12 et alia die cum exirent á bethania esuriit. 13 cumque uidisset

fearra ᚦ fic-beam hæbbende leafo cuom gif huæt eaða ⁊ woenunga gemitte in ðær ⁊ on ðæm ⁊ mið ðy
á longe ficum habentem folia uenit si quid forte inueniret in ea et cum

gemitte ⁊ gecuome to ðær ilca noht infand buta leafo ne forðon wæs tíd ðara fic-beama
uenisset ad eam nihil inuenit praeter folia non enim erat tempus ficorum. 14 et

onducarde cuoeð him uut*edlice* ne ⁊ no leng in ecnise ænig monn wæstm from ðe etoð
respondens dixit ei iam non amplius in aeternum quisquam fructum ex té manducet

⁊ geherdon ðegnas his ⁊ cuomon to hieru*salem* ⁊ miððy infoerde ᚦ tempel ongann • 121. l.
et audiebant discipuli eius. 15* Et ueniunt hierosolimam et cum introisset templum coepit lu. ccxxxuiiii.
io. xxi.
fordrifa ða bebyceendo† ⁊ ða byceendo in temple ⁊ beado ðara mynetro ⁊ scatlas bebycegendra mt. cxl.
eicere uendentes et ementes in templo et mensas nummulariorum et cathedras uendentium † i. ceapemenn.

ða culfras of-cerde ⁊ ut dráf ⁊ ne gelefde ᚦte ænig oferferede faet ðerh ᚦ tempel
columbas euertit. 16 et non sinebat ut quisquam transferret uás per templum.

⁊ lærde cuoeðende him ah ne awriten is ᚦte hus min hus gebedd geceiged
17 et docebat dicens eis nonne scriptum est quia domus mea domus orationis uocabitur

allum cynnum gie uut*edlice* ge-worhton ⁊ dydon hia ⁊ ða ilca cofa ðeafana
omnibus gentibus uos autem fecistis eam speluncam latronum.

---

8. ðio mengu wutudlice giwedo hiora bræddun ⁊ legdun on woeg oðre ðonne ða twigu gibegdun ⁊ rendun ða
telge of ðæm treum ⁊ stredun on ðone woeg 9. ⁊ ða ðe fore eodun ⁊ ða ðe fylgdun cliopadun cweðende
la hæl usih 10. se gibletsad seðe com in noma drihtnes sie gibletsad ᚦ com in ríce fador uses dauises la
hæl usih in heonissum 11. ⁊ ineode hierusalem in temple ⁊ miððy ymb-sceowade all miððy ge efern wæs
.. gifoerde in bethania mið twelfum 12. ⁊ oðre dœge miððy foerdun from botha gihynerede 13. ⁊ miððy
gi-sæh feorra ðon fic-beom hæbbende leof com gif ge hwæt eaða gimitte in ðæm ⁊ miððy comun to ðæm nowiht
infand butun leofum ne forðon wæs tíd ðara fic-beama 14. ⁊ oud-sworade cwæð him wutudlice no leng in
ecnisse ænig mon from ðe wæstem eteð ⁊ gi-herdun ðegnas his 15. ⁊ comon to hieru*salem* ⁊ miððy in-foerdun
ðone tempel ongan fordrifa ða bibyceende ⁊ ða bibyceende (sic) in temple ⁊ beodo ðara mynetera ⁊ seatlas bibyc-
cendra ða culufra ofcerde ⁊ fordraf 16. ⁊ ne gi-lofde ᚦte ænig oferfwerende ⁊ fwerende were fæt ðerh ðæt tempel
17. ⁊ lærde cweðende him ah ne awriten is ᚦte hus min hus gibedes gi-ceged bið allum cynnum ge wutudlice
giworhtun ða ⁊ hiæ cofa ⁊ hydels ðeafana

M

18 Ða þæra sacerda caldras ⁊ þa boceras ðis ge-hyrdon. hi þohton hu hi hine for-spildon. þeh hi him adredon hine. forðam eall seo menigu wundrode be his lare;

19 And þa hit æfen wæs he code of þære ceastre;

20 On merigen þa hi ferdon. hi ge-sawon ꝥ fic-treow for-scruncen of þam wyrt-ruman;

21 Þa cwæð petrus. lareow. loca hu for-scranc ꝥ fic-treow þe ðu wyrigdest;

22 Ða cwæð se hælend him and-swari-gende. habbað godes truwan.

23 ic secge eow to soðe. swa hwyle swa cwyþ to ðisum munte. si þu afyrred ⁊ on sæ aworpen. ⁊ on his heortan ne twyuað ac gelyfð swa hwæt swa he cwyð gewurðe þis. ꝥ gewyrð;

24 Forþam ic cow secge swa hwæt swa ge gyrnende biddað gelyfað ꝥ ge hit onfoð. ⁊ hit eow be-cymð;

25 And þonne ge standað eow to ge-biddenne. forgifaþ gif gē hwæt agēn ænig-ne habbað. ꝥ eow eower synna forgyfe eower heofonlica fæder se ðe on heofonum ys;

26 Gif ge ne forgyfað ne eow. eower synna ne forgyfð eower heofonlica fæder

27 Ða com he eft to hierusalem. ⁊ þa he on þam temple eode him to genealæhton þa heah-sacerdos ⁊ boceras ⁊ caldras

18 Ða þare sacerde caldres ⁊ þa boceres þis ge-hyrden. hyo þohten hu hyo hine for-spilden. þeah hyo beom on-drædden hine. for þan eall syo manigeo wundrede be his lære.

19 ⁊ þa hit æfen wæs he eode of þare ceastre.

20 On morgen þa hyo ferden. hyo ge-seagen ꝥ fic-treow for-scruncen of þam wert-rumen.

21 Ða cw̄. petrus. Lareow. loca hu for-scranc ꝥ fic-treo þe þu wergedest.

22 þa cwæð se hælend him andsweriende. hæbbed godes truwan.

23 ic segge eow to soðe. swa hwile swa cwæð to þise munte. syo þu aferred ⁊ on sæ aworpen. ⁊ on his heorte ne tweoncð ac ge-lyfð swa hwæt swa he eweð ge-wurðe þis. hit ge-wurð.

24 for þan ic eow segge swa hwæt swa ge gyrnende bydðed ge-lyfað ꝥ ge hit on-foð ⁊ hit eow be-cymð.

25 And þanne ge standed eow to ge-byddenne. for-gyfeð gyf ge hwæt agen anigene hæbbeð. þæt eow cower senne for-gieue. eower hefenlice fæder se þe on heofene ys.

26 Gyf ge þanne ne for-gyfoð. ne eow eower senne ne for-gyfð ower heofenlice fæder.

27 Þa com he eft to Ierusalem. ⁊ þa he on þam temple eode him to ge-neahlaeten þa heah-sacerdes. ⁊ boceres ⁊ caldres.

Various Readings.

18. A. B. hig. A. hig (*twice*). A. hyne bym ondredon. A. mænigeo. 20. A. B. mergen. A. B. big. A. hig. B. wurtruman. 21. B. wyrgdyst. 23. A. þys. A. sig. A. tweonað. A. ge-woorðe. 25. A. ge-byddanne. A. heofen-lica. A. heofenum. 26. A. fæder þe on heofenum ys. 27. A. heah-sacerdas.

Various Readings.

18. sacerda caldras; boceras; ge-hyrdun; þohton; for-spildon. þeh; adredden; þam; manegeo wundrode; lare. 19. afen. 20. ferdon; gesawen; wurt-truman. 21. for-scran (*sic*); wyrgdyst. 22. hælend; andswariende. hab-bad. 23. cwyð; sy; afyrred; heortan; twineð; cwyð. 24. þam; byddað. 25. Ænd þonne; standeð; ge-byddane; habbað; synna forgyfe; heofonlice; heofonan. 26. þonne; for-gyfað; eowra synna; eower hefenlica. 27. ge-neah-læhton; heah-sacerdas; boceras; caldras.

              miððy   ofðon   wæs gehered   ðæm aldormonum   sacerdа   ꞅ   uðuuto   sohton   huu   hine   * 122. i.
         18* Quo   audito   principes   sacerdotum   et   scribæ   quaerebant   quomodo   eum   lu. ccxxxuiiii.
                                                                                                                                       lo. lxxxu.
                                                                                                                                       mt. ccxx.
hia acuoella mœhton ondreardon   forðon   hine   ðte   all   ðreat   wæs gewundrad ꝉ gewundrade ofer
perderent   timebant   enim   eum   quoniam uniuersa turba   admirabatur   super

          lár   his   ꞅ   miððy   efen   aworden were   from-foerde   of   cæstro   ꞅ   miððy
     doctrina eius.   19* Et cum   uespera   facta esset   egrediebatur   de ciuitate.   20. et cum   * 125. x.

árlice ofer foerdon gesægon   ꝥ fic-beam druige aworden of wyrtrumum   ꞅ eft-myndig wæs peter
mane   transirent   uiderunt   ficum   aridam   factam   á   radicibus.   21 et recordatus petrus

cuoeð him la laruu heono fic-beam ðæm ðu yfle cuoede gedrugade   ꞅ ge-onducarde se hælend cuoeð ðæm * 124. ui.
dicit ei   rabbi   ecce   ficus   cui   maledixisti aruit.   22* Et respondens   iesus   ait illis   mt. ccxu.

habbað gie gloafe godes   soðlice ic cuoeð iuh   ðte suaha seðe cuoeðas ðissum móre genioma
habete fidem   dei.   23 amen   dico uobis quia quicumque dixerit huic monti   tollere

ꞅ senda on sæ ꞅ ne tuoes ꝉ ne getuiga in his hearte ah gif gelefe forðon sua hwæt   cuoeðas
et mittere in mare et non haesitauerit in corde suo sed crediderit quia quodcumque dixerit

sie bið him gesald   forðon ic cuoeðo iuh   allo   sua hwæt gie gebiddas ꝉ biddende go giuað gelofos gé
fiat   fiet ei.   24* Propterea dico uobis omnia quaecumque   orantes   potitis credite   * 125. iiii.
                                                                                                                                       lo. cl.
                                                                                                                                       mt. ccxui.
ðte   gie onfoe ꞅ becymeð iuh   ꞅ miððy gie biðon stondende to gebiddanne forletas ꝉ forgeafas
quia accipietis et ueniet uobis.   25* Et cum   stabitis   ad orandum   dimittite   * 126. ui.
                                                                                                                                       mt. xliiii.

gif hwæt gie habbað   wið   huole buone oðer ðto ꝯ ꝉ æc fæder   iuer seðo in heofnum is forgefeð iuh
si quid habetis   aduersus aliquem   ut et pater uester qui in cœlis est dimittat uobis

synna iuerra   ðæh se iuh ꝉ ꝥ gif gie nallað forgoafa   no fæder iuer seðo in heofuum is
peccata uestra.   26 quod si   uos non dimiseritis nec pater uester qui in caelis est

forgefeð iuh synna iuero   ꞅ cuomon eftersona to hiorusalem ꞅ miððy ge-eode   in
dimittet uobis peccata uestra.   27* Et ueniunt rursus hierosolimam et cum ambularet in * XXXVII.
                                                                                                                                       127. ii.
                                                                                                                                       lu. cexl.
templo geneolocdon to him   heh-sacerdas ꞅ uððuuto ꞅ ða ældesto   mt. ccxuii.
templo accedunt ad eum summi sacerdotes et scribae et seniores.

---

18. miððy wæs gihered ðæm aldormannum sacerda ꞅ uð-wutum sohtun hu hiæ hine giewollan mœhtun ondreor-
dun forðon hine forðon all ðreat wæs giwundrad ofer lare bis   19. ꞅ miððy ofern giworden wæs from foerde
of cæstro   20. ꞅ miððy ærlice ofer-foerdun gisegun ðone fic-beom dryge ðworden of wyrtrumum   21 ꞅ eft
gimyndig wæs petrus cwæð him la larow heono ðes ficbeom ðæm ðu cwede gidrugade   22. ꞅ giondworde
ðe hælend cwæð ðæm habbas gileofs godes   23. soð ic cwoðo iow ðto swa hwa cwoðes ðissum more ginioma
ꞅ sende in sæ ꞅ ne twiæs ꝉ no twiogo in heorto his ah gif gilefes forðon swa hwæt swa he cwoðas ðio sald
him   24. forðon ic cwoeðo iow all swa hwæt swa gobiddas ꝉ giowigas gilefas go ðætte ge onfoe ꞅ bicymeð
iowih   25. ꞅ miððy ge bioðun stondende to gibiddanne forletas ꝉ forgeofas gif hwa habbe wið hwele hwoegu
oðer ðing ðto ꞅ fæder iower se on heofnum is for-gefeð iow synno iowre   26 ðahðo gif iowih ne wallas
forgeofa no fæder iower se ðe on hoofnum is for-gefes iow synne iowro   27. ꞅ cumun efter sona in hierosa-
lem ꞅ næið-ðy gioodo in tempel gineoliendun to him heh-sacerdas ꞅ uð-wutu ꞅ ða œldru

M 2

28 ꝥus cwædon; On hwylcum anwealde dest þu ðas þing. ꝺ hwa sealde þe ðisne anweald ꝥ þu ðis dó;

29 Þa cwæð se hælend ꝺ ic ahsige eow ânre spræce ꝺswariað me. ꝺ ic secge cow þonne on hwylcum anwealde ic þis dó;

30 Hweðer wæs iohannes fulluht þe of heofone. þe of mannum ꝺswariað me;

31 Ða þohton hi ꝺ cwædon betweox him. gif we secgað of heofone. he segð ûs hwi ne ge-lyfde ge him.

32 gif we secgað of mannum. we ondrædaþ þis folc. ealle hi hæfdon iohannem ꝥ he wære soðlice witega;

33 Þa ꝺswaredon hi þam hælende ꝺ cwædon we nyton; Ða cwæð se hælend. ne ic eow ne secge on hwylcum anwealde ic þas þing dó;

CHAPTER XII.

1 Ða ongan he him big-spell reccan. sum mann him plantode wingeard ꝺ be-tynde hine. ꝺ dealf anne seað ꝺ getimbrode ænne stypel ꝺ gesette hine mid eorðtilium. ꝺ ferde on elþeodignysse;

2 Þa sende he to þam tiligum his þeow on tide ꝥ he þæs wingeardes wæstm onfenge;

3 Ða swungon hi þæne. ꝺ forleton hine idel-hende;

4 And eft he him sende oðerne þeow. ꝺ hi þone on heafde gewundodon ꝺ mid teonum geswencton;

---

28 ꝺ þus cwæðen. On hwilcen anwealde dest þu þas þing. ꝺ hwa scalde þe þisne anweald ꝥ þu þis do.

29 Þa cwæð se hælend. ꝺ ic axie eow anre spræce andsweriað me. ꝺ ic segge cow þanne on hwilcen an-wealde ic þis do.

30 Hwæðer wæs iohannes fulluht þe of heofene þe of mannen andsweried me.

31 Ða þohten hyo ꝺ cwæðen be-tweoxe heom. gyf we seggeð of heofene. he segð us hwi ne ge-lyfde ge hym.

32 gyf we seggeð of mannen. we ondrædeð þis folc. ealle hyo hafden Iohannem ꝥ he wære soðlice witege.

33 Ða andswereden hyo þam hælende ꝺ cwæðen. we nyten. Þa cwæð se hælend ne ic eow ne segge on hwilcen anwealde ic þas þing do.

CHAPTER XII.

1 Þa on-gan he heom bispell seggen. Summan hym plantede wingeard. ꝺ be-tynde hine. ꝺ dealf ænne seað ꝺ tymbrede ænne stepel. ꝺ ge-sytte hine mid eorðtilian. ꝺ ferde on æðelðeodinysse.

2 Ða sende he to þam tiligen his þeow on tide. ꝥ he þas wingeardes wæstme on-fenge.

3 Þa swungen hyo þane ꝺ for-leten hine ydel-hende.

4 And eft he heom sende oðerne þeow. ꝺ hyo þane on heafde ge-wundeden. ꝺ mid teonen ge-swencten.

Homo quidam plantauit uineam ꝺ sepem circumdedit.

Various Readings.

29. A. acsige. B. andwealde. 30. B, Hwæþer. 31. A. B. hig. A. heom, A. heofenum. A. hwig. B. *omits* ge. 32. A. hig. B. œfdon. 33. A. hig. B. þineg.

Cap. xii. 1. B. bigspel. A. man. A. getymbrede. B. C. anne [*for* ænne]. A. œlðeodignysse. 2. A. tilium. 3. A. hig þone. 4. A. hig. A. gewundedon. A. geswenctun.

Various Readings.

28. cwæðen; hwylcum. 29. hælend; spræce andswariad; þonne; hwylcum andwealde. 30. heofone; mannum andswerinð. 31. þohton; cwæðon be-twox; seggað; heofone; seg. 32. seggað; mannum; hæfdon; ware; witega. 33. andsweredon bi; cwaðen; nyton; hwylcum. Cap. xii. 1. big-spell reccan; plantede; ge-sette; æðelðeodignysse. 2. tiligan; wæstm. 3. þonne; for-leton. 4. eom; þonne; teonum ge-swencton.

93

⁊ cuoeðað him on suahuelc mæht ðas ðu does ⁊ hua ðe salde ðios-ł ðis mæht ꝥte
28 et dicunt illi in qua potestate haec facis et quis tibi dedit hanc potestatem ut

ðas ðu doæs   so hælend uutedlice onduearde cuoeð him-ł ðæm ic fregna iuih œc ic anum
ista facias.   29 iesus autem respondens ait   illis interrogabo uos et ego unum

worde ⁊ onduoardas me ⁊ ic cuoeðo iuh on sua huælcum mæht ðas ic doe-ł doæm ful-
uerbum et respondete mihi et dico uobis in   qua   potestate haec   faciam.   30 bap-

uiht iohannes of heofne wæs oððo from monum ondueardas me   cuoeð him-ł soð hia
tismum iohannis de caelo erat un   ex hominibus respoudete mihi. 31 ait   illi

ge-smeadon mið him cuoeðende gif we cuoeðað of heofne he wil cuoeða for luon ðonne ne gelefeð gie
cogitabant secum dicentes si dixerimus de caelo dicet nobis quare ergo non credidistis

him   gif we cuoeðað from monnum ondreardon ꝥ folc alle forðon hæfdon iohannem
ei. 32 si dixerimus ex hominibus timebant populum omnes enim habebant iohannem

forðon soð-lice witgo wæs   ⁊ onduardon cuoeðon ðæm hælende neutu woe ge-onduearde
quia uere propheta esset. 33 et respondentes dicunt iesu nescimus respondens

se hælend cuoeð to him ne œc ic cuoeðo iuh on sua huelcer mæht ðas ic doæm
iesus ait illis neque ego dico uobis in qua potestate haec faciam.

CAP. XII.

    ⁊ ongann ðæm-ł him on bispellum sprœca wingeard gesette monn ⁊ ymb-salde. haga
1* Et coepit   illis in parabolis loqui uineam pastinauit homo et circumdedit sæpem et * 128. ii.
                                                                                      lu. ccxli.
                                                                                      mt. ccxuiiii.
dælf sæð ⁊ getimberde torr ⁊ agœf-ł gefæste ða ðæm lond-bigengum ⁊ fearr gefoerde-ł færende
fodit lacum et ædificauit turrem et locauit eam agricolis   et peregre profectus

wæs   ⁊ sende to lond-buendum on tid esne ꝥte from ðæm lond-buendum onfenge of
est. 2 et misit ad agricolas in tempore seruum ut ab agricolis acciperet de

wæstm ðæro wingeardo ðaðo to-gelahton ðeno geðurscon ⁊ forleorton geonga idelne   ⁊
fructu uineae. 3 qui adpraehensum cum cederunt et dimiserunt uacuum. 4 et

efter sona sende to him oðerne ðrael ⁊ ðene on heafud gewundadon ⁊ mið sceofmum miclum
iterum misit ad illos alium seruum et illum in capite uulnerauerunt et contumeliis

gehornadon
affecerunt.

28. ⁊ cwedun him in hwilce mæhto ðas ðu does ⁊ hwelc ðe salde ðas mæhte ꝥte ðas ðu does   29. ðe
hælend soðlice ond-sworade cwæð to him ic gifregno iowih ⁊ ic ane worde ⁊ ond-wordas me ⁊ ic cweto iow in
swa hwelce mæhto ðas doe ic   30. fulwiht iohannes of heofne wæs from monnum ond-wordas me   31. cwæð
him soð hiæ gismeadun mið him cweðende gif ge cweoðas of heofne he wil cweaða forhwon ðonne no gi-lefað
ge him   32. gif ge cweoðas from monnum we ondreordun ðæt folc all forðon hæfdun iohannes forðon soðlice
witga wæs   33. ⁊ ond-worde ⁊ cwæð ðe hælend ne wutun ge ond-worde ðe hælend cwæð to him ne ec ic
cweðo iow in hwa hwelcer mæhto ðas ic dom
Cap. XII. 1. ⁊ ongan ðæm-ł him in bispellum spreaca win-geord gisette monn ⁊ ymb-salde scoðe ⁊ dalf sæð ⁊
gitimbrade torr ⁊ ða agœf-ł afæste ða ðæm lond-bigengum ⁊ foor gifoerde-ł færende wæs   2. ⁊ sende to ðæm
lond-bigengum on tide esnes ꝥte from ðæm lond-buendum onfenge of wæstme wingeordes   3. ðaðo to ginoe-
licadun him giðurscun ⁊ forleortun idelne   4. ⁊ efter sona sende to him oðerne esne ⁊ ðone on heofud giwun-
dadun ⁊ mið scomum miclum to-giworhtun

5 And eft he him sumne sende ꝫ hi þæne of-slogon. ꝫ manega oþre. sume hi beoton. sume hi of-slogon;

6 Þa hæfde he þa gyt ænne leofostne sunu. þa sende he æt nehstan him þæne ꝫ cwæð; Witodlice minne sunu hig for-wandiað;

7 Ða cwædon þa tilian him be-tweonan; Her is se yrfe-numa. uton ofslean hine. þonne bið ure seo yrfeweardnes;

8 Hi þa ofslogon hine. ꝫ wurpon wið-utan þone win-geard;

9 Hwæt deð þæs wingeardes hlaford. he cymð ꝫ fordeð þa tiligean. ꝫ sylð oþron þone wingeard;

10 Ne rædde ge þis gewrit. Se stán þe þa wyrhtan awurpon þes ys geworden on þære hyrnan heafod.

11 Þis ys fram drihtne geworden ꝫ hit is wundorlic on uron eagum;

12 Þa smeadon hi ꝥ hi gefengon hine ꝫ hi ondredon þa menigu. hi on-cneowon þa ꝥ he þis bigspell to him sæde. hi ferdon þa ꝫ hine forleton;

Þys sceal on þære xxiiii. wucan ofer pentecosten. A.

13 Þa sendon hi to him sume of pha-riseum ꝫ herodianum ꝥ hi be-fengon hine on his worde;

14 Ða comon hi ꝫ þus mid facne cwædon; Lareow. we witon ꝥ þu eart soðfæst ꝫ þu ne recst be ænegum menn. ne besceawast þu manna ansyne. ac þu godes weg lærst on soð-fæstnysse; Alyfð gaful to syllanne þam casere

5 Ænd eft he heom sumne sende ꝫ hy þane of-slogen. ꝫ manege oðre. sume hyo beoten. sume hyo of-slogen.

6 Þa hæfde he þa gyt ænne leofestne sune. þa sende he æt þam nexten heom þane. ꝫ cwæð. Witodlice mine sune hyo for-wandigeð.

7 Ða cwæðen þa tilien. heom be-tweon-cu. Her is se earfednume uton of-slean hine. þanne beoð ure syo earfweardnys.

8 Hyo þa of-slogen hine. ꝫ wurpen wið-ute þanne wingeard.

9 hwæt deð þas wingeardes hlaford. he cymð ꝫ for-deð þa tiligen. ꝫ sylð oþren þanne wingeard.

10 Ne redde ge þis ge-writ. Se stan þe þa werhten awurpen þes is ge-worðen on þare berne heafed.

11 Þis is fram drihten ge-worðen. ꝫ hyt is wunderlic on uren eagen.

12 Þa smægden hyo ꝥ hy ge-fengen hine. ꝫ hyo ou-drædden þa manige hyo on-cneowen þa ꝥ he þis bispell be heom saigde. hyo ferden þa ꝫ hine for-leten.

13 Ða sænden hyo to him sume of fariseum ꝫ herodianum. ꝥ hyo be-fengen hine on his worden.

14 Ða comen hyo ꝫ þus mid facne cwæðen. Larcow we witen ꝥ þu ert sodfæst ꝫ þu ne recst be anigen men. ne be-sceawest þu manne ansicne. ac þu godes weig lærst. on sodfæstnesse. Alyfð gaful syllen þan caisere

---

Various Readings.

5. A. hig (*thrice*). A. þone.   6. B. anne.   A. leofestne.
7. A. B. betwynan.   A. yrfe-weardnys; B. yrfweardnes.
8. A. hig.   A. wyn-eard.   9. A tylian.   A. oðrum.   10. A. heafde.   11. A. urum.   12. A. B. hig (*twice*).   A. hig.
A. mænegu; B. menegu.   A. hig.   A. big-spel.   A. hig.
13. A. sædon [*for* sendon].   A. hig (*twice*).   A. B. fariseum.
14. A. B. C. hig.   A. men.   A. gafol.

Various Readings.

5. eom; hyo þonne; manega; beoton.   6. nextan; þanne; for-wandiað.   7. cwædon; tilian; be-tweonan; er-fenuma; of-slan; þonne bið; seo yrfweardnys.   8. wið-ute þonne.   9. deað; tiligen; oðrum þonne.   10. wirhtan awurpon; ge-worden; hyrne heafod.   11. ge-worden; wundorlic; urun eagan.   12. smeagdon; hyo [*for* hy] gefengon; hy [*for* hyo]; menega; on-cneowan; big-spell; sægde; for-leton.   13. senden; befengen; worde.   14. comon; cwæðon; eart soðfæst; ænegum; be-scewest; ansyne; soð-fæstnysse; syllan þam.

ꝺ eftersona oðerne sende ꝥꝺ ꝺone ofslogon ꝺ monigo oðero sume ðurscun oðero ꝥꝺ
5 et rursum alium misit et illum occiderunt et plures alios quosdam caedentes alios uero

ofslogon   ðaget forðon ⳿ꝥꝺ enne ⳿ꝥ ēn hæfdo   sunu   leofust   ꝺ   ðene sende to hia ⳿ꝥ him
occidentes.   6 athuc ergo unum habens filium karissimum et illum misit ad eos

æt ende ⳿ꝥ hlætmest cuoeðende forðon ⳿ꝥ ꝥte hia gefræppegedon sunu minne   ða buendo uut*edlice*
nouissimum   dicens   quia   reuerebuntur   filium meum.   7 coloni   autem

cuoedon   betuih   ðis is erfewœrd cymes wutum wœ ofslæ hine ꝺ   usra   bið ðiu erfe-weardnise
dixerunt adinuicem hic est heres uenite   occidamus   eum et nostra   erit   hereditas

     ꝺ   gelahton   hine   ofslogon   ꝺ   gewurpon buta ðæm wingeard   huæt ofðon doeð
8 et apprehendentes eum occiderunt et eiecerunt extra   uineam.   9 quid ergo faciet

hlaford ðære wingearde cymeð ꝺ fordoeð ða lond-buendo ꝺ seleð ꝥ wingeard oðrum   ne   writ
dominus   uineae   ueniet et perdet   colonos   et dabit uincam aliis. 10 nec scripturam

ðius leornadagie ꝥ stan ðone for-cuomon getimbradon ðis geworden wæs on heafud huommes
hanc legistis lapidem quem reprobauerunt aedificantes hic factus est in caput anguli.

from drihtne awordon wæs ðis ꝺ is uundorlic on usum egum   ꝺ sohton hine   ⁎ 129. l.
11 a domino factum est istud et est mirabile in oculis nostris.   12⁎ Et quaerebant eum   lu. ccxlii.
                                                                                              io. lxxxuiii.
                                                                                              mt. ccxx.

to haldanne ꝺ ondreardon ꝥ ðreat ongeton hine forðon   forðon   to him   bispell ðios he gecuoeð ꝺ
    tenere et timuerunt   turbam cognouerunt enim   quoniam ad eos parabolam hanc dixerit et

mið-ðy forleorton hine geoodon   ꝺ sendon to him   sume from œlaruas ꝺ herodes ðegnum   ⁎ XXXVIII.
    relicto   eo abierunt.   13⁎ Et mittunt ad eum quosdam ex pharisaeis et herodianis   130. li.
                                                                                                 lu. ccxliii.
                                                                                                 mt. ccxxlii.

ꝥto hine genome ⳿ꝥ geteldon in word   ðaðe cuomon cuoedon him laruu we uuton ꝥto
ut eum   caperent   in uerbo.   14 qui uenientes dicunt ei magister scimus quia

soð-fæst his ꝺ ne gemes ðu ænig ne forðon ðu gesiis on onsione monnes ah to soðfæstnisse
uerax es et non curas quemquam nec enim uides in faciem hominis sed in ueritate

woeg drihtnos ðu læres is gelefed to seallane geafel ðæm caseri oððe no we selleð
uiam domini   doces   licet dari   tributum caesari án non dabimus.

___

5. ꝺ efter sona oðerne sende ꝺ ec ðene ofslogun ꝺ monigo oðre sume giðurscun oðre ec of-slogun   6. ða
gett forðon an hæfdle sunu leofne ꝺ hine sendo to him æt ende ⳿ꝥ lætemest cweðende forðo hiœ ⳿ꝥ ge-fræppegadun
sunu minne   7. ða byende wutudlice cwedun him bitwion ðis is erfeword cymas wutum wœ of-sla hine ꝺ
usra bið ðio erfe-wordnis 8. ꝺ gilahtun hine ꝺ ofslogun ꝺ giwurpun butu ðone wingeord   9. hwæt of ðon
dyde ⳿ꝥ doeð drihten wingeordes cymeð ꝺ fordoeð ða lond-buende ꝺ seleð ðone wingeard oðrum   10. ne giwriotu
ðas liornadunge ꝥte stan ðonne ofor-comen gitimbradun ðis giworden wæs on heofud hwon   11. from drihtne
awordon wæs ðis ꝺ is wundur-lic on egum usum   12. ꝺ sohtun hine to haldanne ꝺ ondreordun ðone ðreot
on-getun hine forðon to him bispel ðas he giewæð ꝺ mißðy forleorton hine gieodun   13. ꝺ sendun to him
sume from œ-laruum ꝺ herodes ðegnum ꝥto hine ginomun ⳿ꝥ giteldun on wordum   14. ðaðe comun cwedun
him larow we wutun ðætte soðfæst is ꝺ no gemestu ænig of ðon ⳿ꝥ ðæm ne forðon ðu gisist on onsione monnes
ah in soð-fæstnisse woegas godes læres is gilofed to seallanne gæfel ðæm casere ⳿ꝥ no wo sellas

15 hwæðer þe we ne syllað; þa cwæð he ꝼ heora lot-wrenc-ceaste wiste. hwi fandige mín bringað mē þone pening ꝥ ic hine gesco.

16 þa brohton hi him þa sæde he him; Hwæs is þeos anlicnys ꝼ þis ge-writ. hi cwædon. ðæs caseres;

17 Ða cwæð se hælend to him. agyfað þam casere þa ðing þe þæs caseres synd. ꝼ gode þa ðe godes synd. þa wundrodon hi be þam;

18 Þa comon him to sad[u]cei þa secgað ꝥ ærist ne sý ꝼ hine ahsodon ꝼ þus cwædon;

19 Lareow. moyses us wrat. gif hwæs broðor dead bið ꝼ læfð his wif ꝼ næfð nan bearn. ꝥ his broðor nime his wif ꝼ his broðor sǣd wecce;

20 Eornostlice seofon gebroþru wæron. ꝼ se æresta nam wif ꝼ wearð dead nā lǣfedum sæde;

21 And þa nam se oðer hi. ꝼ wearð dead. ne sō sǣd ne læfde; Gelice se þridda

22 ꝼ ealle seofon hi hæfdon ꝼ sǣd ne læfdon; Ealra æftemest þa forð-ferde ꝥ wif;

23 On þam æriste. hwylces þara seofona bið ꝥ wif. hi ealle hi hæfdon;

24 Þa ꝼswarode him se hælend hu ne dweligað ge. forþam þe ge nyton þa halgan gewritu ne godes mægen;

15 hwæðer þe we ne syllað. Þa cwæð he ꝼ heora lotwrences wyste. hwi fandige min. bringeð me þanne panig ꝥ ich hine ge-sco.

16 þa brohten hyo him. Þa saigde he heom. hwæt is þeos anlycnyss. ꝼ þis ge-writ. Hy cwæðen þas caiseres.

17 Ða cwæð se hælend to heom. Agyfeð þam caisere þa þing þe þas caiseres synde. ꝼ gode þe godes synde. þa wundredon hyo be þam.

18 Þa comen hym to saducej. þa saiggoð ꝥ æriste ne syo. ꝼ hyo axoden. ꝼ þus cwæðen.

19 Lareow moyses us wrat. Gyf hwæs broðer dead byoð. ꝼ leafð his wif ꝼ næfð nan bearn. ꝥ hys broðer nyme his wif. ꝼ his broðer sǣd wecce.

20 Eornestlice scofe broðre wæren ꝼ se areste þa nam wif ꝼ warð dead. ne læfden sæde.

21 þa nam se oðer hyo ꝼ warð dead. ne se sæd ne læfde. Ge-lice se ðridðe.

22 ꝼ ealle seofene hyo hæfden ꝼ sæd ne læfden. Ealre eftemesta þa forð-ferde ꝥ wif.

23 On þam æriste hwilces þare seofene bið ꝥ wif. hyo ealle hyo hæfden.

24 Þa andswerede heom se hælend hu ne dweleged ge. for þan þe ge nyten þa halgen ge-write ne godes mægen.

Various Readings.

15. B. hiora. A. lot-wrences; B. lot-wrenc-ceas. A. hwig fandiað ge. A. penig. 16. A. hig. A. B. hig. 17. B. ðineg. B. synt (*2nd time*). A. B. wundredon. A. byg. 18. A. to hym. A. syg. A. acsodon. 19. A. byð dead. A. broðer (*twice*). 20. A. seofen gebroðro. 21. A. hig. 22. A. seofen; B. seofan. A. byg. 23. A. þærn seofona. A. hig (*twice*). 24. A. dweliað; B, dwelegað. B. halegan.

Various Readings.

15. hyorn lotwrences; þonne penig; ic. 16. brohton; sægde; hwms; anlicnys; hyo; þœs. 17. Agyfað; synd; *Royal MS. inserts* þa *before* 2nd þe; sint; þan. 18. seggeð; hine [*for* hyo] axodon; cwæðon. 19. broðror (*sic*); bið; lafð; broðor (*twice*). 20. seofo broðro wæron; æresta; wearð; læfdum. 21. Ænd [*for* þa]; werð; Gilice; dridde. 22. seofan; hæfdon; læfdon.. Ealra. 23. ariste; þara seofona; hæfdon. 24. halend; dwelegeð; þam; nyton; halgan.

	seðe wiste	geswipernisse hiora euoeð ðæm huæd mec gie costages bronges	me	pening	ðte
15	qui sciens	uersutiam eorum ait illis quid me temtatis adferte	mihi	denarium	ut

	ic gesii		soð hia to-brohton	Ɔ cuoeð him huæs is gelicnes ðios Ɔ in ł on-merca	euoeðeɣ
	uideam.	16	at illi attullerunt	et ait illis cuius est imago haec et inscribtio	dicent.

him	ðæs cæseres		goondueardo	uutedlice se hælend cuoeð him goldas forðon ða ðo sint	cuoseges
illi	caesaris.	17	respondens	autem iesus dixit illis reddite igitur quae sunt	caesaris

	ðæm caesaro Ɔ ðaðe aron godes gode Ɔ	wundradon ofer hine	Ɔ cuomon	to him	
	caesari et quae sunt dei deo et	mirabantur super eo.	18* Et uenerunt	ad eum	*XXXVIIII.

	ða ðe cuoeðas	erest	ne sie Ɔ	frugnun hine ðus cuoðende	la laruu
	sadducaei	qui dicunt	resurrectionem non esse et	interrogabant cum dicentes.	19 magister

moses	us awrat	ð gef huæle ł mænig broðer	dead sie ł bið Ɔ forletes ð wif ł ð hlaf Ɔ suno	ne
moses	nobis scribsit ut si	cuius	frater mortuus fuerit et dimiserit uxorem et filios	non

	letes ł ne læfes onfoe	broðer his	hlaf ðæs ilco Ɔ eft-awæcce sod broeðre his		seofo
	reliquerit accipiat frater	eius uxorem	ipsius et resuscitet semen fratri suo.	20	septem

forðon broðro woeron Ɔ se forðmest onfeng	ð wif Ɔ	dead wæs un-forletne	sed	Ɔ
ergo fratres erant et primus	accipit uxorem et	mortuus est non relicto	semen.	21 et

ðe æfterra onfeng ða ilca Ɔ	dead wæs Ɔ ne	ðes forloort sed ł team Ɔ so ðirdda	gelic
secundus accipit eam et	mortuus est et nec	iste reliquit semen et tertius	similiter.

Ɔ onfengon ða ilca gelic	ða seofona Ɔ	ne forleorton ł ne læfdon sed ł team hiu blætmest	alra
22 et acciperunt eam similiter	septem et	non reliquerunt semen nouissima	omnium

dead wæs ð wif	in erest	forðon mið-ðy heo arisað hwæs of ðæm bið ð wif
defuncta est mulier.	23 in resurrectione	ergo cum resurrexerint cuius de his erit uxor

seofona forðon hæfdon ð ilca	wif	Ɔ goondueardo so hælend cuoeð him ne forðon
septem enim habuerunt eam	uxorem.	24 et respondens iesus ait illis non ideo

ge duolas ne uutogie ł ne cunnoge go-wuritto	ne	mæht godes
erratis non scientes	scribturas	neque uirtutem dei.

---

15. seðe wiste giswiopornisse hiora ewæs to him hwæt mec gi-costigas brongas me pening ðte ic gisie ewæs to him   16. soð him gibrohton him Ɔ ewæs to him hwæt is ðis gilicnes ðas Ɔ in-ł on-merca ewedun him ðæs cæseres   17. giondworde wutudlice ðo hælend ewæs to him goldas forðon ðaðe sindun caseras ðæm casere Ɔ ðaðe arun godes godo Ɔ wundradun ofer hino   18. Ɔ comun to him ... ðaðe eweaðas ærist ne were Ɔ frugnun hine ðus ewoðende   19. la larow moyses us awrat gif hwele broðer doed sie Ɔ forletes ðæt wif Ɔ suno ne letes ðto onfoe broðer his lafe ðæs ileu Ɔ eft awoeeað sed broðer his   20. siofune forðon broðer werun Ɔ ðe foerð-mesta on-feng ðæt wif Ɔ doad wæs unforletne sed   21. Ɔ ðo æfterra on-feng ða ilca Ɔ doed wæs ne forloort ðæt sod Ɔ ðe ðirda gilice   22. Ɔ onfeng ða ilca gilice ða siofune Ɔ ne forleortun ł ne læfdun sed hio læte-mest alra deod wæs ðæt wif   23. in oriste forðon mið-ðy arisað hwæs of ðæm bið ð wif siofune forðon hæfdun ðæt ilce wif   24. Ɔ gi-ond-worde ðo hælend ewæs to him ne forðon ge dwoligas ne wutun go giwriotu ne mæhto ł mægen godes

25 Soðlice þonne hi of deaðe arisaþ. ne
wifiaþ hi. ne ne gyftigeað. ac hi synt
swylce godes englas on heofonum;

26 Be þam deadum þ hi arison. ne
rædde ge on moyses bec hu god to him
cwæþ. ofer þone gorst-beam; Ic eom
abrahames god. Ᵹ isaaces god. Ᵹ iacobes
god.

27 nis god deadra ac he hys lybbendra;
Soðlice swyþe ge dweligeað:

Dys godspel sceal on frige-dæg on þære twelftan wucan ofer pente-cæsten. Inter-rogault leawm unter de scribis quid esset pri-mum omnium mandatum. A.

28 Ða genealæhte him án of þam
bocerum þe he gehyrde hi smea-
gende Ᵹ gescah þ he him wel andswarode.
Ᵹ ahsode hine hwæt wære ealra beboda
mæst;

29 Þa Ᵹswarode he him. þ is þ mæste
bebod. ealra israhel gehyr urne drihten
god. he is [an god]

30 and lufa þinne drihten god. of ealre
þinre heortau. Ᵹ of ealre þinre sawle.
eallum þinum móde. Ᵹ of eallum þinum
mægene. þ is þ fyrmeste bebod;

31 Soðlice is oðer þissum gelic; lufa
þinne nehstan swa þe sylfne. nys oðer máre
bebod;

32 Ða cwæþ se bocere. lareow. well þu
on soþe cwæde. þ an god is. Ᵹ nis oðer
butan him

33 Ᵹ ðæt he si gelufod of ealre heortan.
Ᵹ of eallum andgyte. Ᵹ of ealre sawle. Ᵹ
of ealre strengðe. Ᵹ lufigean his nehstan
swa hine sylfne. þæt is mare callum on-
sægdnyssum Ᵹ offrungum;

25 Soðlice þanne hyo of deaðe arised ne
wifieð hyo ne ne yftigeð ac hyo synde swilce
godes ængles on heofenen.

26 Be þam deaðen þæt hyo arised ne
rædde ge on moyseses boc. hu god to heom
cwæð. ofer þanne gorst-beam. Ic eom
abrahames god. Ᵹ ysaces god. Ᵹ Iacobes
god.

27 nis god deadre. ac he is libbendra
soðlice swiðe ge dwelieð.

28 Þa ge-nehlahte him an of þam
bokeren þe ge-herde hyo smeg-
ende. Ᵹ ge-seah þ he heom wel answerede.
Ᵹ acxode hine hwæt wære ealre be-bode
mæst.

29 Þa andswerede he hym. þ is þ mæste
be-bod ealre isracle ge-herie urne drihten
god. he is an god.

30 Ᵹ lufe þinne drihten god. of ælre
þinre heorten. Ᵹ of ealre þinre sawle. Ᵹ
eallen þinen mode. Ᵹ of eallen þinen maig-
ne. þ is þ fermeste be-bod.

31 Soðlice is oðer þisen ge-lic. lufe þinne
nexten swa þe sylfne. nis oðer mare be-
bod.

32 Ða cwæð se bokere. lareow wel þu
on soðe cwæðe. þæt an god is Ᵹ nis oðer
buten him.

33 Ᵹ þ he si ge-lufod of eallen heorten.
Ᵹ of eallen andgytte. Ᵹ of calre sawle. Ᵹ of
calre strencðe. Ᵹ lufian his nextan swa hine
sylfne. þ is mare eallen on-sægdnyssen Ᵹ
offrungen.

Various Readings.

25. A. hig.   A. B. hig.   A. giftiað.   A. hig.   A. B.
heofenum. 26. A. hig. A. om. god *after* isaaces. 27. A.
ys.   A. dweliað.   28. A. B. om. he *after* þe.   A. hig.   A.
nesode.   29. A. ysrahela.   A. B. *insert* an god, *which the
text omits*.   30. A. *inserts* Ᵹ of *after* sawle.   A. mægne.
31. A. þysum.   A. nyhstan.   32. A. wel.   A. buton.   33.
A. sig.   A. lufian.   A. nyhstan.

Various Readings.

25. þonne;   ariseð;   wyfieð;   giftigeð;   sint;   engles;   heo-
fonum.   26. deadum;   ariseð;   moyses;   eom;   þonne.
27. deadra;   his [*for* is];   dweligeð.   28. ge-neahlahte;
bocerum;   ge-hyrde;   eom;   andswarode;   axode;   ware.
29. andswarode;   heom;   ealre israhele ge-her.   30. þine;
alre;   heortan;   saule;   callum þinum;   eallum þinum mæg-
num;   firmeste.   31. þissum;   lufa;   nextan.   32. bocere;
well;   cwæðe.   33. ge-lufað;   ealre heortan;   callum [*before*
andgytte];   lufigean;   neaxtan;   eallum on-sægdnyssum;
ofrungum.

| mið-ðy   forðon from deaðum   arisað hea   ne   hia mænsumiað ne hia biðon ge-mænsumað†   ah   † L. ne ceorl
| 25   cum   enim   &   mortuis   resurrexerint neque   nubent   neque   nubentur   sed   hæfis wifes
| gemana, ne
| wif hæfis
| biðon swæ englas in heofnum   of† from deaðum uut*edlice* ðte   arisað   ne leornadœgie on ceorles on crist
| sunt sicut angeli in caelis. 26   de   mortuis autem   quod resurgant non   legistis   in † efter crest.

| boc   moses ofer † on ðæm tree   huu   cuoeð him   god coeð † sægde   ic   am   god   abrahames]
| libro mosi   super   rubum   quomodo dixerit illi *deus* inquicus   ego sum   *deus* abraham   et

| god isaaces] god iacobes   ne is god   deadra   ab   hlifiendra   gie forðon suiðe
| *deus* isaac et *deus* iacob. 27 non est *deus* mortuorum sed   uiuorum   uos ergo   multum

| gie duolages   ] geneolæcde an from uuðuutum seðo gehcrde ða ilco efne-gefrugnon † soeconde]
| erratis.   28 *Et accessit unus de scribis   qui   audierat illos   conquirentes   et   • XL.
| 131. ui.
| mt. cexxiiii.
| gesæh   forðon † ðte wœl ðæm geonduarde   gefrægn   hine huætd ꝥ were se forðmesta alra † † i. bodana.
| *uidens* quoniam bene illis responderit   interrogauit eum quod esset   primum   omnium

| bod   hælend uut*edlice* geonducarde him ðte se forðmesta   allra†   bod   is ge-her † bodana.
| mandatum.   29 *iesus* autem respondit ei quia   primum   omnium   mandatum est audi

| israel   drihten   god user. god   an is   ] lufa ðu drihten   god   ðin   of alra
| israhel *dominus* *deus* noster *deus* unus est. 30 et diliges *dominum* *deum* tuum   ex toto

| heorta ðin] of alra sauel ðin] of alra   ðoht ðin] of alra maegne ðin ðis is
| corde   tuo et ex tota anima tua et ex tota mente tua et ex tota uirtute tua hoc est

| so forðmesta bod   ðe æfterra uut*edlice* gelic is him lufa ðone ncesta ðinne   sum
| primum   mandatum.   31 secundum autem simile est illi diliges proximum tuum tamquam

| ðec seolfne . mara ðisra oðer bod   ne is   ] cuoeð him se uuðwuta wel la laruu
| té ipsum maius horum aliud mandatum non est. 32*Et ait illi   scriba   bene magister • 132. x.

| in soðfæstnise ðu cuoeðo forðon † ðte an   is] ne is oðer buta him † hine   ] ðte sic gelufad
| in ueritate   dixisti   quia unus est et non est alius praeter eum. 33 et ut diligatur

| of allra heorte] of allra ondget] of allra sawele] of alra strengo   ]   lufa   ðon ncesto
| ex toto corde et ex toto intellectu et ex tota anima et ex tota fortitudine et diligere proximum

| sua   hine seolfne mara   is   allum   cuic-lacum   ]   sægdnisum
| tamquam   sé ipsum maius est omnibus holocaustomatibus   et sacrificiis.

34 Ða se hælend geseah ꝥ he him wislice andwyrde he sæde him ne art þu feorr fram godes rice. ꝶ hine ne dorste nan mann ahsian ;
35 Ða cwæþ se hælend on þam temple lærende ; Hu secgaðð þa boceras ꝥ crist sy dauides sunu ;
36 Dauid sylf cwæþ to þam halgan gaste. drihten cwæþ to minum drihtne. site on mine swyðran healfe. oð ic þine fynd asette to fot-sceamole þinra fóta ;
37 Dauid sylf nemde hine drihten. ꝶ hwanon is he his sunu ; And mycel menegu hine luflice gehyrde.
38 þa sæde he him on his lare ; Warniað fram bocerum. þa wyllað on ge-gyrlum gán ꝶ beon on strætum grete.
39 ꝶ on fyrmestum lareow-setlum. sittan on ge-samnungum ꝶ þa fyrmestan setl on ge-beor-scipum
40 þa ðe wudewena hus for-swelgað mid heora langsuman gebede. þa onfoð lengestne dóm ;
41 Ða sæt se hælend ongén þone toll-sceamol ꝶ geseah hu ꝥ fole hyra feoh. torfude on þone toll-sceamul. ꝶ manega welige torfudon fela ;
42 Þa com án earm wuduwe. and wearp twegen feorð-lingas ;
43 Ða clypode he his leorning cnihtas ꝶ sæde him ; Soðlice ic eow secge. ꝥ þeos earme wuduwe eallinga mæst scalde þara þe on toll-sceamul sealdon ;

34 Þa se hælend ge-seah ꝥ he hym wislice audswerede he saigde hym ne ert þu feor fram godes rice. ꝶ hine ne dorste nan man axian.
35 Þa cwæð se hælend on þam temple lærende. hu seggeð þa boceres ꝥ crist sy dauiðes sune.
36 Danid self cwæð to þam halgan gaste. Drihten cwæð to minen drihtene site on minen swidren healfe. odðe ic þine feond asette to fot-scamele þinre fote.
37 Dauid self nemde hine drihten. ꝶ hwanon is he his sunu. ꝶ micel menige hine lufelice ge-herde.
38 Ða sæde he heom on his lare. Warnicð fram boceren. þa willeð on ge-gyrtlen gan ꝶ beon on stræte ge-grette.
39 ꝶ on fermesten lareow-setlen sitten on ge-samnungen. ꝶ þa fyrmesten setlen on beorscipen.
40 þa þe wudewena hus for-swelged mid heora langsumen ge-bedan. Þa on-foð læn-gestne dom.
41 Da sæt se hælend on-gean þane tol-scamel. ꝶ ge-seah hu ꝥ fole hire feoh torfede on þane tol-scamel. ꝶ manige weliga torfeden fela.
42 Ða com an earm wudewe and warp twege feorþinges.
43 Ða cleopede he his leorning-enihtes ꝶ saide heom. Soðlice ic eow segge þæt þeos earme wudewe ealre mest brohte þare þe on þanne tol-scamel brohte.

Various Readings.

34. A. eart. A. feor. A. man aesian. 35. B. lærynde. A. sig. 36. A. fot-sceamele. 37. A. hwanon. A. mænegu. A. lufelice. 38. A. grette ; B. gegrette (*over an erasure*). 39. A. gesomnungum. 40. B. hyra. 41. A ongean. B. þone. A. toll-sceamel. A. heora. A. torfode. A. toll-sceamel. A. torfodon ; B. torfudun. A. feala. 42. A. wudewe. 43. A. B. wudewe. A. eallunga. B. mæstþ. A. þæra. A. toll-sceamele.

Various Readings.

34. eom ; sægde heom ; eart. 35. halend ; seggað ; boceras ; syo dauides sunu. 36. sylf ; halgan ; minum ; minum swiðrum ; oððe ; fot-scamole þinra. 37. sylf ; hwanon ; sune ; menigeo ; luflice gehyrde. 38. Warnias ; bocerum ; willað ; ge-gyrlum ; strætum. 39. fyrmestvm lareow-setlum ; ge-samnungum ; fyrmesten setlum ; birscipum. 40. for-swilgað ; langsunan ge-bede ; lengestne. 41. halend ; þonne tol-scamol ; heora ; torfode ; þonne tol-scamol ; manega welige ; feola. 42. wearp ; feorð-lingaš (*sic*). 43. clypede ; -cnihtas ; sæde ; wudewa eallinga mæst sealde ; om. þanne ; toll-scamel sealden.

se hælend untedlice gisæh þte snotorlice ꝼ wislice geondsuærde cuoeð him nearð ðu fearr from ríc
34 *iesus* autem uidens quod sapienter respondisset dixit illi non és longe á regno

godes Ꝼ neænig mon soð ꝼ gee gedarste hine gefræigne Ꝼ onducardo se hælend he gerocð
dei *Et nemo iam audebat eum interrogare. 35 †Et respondens *iesus* dicebat * 133. ii.
lu. cxxliiii.
mt. cxxxvi.

lærend ꝼ lærde in tempel huu cuoeðas ða wuðuuto bi crist sunu sie dauiðes se ilca forðon + 134. ii.
docens in templo quomodo dicunt scribæ *christ*um filium esse dauid. 36 ipse enim lu. cxxlu.
mt. cxxxv.

dauid cuoeð on gaast haligne cuoeð drihten drihtne minum sitt to suiðra minum oððæt ic setto
dauid dicit in *spiritu sancto* dixit *dominus* domino meo sede á dextris meis donec ponam

fiondas ðine fot-scoemel fota ðinra se ilca forðon dauið cuoeð hine drihten Ꝼ huona
inimicos tuos scabellum pedum tuorum. 37 ipse ergo dauid dicit eum *dominum* et unde

is sunu his Ꝼ menigo ðreato hine lustlice geherde Ꝼ tahte ꝼ lærde ðæm ꝼ him on luær * 135. ii.
est filius eius et multa turba eum libenter audiuit. 38 *Et docebat eis in doctrina lu. cxxxuii.
mt. cxxxuiii.

his behaldas luib from uðuutum ðaðe wallas in stolum geonga Ꝼ wileymogie ꝼ gegroeta on sprēc Ꝼ
sua cauete á scribis qui uolunt in stolis ambulare et salutari in foro. 39 et

on ðæm forðmestum seatlum sitta in somnungum Ꝼ ða foersmesto setla æt farinum ðaðe
in primis cathedris sedere in sinagogis et primos discubitos in cenis. 40 *Qui * 136. uit.
lu. ccxlul(i).

of-frenttas huso widwanna under sceawunge longunga ꝼ longes gebeddes ðas onfoað uneðlice ꝼ lengra
deuorant domos uiduarum sub obtentu prolixae orationis hi accipient prolixius

dóm Ꝼ sœtt se hælend wið ꝼ ongægn ðæs dores ðe is sua genemned gazophil*acium* on hierusalem
iudicium. 41. *Et sedens *iesus* contra gazophilacium * XLI.

behæald huu þ here gewarp þ mæslenn on gazophil*acium* Ꝼ monigo wealigo ꝼ wlonco gewurpon
aspiciebat quomodo turba iactaret des in gazophilacium et multi diuites iactabant

feola ꝼ meniga mið gecuome untedlice on widua ðorfend sende tuoge styces þ is
multa. 42 cum ueuisset autem una uidua pauper misit duo minuta quod est

feorðung penninges Ꝼ ceigde ðegnas his cuoeð ðæm ꝼ illis soðlice ic cuoeðo iuh þte
quadrans. 43 et conuocans discipulos suos ait illis amen dico uobis quoniam

widua ðios ꝼ ðas ðœrfen mara allum sen'e ðaðe sendun on gazophil*acium*
uidua haec pauper plus omnibus misit qui miserunt in gazophilacium.

---

34. ðe hælend wutudlice gisæh ðæt he sno'urlice gi-ond-worde ewæð to him ne arð ðu fear from rice godes Ꝼ nœnig mon soðða gidarste hine gifregna 35. Ꝼ giond-worde ðe hælend ewæð ꝼ ewæðende lærende on temple huu ewedon...erist sie sunu ꝼ wore dauiðes 36. ðe ilca forðon dauid cwœð in gaste halgum ewæð drihten drihtne minum site to ðær swiðr.n min oððæt ih setto fiondas ðine foot-scomul fota ðinra 37. ðe ilca forðon dauið ewæð him drihten Ꝼ hwona is sunu his Ꝼ monige ðreotos hine lustlice giherdun 38. Ꝼ tahte ꝼ lærde ðæm ꝼ him in larum his bihaldas iowih from uðwutum ða ðe wallas on stolum gonga Ꝼ wilcumiga ꝼ groeta on spiecu 39. Ꝼ on ðæm foerðmestum seotlum sitta in somnungum Ꝼ ða foerðmestu gisedla æt feornum 40. ða ðe freotas hus widwuna under sceawunge longunga ꝼ longes gibedes ðas onfoað uneðclie ꝼ lengra dora 41. Ꝼ sæt ðe hælend ongegn ðæm dore ðe is swa nemned biheold huu ðe here giwarp ðæt mæslen on gazo-phil*acium* Ꝼ monige woelge ꝼ wlonca giwurpun feolu 42. mið-ðy com wutudlice an widwe ðorfende sende mæslen twa styceec þ is foorðung penniges 43. Ꝼ cegde ðegnas his ewæð to him soð-lice ic eweðo iow forðon widwe ðios ðorfende mara allum sende ðaðe sendun in gazo-philac*ium*.

44 Ealle sendon of þam þe hi genoh hæfdon; Soðlice þeos of hyre yrmþe eall ꝥ heo hæfde sealde ealle hyre and-lyfene;

44 Ealle senden of þan þe hyo ge-noh hæfden. Soðlice þeos of hire erm̃ðe eall þæt hyo hæfde scalde ealle hire and-lyfene.

CHAPTER XIII.

1 Ða he of þam temple eode þa cwæð án of his leorning-cnihtum to him. lareow loca hwylce stanas her synt ⁊ hwylce getimbrunga þisses temples;

2 Þa cwæð se hælend. ne ge-seoge ealle þas myeclan getimbrunga. ne bið her læfed stan ofer stan þe ne beo toworpen;

3 Þa hi sæton on oliuetes dúne ongen ꝥ tempel synderlice hine petrus ⁊ iacobus. ⁊ iohannes. ⁊ andreas. ahsodon;

4 Sege us hwænne þas þing ge-wurdon ⁊ hwylc tacen bið þænne ealle þas ðing on-ginnað beon ge-endud;

5 Þa ongan se hælend him ⁊swarigende to cweðan; Warnlað ꝥ eow nan mann ne be-swice;

6 Soþlice manega cumað on minum naman. ⁊ cweþað. ic eom crist ⁊ beswicað manega

7 Þonne ge gehyrað gefeohtu. ⁊ gefeohta hlisan. ne ondræde ge eow. hit gebyrað ꝥ hit gebelimpe. ac þonne gyt nis ende;

CHAPTER XIII.

1 Þa he of þam temple eode. þa cw̃. an of his leorning-cnihten to him. Lareow loca hwilce stanes her synt. ⁊ hwilce ge-tymbrenge. þisses temples.

2 þa cwæð se hælend. ne ge-seo ge calle þas mycelen ge-tymbrenge. ne beoð her læfd stan ofer stan þe ne wurð to-worpen.

3 Ða hyo sæten on oliuetes dune. on-gean þæt tempel. synderlice hine petrus. ⁊ Iacobus. ⁊ Iohannes. ⁊ Andreas acsoden.

4 Sege us hwænne þas þing ge-wurðen. ⁊ hwilc tacen beoð þanne ealle þas þing ge-wurðe sculen. ⁊ hwilc tacen byð þanne ealle þas þing on-ginneð. ⁊ beon sculen ge-ended.

5 Þa on-gan se hælend heom andsweriende to cweðen. warnieð ꝥ eow nan man ne be-swice.

6 Soðlice manege cumeð on minen namen. ⁊ cweðað. ic eom crist. ⁊ be-swiced manege.

7 ⁊ þanne ge ge-hereð ge-fehte ⁊ ge-fyhte hlisan. ne on-dræde ge eow. hit byred þæt hit ge-limpe. ac þanne gyt nys ænde.

Various Readings.

44. A. B. hig.

Cap. xiii. 1, A. synd. A. þyses. 3. A. B. hig. A. ongean. A. aesedon; B. achsodon. 4. A. ge-weorðon. A. þonne. A. ge-ended. 5. A. man. 7. A. ge-feoht [*for* gefeohtu]. A. be-lympe.

Various Readings.

44. þam; hafdon; yrmðe; hafde.

Cap. xiii. 1. -cnihtum; stanas; ge-tymbrunga. 2. hælend; ge-timbrunga; byð; beo [*for* wurð]. 3. sæton; acsodon. 4. ge-wurdon; tacen bið þonne; ge-wurdon; om. sculen; on-ginnað beon ge-endud. 5. andswerigende; cweðan. Warniað. 6. manega cumað; minum naman; be-swycað manega. 7. þonne; ge-hyrað ge-feohta; ge-fyhta; ge-byreð; ge-be-limpe; þonne; ende.

103

alle forðon of ðon þte gemonigfaldade ꝥ gewoxe him sendon ðios uu*tedlice* of henðu ꝥ unspoed
44 omnes enim ex eo quod abundabat illis miserunt haec uero de paenuria

hire alle ða ðe hæfde sende all gebrengnise hire
sua omnia quae habuit misit totum uictum suum.

CAP. XIII.

ꝥ miððy gefoerde ꝥ færende of temple cueð him an of ðegnum his la larue sceawig ꝥ gesih
1 *Et cum egrederetur de templo ait illi unus ex discipulis suis magister aspice   * XLII. 137. ii. lu. ccxxxuii. ccxluiii. mt. ccxlii.

hulco stanas ꝥ huðig timber ꝥ ondsuorade se hælend cueð him ꝥ ðæm gesih ðas
quales lapides et quales structurae. 2 et respondens iesus ait illi uide has

alle miclo gehrino ꝥ gleneus ne bið forleten stan ofer stane seðe ne se testrogden ꝥ ne bið toworpen
omnes magnas aedificationes non relinquetur lapis super lapidem qui   non destruatur.

ꝥ mið-ðy gesætt on more ꝥ on dune oele-beama ongeægn temple geascadon ꝥ frugnon hine swunderlice
3* Et cum sederet in montem oliuarum contra templum interrogabant eum separatim * 136, ii. lu. ccxluiiii. mt. ccxliii.

petrus ꝥ iacobus ꝥ iohannes ꝥ andreas   saege us hueenne ðas biðon ꝥ huelc becen
petrus et iacobus et iohannes et andreas. 4 dic nobis quando ista fient et quod signum

bið huoenne ꝥ ðonne ðas alle on-ginnæs to endanne ꝥ þte hia se geendade ꝥ onduearde se hælend
erit quando haec omnia incipient consummari.   5 et respondens iesus

ongann cueeða him geseas gie þto ne ænig iuih gesuice monige forðon cymæs on noma minum
cuepit dicere illis uidete né quis uos seducat. 6 multi enim uenient in nomine meo

ðia cueeðas þte ic am ꝥ monige hia gesuicæs mið-ðy gie gehera uu*tedlice* gefehto ꝥ
dicentes quia ego sum et multos seducent.   7 cum audieritis autem bella et

weene ꝥ mersunga ðara gefehto ne ondredas gie is reht ꝥ hit sceal forðon wosa ah ne ðæget onde bið
opiniones bellorum ne timueritis oportet enim fieri sed nondum finis.

---

44. alle forðon of him þto gimonigfaldade him sendun ðas wu*tudlice* of henðum ꝥ unspoedum hire alle ðaðe
hie hæfde sende alle gibrengnisse hire
Cap. XIII. 1. ꝥ mið-ðy færende wæs of temple cweð him an of ðegnum his la larow sceawa ꝥ gisih hulice
stanas ꝥ hulic timber 2. ꝥ onworde ðe hælend cweð him gi-sih ðas alle micle girine ꝥ gleneas ne bið
for-leten stan ofer stane seðo no sie testrogden 3. ꝥ miððy gisætt on more oele-beama ongægn temple ꝥ gi-
fruguun hine synder-lice.. ꝥ.. ꝥ.. ꝥ.. 4. sæge us hwenne ðas bioðun ꝥ sæt becun bið hwenne ðas alle onginnæs
to endanne ꝥ sie ondade 5. ꝥ onworde ðe hælend ongan cweoða him gisoas ge ðætto nænig iow giswice
6. monige forðon cumæs on noma minum cweoðende þte ic am ꝥ monige hiæ giswicæs 7. mið-ðy wutudlice
giheras gifeht ꝥ wona ꝥ mersunga ðara gifehta ne ondredas ge is reht ꝥ hit sceal forðon wosa ah ne ða get
is ende

8 Soðlice þeod arist ñgén þeode. ꝛ rice ongén rice ꝛ beoð eorþan styrunga geond stowa ꝛ hungor. þis synd sara angin ;

9 Warniað eow sylfe. hi syllað eow on geþeahte ꝛ swingað on gesamnungum. ꝛ ge standað beforan demum ꝛ cyningum. for minum naman him on ge-witnesse

10 ꝛ on ealle þeoda ; Ærest ge-byrað beon ꝥ godspel gebodud.

11· ꝛ þonne hi syllende eow læþað ne fore-smeage ge hwæt ge specan. ac specað ꝥ eow on þære tide ge-seald bið ; Ne synd ge na specende ac se halga gast ;

12 Soðlice se broðor þone broþor to deaðe sylð. ꝛ se fæder his sunu. ꝛ þa bearn arisað agén hyra magas. ꝛ mid deaðe hi ge-wæccað.

13 ꝛ ge beoð callum on hatunge for minum naman ; Soðlice se bið hal se þe oð ende þurh-wunað ;

14 Donne ge ge-scoð þære toworpednysse asceonunge standan þar heo ne sceal. þonne ongyte se þe ræt. fleon þonne on muntas þa ðe synt on iudea

15 ꝛ se ðe is ofer þecene ne stige he on his hús ne he in ne ga ꝥ he aht on his huse nime.

16 ꝛ se ðe bið on æccere ne cyrre he ongean ꝥ he his reaf nime ;

17 Wú eenne[n]dum on þam dagum.

8 Soðlice þeod arist on-gean þeode. ꝛ rice on-gen rice. ꝛ byoð corðen steriunge geond stowe ꝛ hunger. þis synde sare angin.

9 Warnieð eow sylfe. hyo syllcð eow on ge-þeohte ꝛ swinged on ge-samnungen. ꝛ ge standeð be-foren demen ꝛ kyningen for minen naman heom on ge-witnysse ꝛ on ealle þeode.

10 Ærest ge-byreð beon þæt godspell goboded.

11 ꝛ þanne hyo syllende eow lædeð ne for-smeage ge hwæt ge spræcen. ac sprecað þæt eow on þare tide ge-seald byð. Ne sende ge na sprecende ac se halge gast.

12 Soðlice se broðer þanne broðer to deaðe sylð. ꝛ se fæder his sune. ꝛ þa bearn ariseð agen heore maiges. ꝛ mid deaðe hyo ge-weccæð.

13 ꝛ ge beoð callen on hatigunge for minen namen. Soðlice se beoð hal se þe oð ende þurh-wunieð.

14 Þanne ge ge-scoð þare to-wardnysse asceonunge standen þær hyo ne seel þanne on-gyte se þe ræt. fleon þanne on muntes þa þe synde on iudéé.

15 ꝛ se þe is ofer þecene ne stige he on his hus. ne he in ne ga ꝥ he aht on his huse nyme.

16 ꝛ se ðe byð on acere ne cherre he on-gean ꝥ he his reaf nime.

17 Wa kennenden on þam dagen

Various Readings.

8. B. aristþ. A. ongean (*twice*). A. eond. A. hunger. 9. A. ge-wytnysse. 10. A. ge-byreð. A. gebodod. 11. A. hig. A. lædað. A. specen. B. halega. 12. A. ongean heora. A. hig ge-wæccað. 14. A. to-worpennysse ; B. to-worpednesse. A. asceununge. A. þær. A. synd. 15. A. ge-nyme on hys huse. 16. A. ongen. 17. A. B. cennendum (*where the text has cennedum*).

Various Readings.

8. agen ; on-gean ; beoð eorðan styriunga ; stowa ; hungur ; synd sara. 9. Warniað ; syllað ; ge-þeahte ; swingað ; ge-samnungum ; be-foran demnm ; cyningum ; minum. 10. ge-bodud. 11. þen ; lædað ; fore-smeage ; sprecan ; specað ; synde ; specende ; halga. 12. broðor þonne broðer ; sunu ; arisað ; hyora magus ; ge-wæccað. 13. callum ; hatunge ; minvm namum ; þurh-wunað. 14. Donne ; to-wardenysse ; heo ; seal þonne ; þonne ; muntas ; synt ; iudea. 15. haht. 16. cerre. 17. cennendum ; dagum.

105

arisað uutedlice ꝥ ðonne cynn wið cynn ꝼ ric ofer ric ꝼ biðon eorð-hroernis
8 exsurget autem gens contra gentem et regnum super regnum et erunt terrae motus

ðerh stoua ꝼ hungra ðr ꝥ fruma wæreco ðas ꝥ ðas ilco taceno geseas ꝥ behaldas ðonne iuih seolfa *130. i.
per loca et fames initium dolorum haec. 9 *Uidete autem uosmetipsos mt. lxxxviii.

geseallas forðon iuih to ge-moetingum ꝼ on somnungum gie biðon gesuuinged ꝼ before undercyningum ꝥ hebgeroefum
tradent enim uos conciliis et in sinagogis uapulabitis . et ante praesides

ꝼ cyningum gie biðon stondende ꝥ gie stondes fore mec on cyðnise him ꝼ on allum *140. ui.
et reges stabitis propter me in testimonium illis. 10 *et in omnes ccxli.

cynnum ꝥ hæðnum ærist gerises to bodanne ꝥ to fore-sægcane ꝥ ꝥte he sie boden godspell ꝼ *141. ii.
gentes primum oportet praedicari euangelium. 11 *Et lu. cxluiii. ccli.

miððy hia gelædas iuih sellende nœlle gie fore-ðence huæt gie sprecca ah ꝥ hwoeðre ꝥ gesald iuih *mt. lxxxuiii.
cum duxerint uos tradentes nolite praecogitare quid loquamini sed quod datum uobis

bið on ðæm tid ꝥ gie sprecca ne forðon biðon iuh spreccendo ah gaas halig
fuerit in illa hora id loquimini non enim estis uos loquentes sed spiritus sanctus.

selles ðonne broðer ðone broðer in deaðe ꝼ faeder ðone sunu ꝼ efne-arisað ða suno on ðæm aldrum
12 tradet autem frater fratrem in mortem et pater filium et consurgent filii in parentes

ꝼ mið ꝥ to deaðe fordoas ꝥ goeuoelles hia ꝼ gie biðon lað allum fore noma min seðe
et morte adficient eos. 13 et eritis odio omnibus propter nomen meum qui

uutedlice ge-ðolias on ende ðes hal bið miððy ðonne gie geseað ðone wroht *142. ui.
autem sustenuerit in finem hic saluus erit. 14 *Cum autem uideritis abominationem mt. ccxluii.

from-slittnise stondende ðer ne rises seðe redes onenauað ðonns ðaðe in iudea sint flens on *143. ii.
desolationis stantem ubi non debet qui legit intellegat *Tunc qui in iudaca sunt fugiant in lu. ccuiiii. ccliii.

muntum ꝼ seðe ofer hrof ne of-stiges adune in hus ne ingaes ꝥte geniomme mt. ccxluiii.
montes. 15 et qui super tec[t]um non descendat in domum nec introeat ut tollat

huwle-huoego of hus his ꝼ seðe on lond bið ne eft gecerres on bæcg to niomunne woedo
quid de domo sua. 16 et qui in agro erit non reuertatur retro tollere uestimentum

his wæ uutedlice ðæm berendum ꝼ foedendum in ðæm dagum
suum. 17 *Uae autem pregnantibus et nutrientibus in illis diebus. *144. ii. lu. ccliii. mt. ccxluiii.

---

8. arisað forðon cynn ofer cynne ꝼ rice ofer rice ꝼ bioðon eorðu hroernisse ðerh stowe ꝼ hungur ꝥ ...
fruma were-sare ðas 9. giseas ðonne ꝥ bibaldas iowih solfa liim sellað forðon iowih to gimoetinge ꝼ in somnunge
ge bioðun giswenced ꝼ bifora under-cyniga (sic) ꝼ cynigum ge bioðun stondende fore mec on cyðnisse him
10. ꝼ on allum cynnum ærist girises to bodanne god-spell 11. ꝼ mið ðy gilædes iowih to sellanne nallas ge
bodiga ꝥ ðenca hwæt ge sprece ah ðætte sald bið iow on ðær tide ðætte gisprece ne forðon iow bioðon spreeende
ah gas halga 12. seleð wutudlice broðer ðone broðer in deoð ꝼ faeder ðone suno ꝼ efne arisas ða suno on
ðæm aldrum ꝼ to deaðe fordoas him 13. ꝼ ge bioðon laðe allum fora noma minum ðeðe wutudlice giðoelgas
on ende ðes hal bið. 14. miððy ðonne ge giseað ðone wroht from monnum fromslitnisse stoudende ðer
ne risæð so ðe redes onenawes ða ðe ðonne in iudeam siudun flens on muntas 15. ꝼ ðaðe ofer hrof ne
astigað in hus ne ingæs ðte nime hwelc hwoegnu of huse his 16. ꝼ seðe on londe bið ne eft gicerres to
niomunne gi-wedo his 17. wæ wutudlice ðæm berendum ꝼ foedendum in ðæm dagum

O

18 biddað þ ðis on wintra ne ge-wurðe;
19 Soþlice on þam dagum beoð swylce
gedrefednessa. swylce ne ge-wurdon. of
frymmðe þære gesceafte þe god gesceop. oð
nu. ne na ne gewurþað.
20 And gif drihten þas dagas ne ge-
scyrte. nan flæsc ne wurde hal. ac for
þam gecorenum þe he ge-ceas he ge-scyrte
þa dagas;
21 And gif eow hwylc segð witodlice
her is crist. witodlice þær he is. ne gelyfe
ge;
22 Soðlice lease cristas. J lease witegan
arisað. J wyreað fore-beacnu. to beswi-
canne eac gif hit beon mæg þa ge-corenan;
23 Warniað eow. nu ealle þing. þe ic
eow fore-sæde.
24 ac on þam dagum æfter þære geswen-
cednysse. bið sunne apeostrod. J se mona
his beorhtnesse ne sylð
25 J heofones steorran beoð feallende. J
beoð astyrode þa megenu þe on heofonum
synt;
26 Ðonne gesceð hi mannes sunu cum-
endne on ge-nipum mid mycelum mægene
J wuldre;
27 Þonne sent he his englas J hi gaderiað
his gecorenan of feower windum of corþan
heanesse oþ heofones heahnesse;
28 Leorniað an bigspell be þam fic-
treowe. þonne his twi bið mearu. J leaf
beoð acennede. ge witon þ sumor is ge-
hende.

18 byddeð þ þis on wintre ne ge-wurðe.
19 Soðlice on þam dagen beoð swilce
ge-drefednysse. swilce ge ne (sic) wurðon.
of fremðe. þare ge sceafte þe god ge-scop.
oððe nu. ne nane ne ge-wurðeð.
20 Ænd gyf drihten þas dages ne ge-
scyrte. nan flæsc ne wurðe hal ac for
þam ge-corenen þe he ge-cheas he scyrte þa
dages.
21 Ænd gyf eow hwile saigð witodlice
her is crist. witodlice þær he is. ne ge-
lyfe ge.
22 Soðlice lease cristes J lease witegen
arisoð J wirceð for-beacne to be-swicene.
Eac gyf hit beon maig þa ge-corene.
23 Warnied eow. nu ealle þing þe ic
eow fore-sæde.
24 ac on þam dagen æfter þare ge-swæn-
cednysse beoð sunne apeostrod. J se mone
his brihtnysse ne sylð.
25 J heofenes steorren beoð fallende. J
beoð astyrede þa manege þe on heofena
synde.
26 Ðanne ge-syeð hyo mannes suna cu-
mende on ge-nipum mid mycelen maigne J
wuldre.
27 þanne sent he his ænglas. J hyo gad-
erieð his ge-corene of feower winden of
eorden heahnysse oð heofenes heahnysse.
28 Leorniað an byspell be þam fic-
treowe. þanne his twi beoð mare. J leaf
beoð akenned. ge witen þæt sumer is ge-
hende.

Various Readings.

18. A. ge-weorðe. 19. A. ge-drefednyssa. A. wurdon. A. B. frymðe. A. ge-weorþeð; B. ge-wurdað. 20. A. ge-wurde. 21. A. þar. 22. A. wyrceað. A. eac geue gif (*an obvious error*). 24. B. geswencednesse. A. B. aðystrod. A. om. se. A. beorhtnysse. 25. A. heofenes. A astyrede. A. mænegu; B. menegu, A. B. heofenum. A. synd. 26. A. hig. A. ge-nypum myd ge-nypum myd myeolum (*an obvious error*). 27. A. hig. A. heahnysse [*for* heanesse]. A. heofenes heahnysse. 28. A. byg-spel. A. twig. B. witun. A. sumer.

Various Readings.

18. biddas; *after* wintre MS. *Reg. adds* ne ge wintre, *by mistake.* 19. dagum; wurdon; ge-scoop oð; go-wurðas. 20. J; dagas; ge-corenum; ge-eeas; scyr (*sic*); dagus. 21. segð. 22. witegan arisað J wyreað fore-beacne; be-swicenne; mæg; ge-corenan. 23. Warnias. 24. dagum; ge-swencednysse bioð; aþystred; mona; breohtnysse. 25. steorran; menega; heofenum sint. 26. Ðonne ge-sceð hy; sune; mycclum mægene. 27. þonne; englas; gæderiað; ge-corenan; windum; corðan. 28. bispol; þonne; byð; leof; acennede; witan; sumor.

		gebiddas	forðon	þte	wintro	ne	sie			biðon	forðon	dagas	ða	costunge	
18	*Orate	uero	ut	hieme	non	fiant.		19	*Erunt	enim	dies	illi	tribulationis	* 145. vi. mt. ccl. + 146. ii.

	ðuslico + suœlco	suelco	ne	wooron	from	fruma	ðæs scœftes	ðone	gesceop	god	wið	nu	œc ne	lu. celu.
	tales	quales	non	fuerunt	ab	initio	creaturae	quam	condidit	deus	usque	nunc	neque	mt. cell.

biðon ꝥ buta ge-scyrte ða drihten ða dagas ne wore hal eghwelc lichoma + œnig monn ah
fient. 20 *Et nisi breuiasset dominus dies non fuisset salua omnis caro. sed * 147. vi. mt. cclif.

foro ðœm gecorenum ða gecesꝥða gecuro ge-scyrdo ða dagas ꝥ ðonne gif hua iuh cuoeðas
propter electos quos elegit breuiauit dies. 21 *Et tunc si quis uobis dixerit * 148. il. lu. ceilii. mt. cclill.

heono ðis is crist heono ðer ne gelefes gie ꝥ arisað forðon wiðer + leaso cristo ꝥ
ecce hic est christus ecce illic ne credideritis. 22 *Exsurgent enim pseudo-christi et * 149. vi. mt. ccliiii.

leaso witgo ꝥ sellað becono ꝥ fortino hi to gesuicanno gif mœge wosa geo ða gecoreno
pseudo-prophete et dabunt signa et portenta ad seducendos si potest fieri etiam electos.

iuih forðon gesaeð heono foro ic cuoeð iuh alle ah in ðœm dagum œfter gecostung
23 uos ergo uidete ecce praedixi uobis omnia. 24 *Sed in illis diebus post tribulationem * 150. ii. lu. ccluli. mt. ccluiii.

ðœrre ilca sunna bið ge-ðiostrod ꝥ ða mona ne seleð seinissa + leeht his ꝥ ða steorras
illam sól contenebrabitur et luna non dabit splendorem suum. 25 et stellae

heofnes biðon of-fallendo ꝥ mœgna + mœhto ðaðe sint in heofnum gestyred biðon ꝥ ðonne + ða
caeli erunt decidentes et uirtutes quae sunt in caelis mouebuntur. 26 *Et tunc * 151. ii. lu. ccluiii. mt. ccluini.

geseas sunu monnes cymmendo on wolenum mið mœgno micle ꝥ wuldre ꝥ ða
uidebunt filium hominis uenientem in nubibus cum uirtute multa et gloria. 27 et tunc

sendes englas his ꝥ gesomniað ða gecoreno his of feower windum from hrof + heum eardes wið
mittet angelos suos et congregabit electos suos á quattuor uentis á summo terrae usque

to broarde + to heannisse heofnes from ficbeamo œc + ðonne leornas gie bispell mið-ðy uutedlice
ad summum caeli. 28 á ficu autem discite parabolam cum iam

telge + twigge his + ðæs neac bið ꝥ acenda biðon wutas gie þte on neh + in neawung sie
ramus cius terner fuerit et nata fuerint folia cognoscitis quia in proximo sit

sumer.
aestas.

---

19. gibiddas forðon þte wintro ne sie ðas... iowre + ... 19. bioðon forðon dagas ða costunges ðuslice swelce ne werun from fruma ðasso giscœfto ðone giscop god wið nu ne ec bioðon 20. ꝥ buta giscyrte drihten dagas ðas ne were hal eghwelc lichoma ah for ðœm gicornum ða gicoes giscyrte ða dagas 21. ꝥ ðonne gif hwa iow cweðes heono ðis is crist heono ðer ne gelefas ge ðæt 22. arisað forðon wiðer-worde cristo ꝥ wiðer-worde witgu ꝥ sellað becun ꝥ fortina to giswicanne gif bið mœhtig soðlice ða gicornu 23. iowih forðon giseað heono fore ic cweðo iow alle 24. ah in ðœm dagum œfter costunge dagona ðara ilcen sunno bið giðiostrad ꝥ mona ne seleð leht his 25. ꝥ steorru heofnes bioðun of-fallende ꝥ mœgen + mœhto ðaðe sindun on heofnum gistyred bioðun 26. ꝥ ðonne giseað suno monnes cymendo of wolenum mið mœgne micle ꝥ wuldre 27. ꝥ ðonne sendes englas his ꝥ gisomnas ða gicornu his from feower windum from hrofe eorðo wið to briorde + to heonisse heofnes 28. from ficbeom ðonne liornige bispell mið-ðy wutudlice telgo bis hnisca bioðon ꝥ acenda bioðon leof wutas go þte neh + on neoweste se sumor

29 ꝥ wite ge þonne ge þas ðing gesceoð ꝥ he is dura gehende;

30 Soðlice ic eow secge ꝥ þeos eneores ne gewit ærþam ealle þas ðing gewurðon.

31 heofon ꝥ eorðe gewitað. witodlice mine word ne ge-witað;

32 Be þam dæge ꝥ þære tide nan mann nat. ne englas on heofone ne mannes sunu buton fæder ána;

33 Warniað ꝥ waciað ꝥ gebiddaþ eow. ge nyton hwænne seo tid ys;

34 Swa se man ælþeodilice ferde forlet his hus ꝥ sealde his þeowum þæne anwald gehwylces weorces. ꝥ beode þam dure-wearde ꝥ he wacige;

35 Eornostlice wacigeað ge nyton hwænne þæs huses hlaford cymð; þe on æfen þe on midre nihte, þe on hancrede. þe on mergen.

36 þe læs he eow slapende geméte þonne he færinga cymð;

37 Soðlice ꝥ ic eow secge eallum ic hit secge waciað.

CHAPTER XIV.

Des passio gebyrað on tiwes dæg on þære palm-wucan.

1 Soþlice þa æfter twam dagum wæron eastron ꝥ þa sohton þa heah-sacerdas ꝥ þa boceras hu hi hine mid facne namon ꝥ of-slogon;

2 Ða cwædon hi næs na on freols-dæge þe læs þæs folces gehlyd wurde;

---

29 ꝥ wite ge þanne ge þas þing ge-sceoð þæt he ys dure ge-hende.

30 Soðlice ic eow segge ꝥ þeos eneores ne ge-wit ær þan ealle þas þing ge-wurðen.

31 heofene ꝥ eorðe ge-witoð. witodlice mine word ne ge-witeð.

32 Be þam daige ꝥ þare tide nan man nat. ne engles on heofene ne mannes sunu buton fæder ane.

33 Warnied ꝥ wacieð ꝥ ge-byddað eow ge nyton hwænne sye tid is.

34 Swa se man þe ælþeodilice ferde. forlet his hus. ꝥ sealde his þeowen þane anweald ge-hwilces weorces. ꝥ beode þam dureworde ꝥ he wacie.

35 Eornestlice wacieð. ge nyten hwænne þas huses hlaford cymd. þe on æfen þe on midre nihte. þe on hancrede. þe on morgen.

36 þe læs þe he eow slæpende ge-finde þanne he færenge cymð.

37 Soðlice ꝥ ic eow segge. callen ic hit segge wakieð.

CHAPTER XIV.

1 Soðlice þa æfter twam dagen wæren eastren. ꝥ þa sohton þa heah-sacerdes ꝥ þa boceres hu hyo hine mid facne namen ꝥ of-slogen.

2 Þa cwæðen hy næs na on freols-daige þy læs þas folces ge-hlyd wurðe.

Various Readings.

30. A. eneorys. A. ge-woorðan. 31. A. heofen. B. witað [*for* 2nd ge-witað]. 32. A. man. A. heofenum. 34. A. B. *insert* þe *after* man. A. anwoald; *after which* A. *inserts* ꝥ. A. duru-wearde; B. dure-warde. A. wacie. 35. A. waciað, A. myddre. A. þe omergen. 36. A. slæpende.

Cap. xiv. 1. A. hig. 2. A. B. hig. A. weorðe.

Various Readings.

29. þonne; dura. 30. þam; ge-wurðon. 31. hoofon; ge-witað; witeð. 32. dage; onglas; heofene. 33. Warniað ꝥ waciað; nyto; seo. 34. ælþeodelice; hit [*for* his]; þeowvm þæne anwald; worces; dure-warde. 35. waciað; nyton hwanne; cymð. 36. slapende ge-mete þonne; færinga. 37. eallum; wacyað.

Cap. xiv. 1. dagum wæron eastron; heah-sacerdas; boceras; namon. 2. cwæden hyo; frols-dage þe; þæs.

sua me gie miððy gie geseas ðas wosa wutað ¬te un-fearr ┼ on nch sie on durum   soðlice
29 sic et uos cum uideritis hæc fieri scitote quod in proximo sit in ostís.   30 amen

ic cuoeðo Iuh   ¬te   ne   geliores   eneoreso   ðios oððæt   alle   ðas hia geworðe ┼ hia see
dico uobis quoniam non transibit generatio haec donec omnia ista   fiant.

   heofon ꜩ eorðe ofer-hlioras wordo uutedlice mino ne oferhlioras ┼ No biðon gehliored   from dæge   * XLIII.
31 caelum et terra transibunt uerba autem mea non   transibunt.   32* De die   152. ul.
                                                                                   mt. cclx.

ðonne ðæm ┼ tíd ┼ huil ne ænig wat   ne   ða englas in heofne   ne   ðe sunu buta ðe fæder
autem illo uel hora nemo scit neque angelis in caelo neque filius nisi pater.

   geseað gie wæccas ꜩ gebiddas ne wuto gie forðon hwoenne ðio tíd sio   sum ~ ðe monn seðe   * 153. ul.
33 *Uidete uigilate et orate   nescitis enim quando tempus sit.   34 †Sicut homo qui   mt. cclxiii.
                                                                                         †154. ii.
fearr ┼ longwooge   gefoerde ┼ ellðiodade for leort   hus   his ꜩ   saldo ðrællum   his mæht ┼ onwæald   lu. cexxuiii.
    peregre   profectus   reliquit domum suam et dedit seruis suis potestatem   mt. cclxluiii.

eghwoelces woerces ꜩ ðæm doruorde beboad   ¬te gewæhte   gowaccas forðon nuutogic forðon   * 155. li.
cuius-que operis et ianitori praecipiat ut uigilet.   35 *Uigilate ergo nescitis enim   lu. elui.
                                                                                     mt. cclxliii.

huoenne se hlaferd huse   cymes on efrntid ┼   on middumnæht   ┼ on uhte tíd ┼ on honcred ┼   on æring
quando dominus domus ueniat sero án media nocte áu galli cautu án mane.

    ꜩ mið-ðy gocymmes feerlice gemitteð iuih   slepende   ¬ soðlice iuh ic cuoeðo allum
36 et cum uenerit repente inueniat uos dormientes.   37 quod autem uobis dico omnibus

ic cuoeðo wæccas
dico uigilate.

CAP. XIV.

   wæs uutedlice eastro   æfter twæm dogrum ꜩ   sohton   ða heh-sacerdas ꜩ ða uðuute
 1 *Erat autem pascha et azyma post biduum †Et quaerebant summi sacerdotes et scribae   * 150.
                                                                                       lu. cclx.
                                                                                      io. xx. xluiii.
   huu   hine mið facne gehealdon ┼ mæhton hia gehalda ꜩ of-slogon ┼ hia mæhton of-slaa   euoedon forðon   mt. cclxxiii.
quomodo eum dolo   tenerent   et   occiderent.   2 dicebant enim   mt. cclxxu.

   ne on dæge haligum ┼ bærlice   ne ¬ woenunge ┼ eaðe maege styrenise geworðe ðæm folce
non' in die festo   ne forte   tumultus fieret populi.

---

29. swa ꜩ iowih miððy ge giseas ðas wosa wutað ge ¬te un-feor ┼ neh se in durum   30. soð ic eweðo
iow forðon Ne gi-liorað eneoreswo ðios oððæt alle ðas gi-worðe   31. heofun ꜩ eorðe of-liores word wutudlice
min ne gi-liores   32. from dæge ðonne wutudlice ð[am] ꜩ tíd ꜩ hwyl ne ænig watt ne englas on heofne ne ðe
sunu buta ðe fæder   33. giseas ge-wæccas ꜩ gibiddas ne wutun ge forðon hwoenno ðio tid sie   34. swa monn
seðe feor gifoerde for-leort hus his ꜩ saldo ðrællum his mæhte eghwelces werches ꜩ ðæm dor-wordo bibeodes ðæ
(sic) ¬ he wæcce   35. wæccas forðon ne wutun ge forðon hwenne drihtnes huses cumað on efern-tid ┼ on midder
næht ┼ on uhtu-tid ┼ ou honcred ┼ on meruc   36. ꜩ miððy cymeð ... gimittes iowih slepondo   37. ¬te soðlice
iow ic eweðo allum ic eweðo wæccas
   Cap. XIV. 1. wæs wutudlice eostru ... æfter twæm dagum sohtun ða heh-sacerdas ꜩ uð-wutu hu hine hine
... giheoldun ꜩ ofslogun ┼ of-sla mæhtun   2. cwedun forðon ne on dæge halgum ne ¬ ge-woene ¬ mæge
styrnise giworða in ðæm folce

3 And þa se hælend wæs on bethania on simones húse anes hreoflan ꝥ þar sæt; þa com an wíf ꝥ hæfde hyre scalf-box deorwyrþes nardes. ꝥ tobrocenum sealf-boxe. ofer his heafod agĕt;

4 Sume hit unwurðlice forbæron. ꝥ betwux him sylfum cwædon; For hwi wæs þisse scalfe forspillednes geworden.

5 þeos scalf mihte beon geseald to þrim hund penegum. ꝥ beon þearfum geseald. ꝥ yrsydon agén hi;

6 Ða cwæð se hælend. lætað hi hwi synt ge hire grame. gód weore heo on me worhte;

7 Soðlice symble ge habbað þearfan mid eow. ꝥ þonne ge wyllað ge magon him teala dón. me ge symble nabbað;

8 þeos sealde ꝥ heo hæfde. heo com to smyrianne minne lic-haman on byrgene;

9 Soðlice ic eow secge swa hwar swa þis godspell gebodad bið. on eallum middan-earde bið geboded ꝥ heo þis on his gemynde dyde;

10 Ða iudas scarioth ꝥ is wiþersaca. án of þam twelfum. ferde to þam heah-sacerdum ꝥ he hine belæwde;

11 Þa hi þis gehyrdon hi fahnedon ꝥ beheton him feoh to syllanne. ꝥ he smeade hu he hine digellice sealde;

12 And þam forman dæge azimorum þa hi eastron offrodon. his leorning-cnihtas him sædon. hwyder wylt þu ꝥ we faron ꝥ gegearwian þe. ꝥ ðu eastron ete;

3 and þa se hælend wæs on bethania on symones huse anes hreofelen ꝥ þær sæt. þa com an wif ꝥ hæfde hire sealfe-box deorewurðe nardes. ꝥ to-brokene sealf-boxe ofer his heafed agot.

4 Sume hit unwurdlice for-bæren. ꝥ betweoxe heom sylfen cwæðen. for hwi wæs þises sealfe for-spilledniss ge-worðen.

5 þeos sealfe mihte beon ge-seald to þrem hund panegen. ꝥ beon þearfen ge-seald ꝥ yrseden agen hy.

6 Þa cw̄. se hælend. Læted hyo hwi synde ge hire grame. god were hyo on me worhte.

7 Soðlice symble ge hæbbed þearfen mid eow. ꝥ þanne ge willeð ge magen heom tæle don. me ge symble næbbeð.

8 þeos sealde ꝥ hyo hæfde. hyo com to smeriene minne lichame on berigenne.

9 Soðlice ich eow segge swa hwær swa þis godspell ge-boded byo on eallen middenearde byð ge-boded ꝥ hyo þis on his ge-minde dyde.

10 Ða iudas scarioth ꝥ is wiðersæce an of þam twelfen ferde to þam heah-sacerden ꝥ he hine heom be-leawde.

11 Ða hyo þis ge-herden hyo fageneden ꝥ be-heton him feoh to syllen. ꝥ he smaigde hu he hine digelice sealde.

12 And þam formen daige azimorum. þa hyo eastren offreden. his leorning-cnihtes him saiden hwider wilt þu ꝥ we faren. ꝥ ge-gærewian þe ꝥ þu eastren æte.

Various Readings.

3. A. agofit. 4. A. unweorðlice. B. forbærun. A. betweox, A. for hwig, A. for-spyllodnys. 5. A. ꝥ hig yrsodon; B. ꝥ yrsydun. A. on-gean. A. B. hig. 6. A. hig. hwig synd ge hyre yrre. 7. A. symle. B. twia. A. B. symle. 8. A. byrigenne. 9. A. B. godspel gebodod. A. boded; B. gebodud. A. dyde on his gemynde. 10. A. hine heom; B. hine him. 11. A. B. hig (*twice*). A. fagenedon. A. dygellice. 12. A. On [*for* And]. A. adzimorum. A. hig. B. wyltu [*for* wylt þu]. B. farun. A. gegearwion.

Various Readings.

3, hreofolan; hafde; to-broeenum; heafod ageot, 4. unwurðlice for-baren; be-twux him sylfum cwæden; þisses; for-spilledness ge-worden. 5. scalf; þreom; penegum; þearfum; yrsydon; hyo. 6. lateð; synt; weore heo. 7. habbað þearfan; þonne; willað; magon; symle nabbað. 8. heo hafde; heo; smyrianne minne lichaman; byrigenne. 9. hwar; god-spel; byð; eallum middan-earde bið ge bodud. 10. wiðer-saca; twelfum; heah-sacerdum; be-lewde. 11. ge-hyrdon hig fahnedon; sillanne; smeade; digellice. 12. forman; eastron offrodon; sædon; faran; ge-garewian; eastron etc.

111

⁊ miððy wæs æt bethanie in huse symones hreafes ⁊ gehlionade cuom sum wif hæfde
3 *Et cum esset bethaniae in domo simonis leprosi et recumberet uenit mulier habens XLIIII.
158. i.
lu. lxxiiii.

stænne fæt full ðæs smirinises ðæs stences   diorwyrðes ⁊ miððy gebrocen wæs þæt stan fæt to-dælde ╪ ageott io. xcuiii.
alabastrum unguenti nardi spicati practiosi et   fracto alab[a]stro effudit mt. cclxxuii.

ofer heafud his   woeron uutedlice sume hia bulgon ╪ unwyrðe asogdon ╪ bituih him scolfum ⁊
super caput eius. 4 erant autem quidam indigne ferentes intra semet ipsos et

cuoedon to huon losuist ðios smirinisse aworden wæs ╪ is mæhte forðon smirinis ðios
dicentes ut quid perditio ista unguenti facta est. 5 poterat enim unguentum istud

bogeaita forðor mara ðriim hundræðum scillingum ⁊ sealla ðorfendum ⁊ bifgedon ╪ on hea se hælend
ueniri plus quam trecentis denariis et dari pauperibus et fremebant in eam. 6 iesus

cuoeð for-lotas hia huæd hir hefigo gie sint god woere wyrcenda wæs on mec symble
autem dixit sinite eam quid illi molesti estis bonum opus operata est in me. 7 semper

forðon ðorfendo gie habbað mið iuih ⁊ miððy gie wellæ gie magon him wœl doe meh uutedlice ne
enim pauperes habetis uobis-cum et cum uolueritis potestis illis bene facere me autem non

symle gie habbað   ðte hæfde ðios dyde fore-cuom to smiriane lic-homa min on bebyrgennise
semper gie habetis. 8 *Quod habuit haec fecit praeuenit ungere corpus meum in sepulturam. 159. liii.
io. lxxxiuiii].
mt. cclxxuii.

soðlice ic sægo iuh sua-huer geboden sie ╪ bið godspell ðis in allum middangearde
9 amen dico uobis ubicumque praedicatum fuerit euaugelium istud in uniuersum mundo

⁊ þ ðyde ðios asægd bið on gemynd hire ⁊ ╪ me iuðas scariotis an from ðæm tuoelfum
et quod fecit haec narrabitur in memoriam eius. 10 *Et iudas scariotis unus de duodecim 160. ii.
lu. cclxii.
mt. cclxxuiii.

foerde to ðæm heh-sacerdum ðte beloede hine ðæm   ðaðe gehordon gefeando woeron ⁊
abiit ad summos sacerdotes ut proderet eum illis. 11 qui audientes gauisi sunt et

fore-gehehton him feh ðte hia sealla walldon ⁊ sohte huu hine teaslicor geseala mæhte ⁊
promiserunt ei pecuniam sé daturos et querebat quomodo illum oportune traderet. 12 et

se forma dæge ðaere dærstana ðonne ╪ huoenne eostro asægens ╪ agoafað cuoedon ╪ cuoeðað him ða ðegnas
primo die azymorum quando pascha immolant dicunt ei discipuli

hwidder wælloðu þ we gae ⁊ gegearwiga we ðe ðte ðu gebrucca eastro
quo uis eamus et paremus tibi ut manduces pascha.

---

3. ⁊ miððy wæs in bethania in huse ... groefa ⁊ gihlionade com wif hæbbende stan-fæt ful ðære smirnisse
ðæs stenches ðiorwyrðes ⁊ miððy gibrocen wæs ðæt stænna fæt todælde ╪ ageott ofer heofud his 4. weron
uutudlice sumo hia bulgun ╪ unwyrðne sægdun bitwih him solfum ⁊ ewedun to whon losewiste ðios smirnisse
aworden wæs 5. mæhte forðon smirnisse ðios wosa mara ðonne ðrim hundredum peninga ⁊ sella ðorfendum
⁊ bigedon on him 6. ðo hælend soðlice cwæð forletas hiæ hwæt hir hefigo ge sint god were wyrcende wæs
on mee 7. symle forðon ðarfo ge habbas iowih mið ⁊ miððy ge wolle ge magun ðæm wel don mec uutudlice
no symle habbas 8. ðætte habbe ðios dyde fore com to smirann̄e lichoma minne to bibyrgnisse 9. soðlice
ic sægo iow swa hwer gibodun sie ╪ bið god-spell ðis in allum middengeorde ⁊ ðte ðios dyde asægd bið on
gimynd hire 10. ⁊ iudas scarioth an of twelfum feorde to ðæm heh-sacerdom ðte bilede hine ðæm
11. ðaðe herdun gifeonde werun ⁊ fore gihohtun him feh ðætte hiæ waldun sella ⁊ sohtun hu hiæ hine hu he
hine (sic) gesella mæhte . 12. ⁊ se forma dæge ðæra oestruna ðonne ╪ hwoenne eostru asægas ewedun him
ða ðegnas hwæt wyltu ðæt we gæ ⁊ goorwigo ðo þ ðu gibrucce oestru

13 Ða sende he twegen of his leorning-
cnihtum ꝥ sæde him; Gað on þa ceastre
ꝥ inc agén yrnð. sum man berende sume
wæter-flaxan; Folgiað him;
14 ꝥ swa hwyder swa he inn-gæð secgað
þæs huses hlaforde; Vre lareow secgð.
hwar is min gyst-hús. ꝥ min gereord. hwar
ete ic eastron. mid minum leorning-cnih-
tum;
15 And he inc geswutelað mycele healle
gedæfte. ꝥ ge-ge-earwiað us þara;
16 Þa ferdon his leorning cnihtas ꝥ comon
on þa ceastre. ꝥ fundon hit eall swa he
sæde. ꝥ ge-gearwodon þa eastron;
17 Soðlice þa æfen cóm. him twelfum
mid him
18 sittendum ꝥ etendum sæde se hælend;
Soðlice ic eow secge ꝥ eower án þe mid me
yt gesylð me;
19 Ða ongunnon hi beon dreorige ꝥ be-
twux him eweðan. cwyst þu eom ic hit;
20 Þa sæde he him. án of eow twelfum
me sylð. se ðe his hand on disce mid me
dypð;
21 And witodlice mannes sunu gæð swa
be him awriten is. wá þam menn þurh
þone þe mannes sunu geseald bið. betere
him wære ꝥ se mann acenned nære;
22 Him þa etendum afeng se hælend
hlaf ꝥ hine bletsiende bræc. ꝥ scalde him ꝥ
þus cwæð. nimað. ðis ys min lichama.

13 Þa sende he twegen of his leorning-
cnihten ꝥ sæden heom. Gað on þas cestre
ꝥ gine ágen yrnð sum man berende sume
wæter-flaxan. Folgicð him.
14 ꝥ swa hwider swa he ingað segged
þas huses hlaferde. Ure lareow sægð hwær
is min gyst-hus ꝥ min ge-reord. hwær
æte ic eastren mid minen leorning-cnih-
ten.
15 And he inc ge-swutelcð micele halle
ge-þefte. ꝥ ge-gerewiað us þare.
16 Þa ferden his leorning-cnihtes ꝥ comen
on þare cestre ꝥ funden hit eall swa he saig-
de. ꝥ ge-garewedon þa eastren.
17 Soðlice þa æfen com heom twelf mid
him.
18 sittende. ꝥ etende sæde se hælend.
Soðlice ic eow secge. ꝥ eower an þe mid
me æt ge-syld me.
19 Þa ongunnen hio beo dreorige. ꝥ be-
twuxe heom cwæðen. cwedst þu eom ic hit.
20 Ða sæde he heom. an of eow twelfen
me sylð. Se þe his hand on disce mid me
dypd.
21 Ænd witodlice mannes sune gað swa
be hym awriten is. Wa þam men þurh
þane þe manues sune beoð ge-seald. betere
hym wære ꝥ se man akenned nære.
22 Heom þa ætende afeng se hælend
hlaf. ꝥ hine bletsiende bræc. ꝥ scalde heom
ꝥ þus cwæð. nymed þis is min lichame.

Various Readings.

13. A. B. þas [*for* þa]. A. ongean. 14. A. in-gæð.
A. sægð. 15. A. ge ge-gearwiað. 16. A. fundon eall
swa he hyt heom sæde. 18. A. ytt. 19. A. hig. A.
dreórie. A. be-tweox. 21. A. C. men. A. man. 22.
A. onfeng. A. bletsigende.

Various Readings.

13. leorning-cnihtas; sæde; ceastre; inc; Folgiað. 14.
secgeð þæs; hlaforde; segð; ete; eastron; minum leorning-
cnihtum. 15. ge-dæfte; ge-gearwiað; þara. 16. ferdon;
leorning-cnihtas; comon; þa ceastre; fundon; sægde; ge-
garewodon; eastron. 17. efen; twelfum. 18. sittendum
ꝥ etendum; ett ge-sylð. 19. on-gunnon; beon; be-twux;
cwyðst; eon [*for* eom]. 20. com; twelfum; dypð. 21.
And; þone; acenned. 22. etende; hælend; nymad;
lichama.

⁊ sende tuoege from ðegnum · his ⁊ cuoeð him ꝉ to ðæm gaað in ceastre ⁊ togeuægn-iornað iuh
13 et mittit duos ex discipulis suis et dicit   eis   ite in ciuitate et   occurrit   uobis

monn ombor full wætres   beres   fylgeð   him   ⁊ swa-huidder inn-geongæ cuoeðas drihtne
homo laguenam aquae baiulans sequimini eum.   14 et quoocumque introierit dicite domino

hus forðon ðe larnu cuoeð ðer is riordung min ðer eastro mið ðegnum minum ic wælle brucca ꝉ eatta
domus quia magister dicit ubi est refectio mea ubi pascha cum discipulis meis   manducem.

      ⁊ ðe ilca iuh   æd-eawas   reord-hus swiðe ꝉ micel song ꝉ bedd ⁊ ðer gearuas   us   ⁊
15 et ipse uobis demonstrabit cenaculum grande   stratum et illic parate nobis.   16 et

eadon   ðegnas his ⁊   cuomon in ceastre ⁊   gemoetton suæ   cuoeð to him ⁊ ge-gearwadon
abierunt discipuli eius et uenerunt in ciuitate et inuenerunt sicut dixerat illis et parauerunt

eastro   efrn nutedlice warð cuom mið tuoelfum   ⁊   ðiegendum   mið him   * 161. iiii.
pascha.   17 *Uespere autem facto uenit cum duodecim.   18 et discumbentibus cum eis   io. lxxii. cxxi.
                                                                                                       mt. cclxxuiiii.

⁊ etendum   cuoeð se hælend soðlice   iuh þte   an   of   iuh mec seleð seðe ætæs
et manducantibus ait   iesus   amen dico uobis quia unus ex uobis me tradet qui manducat

mec m[ið]   soð ða ꝉ hia ongunnon unrotsia ⁊ cuoeða him swyndria   hueðer ic see ꝥ   seðe
mecum.   19 *At illi coeperunt contristari et dicere ei singillatim numquid ego.   20 †Qui   * 162. i.
                                                                                                         lu. cclxxuiiii.
                                                                                                         io. cxxii,
                                                                                                         mt. cclxxx.
cuoeð him   an of ðæm tuoelfum seðe onhran mec mið on disc   ⁊ sunu   ec soð monnes ꝉ 163. ii.
ait illis unus ex duodecim qui intingit mecum in catino.   21 et filius quidem hominis lu. cclxuiii.
                                                                                                         mt. cclxxxi.

geongæð sua   awritten is of him ꝉ from hine wæ ðonne menn ðæm ðerh ðone sunu monnes gesald bið
uadit sicut scribtum est   de eo   uæ autem homini illi per quem filius hominis traditur

betra ꝉ god is him gif ne were geboren monn ðe   ⁊   ettendum   him onfeng se hælend
*Bonum est ei si non esset natus homo ille.   22 †Et manducantibus illis accepit iesus   * 164. ui.
                                                                                                          mt. cclxxuii.
                                                                                                          ꝉ 168. i.
                                                                                                          lu. cclxui.
                                                                                                          io. lu. lxiii. hxn.
      hlaf   ⁊   bloedsade gebræc ⁊ sælde him ⁊ coed onfoas ðis is lichoma min   mt. cclxxxiiii.
panem et benedicens fregit et dedit eis et ait sumite hoc est corpus meum.

---

13. ⁊ sende twoege of ðegnum his ⁊ cwæð him gaas in cæstre ⁊ on-gægn iorneð iow mon ombor fulne wætres
beres fylgað him   14. ⁊ swa hwider in-gonge cweoðas drihtne hus forðon ðe larow cwæð hwer is riorðe
min hwer eostru mið ðegnum minum his (sic) ic wyllo brucca   15. ⁊ ðe ilca iow æt-eoweð riord-hus swiðe micel
...⁊ ðer georwigas us   16. ⁊ eodun ðegnas his ⁊ comun in cæstre ⁊ gimoettun swa cwæð him ⁊ georwadun
eostru   17. efern wutudlice warð com mið twelfum   18. ⁊ mið-ðiocondum him ⁊ etendum cwæð ðe hælend
soð ic cweðo iow forðon an of iow mec seleð seðe eteð mec mið   19. soð ða ꝉ hia ongunnun unrotsiga ⁊
cweoða to him syndrige ah hit sie io   20. seðe cwæð him an of ðæm twelfum seðe on-hran mec mið
on disce   21. ⁊ sunu ec soðlice monnes gæs swa awriten is of him wæ ðonne menn ðæm ðerh ðone sunu
monnes gi-sald bið god ꝉ betre is him gif ne were acenned mon ðe   22. ⁊ etendum him onfeng ðe hælend
hlaf ⁊ bletsade cwmð bræc ⁊ sælde him ⁊ cwæð onfoas ðis is lic-homa min

P

23 ⁊ onfeng calice. ⁊ gode þancas dyde ⁊ sealde him. ⁊ ealle him ofdruncon;

24 Þa sæde he him. Ðis ys min blod þære niwan cyðnesse ꝥ bið for manegum agoten;

25 Soðlice ic eow secge ꝥ ic heonon forð ne drince of þyses wingeardes cynne. oð þone dæg þonne ic hine niwne drince on godes rice;

26 And gecwedenum lofe hi ferdon on ele-bergena munt;

27 Ða cwæð se hælend. ealle ge beoð geuntreowsode on þisse nihte. forþam þe hit awriten is. ic slea þæne hyrde ⁊ beon þa sceep to-dræfede;

28 Ac æfter þam þe ic arise. ic cume beforan eow on galileam;

29 Þa sæde petrus him. þeah ðe calle swicion ne swicige ic þe na;

30 Ða cwæð se hælend; Soþlice ic þe secge. ꝥ ðu on þisse nihte ær hana tuwa crawe. þriwa wið-sæcst min.

31 ⁊ he þæs ðe mare spræc. ⁊ þeah gebyrige mid þe to sweltene. ne æt-sace ic þin. ⁊ swa hi cwædon ealle;

32 Þa comon hi to anum tune þæs nama wæs gezemani. ⁊ he cwæð to his leorningcnihton; Sittað her oð ꝥ ic me gebidde;

33 And he nam þa mid him petrum ⁊ iacobum ⁊ iohannem. þa ongan he forhtian ⁊ sargian

23 ⁊ onfeng calice ⁊ gode þances dyde. ⁊ sealde heom. ⁊ calle heon ofdruncon.

24 Ða saide he heom þis is min blod þare nywe cyðnissan. ꝥ beoð for manigen agoten.

25 Soðlice ic eow segge ꝥ ic henen forð ne drince of þises win-geardes kynne. oððe þanne daig þanne ic hine neowe drince on godes rice.

26 Ænd ge-cweðenen lofe hyo ferdon on ele-bergene munt.

27 Þa cw se hælend calle ge beoð geuntreowsede on þisse nihte. for þam þe hit awriten is. ic slea þanne heorde. ⁊ beoð þa seep to-dræfde.

28 Ac æfter þan þe ic arise ic cume be-foren eow. on galilea.

29 Þa saide petrus him. þeah þe calle swician. ne swicige ic þe na.

30 Ða cwæð se hælend. Soðlice ic þe segge. ꝥ þu on þisen nihte ær coc twewe cræwe þreowe wið-sæcst min.

31 ⁊ he þæs þe mare spæc. ⁊ þah me ge-berige mid þe to sweltene. ne æt-sace ic þin. ⁊ swa hyo cwæðen ealle.

32 Ða comen hyo to anen tune þas nama wæs getsemani. ⁊ he cwæð to his leorningcnibten. Sitteð her oð ꝥ ic me ge-bidde.

33 ⁊ he nam þa mid him petrum ⁊ iacobum. ⁊ iohannem þa on-gan he forhtigen ⁊ sarigen.

Various Readings.

24. A. om. he. C. om. niwan. A. cyðnysse. 25. A. heonen. 26. A. B. C. hig. 27. A. þone. B. C. beoð. B. C. sceap. 30. A. *inserts se before* hana. 31. A. B. C. sweltanne. A. hig. 32. A. hig. A. giedsemani. A. leorning-cnyhtum; B. C. leorning-cnihtum.

Various Readings.

23. þancas; of-druncan. 24. sægde; eom; niwan; bið; manegum. 25. henon; cynne; oð þonne; þonne; nywe. 26. ge-cweðenum; bergena. 27. ge-untreowsode; þonne; sceap to-dræfede. 28. þam; be-foran; galileam. 29. sægde. 30. þissum; hana twuwa cræwe þriwa. 31. spræc; þeah; gebyrige; sweltane. 32. comon; anum; gezemani; leorning-cnihton. Sittað. 33. forhtian ⁊ sarigian.

```
                                ꝼ miꝼ-ꝼy onfeng ꝼæm calic ꝼoncungo  dyde   salde  him ꝼ  gedruncon of  ꝼæm    alle            ꝼ
          23 *Et    accepto       calice    gratias agens dedit  eis  et  biberuut  ex  illo  omnes.       24 et *  166. II.
                                                                                                                  lu. cclxul[i].
                                                                                                                  mt. cclxxxu.
       cuoeꝼ him ꝼis  ic   blód    min   niwes   cyꝼnises  seꝼe  fore monigum agotten biꝼ ꝺ todæled biꝼ
          ait  illis hic  est  sanguis  meus noui testamenti qui   pro   multis               effunditur

                  soꝼlice ic cuocꝼo iuh    ꝼ-te soꝼlice  ne drinco ic of    cynn  wingeardes wiꝼ ꝺ oꝼꝼ on  dæge  ꝼone ꝺ ꝼæm
          25 amen   dico uobis quod iam non bibam de geniminc uitis      usque  in diem   illum

        miꝼꝼy   ꝺ   ic drinco niwe in ric godes       ꝼ miꝼ sua cuocdnum wordum ꝼona foerdon on   mor
          cum illud bibam nouum in regno dei.  26 *Et   hymno    dicto  exierunt  in montem * XLV.
                                                                                                                  167. ul.
                                                                                                                  mt. cclxxxuI.
          oelebeama       ꝼ cuoeꝼ him se hælend alle gie biꝼon geondspyrnad ꝺ todrifeno in  næht ꝼas   forꝼon
          oliuarum.   27 *Et ait eis  iesus  omnes    scandalizabimini     in  nocte  ista †Quia * 168. IIII.
                                                                                                                  io. cIII.
                                                                                                                  mt. cclxxxuII.
          awritten is ꝺ wæs ic ꝼerhslæ ꝺ hrino ꝼone hiorde ꝼ tostrogden biꝼon ꝼa scípo         ah æfter-ꝼon  ꝼo * 169. ul.
          scribtum  est  percutiam   pastorem et dispargentur   oues.    28 sed postea quam  mt. cclxxxuIII.

           ic ariso ꝺ arisen beom before ic cymo iuh on galilea i. geleornise        petrus  ꝼonne  cuoeꝼ him
              surrexero    praecedam   uos in    galilæam.    29 *Petrus  autem ait ei  * 170. I.
                                                                                                                  lu. cclxxu.
                                                                                                                  lo. cxxui.
          ꝼ gif ꝺ ꝼæh alle geondspyrnad sẽo ꝺ biꝼon ah ꝺ hwoeꝼro næfre ic ꝺ ne ic        ꝼ cuoeꝼ him se hælend mt. cclxxxuiIII.
            etsi    omnes scandalizati fuerint      sed     non ego.     30 et ait illi  iesus

         soꝼlice ic cuocꝼo ꝼo    ꝼ-te ꝼu todæg on næht ꝼiser ær ꝼon  tuiga se hona stefne gesolla ꝼria mec
           ámen   dico tibi quia tú hodie in nocte hac priusquam bís gallus uocem dederit ter me

        ꝼu bist onsæcc       soꝼ he forꝼor ꝺ mara gespræc ꝺ sprecend wæs ꝼ gif ꝺ ꝼ ꝼach ic scile ꝺ beeyme mec
          és negaturus.    31 *At ille amplius    loquebatur   etsi    oporturit  me * 171. ul.
                                                                                                                  mt. ccxc.
          ætgeadre ꝼ ic efne-gesuelta ꝼo  ne ꝼec onsæcce ic  gelíc   soꝼlice mec ꝺ ꝼ alle hia gecuocdon     ꝼ
          simul      commori   tibi non te  negabo  similiter autem et omnes dicebant    32 *Et * 172. l.
                                                                                                                  lu. cclxxuIIII.
                                                                                                                  lo. cIuI.
         cuomon ꝺ on ꝼ lond ꝼe is genemned predium ꝼæm is noma ꝼ is on ebrise ꝼ cuoeꝼ ꝼægnum  his  sittas mt. ccxcI.
           ueniunt in    prædium    cui  nomen  gesemani et  ait discipulis suis *Sedete * 173. ul.
                                                                                                                  mt. ccxcII.
          her oꝼꝼæt ꝺ ꝼa huil ic gebidde        ꝼ to-genom petrum  ꝼ   iacob   ꝼ iohannem  miꝼ ꝼ ongann
              hic    donec    orem.      33 et adsumit petrum et iacobum et iohannem secum et coepit

         forhtiga ꝼ longiga
          pauere et taedere.
```

```
23. ꝼ on-feng ꝼæm calice ꝼoncunde dyde salde him ꝼ gidruncun of ꝼæm alle    24. ꝼ cwæꝼ him ꝼis is
blod min niowe cyꝼnisse seꝼe fore monigum agoten biꝼ   25. ꝼ ic cweꝼo iow ꝼte soꝼlice ne drinco ic of
cynno wingeordes oꝼ to dæge ꝼæm miꝼ-ꝼy ꝼæt ic drinco niowe in rice godes    26. ꝼ miꝼ swa cwednum
ꝼona foeordun on mor oele-beomes    27. ꝼ cwæꝼ him ꝼe hælend alle ge bioꝼun onspyrned on næht ꝼisser
forꝼon awriten is ic ꝼerh-slæ ꝺ hrino ꝼone hiorde ꝼ to-stencud biꝼ ꝼæt ode    28. ah æfter ꝼon ꝼe ic arisu
bifora ic cymo iowh in gallleam      29... wutudlíce cwæꝼ... ꝼ gif [ꝺ] ꝼoh alle onspyrnisse sie ah ne ic æfre
30. ꝼ cwæꝼ him ꝼe hælend soꝼ ic cweꝼo ꝼe ꝼætte ꝼu to dæge in næht ꝼisser ærꝼon ꝼonne hona stefno gisclle
ꝼrige me ꝼu bist onsæcen  31. ꝼ soꝼ he forꝼor mara gisprocun (sic) ꝼ gif ꝺ ꝼoh ic seile bicuma mec ætgcdre
ꝼte ic swelte miꝼ ꝼe ne ꝼe onsæce ic gilice soꝼlice ꝼ alle cwedun     32. ꝼ comon on ꝼæt lonꝼe is nemned
predium ꝼæm noma is on ebrise ꝼ cwæꝼ to ꝼegnum his sittas her oꝼꝼa ꝼa hwile ic gibidde me   33. ꝼ to-ginom
potrus ꝼ... ꝼ... miꝼ ꝼ ongan forhtiga ꝼ longiga
```

34 ꝥ sæde him; Unrót is min sawl oð
deað. gebidað her ꝥ waciað;
35 Ða he lyt-hwon forð-stóp he astrehte
hine ofer þa eorðan. ꝥ he bæd. gif hit
beon mihte ꝥ he on þære tide fram him
gewite;
36 And þa cwæð he. abba. ꝥ is fæder
on ure geþeode. ealle þing þe synt mihtig-
lice. afyrr þysne calic fram me ac na ꝥ
ic wylle ac ꝥ þu;
37 Þa com he ꝥ funde hi slæpende. ꝥ
cwæð to petre; Simon. slæpst þu. ne
mihtest ðu āne tide wacian.
38 waciað ꝥ gebiddað ꝥ ge on costnunge
ne gán. witodlice se gast is gearu. ac ꝥ
flæsc is untrum;
39 And eft he ge-bæd þa ylcan spræce.
40 ꝥ þa he hine eft agén bewende. he
funde hi slæpende. hyra eagan wæron ge-
hefegode ꝥ hi nyston hwæt hi him ꝥsware-
don;
41 Ða com he þriddan siðe ꝥ sæde him.
slapað nū ꝥ restað genoh hit ys. tíma ys
cumen nu is mannes sunu gescald on syn-
fulra handa;
42 Arísaþ. uton gan. nu is gehende se
ðe me sylð;
43 Him þa ða gyt sprecendum com iudas
scarioth. ꝥ ys wiþersaca. án of þam twelf-
um. ꝥ mid him mycel menegeo mid swurd-
um ꝥ mid sahlum. fram heah-sacerdum.
bocerum ꝥ ealdrum;

34 ꝥ sæde heom. Vnrot is min sawle
odðe deað ge-biddeð her ꝥ wakieð.
35 Ða he lithwon forð-stop. he astrehte
hine ofer þa corðan ꝥ ge-bæd. gyf hit
beon mihte. ꝥ he on þare tide fram him
ge-wite.
36 ꝥ þa cw. he. abba. ꝥ is fader on
ure ge-þeode alle þing þe sende mihtilice
afyrre þisne calic fram me. ac na ꝥ ic
wille ūc ꝥ þu.
37 Ða com he ꝥ funde hyo slæpende. ꝥ
cwæð to petre. Simon slæpst þu. ne miht-
est þu ane tide wacien.
38 wacieð ꝥ ge-biddað ꝥ ge on costnunge
ne gan. witodlice se gast is geare. ac ꝥ
flæsc is untrum.
39 And eft he ge-bæd þa ylcen spæce.
40 ꝥ þa he hine eft agen be-wende. he
funde hyo slæpende. heore eagen wæren
ge-hefegede. ꝥ hyo nyston hwæt hyo him
andswereden.
41 Þa com he ðriddan siðe. ꝥ sæde
heom slæpeð nu ꝥ resteð ge-noh hit is.
time is cumen nu is mannes sune ge-scald
on synfulre hande.
42 arised uten gan. nu is ge-hende se
þe me syld.
43 him þa þe gyt spræcende com iudas
scarioth ꝥ is wiðer-saca. an of þam twelf-
en. ꝥ mid him mycel manige. mid sweord-
en ꝥ mid sahlen. fram heah-sacerden ꝥ
bokeren ꝥ ealdren.

Various Readings.

34. A. sawol; B. saul. C. gebiddaŝ. 36. A. B. C. mihtelice. A. afyr. 37. A. hig. A. tyd. 39. B. C. spæce. 40. A. on-gean. A. B. C. hig. A. heora. A. hig (*twice*). 42. B. utun. 43. A. mænigeo. A. sweordum. A. B. C. *insert* ꝥ *before* bocerum.

Various Readings.

34. sawul; waciaŝ. 35. eorŝen. 36. synde. 37. wacian. 38. waciaŝ; þet (*for* ꝥ); gearu. 39. ylcan spaece. 40. hyra eagan wæron geheofogode; andswere-den. 41. restað; tima; synfullra handa. 42. Arisað uton; sylŝ. 43. sprecendem (*sic*); twelfum; menigeo; sweordum; sahlum; heah-sacerdum; bocerum; ealdrum.

117

34 *Et ait illis tristis est anima mea usque ad mortem sustinete hic et uigilate.
ꝥ cuoeð him ⁊ ðæm un-rōdt is sawel min oðð ⁊ wið to deaðe ge-ðoligas ⁊ her ꝥ wæccas
* 174. iiii. io. cuii. mt. cexciii.

35 *Et cum processisset paululum procidit super terram et orabat ut si fieri
ꝥ mihðy wæs fœronde ⁊ foerde huon fore-feoll on ⁊ ofer eorðu ꝥ gebædd ⁊ wæs biddend ðte gif wosa
* 175. l. lu. celxxxi. io. clxi.

36 et dixit abba pater omnia tibi
mœhtes ofer ⁊ bilcorade from him ⁊ hine ðio tid ꝥ cuoeð la heh faeder alle ðe mæhtiglica
possuet transiret ab eo hora.

sint ⁊ sindon alle in ðinum mœht oferferig ⁊ bi-leore calic ðiosne from mee ah ne þ-te ic willo ah
possibilia sunt transfer calicem hunc á me *Sed non quod ego uolo sed
* 176. i. lu. celxxxii. io. luii. xlii.

þ-te ðu wællæ ꝥ cuom ꝥ gemittæ hea sleppende ꝥ cuoeð to petre la simon ðu slopes no
quod tú 37 et uenit et inuenit eos dormientes et ait petro simon dormis non
mt. cexcv.

mœhtes ðu an huil gewœcce wæccas ꝥ gebiddas þ-te ne ingæ in costunge se gaast
potuisti una hora uigilare. 38 *Uigilate et orate ut non intretis in temtationem †Spiritus
* 177. li. lu. celxxx. celxxxiiii. mt. cexcui.

uutedlice is gearuu ðio lichoma ðonne untrymig ꝥ efter-sona from geongende gebædd ðæt ilca wörd
quidem promtus caro uero infirma. 39 *Et iterum abiens orauit eundem sermonem
* 178. liii. io. lxx. mt. cexcuii.
* 179. ui. mt. cexcuiii.

ðus cuoeðende ꝥ eft-gecerde niwunga ⁊ sona gemitte ðia slependo woeron forðon ego hiora ⁊ ðæra
dicens. 40 et reuersus denuo inuenit eos dormientes erant enim oculi illorum

pislico ⁊ hefigo ꝥ ne wiston huæd scealdon onduearda ⁊ onsuœrega him ꝥ cuom ðirdda siðe ꝥ
ingrauati et ignorabant quid responderent ei. 41 *Et uenit tertio et
* 180. liii. io. ciii. mt. cexcuiiii.

cuoeð ðæm ⁊ him slopeð goe ꝥ ræstas wel mœge ⁊ wel licas cuom ðio tid heono bið gesald sunu monnes
ait illis dormite iam et requiescite sufficit uenit hora ecce traditur filius hominis

in hónd synnfullra arisað gæ we ⁊ wutun geonga heono seðe mec selleð neh is
in manus peccatorum 42 surgite eamus ecce qui me tradit prope est. 43 *Et
* 181. l. lu. celxxxn. io. cluiii. lxxuiiii. mt. ccc.

ða get ⁊ ða geon him ⁊ hine sprecende cuom iudas se scariothisca an from ðæm tuoelfum ꝥ mið ðæm ⁊ hine
athuc eo loquente uenit iudas scariot unus ex duodecim et cum illo

ðreat monigo mið suordum ꝥ stencum ⁊ trewum from hehum sacerdum ꝥ from wuðwutum ꝥ from
turba multa cum gladiis et lignis á summis sacerdotibus et á scribis et á
ældum
senioribus.

---

34. ꝥ cwæð him un-rot is sawel min oð to ⁊ wið deað giðooligas her ꝥ wæccas 35. ꝥ mið-ðy fœrende
wæs hwon fore-feoll ofer eorðo ꝥ gibæd ⁊ biddende wæs þto gif wosa mœhie giliore from him ðio tid 36. ꝥ
cwæð la heh fæder alle mœhtiglice ðe sindun oferfœrh ⁊ giliore calic ðiosne from me ah ne þte ic wolle ah þæte
ðu welle 37. ꝥ com ꝥ infand hæ slepende ꝥ cwæð to petre la simon ðv slepes ne mœhttes ðu ane tide
giwœcca 38. wæccas ꝥ gi-biddas þto ne in-gæ in costunge ðe gast wutudlice georo is ðe lic-homa ðone un-trymig
39. ꝥ efter sona from eode ꝥ gi-bæd ðæt ilce word cweðende 40. ꝥ eft gicerde niowunga in-uand hiæ slepende
werun forðon egu hiora pislico ⁊ hefigo ꝥ ne wistun hwæt scealdun ꝥworda him 41. ꝥ com ðirdan siðe ꝥ
cwæð him slæpas ge ꝥ restas wel mægun cyomeð ðio tid heonu giseld bið sunu monnes in honda synn-fullum
42. arisas gna we heono seðe mec seleð neh is 43. ꝥ ða geona him sprecende com iudas ðe scariothisca an
of ðæm twelfum ꝥ mið him ðreotas monige mið swordum ꝥ stencgum sendend (sic) from heh-sacerdum ꝥ from
uðwutum ꝥ from œldrum

44 Soðlice his læwa him tacen scalde ꝼ þus cwæð; Swa hwylcne swa ic cysse he hit is. nimað ꝼ lædað hine wærlice.
45 ꝼ sona swa he com he ge-nealæhte him to ꝼ cw̅. lareow. ꝼ cyste hine.
46 ꝼ hi hyra handa on hine wurpon. ꝼ namon hine;
47 Soðlice án of þam þe ðar embe-uton stodon his swurde abræd ꝼ sloh þæs sacerdes þeow. ꝼ his eare of acearf;
48 Þa cwæð se hælend him ꝼswariende; Swa swa to anum scea'ðan ge ferdon mid swurdon ꝼ treowum me gefon.
49 þonne ic dæghwamlice mid eow wæs on temple lærende ꝼ ge me ne namon. ac ꝼ þa gewritu syn gefyllede;
50 Ða forleton his leorning-cnihtas ealle hine ꝼ flugon;
51 Sum iungling him fyligde mid anre scytan bewæfed nacod ꝼ hi namon hine;
52 Ða aworpenre þære scytan nacod he him fram fleah;
53 And hi læddon þæne hælend to þam heah-sacerde. ꝼ comon calle sacerdas. ꝼ boceras ꝼ ealdras togædere;
54 Petrus him fyligde feorran oþ ðæs heah-sacerdes cafertún ꝼ he sæt mid þam ðenum ꝼ wyrmde hine æt þam fyre;
55 Þa heah-sacerdas sohton ꝼ call geþeaht. tale agén þone hælend. ꝼ hi hine to deaðe sealdon ꝼ hi ne fundon ;

44 Soðlice his læwa heom taken scalde ꝼ þus cwæð. Swa hwilene swa ic kysse. se hit ys nyme ð ꝼ lædeð hine wærlice.
45 ꝼ sone swa he com he ge-nehlacte hine to ꝼ cwæð. Lareow; ꝼ cyste hine.
46 ꝼ hyo heore hande on hine wurpen ꝼ namen hine.
47 Soðlice an of þam þe þær embe-uten stoden his sweord abræd. ꝼ slog þas sacerdes þeow. ꝼ his eare of acarf.
48 Ða cwæð se hælend heom and-sweriende. Swa swa to anen scæðan ge ferden mid sweorden ꝼ treowen me ge-fon.
49 þanne ic daig-hwamlice mid eow wæs on temple lærende ꝼ ge me namen. ac ꝼ þa ge-write syen ge-fellde.
50 Ða for-leten his leorning cnihtes ealle hine ꝼ flugen.
51 Sum gungling him fylgde mid ane scytan be-wæfed nacod. ꝼ hy name hine.
52 ꝼ wærpendre þare scete nacod he heom fram fleah.
53 ꝼ hy lædden þanne hælend to þam heah-sacerde ænd comen ealle þa sacerdes. ænd bokeres. ꝼ caldres. to-gædere.
54 Petrus heom felgede ferren oð þas heah-sacerdes cæfertun. and he set mid þam þenum ꝼ wermden hine æt þam fyre.
55 Ða heah-sacerdas sohten ꝼ call geþeaht. tale agen þanne hælend. ꝼ hyo hine to deaðe sealden ꝼ hyo ne fundon.

Various Readings.

46. A. hig heora. 47. A ymbe-utan; B. C. embe-utan. C. stodan. A. sweorde. 48. A. ꝼswarigende. A. sweordum. 51. A. fylgde. A. hig. 53. A. hig. A. þone 54. A. fylgde. 55. B. C. sohtun. A. on-gean. A. hyg; B. C. hig. A. deðe. A. B. C. hig.

Various Readings.

44. tacen; cysse; he; nymað. 45. sona; ge-neahlæhte. 46. hyore; wurpon; namon. 47. -uton stodon; acearf. 48. anum sceaðan; ferdon; sweordon; treowum. 49. þonne; dæg-hwamlice; syn ge-fyllede. 50. for-leoton; flugon. 51. iungling; fyligde; be-wafed; hyo namon; 52. aworpenre; scytan. 53. hyo; þonne; comon; MS. R. *omits þa before* sacerdes; boceras; to-gadere. 54. fyligde feorran; sacerdes cafertun; sæt; wyrmde. 55. sohton; þonne; sealdon.

119

wæs saldend ┼ gesalde ðonne se sellend his becon ┼ tacn him cueðende ðone suahuoelc ┼ ꝺ miððy cyssennde
44 *Dederat autem traditor eius signum eis dicens quem-cumque osculatus * 162. ii.
lu. celxxxuii.
mt. ccci.

ic beom ┼ ic sée his is haldas hine ┼ ðone ꝺ wœrlice gelædað ꝺ mið-ðy gecuome recone to-
fuero ipse est tenete eum et caute ducite. 45 et cum uenisset statim ac-

geneolecde to him cuoeð la laruu ꝺ cyssende wæs hine soð ða ilco honda gewurpon on hine
cedens ad eum ait rabbi et osculatus est eum. 46 at illi manus iniecerunt in eum

ꝺ gehealdon ðene ┼ hine ån ðonne ┼ ða summ monn of ðœra ymbstondendum oftæde ┼ ataeh ᚦ suord
et tenuerunt eum. 47 *Unus autem quidam de circum-stantibus educens gladium * 163. i.
lu. celxxxuii.
io. clx.

slog esne ┼ ðrœl heh-sacerdas ꝺ gesnað ┼ tocearf him ┼ ðœm ða earelipprica ꝺ onsuœrede mt. cccii.
percussit seruum summi sacerdotis et amputauit illi auriculam. 48 *Et respondens * 184. i.
ꝺv. celxxxuiiii.
io. clxx.

se hælend cuoeð ðœm ┼ him allsuæ to ðeafe gie foerdon mið suordum ꝺ stengum to gefoanne ┼ to læc- mt. ccciiii.
iesus ait illis tamquam ad latronem existis cum gladiis et lignis comprehen-

canne mec œghuelc dœge ic wœs mið iuh in tempel lœrend ꝺ ne meh gehealdon ah ᚦte
dere me. 49 cotidie cram apud uos in templo docens et non me tenuistis sed ut

ᚦ hia woero gefylled writto ða ðegnas his forleorton ┼ forletendo alle geflugon
adimpleantur scripturæ. 50 *Tunc discipuli eius relinquentes eum omnes fugerunt * 185. ui.
mt. cccu.

ging esne ðonne ┼ uutedlice sum gefylgede him gegœrnad ┼ ymbgyrded mið ofer ┼ on
51 *Adulescens autem quidam sequebatur eum amictus sindone super * 186. x.

nacod ꝺ gehealdon hine soð he mißðy forwarp ┼ nacod fore-flœh from ðœm
nudo et tenuerunt eum, 52 at ille reiecta sindone nudus profugit ab eis.

ꝺ to-læddon ðone hælend to ðœm heh-sacerd ꝺ efne-gecuomon alle ða sacerdas ꝺ
53 *Et adduxerunt iesum ad summum sacerdotem et conueniunt omnes sacerdotes et * 187. i.
lu. ccxc.
io. clxiii.

ða wuðuuto ꝺ ða œldesto petrus ðonne fearre fylgende wæs hine wið on worðe clxiiii.
scribæ et seniores. 54 *Petrus autem á longe secutus est eum usque in atrium mt. cccvi.
* 180. iiii.
io. clxiiii.

ðœs heh-sacerdas ꝺ gesœtt ┼ sittende wæs mið ðœm embiht-monnum ꝺ wœrmde hine to ðœm fyre mt. cccuii.
summi sacerdotis et sedebat cum ministris et cale-faciebat sé ad ignem.

ða heh ðonne sacerdas ꝺ all ᚦ somnung sohton wið ðone hælend cyðnisse ᚦte hine
55 *Summi uero sacerdotes et omne concilium quaerebant aduersum iesum testimonium ut eum * 199. ii.
lu. cecu.
mt. cccuiii.

to deaðe mœhte geseallа ne fundon
morti traderent nec inueniebant.

44. gisalde ðonne ðe sellend his tacun him cwæðende swa hwelcne swa ic cyssende ic biom he it is
haldas hine ꝺ gihlædað 45. ꝺ mið-ðy comun sona gineolicadun · to him cwæð hal larwa ꝺ cyssende wæs
hine 46. soð ða ilca honda giwurpun on hine ꝺ giheoldun hine 47. an ðonne sum mon of ðœm ymb-
stondendum giteh ðœt sword ðerh-slog esne ┼ ðrœl heh-sœcerdas ꝺ tosnað him ðone mœrliprica 48. ꝺ
ond-sworede ðe hælend cwæð ðœm all swa hwæt [to] ðeofe gifeordun mið swordum ꝺ stengum to foenne ┼
gilœccan mec 49. eghwelce dœge ðis (sic) wœs mið iowih in temple lœrende ꝺ ne mec giheuldun ah ᚦte
were gifylled giwriotu ðœ 50. ða ðegnas his alle for-leortun ┼ forletende hine flugun 51. ging esne
wutudlice sum gifylgende him gigeorwad ┼ ymb-gyrded ... ofer nacudne giheoldun hine 52. cwæð him mißðy
fōrwarp ... nacud from-fleh him 53. ꝺ to-gi-læddun ðone hælend to heh-sacerdum ꝺ efne-gicomun alle ða
sacerdas ꝺ uðwutu ꝺ ða œldra 54. petrus ðonne feorra fylgende wæs him oð to on worðe ðœs heh-sacerdes
ꝺ sœt mið ðegnum ꝺ wermde hine to ðœm fyre 55. ða heh ðonne sacerdas ꝺ all ðio somnung sohtun wið
ðone hælend cyðnisse ᚦte hine to deaðe gisaldun ne onfundun

56 Manega sædon lease gecyðnysse agên hine. ⁊ þa cyðnessa næron þæslice;

57 Ða arison sume ⁊ sædon lease cyðnesse agên hine ⁊ þus sædon;

58 Soðes we ge-hyrdon hine seegan. ic to-wurpe þis hand-worhte tempel ⁊ æfter þrim dagum ic oðer unhand-worht ge-timbrie;

59 ⁊ hyra cyþnys næs þæs-lic;

60 Þa aras sum heah-sacerd on hyra midlene ⁊ ahsode þæne hælend. ne andswarast þu nan ðing. agên þ̃ þas þe onwurpað;

61 he suwode ⁊ naht ne ⁊swarode; Eft hine axode se heah-sacerd. eart þu crist þæs gebletsodan godes sunu;

62 Ða sæde se hælend. ic eom. ⁊ ge geseoð mannes sunu on swyðran healfe sittan his mægenes. ⁊ cumende mid heofones genipum;

63 Þa cw̄ se heah-sacerd. his reaf slitende. hwi ge-wilnige wē gyt cyðera.

64 ge gehyrdon his bysmer. hwæt þincð eow; Ða hyrwdon hi ealle hine ⁊ cwædon þ̃ he wære deaðes scyldig;

65 And sume agunnon him on spætan ⁊ ofer-wreon his ansyne. ⁊ mid fystum hine beoton. ⁊ him to cwædon; Aræd. and þa ðenas hine mid handum beoton;

66 And þa petrus wæs on cafertune þa com to him ān þinen þæs heah-sacerdes.

67 ⁊ þa heo geseah petrum wyrmende þa cwæð heo; Þu wære mid ðam nazareniscan hælende;

56 Manege sæden lease cyðnyssen agen hine. ⁊ þa cyðnisse næren þas-lice.

57 Ða arise sume ⁊ saigden lease cydnysse agen hine ⁊ þus cwæðen.

58 Sodes we ge-hyrden hine seggen ic to-weorpe þis hand-worhte temple. ⁊ æfter þrem dagen ic oðer un-hand-worht ge-timbrige.

59 ⁊ heore cydnysse næs þas-gelic.

60 Ða aras sum heah-sacerd on heora midlene ⁊ acxode þanne hælend. Ne andswerest þu nan þing agen þ̃ þas þe onweorped.

61 he swegede ⁊ naht ne andswerede. Eft hine axode se heah-sacerd. Ert þu crist. Þas ge-bletsedes godes sune.

62 Þa sæde se hælend ic eom. ⁊ ge geseoð mannes sune ōn swiðren healfe sitten. his maignes. ⁊ cumende mid heofenes genipen.

63 Ða cwæð se heah-sacerd his reaf slytende. hwi wilnige we gyt cyðera.

64 ge ge-herden his bismer. hwæt þincð cow. Ða hyrden hyo ealle hine ⁊ cwæðen. þ̃ he wære deaðes scyldig.

65 Ænd sume agunnen hym on spæten. ⁊ ofer-wreon his ansiene. ⁊ mid festen hine beaten. ⁊ him to cwæðen. Ared. ⁊ þa þenas hine mid hauden beoten.

66 ⁊ þa petrus wæs on cæfertune þa com to him an þiuen þas heah-sacerdes.

67 ⁊ þa hye ge-seah petrum wermende þa cwæð hy. Þu wære mid þam nazareiscen hælende.

Various Readings.

56. A. gecyðnesse ongean. A. cyðnyssa. 57. A. cyðnysse ongean. A. B. C. cwædon. 58. A. to-weorpe. A. ge-tymbrige. 59. A. heora. A. B. C. cyðnes. 60. A. heora. A. acsode þone. A. ongean. A. on-weorpað. 61. A. swygode; B. C. swugode. A. ⁊swarede. A. acsode. 62. A. B. heofenes. 63. A. hwig. B. C. gewilnege. 64. A. bismor. A. B. big. 65. A. ongunnon; B. agunnun. B. fystun.

Various Readings.

56. Manega sædon; cyðnysse; næron þæs-lice. 57. arison; sægdon; cyðnysse; cwæðon. 58. Soðes; seggan; to-wyrpe; tempel; þrym dagvm. 59. hyore cyðnys; þæs-lic. 60. acsode þanne; on-weorpað. 61. swygode; Eart; þæs; sunu. 62. halend; swyðran healfe sittan; mægnes; heofones genipum. 63. ge-wilnige. 64. ge-hyrden; bismor; hyrdon hig; cwæðon. 65. agunnan; spæton; ansyne; fystum; beotum (*sic*); cwæðon; bandum beoton. 66. -sacerdas. 67. heo se seah (*sic*); heo; nazareniscan.

monigo forðon gecyðnise leas hia gecuoedon wið hine ꝼ woenlica gecyðniso ne
56 multi enim testimonium falsum dicebant aduersus eum et conuenientia testimonia non

woeron ꝼ summ inonn arus leas gecyðnise sægdon wið him cuoeðendo
erant. 57 *Et quidam surgentes falsum testimonium ferebant aduersus eum dicentes. * 190. ul.
mt. xxcuiiii.

forðon ue geherdon hine cwoedne ꝉ cuoeðende ic undoe ꝉ ic toelito tempel ðis mið honde aworht
58 quoniam nos audiuimus eum dicentem ego dissoluam templum hoc manu factum

ꝼ ðerh ðreo dogor oðer ne mið honde aworht ic getimbro willo ꝼ ne wæs woenlic
et per triduum aliud non manu factum aedificabo. 59 et non erat conueniens

gecyðnise hiora ꝉ ðara ꝼ aras ðæ hæh sacerd in middum geascade ðone hælend
testimonium illorum. 60 et exsurgens summus sacerdos in medium interrogauit iesum

cuoeðende ne onduearðestðu noht ꝉ ænhit to ðæm ða ðe geteled aron from ðæssum monnum he
dicens non respondis quicquam ad ea quae tibi obiciuntur ab his. 61 ille

uutedlice ꝉ ðonne gesuigde ꝼ noht ge-onsuarede efter-sona se beh sacerd gefrægnende wæs hine ꝼ cuoeð
autem tacebat et nihil respondit rursum summus sacerdos interrogabat cum et dicit

him ðu arð crist sunu ðæs gebloedsendes se hælend cuoeð him ic am ꝼ gie gescað ꝉ scilon * 191. l.
ei tú ǽs christus filius benedicti. 62 *Iesus autem dixit illi ego sum et uide- lu. ccxcuiii.
io. lxuiiii.
gesea.i.on domes dæge sunu monnes to suiðrom sittende ðæs mæhtes ꝼ cymmende mið wolcnum mt. ccxx.
bitis filium hominis å dextris sedentem uirtutisꝉ et uenientem cum nubibus ðæs fadores
ꝉ l. patris.

heofnes se heh ða ꝉ ðonne sacerd toslat ꝉ torende woedo ꝉ hræglo ꝉ claðes his cuoeð ymb hwæð * 192. ul.
cœli. 63 *Summus autem sacerdos scindens uestimenta sua ait ꝉQuid mt. cccxi.
ꝉ 193. ll.
get ꝉ leng ꝉ ðægeone we willnias gewitnesa geherdon geð ðæt ebolsung hwæð iuh ðyncge ꝉ is gesene lu. ccxcuiiii.
athuc desideramus testis. 64 audistis blasphemiam quid nobis uidetur mt. cccxi.

ðaðe alle geniðradon ꝉ gehendon hine ꝥte were scyldig ꝉ synnig deaðes ꝼ ongunnun summe * 194. l.
qui omnes condemnauerunt eum esse reum mortis. 65 *Et coeperunt quidam lu. ccxciiii.
io. clxxii.
esne-gespitta ꝉ gehorogm hine ꝼ gebydæ ꝉ wriga onsione his ꝼ mið fystum ꝉ dyntum hine geslas ꝉ geðearsca mt. cccxiii.
conspuere cum et uelare faciem eius et colaphis eum caedere

ꝼ cuoeða him gewitga.i.hua ðec oferslog ꝼ ða embeht-menn mið fystum hine slogon ꝼ mið ðy * 195. l.
et dicere ei prophetisa et ministri alapis eum cædebant. 66 *Et cum lu. ccxcl.
io. clxuiii.
wæs petrus in worð from geante ꝉ sunduria cuom an from ðæm ðiowum ðæs heh sacerdes ꝉ clxul.
esset petrus in atrio deorsum uenit una ex ancillis summi sacerdotis. 67 et mt. cccxiiii.

mið ðy gesege ðone petrum wærmigende hine beheald hine cuoeð ꝼ ðu mið hælende ðæm nazarenesco were
cum uidiset petrum cale-facientem sé aspiciens illum ait et tú cum iesu nazareno eras.

---

56. monige forðon cyðnisse lease hiæ giwedun to sacanne wið him ꝼ weonlice gicydnisse ne werun 57. ꝼ
sum mon arisende leose gicyðnisse sægdun wið him cweðendo 58. forðon we giherdun hine cweða ic
toslito ꝉ undoe ðone tempel ðis mið (honda) giworht ꝼ æfter ðrim dagum oðerne...mið honda giwyrcan ic gitim-
braw (sic) 59. ꝼ ne wæs woenlic gicyðnisse hiora 60. ꝼ aras ðe beh-sacerd in middum giascade ðone
hælend cweðende ne ondwordes tu noht ꝉ ænhit to ðæm ðaðe gitelid arun from him 61. he wutudlice
swigade ꝼ noht giðworde sona ðe heh-sacerd gifrægn hine ꝼ cweð him ðu arð crist sunu godes ðæs gibletsade
62. ðe hælend wutudlice cweð him ic am ꝼ ge giscað sunu monnes to ðær swiðra sittende ðæs mæhtga ꝼ
cymænde mið wolcnum heofnes 63. ðo heh ðonne sacerd to-rende giwedu his cwæð ymb hwæt gett wilnigas
giwitnesse 64. giherdun go ða eofulsunge hwæt iow is gisene ðaðe alle giniðradun ꝉ gihendun hine ꝥ he
were synnig deaðes 65 ꝼ ongunnunn sume efnegispitn ꝉ hyrn on hine ꝼ hydde onsione his ꝼ mið fystum hine
sla ꝉ ðarsca ꝼ cweoða ꝼ sæge hwæt ðæt slogc ꝼ ða embehtmen mið fystum hine slogun 66. ꝼ mið ðy wæru
...on worðe from syndrige com an from ðæm ðiowum ðæs heh-sacerdes 67. ꝼ mið gisege ðone petre wermende
hine biheald hine cwæð ꝼ ðu mið hælende ðone nazarenisco were

68 Ða æt-soc he ꝥ cwæð. ic nát. ne ne can hwæt þu segst; And he code þa of þam cafertune ꝥ se hana creow;
69 Eft þa hine geencow oðer þinen. heo ongan cweðan. to þam þe ðar abutan stodon; Soðlice þes ys of þam;
70 ꝥ he eft ætsóc; ꝥ eft þa ymbe lytel þa ðe æt-stodon. cwædon to petre. Soþlice þu eart of ðam. galileisc þu eart;
71 Þa ongan he æt-sacan ꝥ swerian. soðes ne can ic þæne man þe ge secgað.
72 ꝥ þa eft sona creow se hana; Ða gemunde petrus þæs hælendes worde þe he him sæde. ær se hana crawe tua. þriwa ðu me æt-sæcst. þa ongan he wepan;

CHAPTER XV.

1 Þa sona on mergen worhton þa heah-sacerdas hyra gemot mid caldrum. ꝥ bocerum ꝥ eallum werodum. ꝥ læddon þæne hælend gebundenne. ꝥ scaldon hine pilato;
2 Ða axode pilatus hine. eart þu iudea cyninog; Þa ꝥswarode he him. þu hit segst;
3 Ða wregdon hine þa heah-sacerdas on manegum þingum;
4 Eft pilatus hine axode. ne ꝥswarast þu nán þing. loca hu myeclum hi þe wregeað;
5 Ða ne ꝥswarode se hælend him na mare. swa ꝥ pilatus wundrode;

68 Ða æt-soc he ꝥ cwæð. Ic nat ne ic kan hwæt þu saigst. ꝥ he code þa of þam cæfertune ꝥ se coc creow.
69 Eft þa hine eneow oðer þinen. ꝥ hyo on-gan cweðen to þam þe þær abuten stoden. Soðlice þes is of þam.
70 ꝥ he eft æt-soc. Ænd eft þa embe litel þa þe eft stoden cwæðen to petre. Soðlice þu ert of þam galileisc þu ert.
71 Ða æt-gan he of-sacan. ꝥ swerien. soðes ne can ic þanne man þe ge seggeð.
72 ꝥ þa eft sone creow se coc. Ða gemunde petrus þas hælendes word þe he him saide. ær se coc creowe twige. þrewe þu me æt-sæcst. þa on-gan he wepen.

CHAPTER XV.

1 Ða sone on morgen worhten þa heah-sacerdes heore ge-mot. mid caldren ꝥ boceren. ꝥ callen werede ꝥ lædden þane halend ge-bunden ꝥ scalden hine pilaten.
2 Ða axode pilatus hine eart þu iudea kining. Ða andswerede he hym. Ðu hit sægst.
3 Þa wreiden hine þa heah-sacerdes. on manegen þingen.
4 Eft pilatus hine axode ne andswerest þu nan þing. loca hu myeelen hyo þe wreigeð.
5 Ða ne andswerede se hælend him nam mare swa þæt pilatus wundrede.

Various Readings.

69. B. inserts ꝥ before heo. A. onbutan. 70. B. C. embe. 71. A. cann. A. þone. 72. A. word. B. crewe; C. creowe. A. B. C. tuwa.
Cap. xv. 1. A. morgen. A. heora. A. B. C. werede. A. þone. A. pilate. 2. A. acsode. A. cynyng; B. cynine. B. ꝥswarude. 4. A. acsode. B. C. ꝥswaras. A. B. hig. A. B. C. wreigeð. 5. B. wundrode.

Various Readings.

68. et-soc; ne can; segst; hana [for coc]. 69. abuten stodon. 70. stoden cwæðon; eart (twice). 71. sworian; þonne; seggað. 72. ef (sic) sona; hana; wordo; sæde; hane; twuwa þriwa; æt-sæcst; wepan.
Cap. xv 1. sona; -sacerdas hyra; caldrum; bocerum; callum; ge-bundenne; scaldon; pilato. 2. cyning; andswarode; eom [for hym, which is over an erasure in Hatton MS.]; segst. 3. wregdon; -sacerdas; manegum þingum. 4. andswarest; hwu myeelum; wreigeð. 5. andswarede; halend; na; wundrode.

soð he onsoc cuoeðende ne wat ic ꝥ ne cann ic huæd cwoeðes ðu ꝥ   eode buta befora
68 at ille negauit dicens neque scio neque noui quid   dicas *Et exiit foras ante * 196. ii.
lu. cccxli.
io. clxxu.

ꝥ worð ꝥ   hona   gesang   eftersona ðonne mið-ðy gesege   hine ðio ðiwa ongann cuoeða mt. cccxu.
atrium et gallus cantauit.   69 rursus autem cum uidisset illum ancilla coepit dicere

ðæm ymb-ðtondendum ꝥte ðes of ðæm fleom is   soð he eftersona onsoc   ꝥ æfter lytle huile ꝥ ymb lytle
circumstantibus quia hic ex illis est.   70 at ille iterum negauit et   post pussilium

eftersona ðaðe to-stodon hia gecuoedon to petre soðlice of ðæm ðu bist ꝥ ðu arð forðon ꝥo galilæus ꝥ galilæse arð
rursus qui adstabant dicebant petro uere ex illis   es   nam et   galilæus   es.

ðe ꝥ he ðonne ongann gefremðiga   ꝥ gesuoeria ꝥte ic nát ꝥ ne conn ic monno ðiosne ðone gie
71 ille autem coepit anathematizare et iurare quia   nescio   hominem istum quem di-

cuoeðas   ꝥ sona   efter se hona gesang   ꝥ eft-gemyndig wæs petrus wordes ꝥte cuoeðend wæs
citis.   72 et statim iterum gallus cantauit *Et recordatus est petrus uerbi quod dixerat   * 197. ii.
lu. cccxlii.
mt. cccxui.

him se hælend aer ðon   se hona gesinga twiga ðria mec ðu bist onsæc ꝥ ongann woepa
ei iesus prius-quam gallus cantet bis ter me   negabis et coepit flere.

CAP. XV.

ꝥ   sona   on merne ꝥ on morgen ðæhtnng   worhton   heh-sacerdas   mið   aeldum   ꝥ
1 *Et confestim   mane   consilium facientes summi sacerdotes cum senioribus et * 198. ii.
ccxcu.
mt. cccxxii.

wuð-uutum ꝥ   mið all   somnung gebundon ðone hælend gelæddon   ꝥ   saldon   ðæm aldormen
scribis et uniuerso concilio *Uincientes iesum   duxerunt et tradiderunt   pilato.   2 ꝥEt * 199. i.
lu. ccc.
io. clxxui.

gefrægnade ꝥ geascede hine pylatus ðu arð cynig iudeana soð he onduearde cuoeð to him ðu cuoeðes ꝥ mt. cccxuiii.
interrogauit eum pilatus tú és rex iudæorum at ille respondens ait   illi tú dicis.   + 200. i.
lu. cccii.
io. clxxuiii.

ꝥ geliendon hine   ða heh-sacerdas on monigum. i. ðingum ꝥ woerdum   se gerocfa ðonne eftersona mt. cccxx.
3 *Et accusabant eum summi sacerdotes   in multis   4 pilatus autem rursum * 201. iiii.
io. clxxx.
excii.
mt. cccxxi.

gefrægn   hine cuoeð ne onduearðest ðu   æniht   gesæh in sua miclum ꝥ hu miclum ðeh ahenas
interrogauit eum dicens non respondis quicquam uide in   quantis   té accusant.

se hælend ðonne forðor ꝥ long æniht ꝥ noht geondsuarede sum ꝥte ꝥ he woere awundrad se groefa
5 iesus autem amplius   nihil   respondit   ita ut   miraretur   pilatus.

---

68. soð he onsoc cweðende ne wat ic ne con hwæt ðu sæges ꝥ eode buta ðonne ꝥ bifora ðone worð ꝥ hona
gisang.   69. efter-sona ðonne mið-ðy gisæh hine ði ðiowa on-gan cweoða to ðæm ymb-stondondum ꝥte ðes
of ðæm fleum is   70. ꝥ he eftersona onsoc ꝥ æfter lytle hwyle eftersona ðaðe stodun hia cwedun to petre
soðlice ðu af ðæm arð forðon ec ꝥ galilose ðu arð   71. he ðonne ongan fremðiga ꝥ sweriga ꝥ ic nat ne
con monno ðone ðone gicweoðes   72. ꝥ sona eftersona ðe hona gisang ꝥ myndig wæs petrus wordes ðætte
cwedon wæs him ðe hælend ærðon ðe hona gisunge twiga ðrigo ðu me onsæces ꝥ ongan woepa

Cap. XV. 1. ꝥ sona on merne giðæhtunge worhtun ða heh-smeerdas mið ðæm aldrum ꝥ uð-wutum ꝥ mið
alle gisomnunge gibundun ðone hælend gilæddun ꝥ saldun ðæm aldor-menn   2. ꝥ gifrægn hine pylatus ðu
arð cynig iudca soð ðe ond-worde him cweð ðu cweðes   3. ꝥ gibendun hine ða heh-sacerdas in monigum
ðingum   4. ðe groefa ðonne efter-sona gifrægn hine cweðende ne ondwordes tu æniht gisæh in swa miclum
ðec ahenas   5. ðe hælend ðonne forðor ꝥ long ne wiht giondsworade swa ꝥte ne (sic) were awundrad ðe groefa

6 On symmel-dæge wæs his gewuna ꝥ he him for-geafe ænne gebundenne. swa hwylc-ne swa hi bædon;

7 Þa bædon hi barraban. se wæs gebunden mid þam ræplingum. se þurh swic-cræft. man-slyht geworhte.

8 Ꭻ þa he ferde. þa ongan seo menegeo hine biddan swa heo symle dyde;

9 Ða cwæð pilatus; Wylle ge ꝥ ic eow forgyfe iudea cyning.

10 he wiste ꝥ ðurh andan hine scaldon þa heah-sacerdas;

11 Þa astyredon þa bisceopas þa menegu ꝥ he him barraban forgefe;

12 Eft pilatus him andswarode. hwæt do ic be iudea cininge ;

13 Hi eft hrymdon Ꭻ cwædon. hóh hine;

14 Ða sæde pilatus. hwæt yfeles dyde he; Hi þæs þe ma clypedon ahóh hine;

15 Pilatus wolde þa ðam folce gecweman. Ꭻ for-gef him barraban Ꭻ sealde him þone hælend beswungenne ꝥ he á-hangen wære ;

16 Þa læddon þa cempan hine on þæs domernes cafertún; Ꭻ hi to-somne call werod clypedon ;

17 Ꭻ scryddon hine mid purpuran. Ꭻ him on setton þyrnenne helm awundenne.

18 Ꭻ ongunnon hine þus gretan. hal wes þu iudea cyning ;

19 Ꭻ beoton hine on ꝥ heafod mid hreode. Ꭻ spætton him on. Ꭻ heora cneow bigdon. Ꭻ hine ge-eaðmeddon ;

6 On sym-mel-daig wæs his ge-wune. ꝥ he heom for-gefe ænne bundenne swa hwilene swa hyo bæden.

7 Ða bæden hyo barraban. se wæs gebunden mid þam replingen. se þurh swicc-cræft.man-slyht worhten.

8 Ꭻ þa he ferde þa on-gan syo manigeo hine biddan swa hy symle dyden,

9 Ða cwæð pilatus. Wille ge ꝥ ic eow for-gefe iudea kyning.

10 he wiste ꝥ þurh ande hine sealden þa heah-sacerdas.

11 Ða astireden þa biscoppes þa manige ꝥ he heom barraban for-gefe.

12 Eft pilatus him andswerede. hwæt do ic be iudea kyninge.

13 hyo eft grætten Ꭻ cwæðen. hoh hine.

14 Þa saigde pilatus. hwæt yfeles dyde he. hyo þas þe ma cleopeden ahoh hine.

15 Pilatus wolde þa þam folce ge-cweman. Ꭻ for-gef heom barraban. Ꭻ scalde heom þanne hælend be-swungen ꝥ he ahangen wære.

16 Þa lædden þa cempen hine on þas domernes cæfertun Ꭻ hyo to-gædere calle wered cleopeden.

17 Ꭻ scridden hine mid purpren Ꭻ him on setten þernene helm awundene.

18 Ꭻ on-gunnen hine þus greten. hal beo þu iudea kyning.

19 Ꭻ beoton hine on ꝥ heafeð mid reode Ꭻ spetten him on Ꭻ hire cneow beigden Ꭻ hine ædmetten.

Various Readings.

6. A. symbel-dæge. A. forgeaf; B. C. forgefe. B. C. ænne. A. hig. 7. A. hig. 8. A. mænigeo; B. menigu 9. B. cynine. 11. B. C. astyrydon. A. mænigeo. A. for-geafe. 13. A. hig. A. hoð. 14. A. dyde he yfeles. hig. C. clypodon. A. ahoð. 15. A. for-geaf. B. C. þæne. 16. A. hig. B. wered. A. clypodon. 19. B. C. spæton. A. on hyne. B. C. byra. A. ge-eadmeddon.

Various Readings.

6. -dæge; gewuna; for-geafe; swilene. 7. replingum; swic-; worhte. 8. seo menigeo. 9. geo; for-gyfe; cyning. 10. anda; sealdon. 11. astircolon; biscopas; menegov; for-geafe. 12. heom andswerede; cininge. 13. hrymden Ꭻ ewadon. 14. sægde; clypedon. 15. ge-cweman; for-gef; halend; ware. 16. lædden; cempan; þas; to-somne; call; clypeden. 17. scrudden; purpuran; setten þyrnenne; awundenne. 18. on-gunnon; greten; wæs; iuda cyning. 19. heafod; spetton; hyora cneo bigdon; ge-eaðmeddon.

Ɛerh ðone dæge ðonne symbel for-geafa gewuna wæs him enne ł an of ðæm gebundenum ðone suæ
6 *Per diem autem festum dimittere solebat illis unum ex uinctis quem-cum- *302. !!.
lu. cccuiiii.
mt. cccxxii.

huœlene hia gegiuudon wæs ðonne seðe gecuoeðen wæs ł genœmned barabbas seðe mið sceacerum ł
que petissent. 7* Erat autem qui dicebatur barabbas qui cum sedi- *203. liii.
io. clxxxiii.
mið setnerum wæs gebunden seðe on sotnong geworhte monneualmnisa ł morðor-slæga ꝫ mið-ðy mt. cccxxiii.
tiosis erat uinctus qui in seditione fecerat homicidium. 8 et cum

astæge ꝥ folc ongann gebidda sua symle gedyde him ðonne geondsuarede him
ascendisset turba coepit rogare sicut semper faciebat illis. 9 pilatus autem respondit eis

ꝫ cuoeð wallað gie ł gif gie wœllo ic forgefo ł forleto iuh cynig iudeana wiste forðon þte þ
et dixit uultis dimittam uobis regem iudaeorum. 10 sciebat enim quod

ðorh œfist. gesaldon ł sealla waldon hine heh-sacerdas ða biscobas ðonne gewœhton [ł]
per inuidiam tradidissent. cum summi sacerdotes. 11 *Pontifices autem concita- *204. l.
lu. cccx.
io. clxxxiiii.
go-eggedon ðone ðreat þte suiðor ðone morsceaðe forleorte him uutedlice efter-sona geonduarde mt. cccxxu.
uerunt turbam ut magis barabban dimitteret eis. 12 *Pilatus autem iterum respondens *205. i.
lu. cccxi.
cccxii.
cuoeð him huæd forðon walligo ꝥ ic doe cynige iudeana soð hia eftersona geceigdon ahoh io. clxxxuii.
ait illis quid ergo uultis faciam regi iudaeorum. 13 at illi iterum clamauerunt crucifige cxcili ; 1].
mt. cccxxui.

hine æc cuœð him huæd forðon yfles dyde soð hia suiðor geceigdon ahoh
eum. 14 pilatus uero dicebat eis quid enim malefecit at illi magis clamabant crucifige

hine ðonne walde ðæm folce wel-doa forgeaf him ðone morsceaðe ꝫ salde *206. l.
eum. 15 *Pilatus autem uolens populo satisfacere dimittit illis barabban et tradidit lu. cccxii.

ðone hælend mið suuippum to geðearscanne þte were gehoen ða cempo ðonne læddon hine on mt. cccxxuiii.
iesum flagellis caesum ut crucifigeretur. 16 *Milites autem duxerunt eum in *207. iii.
io. clxxxu.
clxxxui[i].
wuorð ðæs dom-ern ꝫ efne-ceigdon all ꝫ gogearwadon hine mið felle reade hrœglo mt. cccxxuiiii.
atrium praetorii et conuocant totam cohortem. 17 et induunt eum purpura

ꝫ on-setton him cursendo ł slœngendo ðyrnenne beg ongunnon gegroetæ hine hal cynig
et inponunt ei plectentes spineam coronam. 18 et coeperunt salutare eum haue rex

iudeana ꝫ slogon ꝥ heafod his mið gerd ł mið hreada ꝫ speafton on him ꝫ soton
iudaeorum. 19 et percutiebant caput eius harundine et conspuebant eum et ponentes

cnewa geworðadon him
genua adorabant eum.

---

6. Ɛerh ðone dæg ðonne symbles forgeorwiga giwuna wæs him enne ł an of ðæm gibundennum swa hwelcne
swa hia go-giowadun 7. wæs ðonne seðe giewoden wæs ... seðe mið sceacerum wæs gibunden seðe on sotnunego
giworhte mon-cwæłmnisse 8. ꝫ mittðy gistag ðæi folc on-gan bidda swa symle gidyde him 9. So groefa
ðonne ond-sworade him ꝫ cwæð wallas go ic forgefo ł forleto iow cynig iudea 10. wiste forðon ðæt ðœrh
œfesto gisaldun hine ðœm (sic) hoh-sacerdun 11. ða biscopas ðonne giwehtun ł gicedun ðone ðreot þte swiðor
barabbum forleorte him 12. ... wutudlice æftersona giondworde cwœð him hwæt forðon wallas go ꝥ ic doe
cynige iudea 13. soð him œfter-sona cliopadun ahoh hine 14. pylatus ðonne cwœð him hwæt forðon to
yfle dyde he soð hiœ swiðor giceigdun ahoh hine 15. ... ðoœnne waldo ðœm felcho well doa for-gœf him
ðone morsceaða ꝫ saldo him ðone hælend mið swiopum giðorsconno þte were ahongen 16. ða cempu
læddun hine on worð ðæs domernes ꝫ efne-giœgdun alle ... 17. ꝫ gigeorwadun hine mið felle reaðo ꝫ
onsettun him slœnde ł cursende ðyrnenno beg 18. ꝫ on-gunnun gigroeta hine hal cynig iudea 19. ꝫ slogun
on heofud his mið hreado ł gerdum ꝫ speoftun on hine ꝫ settun on cnoem ꝫ giworðadun hine

20 And syððan hi hine bysmrydon, unscryddon hine þam purpuran. ꝫ scryddon hine mid his reafum ꝫ læddon hine ꝥ hi hine ahengon.
21 ꝫ genyddon sumne weg-ferendne simonem cireneum cumende of þam tune alexandres fæder ꝫ rufi. ꝥ he his rode bære.
22 ꝫ hi læddon hine on ða stowe golgoða ꝥ is on ure gepeode gercht heafodpannena stow.
23 ꝫ sealdon him gebitered win ꝫ he hit ne on-feng ;
24 And þa hi hine ahengon hi dældon his reaf. ꝫ hlotu wurpon. hwæt gehwa name ;
25 Þa wæs undern-tid. ꝫ hi ahengon hine.
26 ꝫ ofer-gewrit his gyltes wæs awriten iudea cyning.
27 ꝫ hi ahengon mid him twegen sceaðan anne on his swyðran healfe. ꝫ operne on his wynstran.
28 þa wæs ꝥ ge-writ gefylled. ꝥ cwyð ; ꝫ he wæs mid unriht-wisum geteald.
29 And þa ðe forð-stopon hine gremedon ꝫ hyra heafod cwehton. ꝫ ðus cwædon ; Wala se to-wyrpð ꝥ tempel. ꝫ on þrim dagon eft getimbrað.
30 gehæl ðe sylfne of þære rode stigende ;
31 Eall swa þa heah-sacerdas bysmriende betwux þam bocerum cwædon. oðre he hale gedyde. hine sylfne he ne mæg halne gedon ;

20 Ænd syððen hyo hine bismeredon. un-scriddan hine þam purpran. ꝫ scriddan hine mid his reafen. ꝫ lædden hine þæt hyo hine ahengen.
21 ꝫ ge-nedden sumne weig-ferende symonem cyreneum cumende of þam tune alisandres fader ꝫ ruffi. ꝥ he his rode bære.
22 ꝫ hyo lædden hine on þam stowe golgotha. ꝥ is on ure þeode ge-reht heafedpanna stowa.
23 ꝫ sealden him ge-bytered win ꝫ he hit ne on-feng.
24 And þa hyo hine ahengen hyo dælden his reaf ꝫ hlote wurpen. hwæt ge-hwa name.
25 Ða wæs under-tid. ꝫ hyo ahengen hine.
26 ꝫ ofer-ge-writ his geltes wæs awriten iudea kyng.
27 ꝫ hyo ahengen mid him twegen scaðen ænne on his swiðeren healfe. ꝫ oðerne on his winstren.
28 þa wæs ꝥ ge-writ ge-fylled ꝥ ewæð. ꝫ he wæs mid unriht-wisan ge-teald.
29 And þa þe forð-stopen hine gremedon ꝫ hyra heafod cwehten. ꝫ þus ewæðen. Wala se to-werpð ꝥ tempel. ꝫ on ðrim dagen eft ge-tymbred.
30 ge-hæl þe sylfne of þare rode stigende.
31 Eal swa þa heah-sacerdas bysmeriende be-twexe þam bokeren ewæðen. odre he hæle ge-dyde. hine sylfne he ne maig halne don.

Various Readings.

20. A. hig. A. bysmeredon. A. hig. 21. A. wegferende. 22. A. B. C. hig. 23. B. C. onfenge. 24. A. hig. A. B. C. hig. 25. A. B. C. hig. 27. A. B. C. hig. A. ænne. 29. B. C. forþ-stopun. A. heora. A. dagum. A. go-timbreð. 30. A. *inserts* nyðer *before* stigende. 31. A. be-tweox.

20. And syððau hi ; un-scryddon ; purpuran ; scryddon ; reafum ; lædden. 21. weig-ferendene ; alexandres. 22. hi lædden ; þa ; heafod-pannens stow. 23. sealden ; go-biterod. 24. ahengen ; dældon ; lotu wurpen. 26. gyltes ; cyng. 27. swiðran ; wynstran. 29. -stopun ; heora ; cwehton ; ewæðen ; to-wyrpð ; dagum ; getimbred. 31. betwux ; bocerum ewæden. oðre ; hale ; mæg ; ge-don.

                                                 ꝫ   æfter ðon   bismeredon him gehreafadon   hine ꝥæs fellereades ꝫ   gegearwadon hine 'mið gewoedum
20 *Et postquam   inluserunt ei   exuerunt   illum   purpura   et induerunt cum uestimentis * 200. ul.
                                                                                                        mt. cccxxx.

       his   ꝫ ðona geleoddon hine   ꝥte his ge-hongen ꝉ mœhton ahoa hine   ꝫ   geneddon   bi-goongende ꝉ
   suis *Et   educunt   illum ut   crucifigerent   eum.   21 et angariauerunt   praeter-   * 200. i.
                                                                                                            lu. cccxu.
                                                                                                            io. excuil.
   bi-fœrende   sumne   simon   cyronesce   cummende   of   lond facder   ꝫ   ꝥte ge-nomo   mt. cccxxxl.
    euntem   quem-piam   simonem cyreneum uenientem   de uilla patrem alexandri et rufi ut tolleret

       his   his   ꝫ ðerh-lœdon hine on   stowe   ꝥ   is   getrahted   hoafud-ponnes
    crucem   eius.   22 *Et perducunt illum in golgotha locum quod est interpretatum   caluariae   * 210. i.
                                                                                                      lu. ccc[x]ulii.
                                                                                                      io. excuii.
    stowe   ꝫ sellas him drinca   mecced-win   ꝫ   ne onfeng   ꝫ   ahengon   mt. cccxxxii.
    locus.   23 *Et dabant ei bibere murratum uinum et non accepit.   24 +Et crucifigentes   * 211. iiii.
                                                                                                  io. eciii.
                                                                                                  mt. cccxxxiii.
   hine to-dœldon   woedo   his   sendon   hlott   on ꝥæm huœs oht ꝉ huodhuoge genome   wœs   * 212. i.
    eum diuiserunt uestimenta eius mittentes sortem super eis quis   quid   tolleret. 25 *Erat lu. cccxi.
                                                                                                            io. cci.
                                                                                                            mt.
                                                                                                            cccxxxiii[i].
   wutœdlice   tid   ðirdda ꝫ   ahengon   hine   .ꝫ wœs titul ꝉ tacon ꝉ morca intinges his on awritten * 213. x.
    autem   hora   tertia   et   crucifixerunt   eum.   26 *Et   erat   titulus   causae   eius   inscribtus   * 214. i.
                                                                                                                  lu. cccxxlli[i].
                                                                                                                  io. cccxxx.
    cynig   iudea   ꝫ   mið hine ahoas ꝉ ahengon   tuoge morsceaðo   an   to swiðrum ꝫ oðerne to   mt. cccxxxu.
    rex   iudaeorum.   27 *Et cum eo crucifigunt   duo   latrones unum á dextris et alium á   * 215. i.
                                                                                                     lu. cccxui[i].
                                                                                                     io. cccxxxi.
    wynstrum his   ꝫ   gefylled   wœs ðio gewrit   ðio cuoeðes   ꝫ   mið unrœht-uisum ꝉ wohfullum
    sinistris eius.   28 *Et   adimpleta   est scribtura   quae dicit et cum   iniquis   * 216. ulii.
                                                                                                              lu. cclxxuii.
   getaled   wœs   ꝫ ða bi-fœrendum geebolsadon ꝉ ebolsando hine cœrrende heafda hiora ꝫ cuoeðende
    reputatus est.   29 *Et praeter-euntes   blasphemabant   eum mouentes capita sua et dicentes * 217. ul.
                                                                                                       mt. cccxxxuii.

    wœ   seðe   toshites   ꝥæt tempel   ꝫ   on ðrim dagum getimbres   hal doa ðeh seolfne
    uá qui   destruit   templum et in tribus dicbus œdificat.   30 saluum fac temet ipsum

   adunestigende of   rode   golic   ꝫ   heh-sacerdas   telende ꝉ bismerigende   him bituih   mið
    descendens `de cruce.   31 *Similiter et summi sacerdotes   ludentes   ad   alterutrum cum * 218. ii.
                                                                                                        lu. cccxxli.
                                                                                                        mt. cccxxxuiii.
    wuðuutum cuoedon oðero   hale dyde hine seolfne ne mœge   hal   doa
    scribis   dicebant   alios   saluos fecit seipsum non potest saluum   facere.

---

20. ꝫ æfter ðon bismeradun him giwoerdun hine ðæs felle reades ꝫ giworðadun hine mið giwedum his ꝫ
ða gilœddun hine ꝥte his ahengun hine   21. ꝫ ginoddun bigongende ꝉ bisfœrende sumne simon cyrinescne
cymende of londe fader ... ꝫ ... ꝥte ginome `rode his   22. ꝫ ðorh-lœddun hine ... stowe ꝥ is gitrahtad
heofud-ponna stow   23. ꝫ saldun him driuca eced ꝫ winn ꝫ ne on-feng   24. ꝫ ahengun hine todœldun giwedo
his sendun hlett ofer him hwœs oht genome   25. wœs wutuudlice tid ðirda ꝫ a-hengun hine.   26. wœs
wutuudlice taeun intinga his on awriten cynig iudea   27. ꝫ mið hine ahengun twoege scooðo enno to ðær swiðra
ꝫ oðerne to ðær wynstra   28. ꝫ gi-fylled wœs ðæt giwritt seðe cweðes ꝫ mið unrchtwisum giteled wœs
29. ꝫ bisfœrendum gieofulsadun' hine cerronde heofud hiora ꝫ cweðende wœ seðe toshites ðæt tempel ꝫ on ðrim
dagum gitimbres.   30. halne doa ðoe solfno adune stigende of rode.   31. gi-lice ꝫ hehsacerdas telende ꝫ
bismerende him bitwih mið uðuutum ewedun oðero halne dyde hine solfne ne mœge halne dea

32 Críst israhela cyning astige nū of rode
p̄ we ge-seon ꝺ ge-lyfon; And þa ðe him mid
hangodon wæron him mid gebundene;
33 And þære syxtan tide wurdo[n] þystru
gewordene geond ealle eorðan. oð nōn-tide
34 ꝺ to nōn-tide se hælend clypode myc-
elre stemne. heloi. heloi. lema sabbattani.
p̄ is on ure geðeode mīn god mín god. hwi
for-lete þu me;
35 ꝺ sume þe ðar abuton stodon ꝺ þis
gehyrdon hi cwædon. nu þes clypað heliam.
36 þa ūrn hyra ān ꝺ fylde āne spingan
mid ecede. ꝺ on hreod sette ꝺ him drincan
sealde. ꝺ cwæð; Lætað p̄ we ge-seon hwæð-
er helias cume hine nyþer to settanne;
37 Se hælend þa asende his stefne ꝺ forð-
ferde.
38 ꝺ þæs temples wah-rift wæs tosliten
on twa of ufewerdum oð neoþewerd;
39 Þa se hundred-man þe ðar stod agēn
geseah p̄ se hælend swa clypiende forð-ferde.
he cw̄. soðlice þes man wæs godes sunu;
40 And þa wif wæron feorran be-heald-
ende. ꝺ betwux þam wæs seo magdale-
nisce maria. ꝺ maria iacobes modor. ꝺ sa-
lomeœ;
41 ꝺ þa he wæs on galilea hi fylidon him.
ꝺ him þenedon ꝺ manega oðre þe him mid
ferdon on hierusalem;
42 And þa æfen wæs geworden p̄ wæs
parasceue. p̄ is ǣr sæter-dœge

32 Crist isracle kyng astig nu of rode p̄
we ge-seon ꝺ ge-lefen. And þa þe mid him
ahangeden wæren him mid ge-bundene.
33 And þare syxte tide wurðe þeostre ge-
worðene geond calle eorðan. odðe non-tide.
34 And to non-tide se hælend clepede
mycele stefne heloy heloy lama sabathani.
p̄ is on ure ge-þeode. min god min god.
hwi for-lǣdst þu me.
35 ꝺ sume þe þær abuton stoden ꝺ þis ge-
hyrdon hyo cwæðen. nu þes clyped heliam.
36 þa arn hyre an. ꝺ fylde ane spunge
mid eisile. ꝺ on reod sette ꝺ him drincen
sealde. ꝺ cwæð. lætcð p̄ we ge-seon hwæð-
er helias cume hine niðer to settenne.
37 Se hælend þa asende his stefne ꝺ forð-
ferde.
38 Ænd þas temples wah-irift wæs to-
sliten on twa of ufewearden odðe niðeweard.
39 Da þas hundredes man þe þær stod
agen ge-seah p̄ se hælend swa clepiende
forð-ferde. he cwæð. Soðlice þes man wæs
godes sune.
40 And þa wif wæren feorren be-heald-
ende. ꝺ betwux þam wæs sie magdalenisce
Marie. ꝺ Marie iacobes moðer ꝺ salomēē.
41 ꝺ þa he wæs on galilēē hy felgden hym.
ꝺ him þenoden ꝺ manege oðre þe him mide
ferdon on ierusalem.
42 Ænd þa æfen wæs ge-worden p̄ wæs
parasceue. p̄ is ær sæterdaige

Various Readings.

32. A. hangedon.   33. A. On [*for* And]. A.B.C. wurdon;
the Corpus MS. *has* wurde.   A. þystro.   A. eond.   34. A.
B. stefne.   A. zabdani.   þ ys ge-þeod.   A. hwig.   35. A.
on-butan; C. abutan. A.B.C. hig.   36. A. heora.   A. aseite.
A. elias.   38. A. ufewcardum.   A. neoðeweardum.   39. A.
on-goan stod.   A. clypigende.   40. A. be-twoox hym.   A.
iacobes moder þæs gingran.   ꝺ iosepes moder.   ꝺ salomewe.
41. A. hig.   A. flligdon;   B. C. fyligdon.   B. ierusalem.

Various Readings.

32. eyning astige; ge-lefon; ahangedon wæron.   33.
gewordene; oððe.   34. clypede; om. is; for-lætst.   35.
stodon; cwæðon; clepeð.   36. hyora; fulde; ecede;
drincan; lætað; hweðer; settonne.   37. halend.   38. ꝺ;
wahrift; to-sliten; ufewerdum oððe.   39. halend; clepi-
gende; sunu.   40. waron feorran; seo madalenisce maria;
maria; moder.   41. galileam hyo fylgdon; þenedon;
manega.   42. And; afen.

	crist	cynig	israhela	adune-stigeð	nū	of	rode	þte	we gesee	ꝉ	þte we gelefe	ꝉ	ða[e]	mið	hine	
32	christus	rex	israhel	descendat	nunc	de	cruce	ut	uideamus	et	credamus	*Et qui cum eo

ahoen weron ꝉ hearm cuoedon him   ꝉ miððy awarð tíd ðio seista ðiostro awordne weron ðerh all
ðrucifixerant conuiciabantur ei.   33 *Et facta hora sexta tenebrae facte sunt per totam

eorðu wið on tid non   ꝉ tíd non of-eliopade se hælend stefne mið micle cuoeðende
terram usque in horam nonam.   34 *Et hora nona exclamauit iesus uoce magna dicens

                þ is getrahted   god min god   min þte ꝉ to huon forleortes ðu
heloi heloi lama sabacthani quod est interpraetatum deus meus deus meus ut quid dereliquisti

meh   ꝉ sume of ðæm ymstondendum geherdon cuoedon heono helias ceiges   geharn
me.   35 et quidam de circumstantibus audientes dicebant ecce heliam uocat. 36 *Currens

ðonne an ꝉ gefylde copp mið æcced ymb-sette ꝉ to rode þ drinca salde him cuoeð
autem unus et implens spongiam aceto circum-ponensque calamo potum dabat ei dicens

bidas þ we gesege gif cymeð helias to unsettanne ꝉ to adoanne of hine   se hælend ðonne miððy gesende
sinite uideamus si ueniat helias ad deponendum eum. 37 *Iesus autem emissa

stefne micla of gast agæf ꝉ asuelte   ꝉ wagbræġl temples to-reded wæs in tuu from ufaweard wið to
uoce magna expirauit. 38 *Et uelum templi scissum est in duo a sursum usque

nioðuord   gesæh ðonne ðe aldormon seðe fore ongaegn astod þte sua clioppende gesuelte
deorsum. 39 *Uidens autem centurio qui ex aduerso stabat quia sic clamans expirasset

cuoeð soðlice monn ðes sunu godes wæs   woeron uutedlice æc ða wifo fearra behealdon
ait uere homo hic filius dei erat. 40 *Erant autem et mulieres de longe aspicientes

bituih ðæm æc maria magdaleniece ꝉ   ðæs iacobes leasse ꝉ   moder ꝉ
inter quas et maria magdalenae et maria iacobi minoris et ioseph mater et salomae.

ꝉ mið-ðy wæs in galilea fylgdon him ꝉ ge-embehtadon him ꝉ oðero menigo ðaðe
41 et cum esset in galilaea sequebantur eum et ministrabant ei et aliae multae quae

æd-geædre mið hine astigun hierusalem   ꝉ miððy gee efrn wæs aworden forðon
simul cum eo ascenderant hierosolima. 42 *Et cum iam sero esset factum quia

wæs ꝉ þte wære   þ is fore sunnandæg
erat parasceue quod est ante sabbatum.

---

32. crist cynig israhela aduno stigeð nu of rode þte we gisio ꝉ gi-lefe ꝉ ða ðe mið hine ahoen werun harm-cwedun him   33. ꝉ giwarð tid ðio sesta ðiostru awordne werun ðerh alle eorðu oð on tide nones   34. ꝉ on tide nones gi-cliopade ðe hælend stefne micelre cweðende .;.... ðæt is gitrahtad god min god min þte ꝉ to hwon mec ðu forl[e]te   35. ꝉ sume of ðæm ymb-stondendum giherdun cwedun heono helias ceges   36. ginrn wutudlice an ꝉ gifylde copp mið æcede ymbsette ꝉ to rode ða drinca salde him cweðende biddas þte we gisio gif cymes helias to 'unsetanne ꝉ to undoane hine   37. ðe hælend wutudlice sende stefne micle of gaste agæf 38. ꝉ wag-hræl temples to-rended wæs in tuu from ufa-wordum wið to nioðewordum   39. gi-sæh ðonne ða aldormen seðe foron ongægn stodun ðætte awa cliopade giswelte cwæð soðlic mon ðes sunu godes wæs 40. werun wutudlice æc ꝉ ða wif fearra biheoldun bitwih ðæm wæs ꝉ ... ꝉ ... ðæs læssa ꝉ ... moder ꝉ ... 41. ꝉ miððy wæs in galilæ fyligdun him ꝉ ðegnadun him ꝉ oðro monigo ðaðe someð mið hine astigun hieru-salem   42. ꝉ miððy gi efern wæs giworden forðon wæs ... þte is fore sunna-dæg

43 þa com iosep se æðcla gerefa of aba-
rimathia. se sylfa godes rices geanbidode.
] he dyrstiglice into pilate eode.] bæd þæs
hælendes lic-haman ;
44 Ða wundrode pilatus gif he þa gyt
forð-ferde ; þa clypode he þæne hundred-
man] hine ahsode hwæðer he dead wære ;
45 Ða he wiste þ. þa agef he þone lic-
haman iosepe ;
46 Þa bohte iosep ūne scytan.] hine
þar-on befeold.] on byrgene lede. seo wæs
of stane aheawen.] wylte anne stan to
ðære byrgenne dura ;

Dys god-spel ge-byrað on easter-dæg. Maria magdalene.

47 Ða com maria magdalene] iosepes
maria.] be-heoldon hwar he ge-
led wære ;

CHAPTER XVI.

1] Ða sæternes dæg wæs agān. seo mag-
dalenisce maria] iacobes maria] salomeæ
bohton wyrt-gemang þ hi comon] hine
smyredon.
2 And swyðe ǣr anum reste-dæge comon
to þære byrgene. up-asprungenre sunnan.
3] cwædon him betwynan ; Hwa awylt
us ðysne stan of þære byrgene dura ;
4 Þa hi hi besawon. hi gesawon þæne
stan aweg awyltne. soðlice he wæs swyðe
mycel ;
5 And þa hi eodon on þa byrgene hi
gesawon anne geongne on þa swyðran healfe
sittende hwitum gegyrlan ofer-wrohne ;] hi
þa forhtodon ;

Various Readings.

43. A. B. C. arimathia. A. B. C. dyrstelice. 44. A, þone. A. acsode. 45. C. þœne. 46. A. þœr-on. A. byrgenne. A. wylede œnne. A. byrgene. 47. A. aled.
Cap. xvi. 1. A. hig. 2. B. reste-daga. A. byrigenne. 3 A. awyleð. A. byrgenne. 4. A. hig hig. A. B. C. hig. A. þone. A. awyledne ; C. awylt. 5. A. hig. A. byrgenne. A. hig. A. œnne. A. myd hwytum ge-gyrlan ofer-wrogenne.] hig forhtedon.

---

43 þa com iosep se æðcle refe of arimathia
se sylfe godes rice ge-an-bidode.] he dyrsti-
lice in to pilate eodé] bæd þas hælendes
lichame.
44 Þa wundrede pilatus gyf he þa gyt
forð-ferde. Ða clypede he þanne hundredes
man.] hine axode hwæðer he dead wære.
45 Ða he wiste þ. þa agyf he þane lic-
hame iosepe.
46 Ða bohte iosep ane scytan] hine þær-
on be-feold] on byrigenne leigde syo wæs
of stane ahcawan.] wyltel ænne stan to
þare berienne dure.

47 Þa com Marie magdalene] Iosepes
Marie.] be-heolden hwær he ge-
leigd wære.

CHAPTER XVI.

1.] þa saternes daig wæs agan sye mag-
dalenisce Marie] Iacobes Marie] salomēē
bohton wert-ge-mang þ hyo comen] hine
smeredon.
2 Ænd swiðe ær anen reste-daige comen
to þare byregenne. up asprungenne sunna.
3] cwæðen heom be-tweonen. hwa awylt
us þysne stan of þare byregene dure.
4 Þa hyo hy be-seagen. hyo ge-seagen
þane stan aweig aweldne. soðlice he wæs
swiðe mycel.
5 Ænd þa hyo coden on þa byregenne hyo
ge-seagen ænne geongne on þam swiðren
healfe sittende hwiten gerlen ofer-wrogene.
] hyo þa forhteden.

Various Readings.

43. iosepb ; reafa ; sylfa ; dyrstilice ; hælendes lichaman. 44. wundrode ; ðæne hundred-man ; hweðer. 45. þone lichama Iosepe. 46. Iosepb ; þar-on ; legde seo ; aheowan ; [wyltel *also in* MS. R.] anne ; byrigenne. 47. maria (*twice*) ; beheoldon ; ge-legd wære.
Cap. XVI. 1. seo ; maria (*twice*) ; comon ; smyredon. 2. And ; on anum reste-dagon comon ; byrigenne ; sunnan. 3. cwæðon ; betwenan ; byrigenne. 4. be-sawon ; ge-sawen þonne. 5. hy ; byrigenne ; ge-sawon ; þa swiððran halfe ; hwitum georlum ofer-wrohne ; hy ; forhtodon.

| cuom | from arima*thia* | wel-boren | of | se$e | ac | he | wæs | bidend | ric | godes] |
| 43 uenit ioseph | ab arimathia | nobilis | decurio | qui | et | ipse | erat | expectans | regnum | dei et |

| bal-lice | inn-eode | to |] | giuede | lichoma | hælendes | | $onne | gowundrade | gif |
| audacter | introiit | ad | pilatum | et | petit | corpus iesu. | 44 | pilatus | autem mirabatur | si |

| gico ł huoe$er | geliorade fæst] | mi$$y gefotad wæs $e contu*rio* | gefrægn | hine gif sod*lice* | dead | wore |
| iam | obiisset | et accersito centurione interrogauit | eum si | iam | mortuus | esset. |

|] mi$ | ongæt | from $æm aldormen | salde ⸎ lichoma | iosep | | $onne | hohte |
| 45 et cum | cognouisset | å centurione | donauit corpus | ioseph. | 46 *Ioseph | autem | mercatus | * 226 i. lu. cccxxxiii. io. ecuii. |

| lin |] | oflyde | hine | bewand | in lin |] | sette | hine | in | byrgen | ⸎ | wæs gehæawen | mt. cccxluifii. |
| sindonem | et | deponens | eum | inuoluit | sindone | et | posuit | eum | in | monumento | quod erat excisum |

| of carre ł stane] | tewælte | $æt stan | to | duru | $æs byrgennes | | $onne $io | mæg$alenesca |
| de petra | et aduoluit | lapidem | ad | ostium | monumenti. | 47 *Maria | autem | magdalenae | * 229. ui. mt. ce[c]l. |

|] | | behealdon | huër | wœre gesettet |
| et maria | ioseph | aspiciebant | ubi | poneretur. |

CAP. XVI.

|] mi$-$y | geeode | ⸎ sunnodaeg | $io m*a*gdalene] | | bohten |
| 1 *Et cum | transisset | sabbatum | maria magdalene | et maria iacobi et salomae | emerunt | * 230. uiii. lu. cc[c]xxxu. |

| m$ela wyrta | $te mi$$y gecuome ł cymmende | gesmiredon hine |] | sui$e | arlice | an | $æra sunneßagana |
| aromata ut | uenientes | ungerent eum. | 2 *Et | ualde | mane | una | sabbatorum | * XLVI. 231. i. lu. cccxxxui. io. ecuilli. ccxi. |

| cuomon | to | byrgenne | wæs arisen gee | sunna |] | cueodon | him bituih | hua | oft ł awælteð | us | mt. ccclii. |
| ueniunt | ad | monumentum | orto iam | sole. | 3 et | dicebaut | adinuicem | quis | reuoluit | nobis |

| $one | stan | from | duru | $æs byrgennes |] | eft-locaden | gesegon | efst-awælted | $one stan | wæs | for$on |
| lapidem | ab | ostio | monumenti. | 4 et respicientes | uident | reuolutum | lapidem | erat | quippe |

| micel | sui$e |] | inn-eoden | in | byrgen | gesegon | ging esne | sittende | on | swi$rum |
| magnus | ualde. | 5 et | introeuntes | in | monumento | uiderunt | iuuenem | sedentem | in | dextris |

| u$a | ymbgearuad | stel | huit |] | foro-stylton |
| coopertum | stola candida | et ob-stupuerunt. |

---

43. com .. from ... wel-boren ... for$on] he wæs biddende rice godes] ballice in-eode to pylato] bæd lichoma $æs *hælendes* 44. ... $onne giwundrade gif he .. giliorde] mi$ gi-fotad wæs $e centurion gifrægn hine gif so$ dead were ⸎ se 45.] mi$$y ongæt from $æm aldre sælde $onne lichoma .. 46. ... wutud*lice* brohte lin] of-dyde hine biwand in line] sette hine in byrgenne $æt wæs giheowen of stane] awælte $one stan to $ær duru $ær byrgenne 47. ... $ione $io mæg$alenesca] ... iosephes biheoldun hwer were gisoted
Cap. XVI. 1.] mi$$y gieodo sunna-dæg .. $io mag$alenesca] ....] ... bohtun m$ele wyrte $te come ⸎ cymende gismiredon hine 2.] swi$o arlice an $æra dagena comun to $ær byrgenne wæs arisend sunne 3.] ewodun him bitwih hwa awælte us $one stan from dura byrgenne 4.] eft loccadun gisegun oft awælted $one stan wæs for$on micel swi$e 5.] ineodun in byrgenne gisegun gingne esne sittende in swi$rum u$a ... stole hwitum] for-styltun.

6 Ða cwæð he to him ne forhtige ge na. ge secað þæne nazareniscan hælend ahangenne; He arás nis he hér; her is seo stow þær hi hine ledon.
7 ac farað ꝥ secgað his leorning-cnihtum. ꝥ petre ꝥ he gæð toforan eow on galileam. þar ge hine geseoð swa he eow sæde;
8 And hi ut eodon. ꝥ flugon fram þære byrgene. ꝥ wæron áfærede for þære gesyhðe þe hi gesawon. ꝥ hig nanon men naht ne sædon. soðlice hi him adredon;

Ðys god-spel ge-byrað on wodnes dæg on þære oðere e sier wucan. Surgens autem Iesus mane prima sabbati.

9 Þa he arás on ærne morgen on reste-dæge. æryst he æt-ywde þæro magdaleniscan marian. of ðære he út adraf seofon deofol-seocnyssa.
10 ꝥ heo þa ut eode ꝥ hit þam cydde þe mid him wæron heofendum ꝥ wependum
11 þa hi gehyrdon ꝥ he leofode ꝥ hi hine gesawon. þa ne ge-lyfdon hi him.
12 Æfter þam him twam he wæs æt-ywed on oðrum hiwe. him on þone tún farendum
13 ꝥ hi þa foron ꝥ ꝥ oðrum cyddon. ꝥ hi him ne gelyfdon;

Dis sceal on þunres dæg innan þære gang-wucan. Recumbentibus undecim discipulis.

14 Ða æt nehstan he ætywde him twelfum þar hi æt-gædere sæton. ꝥ tælde hyra ungeleaffulnesse. ꝥ hyra heortan heardnesse. forðam þe hi ne ge-lyfdon þam ðe hine gesawon of deaþe arisan.
15 ꝥ he sæde him. Farað into ealne middan-eard ꝥ bodiað god-spell. ealre ge-sceafte.

6 Þa cw̄ he to heom ne fortige ge na. ge seceð þane nazarenisca hælend ahangene. he aras. nis he her. her is syo stowe þær hy hine leigden.
7 ac fareð ꝥ seggeð his leorning-cnihten. ꝥ petre. ꝥ he gæd to-foren eow on galilee. þær ge hine ge-sceoð swa he eow sæde.
8. ꝥ hyo ut eoden ꝥ flugen fram þare byrigene. ꝥ wæren aferde. for þare sihðe þe hyo ge-seagen. ꝥ hyo nane men naht ne saigden. soðlice hyo heom an-dredden.

9 ÞA he aras on ærne morgen on reste-daige; ærest he atewde þare magdalenisca marie of þare þe he ut adraf seofen deofel-seocnysse.
10 ꝥ hy þa ut eode ꝥ hit þam cydde þe mid him wæren heofende ꝥ weopende.
11 þa hyo ge-hyrden ꝥ he leofede ꝥ hyo hine ge-seagen. þa ne lyfden hyo him.
12 Æfter þam heom twam he wæs atewed on oðren heowe. heom on þane tun farende.
13 ꝥ hyo þa foran. ꝥ ꝥ odren cydden. ꝥ hye heom ne ge-lyfden.
14 Ða æt þan ytemesten hyo ænd-lefene æt mete sæten. heom atewde se hælend ꝥ here unbelefen ꝥ heora heorten ge-tremede. for-þan ꝥ hye hine ge-seagen arise hi hit ne ge-lyfden.
15 ꝥ he saide heom. Gað swa wid swa midden-eard bodiende ꝥ godspel ealle ge-scefte.

Various Readings.

6. A. þone. A. hig. 8. A. hig. A. byrgenne. B. C. sihðe. A. hig. A. nanum. A. B. C. hig. A. ondredon. 9. A. mergen. A. ærest. B. C. deofol-seocnessa. 10. A. heofigendum. 11. A. hig (*thrice*). 13. A. hig (*twice*). 14. A. heom [*for* him]. A. C. hig. A. heora ungeleaffulnysse. A. heora. A. C. heardnysse. A. C. hig. A. hig ne [*for* hine, *by mistake*]. 15. A. ealline. C. middan-geard. C. godspel.
[N.B. *From v. 14 to end in a different hand in B., being evidently transcribed from the Corpus MS.*]

Various Readings.

6. forhtige; socað þone; hælend ahangenne; se stow; hyo; logden. 7. faraß; -cnihtum; gæð; galileam. 8. End hi; byrigenne; wæron; ge-sawen; sagden; eom a-dredden. 9. -dæge; ætewede; madelenisce marian; seofan deofelseocnysse. 10. heo; wæron heofendum ꝥ wependum. 11. ge-hyrdon; leofode; ge-sagen; lyfdon hy. 12. oðrum; þone; færendum. 13. odrum; hy; hym (*altered to* he); ge-lifdon. 14. [N.B. *From* þan ytemesten *in v.* 14 *to the end is omitted in MS. R. as ut first written; but supplied by the scribe of the Hatton MS. with the same spelling, except as noted.*] ateowede; hælend.

133

seðe cuoeð ðæm ne wœllas gefrohtiga ðone hælend gie soeces nazarenasca ahoen + ahongene arās
6 *Qui dicit illis nolite expauescere iesum quaeritis nazarenum crucifixum surrexit * 232. ii.
lu.cccxxxui[l].
mt. ccclili.

ne is hir heono stoue ðer geseton hine . sittas cuoæðað ðegnum his ꝥ petro ꝥte
non est hic ecce locus ubi posuerunt eum. 7 sedite dicite discipulis eius et petro quia

togesægnes fœres iuh on geleornise ðer hine gie geseas sua cuoeð iuh soð ða ilco ðona foerdo * 233. ii.
praecedit uos in galilaeam ibi eum uidebitis sicut dixit uobis. 8 *At illae exeuntes lu. cccxxxuiii.
mt. ccclili.

flugon of ðæm byrgen foreuom forðon his ondo+ ꝥ fyrhto+ ꝥ ne ænigum menn gecueedon
fugerunt de monumento inuaserat enim eas tremor et pauor et nemini quicquam dixerunt

ondreardon forðon aras uut*edlice* arlice + on morgen ðio forrma daege. i . sunnadoeg aedeawde ærest
timebant enim. 9 Surgens autem mane prima sabbati apparuit primo

ðær magðalenesca of ðær gewarp seofu diowles hio eade gosægde ðæm ðaðe
mariae magdalene de qua eiccerat septem demonia. 10 illa uadens nuntiauit his qui

mið hine woeron maenendum ꝥ wopendum ꝥ ða miððy gehærdon ꝥte gelifde ꝥ gosene wære
cum eo fuerant lugentibus et flentibus. 11 et illi audientes quia uiueret et uisus easet

from hia ne gelefdon æfter ðas ðonne tuœm from him geongendum ædoawd wæs
ab ea non crediderunt. 12 *post haec autem duobus ex eis ambulantibus ostensus est [* 234. uiii.]

on oðero gelienise færende on lond ꝥ ða foerdon sægdon ðæm oðrum ne ðæm
in alia effigiac euntibus in uillam. 13 et illi euntes nuntiauerunt ceteris nec illis

gelefdon æt nesta+lætmæst hlinigendum+ræstendum ðæm tuœlfum æt-eaude ꝥ for-cuom+for-draf
crediderunt. 14 *nouissime recumbentibus illis undecim apparuit et exprobrauit [* 235. x.]

ungeleaſſulnise hiora ꝥ stiðnise heartes hiora forðon ðæm ðaðe gesegon hine arisse+aras ne
incredulitatem eorum et duritiam cordis illorum quia his qui uiderant eum resurrexisse non

gelefdon+naldon gelefa ꝥ cuoeð him gaas on middangeard alne bodigas ꝥ godspell
crediderant. 15 et dixit eis euntes in mundum uniuersum prædicate euangelium

alle+eghuelcum sceafte
omni creaturæ.

———

•

6. seðe cwæð ðæm ne wallas ge forhtiga ðone hælend gisoeces nazareniscsa ðe ahoen wæs he aras
ne is hit heonu stowe ðer gi-settun hinc 7. sittas ꝥ cweðes ðegnum his ꝥ .. ðætte togægnes fœres iow in
... ðer ge hine giscað swa cwæð iow 8. soð ða ilcu ðona flugun + foerdun from hyrgenne for-cornun
forðon .. ondo ꝥ fyrhto ꝥ ogsa ꝥ ne ænigum menn gicwedun ondreordun forðon 9. aras wutudlice ðo hælend
arlice ðy forma dæge ꝥ is sunnadæg æteowde ærist ... ðær magðalenisca of ðær giwarp siofu diowlo 10.
hio code gisægde ðæm ðe mið hine werun mænende ꝥ woepende 11 ꝥ ða mið-ðy giherdun ðæt he lifde ꝥ
gisene were from hia ne gi-lefdun 12. æfter ðissum ðonne twæm from him gongendum æt-eowed wæs in
oðre gelicnisse færende on londe 13. ꝥ ða foerdun sægdun ðæm oðrum ne ðæm gilefdun 14. æt nesta
+ lætemest hlinigendum tæm twelfum æt-eowde ꝥ forcem + fordraf ungileoffulnisse hiora ꝥ stiðnis•o heorta
forðon ðæm ðaðe gisøgun hine arisa + aras ne gi-lefdun 15. ꝥ cwæð him gas on middengeord alne bodigas
god-spel elce gescœfte

16 Se þe gelyfð ⁊ gefullod bið se biþ hal; Soþlice se ðe ne gelyfð. se bið genyðerod;

17 Þas tacnu fyliað þam ðe ge-lyfað. on minon naman hi deofol-seocnessa ut-drifað; hi sprecaþ niwum tungum.

18 næddran hi afyrrað ⁊ him ne derað þeah hi hwæt-dead-bærlices drincan; Ofer seoce hi hyra handa settað ⁊ hi beoð hale;

19 And witudlice drihten hælend syððan he to him spræc. he wæs on heofonum afangen. ⁊ he sitt on godes swiðran healfe;

20 Soþlice hi ða farende æghwar bodedon. drihtne mid-wyrcendum ⁊ trymmendre spræce æfter-fyligendum tacnum.

16 ꝥ se þe ge-lyfd ⁊ is ge-funted he is hal. ⁊ ge se þe ne ge-lyfd he is fordemd.

17 Þa tacnen þe hæbbed þa þe ge-lyfeð þis folgeð. On mine name deofle gad ut. tungen spreced neowe.

18 ⁊ naddren be-nemed. ⁊ gyf he deadlice drenc drinced ne mag he heom derigen. ⁊ gyf hye uppen seocen here hande asetteð þe bet heom seel wurðe.

19. ⁊ ure hlaford hælend crist seððen he wið heom ge-sprecen hæfde; he astah in to heofene ⁊ sitt on godes swiðre.

20 Hyo þa fulfelde bodeden swa wid swa al. þas hlafordes weorces ⁊ his bispelles fulfellende mid felgenden tacnen. AMen.

Various Readings.

16. A. byð ge-fullod. C. genyþerud. 17. A. mynum. A. C. hig. A. deofol-seocnyssa. A. C. hig. B. spræcaþ. 18. C. nædran. A. hig (*four times*); C. big (*twice*). B. dærað. A. drincon. A. heora. 19. A. wytodlice. A. C. heofenum. A. syt; C. sit. 20. A. hig. A. bodedun. A. gotrymmendre; C. trymmende. B. æfter-fyligendend (*sic*). [*See note to* v. 14 *on p.* 132.]

Various Readings.

16. *See note on p.* 132; *om.* 1*st* he; his [*for* is; *twice*]. 18. derien. 20. fulfeld.

| | seðe | gelefes | ꝥ | gefuluad | bið ꝧ sio | hal | bið | seðe | uut*edlice* | ne | gelefeð | gehened bið ꝧ |
16 | qui | | crediderit et | | babtizatus | fuerit | saluus | erit | qui | uero | non | crediderit condem-

geniðrad bið gemerca ðonne ða ðaðe gelefdon ꝧ gelefað ða gefylgeð hia on noma minum diowlas
nabitur. 17 signa autem eos qui crediderint haec sequentur in nomine meo demonia

worpas mið sprecum hia sprecas niuum nedrō hia niomas ꝥ gif deadlic hwæt gedrincas
eicient linguis loquentur nouis. 18 serpentes tollent et si mortiferum quid biberint

ne hia ꝧ him sceððað ofer untrymigum honda onsettað ꝥ wel hia habbað ꝧ him bið soel ꝥ se drihten
non eos nocebit super aegrotos manus inponent et bene habebunt. 19 et dom*inus*

soð soðlice æfter ðon sprecend wæs him genumen wæs ꝧ onfenge wæs in heofnum ꝥ gesædt to swiðrum godes
quidem postquam locutus est eis adsumtus est in cælum et sedit á dextris dei.

ða ilco ðonne færende ꝧ foerdon bodadon eghwær drihtne mið-wyrcende ꝥ ꝥ word trymende
20 illi autem profecti praedicauerunt ubique domino cooperante et sermonem confirmante

mið fylgendum becenum ꝧ tacenum.
sequentibus signis

asægd is boc marcus.
EXPLICIT LIBER MARCUS.

---

16. seðe gilefað ꝥ gifulwad bið hal bið seðe wutud*lice* ne gi-lefeð gihened bið 17. gimerco ðonne ða
seðe gilefað ðas gifylgeð him on noma minum diowlas worpas mið sprecum hiæ sprecað niowe 18. nedre
hiæ niomas ꝥ gif deodlic hwæt hwæt gidrincas ne hiæ sceððas ofer un-trymigum honda on-settað ꝥ wel hia
habbent (*sic*) 19. ꝥ drihten soðlice æfte[r] ðon sprecendo wæs him ginumen wæs on heofnum sitoð to
ðær swiðra godes 20. ða ilco ðonne færende bodadun eg-hwer driht*ene* mið-wyrcende ꝥ word trymende mið
fylgendum becnum

FINIT EUANGELIUM MARCI.

APPENDIX.

The following is a list of all the readings of the Latin text in the Rushworth MS. *which differ from that in the* Lindisfarne MS. *as printed in this volume.*

CAP. I. 1. filii. 4. iohannis; babtizans; babtisnium; remisionem. 5. iudeae; hierusolimitæ; babtizabantur; iordanis. 6. iohannis; pylis camelli; locustas; ædebat. 8. babtizaui; babtizabit; R. *inserts* in *after 2nd* uos. 9. galileae; babtizatus. 11. conplacui. 12. expulit (u *over an erasure*). 13. temptabatur; bestis; ei [*for* illi]. 14. iohannis; galileam. 15. adpropinquauit. 16. galileae; mittens (*altered to* mittentens). 18. secuto. 19. pussillum; zebedei; iohannem; conponentes retia sua. 20. eos; zebedeo; mercinaris. 21. ingredietur; capharnauum; in sinagogam. 22. doctrinam. 23. sinagoga. 25. obmutuesce; exii; *after* homine R. *inserts* spiritus inmundo, *with the gloss* gast unclœne. 26. discerpiens. 27. *After* nona R. *inserts* est, *glossed* is. 28. uniuersam; galileae. 29. sinagoga; symonis; iacob. 30. symonis. 31. leuauit; ad-præchensa [*for* et prachensa]; minisbat. 32. adferebant; dæmonia. 34. uaris langoribus; dæmonia; ea loqui. 35. R. *inserts* et *after* surgens. 36. symon; eo. 38. *After* illis R. *inserts* iesus, *glossed* se hælend; ad hoc [*for* et hoc]. 39. sinagogis; galilea. 40. flexu. 41. misertus. 43. comminatus est ei statim et. 44. moyses. 45. At [*for* Et]; cæpit; defamare.

CAP. II. 1. capharnauum; domu. 4. cum [*for* 1st eum]; offere; submisierunt; grabattum. 5. filii. 7. blasfemat. 8. intra. 9. dimittuntur; peccata tua; grabbatum. 11. surge et tolle grabattum. 12. et sublato grabatto; mirarentur. 13. rursus (*altered to* rursum) ad mare. 15. puplicani. 16. puplicanis. 17. medico. 18. iohannis [*for* iohannes]; cur [*for* quare]. 19. nuptiarum. 20. in illis diebus. 21. nemo enim ad-sumentum; adsuit. 22. effundetur; *after* debet R. *adds* et utraque seruantur (*unglossed*). 23. ambularet iesus. 25. esurit. 26. in domum; abithar; licebat; nisi solis sacerdotibus.

CAP. III. 1. introiuit; in synagogam. 2. accussarent eum. 6. *om.* statim. 7. galilea et de iudea. 8. et ab hierusolimis; idumea. 9. ut in; conpraemerent. 11. inmundos; procedebant. 12. comminabatur; eum [*for* illum]. 14. *om.* euangelium. 16. inpossuit; petrum. 17. zebedei; inpossuit; nomina boar-nergis; thonitrui. 18. philippum; bartholomeum et mathicum; thaddacum; symonem cannaneum. 19. scharioth qui tradidit. 20. possint. 22. hirusolimis discenderant; belzebub; daemoniorum ciecit. 23. parabulis; eis [*for* illis]; eiccere. 24. poterit [*for* potest]; illud. 26. disperditus; potest [*for* poterit]. 27. unassa; ingresus; alligauerit fortem. 28. quoniam. 30. diciebant. 31. uocantes ad eum. 32. *om.* tui.

CAP. IV. 1. docere et mare. 2. eos [*for* illos]; parabulis. 4. decidit [*for* cecidit]. 5. cicidit; *om.* multam. 6. et ex eo. 7. spinas. 10. hii; parabulas. 11. nosse. mysterium; *om.* dei; parabulis. 13. parabulam; parabulas. 15. hii; audierint. 16. hii; supra. 18. hii. 19. erumpnae; diuiarum; eficiuntur. 20. hii; supra; seminati sunt hii sunt qui. 21. supra candalabrum. 24. remitictur; uos [*for* 2nd uobis]. 26. Quem-admodum; inctet [*for* iaceat]. 28. spicam [*for* spinam]. 30. parabulae conparabimus. 31. sic est ut [*for* sicut]; terram minimum [*for* terra minus]. 32. *om.* fuerit. 33. parabulis; poterent. 34. parabula. 35. in illa. 36. *om.* eum; erat[1]. 37. naue mitta (*sic*); imploretur. 39. obmutesce; tranquilitas.

CAP. V. 4. cumpedibus; catinas et conpedes

---

[1] *Glossed* him werun, *which is clearly copied from the* Lindisfarne MS.

conminui*set*. 5. *om*. et *after* erat. 7. dixit; filii. 8. exii spi*ritus*. 9. dicebat. 12. dipraecabantur. 13. mari [*for* 2*nd* mare]. 14. ogrosi. 15. uenerunt; sanne. 16. et [*for* ei]. 18. ascende*ret* in nauem; quia. 19. adnuntia. 20. decapuli. 22. archi-synagog*is*; procedit. 23. *om*. eum. 24. *om*. eum; conprœmebant. 25. profuio. 26. perpessa a conplurimis; quiquam proficerat; *om*. magis. 28. saluauero. 31. illius [*for* sui]; conprimentem. 32. facerat. 33. procedit. 35. uenerunt ab archi-synagogo. 36. archi-synagogo. 38. archisynagogi et uidit; ciulantes. 39. ingresus. 40. ingrediuntur. 41. thabitha Cumii. 42. magno [*for* maximo]. 43. praecipit.

CAP. VI. 1. ogrosus; eius [*for* sui]. 2. *om*. huic; *om*. et *after* omnia; ei [*for* illi]. 3. fabri filius et; iudcae; nonne sorores huic; eo [*for* illo]. 4. *om*. eis; domu. 5. inpossitis. 6. eorum [*for* illorum]. 7. eis [*for* illis]; spirituum. 8. praecipit. 9. scandalis; tonicis. 11. reciperint uos neque. 12. *Et* exeuntes illi; penitentiam. 13. unguebant; egros. 14. herodis; quod iohannis; operautur¹ [*for* inopinantur]; *om*. in. 15. *om*. dicebant quia helias est; profeta; profetis. 16. qua [*for* Quo]; herodis; *om*. ego; decolaui Iohannis. 17. herodis; iohannem; uinexit; carcerem; herodiadem; pilippi; eam [*for* eum]. 18. iohannis. 19. herodis; insediebatur illum. 20. herodis autem; iohannem; et quod *sanctum*. 21. herodis; galileae. 22. herodii; petite. 23. illi multa. 24. illam [*for* illa]; babtistœ. 25. quae-cumqu*e*; confestinatione. 26. contristatus est. 27. miso confestim; praecipit; decolauit. 28. adtulit; dedit [*for* dicit]. 29. tullerunt; possuerunt. 30. enuntiauerunt. 31. uenite uos; pusillum; multi et nec. 33. pestri [*for* pedestres]; *om*. et; cucurrerunt; peruenerunt. 34. qui [*for* quia]; caepit doceret eos (*sic*). 35. iam horœ multae fierent; et desertus. 37. illis i*esus* date illis uos; emeamus denaris. CC. 38. quod; dicunt ei .u. 39. fenum. 40. *om*. 1*st* et; eas [*for* in partes]. 41. *om*. duobus piscibus; intendens [*for* intuens]. 42. et omnes. 43. cofinos. 45. cogit; dimiserit. 46. dimisi*sset*; abit. 47. iam erat; midio. 48. i*e*sus ambulans. 49.

fantasma. 50. qui [*for* enim]; es [*for* eis]. 51. stupebant et mirabantur. 52. intellexerunt; obcicatum. 53. genesareth adplicauerunt. 55. grabbatis; *om*. sd. 56. uel et nillos aut ciuitates.

CAP. VII. 1. et cum uenerunt; pharissei; hirusolimis. 2. cummunibus. 3. pharissei; *om*. enim; iudei; lauent. 4. babtizentur; babtismata calicem et urcaeorum et aeramentorum. 5. interrogabant; farissei; scribae dicentes. 6. quia bene profetauit esseias; hippochritis; labis meis honorat. 7. et praecepta. 8. eum [*for* enim]; mandatum dei tenentes; urcaeorum. 9. inritum; seruitis. 10. moises; uel [*for* aut]. 11. patri suo; matri suo; *om*. quod est donum; est ex; proderit. 12. ultra non dimittas eam. 13. rescendentes; tradistis. 15. hominem; quoinquinare; commonicant. 17. *om*. eum; parabulam. 18. eis [*for* illis]; nondum [*for* non]; *om*. eum; commonicare. 19. introiuit. 20. dicebant. 21. nequitiae dolus inpudicitia comes *after* auaritiae *in* v. 22; adultera. 22. blasfemia. 24. finem tiri; late [*for* latere]. 25. huius [*for* cuius]; procedit. 26. sirophinis agere (*sic*). 27. R. *inserts* iu *before* filios. 28. catuli in sub mensa de micis commederunt puerorum. 29. at illi; exiet demonium. 30. *om*. suam; super; demonium. 31. tiri; sidoniam; galileae; medio finis decapolis. 32. depraecabantur; inponer*et*. 33. togit [*for* tetigit]; eius *follows* auriculas. 34. et ingemuit; epheta; adperire. 35. *om*. 1*st* et; rectœ. 37. facit [*twice*].

CAP. VIII. 1. *om*. 2*nd* illis. 2. turbam. 3. deficiunt. 6. super; adpossuerunt; *om*. turbae. 7. habebant discipulos; iussit. 8. sustullerunt; .uii. [*for* septum]; sportas plenas. 9. .uii. [(*sic*) *for* quattuor]. 11. farisœi et cœperunt; de [*for* dae]; temptantes. 13. dimittiens. 14. discipuli eius sumero. 15. pharissœorum; herodia. 17. cognoscetis nec; adhuc. 18. *om*. et. 19. sustullistis. 20. tullistis. 22. eum [*for* illum]. 23. inpossitis. 24. arbore. 25. *om*. iterum; inpossuit manum. 26. eum [*for* illum]. 27. castella cessariae philippi; dicentes [*for* dicens]. 28. iohannem. 29. simon petrus. 32. adpraehendens. 33. dicipulos; satanas. 34. *om*. et tollat crucem suam. 36. *om*. enim; totum

¹ *Glossed* un-woene sint, *which is copied from the* Lindisfarne MS.

mundum. 37. commotationem. 38. confussus; confundet [for confidetur].

CAP. IX. 2. adsumpsit. 3. ipsius [for eius]. 4. moisi. 9. discendentibus; praecipit. 10. aput. 11. oportet. 12. scriptum; condempnatur. 13. om. et after quia; scriptum. 15. est et expauerunt et adcurrentes saluabant. 17. atuli; inmundum [for mutum]. 18. allidit; stridit. 19. aput. 20. atullerunt; elissus in terra. 25. spiritu; om. illi; exii. 26. et multum descerpens; exiuit. 27. eum [for illum]. 28. om. in; eis [for eius]; illum [for 2nd eum]. 29. potest. 32. om. uerbum et timebant. 33. capharnauum; interrogabat. 34. disputauerunt. 35. residiens; om. esse. 36. om. ut; conplexus. 37. reciperit; missit. 38. iohannis. 41. quia non perdet mercidem. 42. hiis pussillis; illi [for ei]. 43. ingredi [for introire]; iure [for ire]; gehennam. 44. morietur. 45. introire. 46. morietur. 47. occulus; caecum [for luscum]; introire; gehennam. 48. morietur; ignis eorum. 49. ignis. 50. inter [for 2nd in]; salem.

CAP. X. 1. et exinde; iudeae; consuerat; eos [for illos]. 2. pharisaei; dimittere; temptantes. 3. praecipit. 4. permissit. 5. hoc [for istud]. 7. adherebit uxori suae. 8. una [for uno]. 9. coniunexit. 10. de eodem follows eum. 12. nupserit. 14. prohibuertis (sic). 15. reciperit. 16. conplexans. 17. egressus. 19. adulteros; matrem tuam. 20. ait illi; omnia haec. 21. quaecumque; unde, altered to uende. 22. merens; multas possessiones. 23. dificile. 24. om. illis; om. o; dificile; confitentes; pecunis. 25. camellum. 26. mirabantur. 27. aput (thrice). 30. persecuti omnibus [for persecutoribus et]. 32. hierusolima. 33. om. in; hierusolima; dampnabunt. 34. om. 1st eum; flagillabunt cum et. 35. iohannis; zebedei. 37. unus [for alius]. 38. putatis [for petatis]; calicem bibere; baptismo. 39. baptizabemini. 40. dare uobis. 42. hii. 45. dare; redtionem (sic). 46. in hiericho [for hierichum]; eo de hericho et discipulis; multitudne (sic); timei bartimeus. 47. iesu [for 2nd iesus]. 48. cumminabantur; filii; miserere. 49. om. 1st et; praecipit; animae equior. 51. illi iesus dixit. 52. dixit [for ait]; tua [for tuo]; uia.

CAP. XI. 1. hierusolimae et bithaniae. 2.

quod contra uos est; adhuc nemo; solute. 6. illis [for 1st eis]; praeciperat; dimisierunt. 7. inpossuerunt. 8. ramos de [for de]. 9. praecedebant; ossanna. 10. ossanna. 11. hirusolyma; uespera. 12. de [for á]. 14. ex te fructum. 15. hierusolymam. 17. scriptum; speloncam. 18. doctrinam. 20. transierent. 21. recordatus est. 23. om. quia; essitauerit; om. fict. 26. demiseritis; dimittat. 27. hierusolimam; in templum accesserunt. 28. haec [for ista]. 29. respondite; dicam. 30. respondite. 31. at [for ait]; om. nobis. 32. timemus. 33. dixerunt.

CAP. XII. 1. parabulis; uiniam plantauit; agriculis. 2. agriculas; agriculis; uiniae. 3. dimisierunt. 4. contumelis adfecerunt. 6. adhuc; carissimum ad illum; uerebuntur. 8. adpraehendentes; eicierunt. 11. factus; occulis. 12. cognuerunt; parabulam. 14. quoniam [for quia]; horninum; dei [for domini]; cessari. 15. temptatis. 16. ei et ait; inscriptio; caessaris. 17. caessaris caessari. 19. scripsit; om. ut; diserit [for dimiserit]; ut accipiat. 20. accepit; semine. 21. om. 3rd et; ipse [for iste]. 22. accipierunt; reliquierunt. 23. surrexerint; hiis. 24. scripturas. 25. nubunt. 26. resurgunt; abracham. 31. om. 1st est; diliges. 32. unus est deus. 33. sacrificis. 34. sapienter; audiebat; om. eum. 35. om. scribae. 36. scabillum. 38. dicebat. 40. domus; prolexae; hii accipiunt prolexius. 41. aes in gazium philacium. 42. aera duo minuta. 44. omnis; habundabat; penuria; uinctum.

CAP. XIII. 1. egredietur. 2. uides; lapes. 3. sederent in monte; iohannis. 4. fiunt. 7. autem audieritis; nondum est finis. 8. super [for contra]; loqua et famis. 9. in concilis. 11. fuerit uobis; loquemini; uos estis. 14. uideretis abhominationem; iudea; ad montes [for in montes]. 15. supra [for super]; discendat; aliquid [for quid]. 17. praegnantibus. 18. non fiat fuga uestra uel sabbato. 19. tribulationes. 20. breuiasset; breuiabit. 21. om. est; nec [for ne]. 22.—prophetae; fieri potest. 24. dierum illorum [for illam]. 26. nubibus. 27. quatuor. 28. fico; parabulam; tener [for terner]; aetas. 29. ostiis. 30. transiet; fient. 32. et [for uel]. 34. iannatori. 36. ne [for et]; om. repente.

CAP. XIV. 1. om. 1st et; azemorum; dolo at end of verse. 2. in populo [for populi]. 3.

symonis; unguenti; capud. 4. unguenti. 5. denaris. 8. unguere. 9. mundum. 10. scariothes. 11. promisierunt; cum [*for* illum]. 12. azemorum; immolabant. 13. ciuitatem; occurre*t*; lagynam; sequemini. 15. caenaculum. 16. ciuitatem; praeparauerunt. 18. *om.* cum. 20. intinguit. 21. scriptum; tradetur; *om.* 2*nd* est. 22. accipit. 24. effundetur. 25. generatione [*for.* genimine]. 26. ymno. 27. illis [*for* eis]; scriptum; dispergentur. 28. resurrexero; galileam. 29. *om.* ei. 32. gethsamani. 33. adsumpsit; taediecre. 35. processiss*et*; procedit. 36. possibilia tibi; tu uis. 38. temptationem; promptus est. 40. denouo; eorum [*for* illorum]. 41. recioscite; suffecit. 42. trad*et*. 43. adhuc; scarioth; cum eo [*for* cum illo]. 44. *om.* cauto. 47. per unum [*for* serum]; auriculam. 48. gladis; conpraehendere. 49.' aput; impleantur scripturae. 50. omnes relinquentes. 51. Adoliscens; illum [*for* cum]; *om.* et. 54. usque intro in atrium. 55. aduersus. 58. aliut. 60. surgens; interrogauit in medium; respondes; hiis. 61. rursus; dei benedicti. 63. ues[ti]menta; adhuc; testes. 64. condempnauerunt. 65. prophetiza. 66. scorsum. 67. uidisset. 68. exiuit. 69. ancella. 70. galileus.

Cap. XV. 1. pontio pylato. 2. pylatus; iudaeorum; ci ait [*for* ait illi]. 4. pylatus; respondes; accussant. 5. pylatus. 6. unum uinctum quae-cum-que. 7. barrabbas. 9. pylatus. 12. Pylatus; ut faciam. 14. pylatus; mali fecit. 15. Pylatus uero; dimisit; barrabban; flagillis caessum. 16. *om.* autem; intro in. 17. purpuram; spiniam. 19. capud; et adorabant. 20. cum [*for* 1*st* illum]. 21. angarizauerunt praetereuntes quen-dam symonem cyrineum. 23. accipit. 24. sortes. 26. Erat autem; inscriptus. 27. duos. 28. inpleta; scriptura; deputatus. 29. distruebat. 30. discende. 31. inludentes. 32. discendat; uidiamus. 33. factae. 34. sabbacthani; me diriliquisti. 36. spongeam; uenit. 37. emisa. 38. scisum. 39. centorio. 40. aspiciens; magdalene. 41. galilea; ascenderunt hierusolima. 43. quia [*for* qua]; audaciter introiuit; pylatum. 44. pylatus; arcessito centorione interrogabat. 45. cognuiss*et*. 46. mercatus est; possuit; hostium.

Cap. XVI. 1. magdalenae; unguerent. 4. uiderunt reuol[ut]um. 5. obstipuerunt. 6. possuerunt. 7. et dicite; praecidit; galileam. 8. inuasserat. 9. iesus mane; magdalenae; eiecrat; daemonia. 12. hiis [*for* eis]. 13. caeteris. 14. XII [*for* undecim]; illorum [*for* eorum]; *om.* illorum; hiis [*for* his]; crediderunt. 16. condempnabitur. 17. daemonia. 18. liberint [*for* biberint]; egros. 19. adsumptus. 20. seque[n]tibus.

CRITICAL NOTES.

N.B. In the notes to the Chapters of the Gospel, the letter L. means the Lindisfarne MS.; H. the Hatton MS.; and R. the Rushworth MS.

Page 1. *In the title*, MS. L. *has* CAPITULAE, *as printed; an error for* CAPITULA. *The gloss to the title ought not to have been printed in capital letters.*

The names of the four men employed upon the L. MS. are recorded (as Wanley says) at the end of the Gospel of St Matthew, but still *after* the title to St Mark (as here printed) which occurs at the end of St Matthew's Gospel, leaf 88, back. The sense of the phrase is—"Thou living God, remember thou Eadfrið and Æðilwald and Billfrið and Aldred, sinners; these four, with God's help, were employed upon this book." The word *lifgiende* is misprinted *lufigende* by Wanley. The word *peccatorum* is indistinct, the end of it being denoted by a contraction; but I read it so, and not *peccatoris*. The word *ymbwoeson* is misprinted *ymbweoson* by Wanley and Waring, owing to the former *o* being above the line. See the Surtees' Society's edition of St John's Gospel, p. xliv, footnote. Cf. *woere* in l. 2, page 2; &c.

ARGUMENTUM. This is printed in Bouterwek's Screadunga, p. 1, and an excellent facsimile of the first few words (from *Marcus* to *discipulus*) is prefixed to his tract. The MS. text is very corrupt, but is left as it stands. A few corrections are here noted.

L. 1. MS. dei; *read* dei electus.
L. 3. MS. quod; *read* quid.
L. 4. MS. prophetiae; *read* propheticae.
L. 5. MS. lectionis; *read* electionis. MS. praedistinatum; *for* praedestinatum. Bouterwek *misprints it* praedistinctum.
L. 6. MS. enuntiantis; *read* annuntiantis. MS. sed; *read* sed et.
L. 7. MS. initio; *read* in initio. MS. ostendens; *another reading is* ostenderet. MS. qui; *read* quiuis.
L. 8. MS. *omits* caro *before* deberet.

L. 9. MS. perfectio; *read* perfecti.
L. 10. MS. et baptismo; *read* et a baptismo.
L. 11. MS. uicerat; *read* uiderat. MS. totum inprimis; *read* totius exprimens.
L. 12. MS. ieiunium numeri; *read* numerum ieiunii.
L. 13. (*Gloss to* singula) MS. siundrio; *not* suindrio, *as in* Bouterwek.
L. 14. MS. facti; *read* factæ. MS. operi; *read* operis.
L. 16. MS. posuit; *read* potuit. *The gloss to the preceding word is written* foreworden, *but altered to* forewurdon.

Page 2, l. 2. MS. opus scire; *read* opus fuit scire et.
L. 3. MS. agnosceret; *read* agnoscere. MS. carnem; *read* carne domini.
L. 4. MS. intellegeret; *read* intelligere. MS. in nos primum requiri; *read* et nos primum requiri oportet.
L. 12. MS. factuque; *read* tactuque.

Page 3, l. 1. MS. mittet; *read* mittit.
L. 3. MS. fecerit; *read* fecerint.
L. 18. (*Gloss to* milia) MS. ðusenda, *corrected to* ðusend.

Page 4, l. 1. (*Gloss to* quem) MS. hucci; *for* huelc.
L. 13. MS. recepturus; *read* recepturos.
L. 15. MS. Bartimaus; *read* Bartimaeus.
L. 16. MS. inlihteð wæs; *read* inlihted wæs.
L. 18. MS. ficulnea; *for* ficulneam. MS. giuende, *corr. to* giuendo.
L. 20. parobolam; *a misprint for* parabolam.

Page 5, l. 2. MS. temtantibus. Bouterwek *has* tentantibus.

L. 3. MS. fregnendes, *corr. to* fregnende.
L. 4. MS. centensimi; *read* centesimi, *which* Bouterwek *prints.*
L. 9. MS. seruus; *read* scruos.
L. 13. *The gloss to* clementer *is indist'nct, but I certainly read it* trumlice; Bout. *prints* frumlice.
L. 14. MS. adque ad; *read* atque a.
L. 1 *from bottom.* MS. albas; *read* albis.

CHAP. I. *The readings of* MS. B. (col. 1) *are of no authority from* ch. I. v. 1 *to* ch. IV. v. 37; *see* pref. p. vii. 3. L. stiga, *corrected to* stigo, *as printed. In other cases, I print only the corrected form, mentioning the uncorrected form in these Critical Notes.* 10. L. untynde, *altered to* untyndo; *cf. note to v.* 3. 13. L. wiðerworde, *alt. to* wiðerwearde. 14. *The rubric in* col. 1 *is from* MS. A.

CHAP. II. 4. L. et eum (*so*); *hence the wrong gloss* hine; *for* eum *read* cum. L. (*gloss to* in) in, *altered to* on. 5. L. synna, *altered to* synno. 8. L. hearta, *alt. to* hearto. 9. L. Hwæt (*so, with a capital letter*). 10. L. eorðo; Bout. *misprints* eorðu. 12. L. we gesegon; Bout. *wrongly omits* we. 13. H. *Rubric in Royal MS. the same.* L. mare; *read* mane. *The gloss follows the mistake of the text.* 14. L. *The gloss to* me *may perhaps be read* mec. 15. L. *Section* 22 *is misnumbered "*xxi*" in the MS.* 17. L. *Altered from* soðfæsta ah synfulla. 18. H. *Same rubric in Royal MS.* 18. L. iohannes *first time, as printed.* 19. L. brydguma; *altered from* brydwuma. 23. H. *Same rubric in Royal.* 24. L. doað gie; Bout, *misprints* doað hia. 25. L. huætd, *not* huæt, *as printed. The* d *seems due to the initial sound of the next word; but cf.* iv. 40 *and* v. 9. R. hycrende (*so*); *perhaps for* hyncorde. L. hinie; Bout. *has* hinc. 26. L. eattanna, *as printed.*

CHAP. III. 1. L. eft sona; Bout. *misprints* eftersona. 2. L. geteldon; Bout. geteldon. 3. L. cue; Bout. cuæð. L. drygi; Bout. dry. 5. R. ungleownissise; *an obvious slip.* 6. L. *wrongly has—*VIIII. xxui. ii. lu. xciii. xxu. mt. cxuii. *in the margin.* 7. L. *wrongly has* mt. xxxiii *in the margin.* 9. L. desoruiret, *with* n *above, as though* deseruirent; *hence the gloss.* 34. R. ymb heop; *may perhaps be read* ymb heof.

CHAP. IV. 12. Corpus MS. nanego seon; A. na ne ge seon. R. on-cwnawað; *an obvious error for* on-cnawað, *as printed.* 13. R. bispell ꝥ gicunniga magvn gicunniga; *where* ꝥ *is obviously misplaced.* 19. L. aerumnas; *read* aerumnae. 21. L. (margin) lu. cxxxui; *read* cxxxiii, *as printed.* 28. L. spinain; *hence the gloss; but read* spicam. 31. L. seðum; *perhaps for* sedum. 33. L. ðullucum (*so*). 37. L. yrte; *probably for* yste. 39. R. ðestiorend (*one word*).

CHAP. V. 1. L. ðæsœs (*so*). 3. L. bye, *altered to* by. 10. L. *marginal note partly cut off; cf. that in* R. 13. L. *altered from* under-drencde wæron on. 18. L. auæled; *alt. from* auælled. 25. L. utiorninse; *the first* i *is a capital, thus:* uIorninse. 33. L. forhtade; *alt. from* frohtade. 38. L. *Gloss to second* ot *omitted; as printed.* 41. L. dære; *read* ðære. 42. L. ðærinnaste (*one word*).

CHAP. VI. 3. L. wrihte; *with* y *above, between* w *and* r. L. ge-onspurned, *alt. to* geondspyrned. 7. L. tuelfe, *alt. to* tuelfo. 8. L. (*gloss to* tantum) ane, *alt. to* an. 13. L. diwowlas, *alt. to* diowlas. 20. L. gedede, *alt. to* gedyde. 21. Corp. MS. *has* gebrydtide, *as printed.* 24. L. fulwiht, *followed by a curling stroke.* 25. L. fulwih, *with a curl.* 28. L. dicit, *an obvious error for* dedit. 29. L. geheredon, *alt. to* geherdon. 31. R. *has* pussillum, *glossed by him.* L. *The insertion of* ꝥ *after* eft-cuomon *is not a misprint; cf. gloss to* candelabrum; iv. 21. 36. L. ettesð, *alt. to* ettes. 37. L. hlafa, *alt. to* hlafo. 40. L. hundrað, *with a curl over the* a. 41. L. blafum ꝥ tuæm fiscum, *alt. to* hlafo ꝥ tue fiscas. 47. L. efrn. *Perhaps it should not be altered to* efern, *as the same spelling occurs again,* xi. 11; *but cf.* R. 48. R. fearða; *no point under the* a, *as in* Bouterwek. 53. R. foerdun; *indistinct; may be* foyrdun. *The gloss* a *to* plicå *is unintelligible, and due to the Latin* applicuerunt. 54. L. wæron, *alt. to* wæron.

CHAP. VII. 1. L. toi; *read* to. L. oðero, *alt. to*

oðer. 2. L. hlafa, *alt. to* hlafo. 3. R. ctun; Bout. eton. 4. L. R. *omit gloss to* nisi. 6. Bout. *omits from* hoorte *to* worðas *in verse* 7, *in his print of* R. 7. L. laruas, *alt. to* laruo. 17. L. ðreade, *alt. to* ðreate. 18. R. *has* ec] *as gloss to* 2nd et. 19. R. in un nut gongum (*so*); *which I have altered.* 21. L. innuacard, *alt. to* innuecard; hoorte, *alt. to* hoorta; esuicniso, *alt. to* csuicnis. 22. L. cfolsongus, *alt. to* cfolsong. 30. R. gimitte; Bout. gimœt. 33. L. carlipricum, *alt. to* earliprico. 35. L. untynde, *alt. to* untyndo; gespreccend, *alt. to* spreccend. 36. L. gcoede, *with small* u *between c and* o.

CHAP. VIII. 2. L. ge ł abidas; *this means—* gebidas ł abidas. 5. L. seofona, *alt. to* seofo. 7. L. gebcht, *alt. to* hcht. L. cewalas, *alt. to* ccwlas. 9. L. ðusendo, *alt. to* ðusondo. 10. Corp. MS. *omits the initial letter.* 11. L. seoccende, *alt. to* soccondc; L. dao cœlo (*so*); L. costende, *alt. to* costendo. 14. L. forgctone, *alt. to* forgctne. 16. L. blafas, *alt. to* hlafo. 19. L. tuoelfo, *alt. to* tuoelfo. 20. L. seofa, *alt. to* seofo. 23. H. lœdden, *corrected to* lœdde. 26. R. gcgonges; *no point under the first* c, *as in* Bouterwek. 29. L. pct, *followed by a curl; but in* v. 32, petr *with a curl.* 35. L. losias, *alt. to* losas. 36. L. middang, *followed by a curl; cf.* R. 38. L. confusus; *read* confessus. L. ðcrne legere, *alt. to* ðcrne leger.

CHAP. IX. 2. H. *and* Royal *have* summe *for* sumne. 3. L. gewordne, *alt. to* awordno. 9, 10. L. *ends v.* 9 *with* arisa, *but v.* 10 *with* arise. 11. L. risnclic (*so*); *for* risenlic. 15. L. gestylde, *alt. to* gestylto. 17. L. attulit; *for* attuli. 22. H. Aagyf ꝥ (*so*). 28. R. introisset, *glossed by* ineode]. 31. R. ofslog, *alt. to* ofslas. 33. L. wocre, *alt. to* wocron. 34. L. (margin) lv. ccii. ccxuii; *read* ccxuii (*not* ccxuiii, *as misprinted*). 39. L. *denotes* monn *by the rune* ᛗ *here, and in* xi. 14. 45 *and* 47. L. introirae. 49. R. giscostad; *an error for* gicostad.

CHAP. X. 8. L. ana, *with* ł um *above latter* a. 9. L. to sccadað, *alt. to* to sccada. 10. L. ge fruguuon, *alt. to* ge frugnon. 17. L. gobogcd, *alt. to* boged; R. gibed, *an error for* gibeged. 19. L. beboda, *alt. to* bcbodo; lease, *alt. to* leas.

22. L. hœbbende, *alt. to* hœbbend. 24. L. (*gloss to in before* strionum) on, *alt. to* in. 27. L. gode, *alt. to* god (*first time*). 30. L. disum; *for* ðisum. 32. L. da ðingo; *for* ða ðingo. 35. R. zcbedodes; *for* zebodes. 38. L. hı (*without a dot*); *evidently an error for* hu. 41. H. gcbulge, *for* gobulgen. 45. H. alysendnysse; *for* alysednysse. 49. R. coiga; *for* ccigas.

CHAP. XI. 1. L. more, *alt. to* mor. 9. L. cliopadaun, *alt. to* cliopadun. 11. Cf. note to vi. 47. 14. Cf. note to ix. 39. 17. L. gebeddes, *alt. to* gobedd; *cf.* pref. p. xviii, *note.* 23. H. ic seggeð, *alt. to* ic segge. L. gelefod, *alt. to* gelefe. 28. L. doost, *alt. to* does.

CHAP. XII. 4. L. gehornadon, *where the* h *is written* ⊦; *see note in* Wanley's Catalogue, p. 156. 14. L. gesiist, *alt. to* gesiis. 15. L. geswiopernise, *alt. to* goswipernise. 19. L. hlaf, *where* h *is written as above; cf. note to v.* 4. L. awœcceð, *alt. to* awœcce. 22. L. accipcrunt; *for* acceperunt. 23. L. chwœs, *alt. to* hwœs. 24. L. cunnige, *alt. to* cunnoge. 28. L. bobed, *alt. to* bod. 30. L. maegne ðinra, *alt. to* maegne ðin. 32. L. (margin) cxxxi. x; *read* 132. x, *as printed.* 33. L. neesta, *alt. to* ncesto. 41. The rubric in MS. A. has been inadvertently omitted. It is merely— Sedens iesus contra gazo-philacium. It marks the beginning of a section, corresponding to section XLI of MS. L.

CHAP. XIII. 3. L. beamea, *alt. to* beama. 7. L. gefehta, *alt. to* gefehto (*first time*). 8. L. cynne, *alt. to* cynn. L. rice, *alt. to* ric. 9. For 139. i. in margin of L, the MS. wrongly has cxxxix. ui. 11. L. places hora, with its gloss, after loquimini, but there are fine lines, as marks of transposition, to shew that its proper place is after illa. 14. L. woroht, *alt. to* wroht. 19. L. costunges, *alt. to* costungo. 22. L. cristes, *alt. to cristo.* L. fortinu, *alt. to* fortino. L. bia, *alt. to* hi. 25. L. foollende, *alt. to* fallonde. 26. nubimus; *sic* in L. 28. ternor; *sic* in L; *for* toner. 31. ge-witoð (H) *is clearly miswritten for* gewiteð. L. hliores, *alt. to* hlioras. L. hlioreð, *alt. to* hliorað. 34. L. his, *alt. to* hus. 35. L. bebcades, *alt. to* bebead. The h in hlaferd (L) is written as in note above to xii. 4.

Chap. XIV. 1. Margin of L.; the MS. has "io. xxuiii," an error for "io. xx." 2. R. pofolce, *alt.* to folce; the scribe began to write *populi*. 3. L. on, *alt.* to in; in the gloss to *in*. 4. L. gebrecen, *alt.* to gebrocen. 4. L. ungenti; but in v. 5, unguentum. 5. L. bifgedon (they trembled) translates *tremebant*, not *fremebant*. 11. L. gefeande, *alt.* to gefeando. 22. R. *wrongly has* etendum onfeng him onfeng. 23. Royal MS. has heon for heom. L. gedruncun, *alt.* to gedruncon. 26. L. oelebeame, *alt.* to oelebeama. 47. L. ofslog, *alt.* to slog. 66. L. sunduria, *for* sundria. 72. L. weopa, *alt.* to woepa.

Chap. XV. 1. L. alle, *alt.* to all. 10. L. æfista, *alt.* to æfist. 11. L. biscopas, *alt.* to biscobas. 17. There is a long curl over æ in *hrægle* in L. The word *cursendo* is written like *oursendo*; but see the Rushworth gloss. 21. There is a curl over *er* in *faeder* in L. 30. L. hrode, *alt.* to rode. 32. L. gelefeð, *alt.* to gelefe. 36. L. unsettenne, *alt.* to unsettanne. 41. R. galelæ, *alt.* to galilæ. 43. L. biddend, *alt.* to bidend; R. biddende.

Chap. XVI. 5. L. ufa h ymbgearuad; *but the* h *has a stroke through it, as if to strike it out.* It may be for *hoc* or *hoc est*, and may mean that *ufa* is as good a translation as *ymb* of the prefix *co* in *coopertum*. 9. L. Surgens, *with a capital*. This seems to suggest that a new subsection was intended to begin here, but subsections 234, 235 are left unmarked.

ADDENDA ET CORRIGENDA.

Page 4, last line; *for* parobolam *read* parabolam.
Page 5, last three lines; see the remarks in the preface, p. xxiii.
Page 15, verse 45; in the gloss to "esse," *for* wæs ƿ wore, *read* wæs ƿ were.
Page 21, verse 25; *for* huret *read* huætd.
  "   "   26, in the lower text; *for* nymþe *read* nymðe.
Page 26. The large capitals should be the same as in col. 2, p. 34.
Page 27, line 2; *for sanctum read sanctum*.
Page 60, col. 1, footnotes to verse 6; add "C. hig (*last time*)." Cf. pref. p. x.
Page 62, col. 1, footnotes to verse 20; *for* B. seofan *read* B. C. seofan. In footnotes to verse 21, *for* A. B. *omit* ge *read* A. B. C. *omit* ge. In footnote to verse 22, *add* C. anne. Cf. pref. p. x.
Page 72, col. 1, footnotes to verse 33; *for* B. smeada *read* B. C. smeada. Cf. pref. p. x.
Page 76, col. 1, footnotes to ch. x., verse 2; *add* C. fandiende. In the footnotes to verse 5, *for* A. heardnysse, *read* A. C. heardnysse. In the footnotes to verse 6, *for* B. wæpned, &c. *read* B. C. wæpned, &c. Cf. pref. p. x.
Page 78, col. 1, footnote to verse 18; *add* C. hi [*for* hwi].
  "   "   2, footnotes, l. 2. *Insert*; *after* leorning-cnihtas.
Page 80, col. 1, footnotes to verse 27; *for* A. B. hig *read* A. B. C. hig. To footnote to verse 29, *add* C. us [*for* hus]. To footnote to verse 30, *add* C. ecce.
Page 86, col. 1, footnotes to verse 6; *for* A. B. hig *read* A. B. C. hig, *twice over*.
Page 87, verso 3; in the gloss to "dimittet," *for* forlætes *read* forlætes.
  "   '   lower text, cap. xi. v. 2; *for* monn *read* mon.
Page 89, lower text; verse 9 should be continued down to the word "drihtnes."
Page 96, col. 1, verse 18. *Insert*. *after* sŷ.
Page 100, col. 1. The rubric to v. 41 has been accidentally omitted; MS. A has —Sedens Iesus contra gazophilacium. In the footnotes, v. 34, *for* A. cart *read* A. B. cart.
Page 131, lower text; in v. 43, *read* hælendes, and in v. 46, wutudlice.

CAMBRIDGE: PRINTED BY C. J. CLAY, M.A. AT THE UNIVERSITY PRESS.

UNIVERSITY PRESS, CAMBRIDGE,
July, 1881.

CATALOGUE OF

WORKS

PUBLISHED FOR THE SYNDICS

OF THE

𝕮𝖆𝖒𝖇𝖗𝖎𝖉𝖌𝖊 𝖀𝖓𝖎𝖛𝖊𝖗𝖘𝖎𝖙𝖞 𝕻𝖗𝖊𝖘𝖘.

𝕷𝖔𝖓𝖉𝖔𝖓:
CAMBRIDGE WAREHOUSE, 17 PATERNOSTER ROW.

𝕮𝖆𝖒𝖇𝖗𝖎𝖉𝖌𝖊: DEIGHTON, BELL, AND CO.
𝕷𝖊𝖎𝖕𝖟𝖎𝖌: F. A. BROCKHAUS.

PUBLICATIONS OF

The Cambridge University Press.

THE HOLY SCRIPTURES, &c.
THE CAMBRIDGE PARAGRAPH BIBLE

of the Authorized English Version, with the Text Revised by a Collation of its Early and other Principal Editions, the Use of the Italic Type made uniform, the Marginal References remodelled, and a Critical Introduction prefixed, by the Rev. F. H. SCRIVENER, M.A., LL.D., Editor of the Greek Testament, Codex Augiensis, &c., and one of the Revisers of the Authorized Version. Crown 4to. cloth, gilt. 21s.

From the Times.

"Students of the Bible should be particularly grateful to (the Cambridge University Press) for having produced, with the able assistance of Dr Scrivener, a complete critical edition of the Authorized Version of the English Bible, an edition such as, to use the words of the Editor, 'would have been executed long ago had this version been nothing more than the greatest and best known of English classics.' Falling at a time when the formal revision of this version has been undertaken by a distinguished company of scholars and divines, the publication of this edition must be considered most opportune."

From the Athenæum.

"Apart from its religious importance, the English Bible has the glory, which but few sister versions indeed can claim, of being the chief classic of the language, of having, in conjunction with Shakspeare, and in an immeasurable degree more than he, fixed the language beyond any possibility of important change. Thus the recent contributions to the literature of the subject, by such workers as Mr Francis Fry and Canon Westcott, appeal to a wide range of sympathies; and to these may now be added Dr Scrivener, well known for his labours in the cause of the Greek Testament criticism, who has brought out, for the Syndics of the Cambridge University Press, an edition of the English Bible, according to the text of 1611, revised by a comparison with later issues on principles stated by him in his Introduction. Here he enters at length into the history of the chief editions of the version, and of such features as the marginal notes, the use of italic type, and the changes of orthography, as well as into the most interesting question as to the original texts from which our translation is produced."

From the Methodist Recorder.

"This noble quarto of over 1300 pages is in every respect worthy of editor and publishers alike. The name of the Cambridge University Press is guarantee enough for its perfection in outward form, the name of the editor is equal guarantee for the worth and accuracy of its contents. Without question, it is the best Paragraph Bible ever published, and its reduced price of a guinea brings it within reach of a large number of students. But the volume is much more than a Paragraph Bible. It is an attempt, and a successful attempt, to give a critical edition of the Authorised English Version, not (let it be marked) a revision, but an exact reproduction of the original Authorised Version, as published in 1611, minus patent mistakes. This is doubly necessary at a time when the version is about to undergo revision... To all who at this season seek a suitable volume for presentation to ministers or teachers we earnestly commend this work."

From the London Quarterly Review.

"The work is worthy in every respect of the editor's fame, and of the Cambridge University Press. The noble English Version, to which our country and religion owe so much, was probably never presented before in so perfect a form."

THE CAMBRIDGE PARAGRAPH BIBLE.

STUDENT'S EDITION, on *good writing paper*, with one column of print and wide margin to each page for MS. notes. This edition will be found of great use to those who are engaged in the task of Biblical criticism. Two Vols. Crown 4to. cloth. gilt. 31s. 6d.

London: Cambridge Warehouse, 17 Paternoster Row.

THE LECTIONARY BIBLE, WITH APOCRYPHA,
divided into Sections adapted to the Calendar and Tables of Lessons
of 1871. Crown 8vo. cloth. 3s. 6d.

BREVIARIUM
AD USUM INSIGNIS ECCLESIAE SARUM.

Fasciculus II. In quo continentur PSALTERIUM, cum ordinario Officii totius hebdomadae juxta Horas Canonicas, et proprio Completorii, LATINIA, COMMUNE SANCTORUM, ORDINARIUM MISSAE CUM CANONE ET XIII MISSIS, &c. &c. juxta Editionem maximam pro CLAUDIO CHEVALLON ET FRANCISCO REGNAULT A.D. MDXXXI. in Alma Parisiorum Academia impressam: labore ac studio FRANCISCI PROCTER, A.M., ET CHRISTOPHORI WORDSWORTH, A.M. Demy 8vo. cloth. 12s.

FASCICULUS I. *In the Press.*

"Not only experts in liturgiology, but all persons interested in the history of the Anglican Book of Common Prayer, will be grateful to the Syndicate of the Cambridge University Press for forwarding the publication of the volume which bears the above title, and which has recently appeared under their auspices.... When the present work is complete in three volumes, of which we have here the first instalment, it will be accessible, as the Sarum Missal is now, thanks to the labours of Mr G. H. Forbes, to every one interested in the subject-matter with which it is connected."—*Notes and Queries.*
"We have here the first instalment of the celebrated Sarum Breviary, of which no entire edition has hitherto been printed since the year 1557... Of the valuable explanatory notes, as well as the learned introduction to this volume, we can only speak in terms of the very highest commendation."—*The Examiner.*

GREEK AND ENGLISH TESTAMENT,
in parallel Columns on the same page. Edited by J. SCHOLEFIELD, M.A. late Regius Professor of Greek in the University. Small Octavo. New Edition, with the Marginal References as arranged and revised by Dr SCRIVENER. Cloth. red edges. 7s. 6d.

GREEK AND ENGLISH TESTAMENT,
THE STUDENT'S EDITION of the above, on *large writing paper.* 4to. cloth. 12s.

GREEK TESTAMENT,
ex editione Stephani tertia, 1550. Small 8vo. 3s. 6d.

THE BOOK OF ECCLESIASTES,
Large Paper Edition. By the Rev. E. H. PLUMPTRE, D.D. Professor of Biblical Exegesis, King's College, London. Demy 8vo. 7s. 6d.

THE GOSPEL ACCORDING TO ST MATTHEW
in Anglo-Saxon and Northumbrian Versions, synoptically arranged: with Collations of the best Manuscripts. By J. M. KEMBLE, M.A. and Archdeacon HARDWICK. Demy 4to. 10s.

THE GOSPEL ACCORDING TO ST MARK
in Anglo-Saxon and Northumbrian Versions synoptically arranged: with Collations exhibiting all the Readings of all the MSS. Edited by the Rev. Professor SKEAT, M.A. late Fellow of Christ's College, and author of a MŒSO-GOTHIC Dictionary. Demy 4to. 10s.

London: Cambridge Warehouse, 17 Paternoster Row.

PUBLICATIONS OF

THE GOSPEL ACCORDING TO ST LUKE,
uniform with the preceding, edited by the Rev. Professor SKEAT. Demy 4to. 10s.

THE GOSPEL ACCORDING TO ST JOHN,
uniform with the preceding, by the same Editor. Demy 4to. 10s.

"*The Gospel according to St John, in Anglo-Saxon and Northumbrian Versions:* Edited for the Syndics of the University Press, by the Rev. Walter W. Skeat, M.A., Elrington and Bosworth Professor of Anglo-Saxon in the University of Cambridge, completes an undertaking designed and commenced by that distinguished scholar, J. M. Kemble, some forty years ago. He was not himself permitted to execute his scheme; he died before it was completed for St Matthew. The edition of that Gospel was finished by Mr., subsequently Archdeacon, Hardwick. The remaining Gospels have had the good fortune to be edited by Professor Skeat, whose competency and zeal have left nothing undone to prove himself equal to his reputation, and to produce a work of the highest value to the student of Anglo-Saxon. The design was indeed worthy of its author. It is difficult to exaggerate the value of such a set of parallel texts.... Of the particular volume now before us, we can only say it is worthy of its two predecessors. We repeat that the service rendered to the study of Anglo-Saxon by this Synoptic collection cannot easily be overstated."—*Contemporary Review.*

THE POINTED PRAYER BOOK,
being the Book of Common Prayer with the Psalter or Psalms of David, pointed as they are to be sung or said in Churches. Royal 24mo. Cloth. 1s. 6d.

The same in square 32mo. cloth. 6d.

"The 'Pointed Prayer Book' deserves mention for the new and ingenious system on which the pointing has been marked, and still more for the terseness and clearness of the directions given for using it."—*Times.*

THE CAMBRIDGE PSALTER,
for the use of Choirs and Organists. Specially adapted for Congregations in which the "Cambridge Pointed Prayer Book" is used. Demy 8vo. cloth extra, 3s. 6d. Cloth limp, cut flush. 2s. 6d.

THE PARAGRAPH PSALTER,
arranged for the use of Choirs by BROOKE FOSS WESTCOTT, D.D., Canon of Peterborough, and Regius Professor of Divinity in the University of Cambridge. Fcap. 4to. 5s.

"The Paragraph Psalter exhibits all the care, thought, and learning that those acquainted with the works of the Regius Professor of Divinity at Cambridge would expect to find, and there is not a clergyman or organist in England who should be without this Psalter as a work of reference."—*Morning Post.*

THE MISSING FRAGMENT OF THE LATIN TRANSLATION OF THE FOURTH BOOK OF EZRA,
discovered, and edited with an Introduction and Notes, and a facsimile of the MS., by ROBERT L. BENSLY, M.A., Sub-Librarian of the University Library, and Reader in Hebrew, Gonville and Caius College, Cambridge. Demy 4to. Cloth. 10s.

"Edited with true scholarly completeness."—*Westminster Review.*
"Wer sich je mit dem 4 Buche Esra eingehender beschäftigt hat, wird durch die obige, in jeder Beziehung musterhafte Publication in freudiges Erstaunen versetzt werden."—*Theologische Literaturzeitung.*
"It has been said of this book that it has added a new chapter to the Bible, and, startling as the statement may at first sight appear, it is no exaggeration of the actual fact, if by the Bible we understand that of the larger size which contains the Apocrypha, and if the Second Book of Esdras can be fairly called a part of the Apocrypha."—*Saturday Review.*

London: Cambridge Warehouse, 17 Paternoster Row.

THEOLOGY—(ANCIENT).

THE PALESTINIAN MISCHNA,
By W. H. LOWE, M.A. Lecturer in Hebrew at Christ's College, Cambridge. *[In the Press.*

SAYINGS OF THE JEWISH FATHERS,
comprising Pirqe Aboth and Pereq R. Meir in Hebrew and English, with Critical and Illustrative Notes. By CHARLES TAYLOR, D.D. Master of St John's College, Cambridge, and Honorary Fellow of King's College, London. Demy 8vo. cloth. 10s.

"It is peculiarly incumbent on those who look to Jerome or Origen for their theology or exegesis to learn something of their Jewish predecessors. The New Testament abounds with sayings which remarkably coincide with, or closely resemble, those of the Jewish Fathers; and these latter probably would furnish more satisfactory and frequent illustrations of its text than the Old Testament."—*Saturday Review.*

"The 'Masseketh Aboth' stands at the head of Hebrew non-canonical writings. It is of ancient date, claiming to contain the dicta of teachers who flourished from B.C. 200 to the same year of our era. The precise time of its compilation in its present form is, of course, in doubt. Mr Taylor's explanatory and illustrative commentary is very full and satisfactory."—*Spectator.*

"If we mistake not, this is the first precise translation into the English language accompanied by scholarly notes, of any portion of the Talmud. In other words, it is the first instance of that most valuable and neglected portion of Jewish literature being treated in the same way as a Greek classic in an ordinary critical edition... The Talmudic books, which have been so strangely neglected, we foresee will be the most important aids of the future for the proper understanding of the Bible... The *Sayings of the Jewish Fathers* may claim to be scholarly, and, moreover, of a scholarship unusually thorough and finished."—*Dublin University Magazine.*

"A careful and thorough edition which does credit to English scholarship, of a short treatise from the Mishna, containing a series of sentences or maxims ascribed mostly to Jewish teachers immediately preceding, or immediately following the Christian era..."—*Contemporary Review.*

THEODORE OF MOPSUESTIA'S COMMENTARY ON THE MINOR EPISTLES OF S. PAUL.
The Latin Version with the Greek Fragments, edited from the MSS. with Notes and an Introduction, by H. B. SWETE, D.D., Rector of Ashdon, Essex, and late Fellow of Gonville and Caius College, Cambridge. In Two Volumes. Vol. I., containing the Introduction, with Facsimiles of the MSS., and the Commentary upon Galatians—Colossians. Demy 8vo. 12s.

"One result of this disappearance of the works of Diodorus, with his Arian opponents did their utmost to destroy, is to render more conspicuous the figure of Theodore. From the point of view of scientific exegesis there is no figure in all antiquity more interesting."—*The Expositor.*

"In dem oben verzeichneten Buchs liegt uns die erste Hälfte einer vollständigen, ebenso sorgfältig gearbeiteten wie schön ausgestatteten Ausgabe des Commentars mit ausführlichen Prolegomena und reichhaltigen kritischen und erläuternden Anmerkungen vor."—*Literarisches Centralblatt.*

"It is the result of thorough, careful, and patient investigation of all the points bearing on the subject, and the results are presented with admirable good sense and modesty. Mr Swete has prepared himself for his task by a serious study of the literature and history which are connected with it; and he has produced a volume of high value to the student, not merely of the theology of the fourth and fifth centuries, but of the effect of this theology on the later developments of doctrine and methods of interpretation, in the ages immediately following, and in the middle ages."—*Guardian.*

"Auf Grund dieser Quellen ist der Text bei Swete mit musterhafter Akribie hergestellt. Aber auch sonst hat der Herausgeber mit unermüdlichem Fleisse und eingehendster Sachkenntniss sein Werk mit allen denjenigen Zugaben ausgerüstet, welche bei einer solchen Text-Ausgabe nur irgend erwartet werden können..., Von den drei Haupthandschriften... sind vortreffliche photographische Facsimile's beigegeben, wie überhaupt das ganze Werk von der *University Press* zu Cambridge mit bekannter Eleganz ausgestattet ist."—*Theologische Literaturzeitung.*

VOLUME II. *In the Press.*

London: Cambridge Warehouse, 17 Paternoster Row.

PUBLICATIONS OF

SANCTI IRENÆI EPISCOPI LUGDUNENSIS
libros quinque adversus Hæreses, versione Latina cum Codicibus Claromontano ac Arundeliano denuo collata, præmissa de placitis Gnosticorum prolusione, fragmenta necnon Græce, Syriace, Armeniace, commentatione perpetua et indicibus variis edidit W. WIGAN HARVEY, S.T.B. Collegii Regalis olim Socius. 2 Vols. Demy 8vo. 18s.

M. MINUCII FELICIS OCTAVIUS.
The text newly revised from the original MS., with an English Commentary, Analysis, Introduction, and Copious Indices. Edited by H. A. HOLDEN, LL.D. Head Master of Ipswich School, late Fellow of Trinity College, Cambridge. Crown 8vo. 7s. 6d.

THEOPHILI EPISCOPI ANTIOCHENSIS LIBRI TRES AD AUTOLYCUM
edidit, Prolegomenis Versione Notulis Indicibus instruxit GULIELMUS GILSON HUMPHRY, S.T.B. Collegii Sancliss. Trin. apud Cantabrigienses quondam Socius. Post 8vo. 5s.

THEOPHYLACTI IN EVANGELIUM S. MATTHÆI COMMENTARIUS,
edited by W. G. HUMPHRY, B.D. Prebendary of St Paul's, late Fellow of Trinity College. Demy 8vo. 7s. 6d.

TERTULLIANUS DE CORONA MILITIS, DE SPECTACULIS, DE IDOLOLATRIA,
with Analysis and English Notes, by GEORGE CURREY, D.D. Preacher at the Charter House, late Fellow and Tutor of St John's College. Crown 8vo. 5s.

THEOLOGY—(ENGLISH).

WORKS OF ISAAC BARROW,
compared with the Original MSS., enlarged with Materials hitherto unpublished. A new Edition, by A. NAPIER, M.A. of Trinity College, Vicar of Holkham, Norfolk. 9 Vols. Demy 8vo. £3. 3s.

TREATISE OF THE POPE'S SUPREMACY,
and a Discourse concerning the Unity of the Church, by ISAAC BARROW. Demy 8vo. 7s. 6d.

PEARSON'S EXPOSITION OF THE CREED,
edited by TEMPLE CHEVALLIER, B.D. late Fellow and Tutor of St Catharine's College, Cambridge. New Edition. [In the Press.

AN ANALYSIS OF THE EXPOSITION OF THE CREED
written by the Right Rev. JOHN PEARSON, D.D. late Lord Bishop of Chester, by W. H. MILL, D.D. late Regius Professor of Hebrew in the University of Cambridge. Demy 8vo. cloth. 5s.

London: Cambridge Warehouse, 17 Paternoster Row.

WHEATLY ON THE COMMON PRAYER,
edited by G. E. CORRIE, D.D. Master of Jesus College, Examining Chaplain to the late Lord Bishop of Ely. Demy 8vo. 7s. 6d.

CÆSAR MORGAN'S INVESTIGATION OF THE TRINITY OF PLATO,
and of Philo Judæus, and of the effects which an attachment to their writings had upon the principles and reasonings of the Fathers of the Christian Church. Revised by H. A. HOLDEN, LL.D. Head Master of Ipswich School, late Fellow of Trinity College, Cambridge. Crown 8vo. 4s.

TWO FORMS OF PRAYER OF THE TIME OF QUEEN ELIZABETH. Now First Reprinted. Demy 8vo. 6d.

"From 'Collections and Notes' 1867—1876, by W. Carew Hazlitt (p. 340), we learn that—'A very remarkable volume, in the original vellum cover, and containing 25 Forms of Prayer of the reign of Elizabeth, each with the autograph of Humphrey Dyson, has lately fallen into the hands of my friend Mr H. Pyne. It is mentioned specially in the Preface to the Parker Society's volume of Occasional Forms of Prayer, but it had been lost sight of for 200 years.' By the kindness of the present possessor of this valuable volume, containing in all 25 distinct publications, I am enabled to reprint in the following pages the two Forms of Prayer supposed to have been lost."—*Extract from the Preface.*

SELECT DISCOURSES,
by JOHN SMITH, late Fellow of Queens' College, Cambridge. Edited by H. G. WILLIAMS, B.D. late Professor of Arabic. Royal 8vo. 7s. 6d.

"The 'Select Discourses' of John Smith, collected and published from his papers after his death, are, in my opinion, much the most considerable work left to us by this Cambridge School [the Cambridge Platonists]. They have a right to a place in English literary history."—Mr MATTHEW ARNOLD, in the *Contemporary Review.*

"Of all the products of the Cambridge School, the 'Select Discourses' are perhaps the highest, as they are the most accessible and the most widely appreciated...and indeed so spiritually thoughtful mind can read them unmoved. They carry us so directly into an atmosphere of divine philosophy, luminous with the richest lights of meditative genius... He was one of those rare thinkers in whom largeness of view, and depth, and wealth of poetic and speculative insight, only served to evoke more fully the religious spirit, and while he drew the mould of his thought from Plotinus, he vivified the substance of it from St Paul."—Principal TULLOCH, *Rational Theology in England in the 17th Century.*

"We may instance Mr Henry Griffin Williams's revised edition of Mr John Smith's 'Select Discourses,' which have won Mr Matthew Arnold's admiration, as an example of worthy work for an University Press to undertake."—*Times.*

THE HOMILIES,
with Various Readings, and the Quotations from the Fathers given at length in the Original Languages. Edited by G. E. CORRIE, D.D. Master of Jesus College. Demy 8vo. 7s. 6d.

DE OBLIGATIONE CONSCIENTIÆ PRÆLECTIONES
decem Oxonii in Schola Theologica habitæ a ROBERTO SANDERSON, SS. Theologiæ ibidem Professore Regio. With English Notes, including an abridged Translation, by W. WHEWELL, D.D. late Master of Trinity College. Demy 8vo. 7s. 6d.

London: Cambridge Warehouse, 17 Paternoster Row.

8   PUBLICATIONS OF

ARCHBISHOP USHER'S ANSWER TO A JESUIT,
with other Tracts on Popery. Edited by J. SCHOLEFIELD, M.A. late Regius Professor of Greek in the University. Demy 8vo. 7s. 6d.

WILSON'S ILLUSTRATION OF THE METHOD
of explaining the New Testament, by the early opinions of Jews and Christians concerning Christ. Edited by T. TURTON, D.D. late Lord Bishop of Ely. Demy 8vo. 5s.

LECTURES ON DIVINITY
delivered in the University of Cambridge, by JOHN HEY, D.D. Third Edition, revised by T. TURTON, D.D. late Lord Bishop of Ely. 2 vols. Demy 8vo. 15s.

ARABIC AND SANSKRIT.

POEMS OF BEHÁ ED DÍN ZOHEIR OF EGYPT.
With a Metrical Translation, Notes and Introduction, by E. H. PALMER, M.A., Barrister-at-Law of the Middle Temple, Lord Almoner's Professor of Arabic and Fellow of St John's College in the University of Cambridge. 3 vols, Crown 4to.
  Vol. I. The ARABIC TEXT. 10s. 6d.; Cloth extra. 15s.
  Vol. II. ENGLISH TRANSLATION. 10s. 6d.; Cloth extra. 15s.

"Professor Palmer's activity in advancing Arabic scholarship has formerly shown itself in the production of his excellent Arabic Grammar, and his Descriptive Catalogue of Arabic MSS. in the Library of Trinity College, Cambridge. He has now produced an admirable text, which illustrates in a remarkable manner the flexibility and graces of the language he loves so well, and of which he seems to be perfect master.... The Syndicate of Cambridge University must not pass without the recognition of their liberality in bringing out, in a worthy form, so important an Arabic text. It is not the first time that Oriental scholarship has thus been wisely subsidized by Cambridge."—*Indian Mail*.

"It is impossible to quote this edition without an expression of admiration for the perfection to which Arabic typography has been brought in England in this magnificent Oriental work, the production of which redounds to the imperishable credit of the University of Cambridge. It may be pronounced one of the most beautiful Oriental books that have ever been printed in Europe; and the learning of the Editor worthily rivals the technical get-up of the creation of the soul of one of the most tasteful poets of Islâm, the study of which will contribute not a little to save the honour of the poetry of the Arabs."—MYTHOLOGY AMONG THE HEBREWS (*Engl. Transl.*), p. 194.

"For ease and facility, for variety of metre, for imitation, either designed or unconscious, of the style of several of our own poets, these versions deserve high praise. ... We have no hesitation in saying that in both Prof. Palmer has made an addition to Oriental literature for which scholars should be grateful; and that, while his knowledge of Arabic is a sufficient guarantee for his mastery of the original, his English compositions are distinguished by versatility, command of language, rhythmical cadence, and, as we have remarked, by not unskilful imitations of the styles of several of our own favourite poets, living and dead."—*Saturday Review*.

"This sumptuous edition of the poems of Behá-ed-din Zoheir is a very welcome addition to the small series of Eastern poets accessible to readers who are not Orientalists. ... In all there is that exquisite finish of which Arabic poetry is susceptible in so rare a degree. The form is almost always beautiful, be the thought what it may. But this, of course, can only be fully appreciated by Orientalists. And this brings us to the translation. It is excellently well done. Mr Palmer has tried to imitate the fall of the original in his selection of the English metre for the various pieces, and thus contrives to convey a faint idea of the graceful flow of the Arabic. ... Altogether the inside of the book is worthy of the beautiful arabesque binding that rejoices the eye of the lover of Arab art."—*Academy*.

London: Cambridge Warehouse, 17 Paternoster Row.

NALOPÁKHYÁNAM, OR, THE TALE OF NALA;

containing the Sanskrit Text in Roman Characters, followed by a Vocabulary in which each word is placed under its root, with references to derived words in Cognate Languages, and a sketch of Sanskrit Grammar. By the Rev. THOMAS JARRETT, M.A. Trinity College, Regius Professor of Hebrew, late Professor of Arabic, and formerly Fellow of St Catharine's College, Cambridge. Demy 8vo. 10s.

NOTES ON THE TALE OF NALA,

for the use of Classical Students, by J. PEILE, M.A. Fellow and Tutor of Christ's College. Demy 8vo. 12s.

GREEK AND LATIN CLASSICS, &c. (See also pp. 20—23.)

A SELECTION OF GREEK INSCRIPTIONS,

With Introductions and Annotations by E. S. ROBERTS, M.A. Fellow and Tutor of Caius College. [*Preparing.*]

THE AGAMEMNON OF AESCHYLUS.

With a Translation in English Rhythm, and Notes Critical and Explanatory. By BENJAMIN HALL KENNEDY, D.D., Regius Professor of Greek. Crown 8vo. cloth. 6s.

"One of the best editions of the masterpiece of Greek tragedy."—*Athenæum.*
"By numberless other like happy and weighty helps to a coherent and consistent text and interpretation, Dr Kennedy has approved himself a guide to Aeschylus of certainly peerless calibre."—*Contemp. Rev.*
"It is needless to multiply proofs of the value of this volume alike to the poetical translator, the critical scholar, and the ethical student. We must be contented to thank Professor Kennedy for his admirable execution of a great undertaking."—*Sat. Rev.*
"Let me say that I think it a most admirable piece of the highest criticism.... I like your Preface extremely; it is just to the point."—*Professor* PALEY.
"Professor Kennedy has conferred a boon on all teachers of the Greek classics, by causing the substance of his lectures at Cambridge on the Agamemnon of Æschylus to be published....This edition of the Agamemnon is one which no classical master should be without."—*Examiner.*

THE THEÆTETUS OF PLATO by the same Author.
[*In the Press.*]

ARISTOTLE.—ΠΕΡΙ ΔΙΚΑΙΟΣΤΝΗΣ.

THE FIFTH BOOK OF THE NICOMACHEAN ETHICS OF ARISTOTLE. Edited by HENRY JACKSON, M.A., Fellow of Trinity College, Cambridge. Demy 8vo. cloth. 6s.

"It is not too much to say that some of the points he discusses have never had so much light thrown upon them before. ...
Scholars will hope that this is not the only portion of the Aristotelian writings which he is likely to edit."—*Athenæum.*

PLATO'S PHÆDO,

literally translated, by the late E. M. COPE, Fellow of Trinity College, Cambridge. Demy 8vo. 5s.

London: Cambridge Warehouse, 17 Paternoster Row.

PRIVATE ORATIONS OF DEMOSTHENES,

with Introductions and English Notes, by F. A. PALEY, M.A. Editor of Aeschylus, etc. and J. E. SANDYS, M.A. Fellow and Tutor of St John's College, and Public Orator in the University of Cambridge.

PART I. Contra Phormionem, Lacritum, Pantaenetum, Boeotum de Nomine, Boeotum de Dote, Dionysodorum. Crown 8vo. cloth. 6s.

"Mr Paley's scholarship is sound and accurate, his experience of editing wide, and if he is content to devote his learning and abilities to the production of such manuals as these, they will be received with gratitude throughout the higher schools of the country. Mr Sandys is deeply read in the German literature which bears upon his author, and the elucidation of matters of daily life, in the delineation of which Demosthenes is so rich, obtains full justice at his hands..... We hope this edition may lead the way to a more general study of these speeches in schools than has hitherto been possible."—*Academy*.

PART II. Pro Phormione, Contra Stephanum I. II.; Nicostratum, Cononem, Calliclem. 7s. 6d.

"To give even a brief sketch of these speeches [*Pro Phormione* and *Contra Stephanum*] would be incompatible with our limits, though we can hardly conceive a task more useful to the classical or professional scholar than to make one for himself..... It is a great boon to those who set themselves to unravel the thread of arguments pro and con to have the aid of Mr Sandys's excellent running commentary .... and no one can say that he is ever deficient in the needful help which enables us to form a sound estimate of the rights of the case...... It is long since we have come upon a work evincing more pains, scholarship, and varied research and illustration than Mr Sandys's contribution to the 'Private Orations of Demosthenes'."—*Sat. Rev.*

"..... the edition reflects credit on Cambridge scholarship, and ought to be extensively used."—*Athenæum*.

PINDAR.

OLYMPIAN AND PYTHIAN ODES. With Notes Explanatory and Critical, Introductions and Introductory Essays. Edited by C. A. M. FENNELL, M.A., late Fellow of Jesus College. Crown 8vo. cloth. 9s.

"Mr Fennell deserves the thanks of all classical students for his careful and scholarly edition of the Olympian and Pythian odes. He brings to his task the necessary enthusiasm for his author, great industry, a sound judgment, and, in particular, copious and minute learning in comparative philology. To his qualifications in this last respect every page bears witness."—*Athenæum*.

"Considered simply as a contribution to the study and criticism of Pindar, Mr Fennell's edition is a work of great merit. But it has a wider interest, as exemplifying the change which has come over the methods and aims of Cambridge scholarship within the last ten or twelve years.... The short introductions and arguments to the Odes, which for so discursive an author as Pindar are all but a necessity, are both careful and acute... Altogether, this edition is a welcome and wholesome sign of the vitality and development of Cambridge scholarship, and we are glad to see that it is to be continued."—*Saturday Review*.

"There are many reasons why Mr C. A. M. Fennell's edition of 'Pindar's Olympian and Pythian Odes;' should not go unnoticed, even though our space forbids doing it full justice; as a helpful compliment and often corrective of preceding editions, both in its insight into comparative philology, its critical acumen, and its general sobriety of editing. In etymology especially the volume marks a generation later than Donaldson's, though holding in respect his brilliant authority. . . . Most helpful, too, is the introductory essay on Pindar's style and dialect, while the chronological sequence of the Odes (pp. xxxi.—xxxii.), and the 'Metrical Schemes,' which immediately precede the text and commentary, leave nothing to be desiderated."—*Contemporary Review*.

THE NEMEAN AND ISTHMIAN ODES. [*In the Press*.

M. TULLI CICERONIS DE FINIBUS BONORUM ET MALORUM LIBRI QUINQUE. The text revised and explained by JAMES S. REID, M.L., Fellow and Assistant Tutor of Gonville and Caius College. [*In the Press*.

London: Cambridge Warehouse, 17 Paternoster Row.

THE BACCHAE OF EURIPIDES.

with Introduction, Critical Notes, and Archæological Illustrations, by J. E. SANDYS, M.A., Fellow and Tutor of St John's College, Cambridge, and Public Orator. Crown 8vo cloth. 10s. 6d.

"Of the present edition of the *Bacchae* by Mr Sandys we may safely say that never before has a Greek play, in England at least, had fuller justice done to its criticism, interpretation, and archæological illustration, whether for the young student or the more advanced scholar. The Cambridge Public Orator may be said to have taken the lead in issuing a complete edition of a Greek play, which is destined perhaps to gain redoubled favour now that the study of ancient monuments has been applied to its illustration."—*Saturday Review*.

"Mr Sandys has done well by his poet and by his University. He has given a most welcome gift to scholars both at home and abroad. The illustrations are aptly chosen and delicately executed, and the *apparatus criticus*, in the way both of notes and indices is very complete."—*Notes and Queries*.

"The volume is interspersed with well-executed woodcuts, and its general attractiveness of form reflects great credit on the University Press. In the notes Mr Sandys has more than sustained his well-earned reputation as a careful and learned editor, and shows considerable advance in freedom and lightness of style. . . . . Under such circumstances it is superfluous to say that for the purposes of teachers and advanced students this handsome edition far surpasses all its predecessors. The volume will add to the already wide popularity of a unique drama, and must be reckoned among the most important classical publications of the year."—*Athenæum*.

"This edition of a Greek play deserves more than the passing notice accorded to ordinary school editions of the classics. It has not, like so many such books, been hastily produced to meet the momentary need of some particular examination; but it has employed for some years the labour and thought of a highly finished scholar, whose aim seems to have been that his book should go forth *totus teres atque rotundus*, armed at all points with all that may throw light upon its subject. The result is a work which will not only assist the schoolboy or undergraduate in his tasks, but will adorn the library of the scholar." . . . "The description of the woodcuts abounds in interesting and suggestive information upon various points of ancient art, and is a further instance of the very thorough as well as scholarlike manner in which Mr Sandys deals with his subject at every point. The commentary (pp. 87–240) bears the same stamp of thoroughness and high finish as the rest of the work. While questions of technical grammar receive due attention, textual criticism, philology, history, antiquities, and art are in turn laid under contribution for the elucidation of the poet's meaning. We must leave our readers to use and appreciate for themselves Mr Sandys' assistance."—*The Guardian*.

ARISTOTLE.

THE RHETORIC. With a Commentary by the late E. M. COPE, Fellow of Trinity College, Cambridge, revised and edited by J. E. SANDYS, M.A., Fellow and Tutor of St John's College, Cambridge, and Public Orator. With a biographical Memoir by H. A. J. MUNRO, M.A. Three Volumes, Demy 8vo. £1. 11s. 6d.

"This work is in many ways creditable to the University of Cambridge. The solid and extensive erudition of Mr Cope himself bears none the less speaking evidence to the value of the tradition which he continued, if it is not equally accompanied by those qualities of speculative originality and independent judgment which belong more to the individual writer than to his school. And while it must ever be regretted that a work so laborious should not have received the last touches of its author, the warmest admiration is due to Mr Sandys, for the manly, unselfish, and unflinching spirit in which he has performed his most difficult and delicate task. If an English student wishes to have a full conception of what is contained in the *Rhetoric* of Aristotle, to Mr Cope's edition he must go."—*Academy*.

"Mr Sandys has performed his arduous duties with marked ability and admirable tact . . . . When the original Commentary stops abruptly three chapters before the end of the third book, Mr Sandys carefully supplies the deficiency, following Mr Cope's general plan and the slightest available indications of his intended treatment. In Appendices he has reprinted from classical journals several articles of Mr Cope's; and, what is better, he has given the best of the late Mr Shilleto's 'Adversaria.' In every part of his work—revising, supplementing, and completing—he has done exceedingly well."—*Examiner*.

ARISTOTLE'S PSYCHOLOGY,

with a Translation, Critical and Explanatory Notes, by EDWIN WALLACE, M.A., Fellow and Tutor of Worcester College, Oxford.

[*In the Press.*

London: Cambridge Warehouse, 17 Paternoster Row.

P. VERGILI MARONIS OPERA
cum Prolegomenis et Commentario Critico pro Syndicis Preli Academici edidit BENJAMIN HALL KENNEDY, S.T.P., Graecae Linguae Professor Regius. Extra Fcap. 8vo. cloth. 5s.

M. TULLII CICERONIS DE NATURA DEORUM
Libri Tres, with Introduction and Commentary by JOSEPH B. MAYOR, M.A., Professor of Moral Philosophy at King's College, London, formerly Fellow and Tutor of St John's College, Cambridge, together with a new collation of several of the English MSS. by J. H. SWAINSON, M.A., formerly Fellow of Trinity Coll., Cambridge. Vol. I. Demy 8vo. 10s. 6d.

"Such editions as that of which Prof. Mayor has given us the first instalment will doubtless do much to remedy this undeserved neglect. It is one on which great pains and much learning have evidently been expended, and is in every way admirably suited to meet the needs of the student.... The notes of the editor are all that could be expected from his well-known learning and scholarship.... It is needless, therefore, to say that all points of syntax or of Ciceronian usage which present themselves have been treated with full mastery.... The thanks of many students will doubtless be given to Prof. Mayor for the amount of historical and biographical information afforded in the commentary, which is, as it should be, supplemented and not replaced by references to the usual authorities."—*Academy*.

"The critical part of Professor Mayor's work appears to be exceedingly well done. In forming the text he has strictly observed the methods of modern scholarship, which holds itself bound not only to supply a reading plausible in itself, but to show how the corrupt reading that has to be emended came to take its place. A few conjectures of the editor's own are introduced. ...... Professor Mayor seems to intend his edition to serve the purpose of a general introduction to the history of Greek philosophy, and his commentary is very copious and lucid."—*Saturday Review*.

M. T. CICERONIS DE OFFICIIS LIBRI TRES,
with Marginal Analysis, an English Commentary, and copious Indices, by H. A. HOLDEN, LL.D. Head Master of Ipswich School, late Fellow of Trinity College, Cambridge, Classical Examiner to the University of London. **Third Edition.** Revised and considerably enlarged. Crown 8vo. 9s.

"Dr Holden truly states that 'Text, Analysis, and Commentary in this third edition have been again subjected to a thorough revision.' It is now certainly the best edition extant.... The Introduction (after Heine) and notes leave nothing to be desired in point of fulness, accuracy, and neatness; the typographical execution will satisfy the most fastidious eye."—*Notes and Queries*.

"Dr Holden has issued an edition of what is perhaps the easiest and most popular of Cicero's philosophical works, the *de Officiis*, which, especially in the form which it has now assumed after two most thorough revisions, leaves little or nothing to be desired in the fullness and accuracy of its treatment alike of the matter and the language."—*Academy*.

MATHEMATICS, PHYSICAL SCIENCE, &c.

MATHEMATICAL AND PHYSICAL PAPERS.
By Sir W. THOMSON, LL.D., D.C.L., F.R.S., Professor of Natural Philosophy, in the University of Glasgow. Collected from different Scientific Periodicals from May 1841, to the present time. [*In the Press.*]

THE ELECTRICAL RESEARCHES OF THE HONOURABLE HENRY CAVENDISH, F.R.S.
Written between 1771 and 1781, Edited from the original manuscripts in the possession of the Duke of Devonshire, K.G., by J. CLERK MAXWELL, F.R.S. Demy 8vo. cloth. 18s.

"This work, which derives a melancholy interest from the lamented death of the editor following so closely upon its publication, is a valuable addition to the history of electrical research. ... The papers themselves are most carefully reproduced, with fac-similes of the author's sketches of experimental apparatus.

... Every department of editorial duty appears to have been most conscientiously performed; and it must have been no small satisfaction to Prof. Maxwell to see this goodly volume completed before his life's work was done."—*Athenæum*.

London: Cambridge Warehouse, 17 Paternoster Row.

A TREATISE ON NATURAL PHILOSOPHY.

By Sir W. THOMSON, LL.D., D.C.L., F.R.S., Professor of Natural Philosophy in the University of Glasgow, and P. G. TAIT, M.A., Professor of Natural Philosophy in the University of Edinburgh. Vol. I. Part I. Demy 8vo. 16s.

"In this, the second edition, we notice a large amount of new matter, the importance of which is such that any opinion which we could form within the time at our disposal would be utterly inadequate."—*Nature*.

Part II. *In the Press.*

MATHEMATICAL AND PHYSICAL PAPERS,

By GEORGE GABRIEL STOKES, M.A., D.C.L., LL.D., F.R.S., Fellow of Pembroke College, and Lucasian Professor of Mathematics in the University of Cambridge. Reprinted from the Original Journals and Transactions, with Additional Notes by the Author. Vol. I. Demy 8vo. cloth. 15s.

VOL. II. *In the Press.*

ELEMENTS OF NATURAL PHILOSOPHY.

By Professors Sir W. THOMSON and P. G. TAIT. Part I. Demy 8vo. cloth. *Second Edition.* 9s.

"This work is designed especially for the use of schools and junior classes in the Universities, the mathematical methods being limited almost without exception to those of the most elementary geometry, algebra, and trigonometry. Tiros in Natural Philosophy cannot be better directed than by being told to give their diligent attention to an intelligent digestion of the contents of this excellent *vade mecum*."—*Iron*.

A TREATISE ON THE THEORY OF DETERMINANTS AND THEIR APPLICATIONS IN ANALYSIS AND GEOMETRY, by ROBERT FORSYTH SCOTT, M.A., of St John's College, Cambridge. Demy 8vo. 12s.

"This able and comprehensive treatise will be welcomed by the student as bringing within his reach the results of many important researches on this subject which have hitherto been for the most part inaccessible to him..... It would be presumptuous on the part of any one less learned in the literature of the subject than Mr Scott to express an opinion as to the amount of his own research contained in this work, but all will appreciate the skill with which the results of his industrious reading have been arranged into this interesting treatise."—*Athenæum*.

HYDRODYNAMICS,

A Treatise on the Mathematical Theory of the Motion of Fluids, by HORACE LAMB, M.A., formerly Fellow of Trinity College, Cambridge; Professor of Mathematics in the University of Adelaide. Demy 8vo. 12s.

THE ANALYTICAL THEORY OF HEAT,

By JOSEPH FOURIER. Translated, with Notes, by A. FREEMAN, M.A. Fellow of St John's College, Cambridge. Demy 8vo. 16s.

"It is time that Fourier's masterpiece, *The Analytical Theory of Heat*, translated by Mr Alex. Freeman, should be introduced to those English students of Mathematics who do not follow with freedom a treatise in any language but their own. It is a model of mathematical reasoning applied to physical phenomena, and is remarkable for the ingenuity of the analytical process employed by the author."—*Contemporary Review*, October, 1878.

"There cannot be two opinions as to the value and importance of the *Théorie de la Chaleur*. It has been called 'an exquisite mathematical poem,' not once but many times, independently, by mathematicians of different schools. Many of the very greatest of modern mathematicians regard it, justly, as the key which first opened to them the treasure-house of mathematical physics. It is still *the* text-book of Heat Conduction, and there seems little present prospect of its being superseded, though it is already more than half a century old."—*Nature*.

London: Cambridge Warehouse, 17 Paternoster Row.

PUBLICATIONS OF

AN ELEMENTARY TREATISE ON QUATERNIONS,
By P. G. TAIT, M.A., Professor of Natural Philosophy in the University of Edinburgh. *Second Edition.* Demy 8vo. 14s.

COUNTERPOINT.
A Practical Course of Study, by Professor G. A. MACFARREN, M.A., Mus. Doc. Third Edition, revised. Demy 4to. cloth. 7s. 6d.

A TREATISE ON THE PHYSIOLOGY OF PLANTS,
by S. H. VINES, M.A., Fellow of Christ's College. *[In the Press.*

A CATALOGUE OF AUSTRALIAN FOSSILS
(including Tasmania and the Island of Timor), Stratigraphically and Zoologically arranged, by ROBERT ETHERIDGE, Jun., F.G.S., Acting Palæontologist, H.M. Geol. Survey of Scotland, (formerly Assistant-Geologist, Geol. Survey of Victoria). Demy 8vo. cloth. 10s. 6d.
'The work is arranged with great clearness, and contains a full list of the books and papers consulted by the author, and an index to the genera.'—*Saturday Review.*

ILLUSTRATIONS OF COMPARATIVE ANATOMY, VERTEBRATE AND INVERTEBRATE,
for the Use of Students in the Museum of Zoology and Comparative Anatomy. Second Edition. Demy 8vo. cloth. 2s. 6d.

A SYNOPSIS OF THE CLASSIFICATION OF THE BRITISH PALÆOZOIC ROCKS,
by the Rev. ADAM SEDGWICK, M.A., F.R.S., and FREDERICK M^cCOY, F.G.S. One vol., Royal 4to. Plates, £1. 1s.

A CATALOGUE OF THE COLLECTION OF CAMBRIAN AND SILURIAN FOSSILS
contained in the Geological Museum of the University of Cambridge, by J. W. SALTER, F.G.S. With a Portrait of PROFESSOR SEDGWICK. Royal 4to. cloth. 7s. 6d.

CATALOGUE OF OSTEOLOGICAL SPECIMENS
contained in the Anatomical Museum of the University of Cambridge. Demy 8vo. 2s. 6d.

THE MATHEMATICAL WORKS OF ISAAC BARROW, D.D.
Edited by W. WHEWELL, D.D. Demy 8vo. 7s. 6d.

ASTRONOMICAL OBSERVATIONS
made at the Observatory of Cambridge by the Rev. JAMES CHALLIS, M.A., F.R.S., F.R.A.S., Plumian Professor of Astronomy and Experimental Philosophy in the University of Cambridge, and Fellow of Trinity College. For various Years, from 1846 to 1860.

ASTRONOMICAL OBSERVATIONS
from 1861 to 1865. Vol. XXI. Royal 4to. cloth. 15s.

London: Cambridge Warehouse, 17 Paternoster Row.

LAW.

AN ANALYSIS OF CRIMINAL LIABILITY.
By E. C. CLARK, LL.D., Regius Professor of Civil Law in the University of Cambridge, also of Lincoln's Inn, Barrister at Law. Crown 8vo. cloth. 7s. 6d.

A SELECTION OF THE STATE TRIALS.
By J. W. WILLIS-BUND, M.A., LL.B., Barrister-at-Law, Professor of Constitutional Law and History, University College, London. Vol. I. Trials for Treason (1327—1660). Crown 8vo. cloth, 18s.

"A great and good service has been done to all students of history, and especially to those of them who look to it in a legal aspect, by Prof. J. W. Willis-Bund in the publication of a *Selection of Cases from the State Trials*.... Professor Willis-Bund has been very careful to give such selections from the State Trials as will best illustrate those points in what may be called the growth of the Law of Treason which he wishes to bring clearly under the notice of his student, and the result is, that there is not a page in the book which has not its own lesson.... In all respects, so far as we have been able to test it, this book is admirably done."—*Scotsman.*

"Mr Willis-Bund has edited 'A Selection of Cases from the State Trials' which is likely to form a very valuable addition to the standard literature.... There can be no doubt, therefore, of the interest that can be found in the State trials. But they are large and unwieldy, and it is impossible for the general reader to come across them. Mr Willis-Bund has therefore done good service in making a selection that is in the first volume reduced to a commodious form."—*The Examiner.*

"Every one engaged, either in teaching or in historical inquiry, must have felt the want of such a book, taken from the unwieldy volumes of the State Trials."—*Contemporary Review.*

"This work is a very useful contribution to that important branch of the constitutional history of England which is concerned with the growth and development of the law of treason, as it may be gathered from trials before the ordinary courts. The author has very wisely distinguished these cases from those of impeachment for treason before Parliament, which he proposes to treat in a future volume under the general head 'Proceedings in Parliament.'"—*The Academy.*

"This is a work of such obvious utility that the only wonder is that no one should have undertaken it before.... In many respects therefore, although the trials are more or less abridged, this is for the ordinary student's purpose not only a more handy, but a more useful work than Howell's."—*Saturday Review.*

"Within the boards of this useful and handy book the student will find everything he can desire in the way of lists of cases given at length or referred to, and the statutes bearing on the text arranged chronologically. The work of selecting from Howell's bulky series of volumes has been done with much judgment, merely curious cases being excluded, and all included so treated as to illustrate some important point of constitutional law."—*Glasgow Herald.*

"Mr Bund's object is not the romance, but the constitutional and legal bearings of that great series of *causes célèbres* which is unfortunately not within easy reach of readers not happy enough to possess valuable libraries.... Of the importance of this subject, or of the want of a book of this kind, referring not vaguely but precisely to the grounds of constitutional doctrines, both of past and present times, no reader of history can feel any doubt."—*Daily News.*

Vol. II. *In the Press.*

THE FRAGMENTS OF THE PERPETUAL EDICT OF SALVIUS JULIANUS,
collected, arranged, and annotated by BRYAN WALKER, M.A. LL.D., Law Lecturer of St John's College, and late Fellow of Corpus Christi College, Cambridge. Crown 8vo., Cloth, Price 6s.

"This is one of the latest, we believe quite the latest, of the contributions made to legal scholarship by that revived study of the Roman Law at Cambridge which is now so marked a feature in the industrial life of the University.... In the present book we have the fruits of the same kind of thorough and well-ordered study which was brought to bear upon the notes to the Commentaries and the Institutes.... Hitherto the Edict has been almost inaccessible to the ordinary English student, and such a student will be interested as well as perhaps surprised to find how abundantly the extant fragments illustrate and clear up points which have attracted his attention in the Commentaries, or the Institutes, or the Digest."—*Law Times.*

London: Cambridge Warehouse, 17 Paternoster Row.

THE COMMENTARIES OF GAIUS AND RULES OF ULPIAN. (New Edition, revised and enlarged.)

With a Translation and Notes, by J. T. ABDY, LL.D., Judge of County Courts, late Regius Professor of Laws in the University of Cambridge, and BRYAN WALKER, M.A., LL.D., Law Lecturer of St John's College, Cambridge, formerly Law Student of Trinity Hall and Chancellor's Medallist for Legal Studies. Crown 8vo. 16s.

"As scholars and as editors Messrs Abdy and Walker have done their work well. ..... For one thing the editors deserve special commendation. They have presented Gaius to the reader with few notes and those merely by way of reference or necessary explanation. Thus the Roman jurist is allowed to speak for himself, and the reader feels that he is really studying Roman law in the original, and not a fanciful representation of it."—*Athenæum*.

THE INSTITUTES OF JUSTINIAN,

translated with Notes by J. T. ABDY, LL.D., Judge of County Courts, late Regius Professor of Laws in the University of Cambridge, and formerly Fellow of Trinity Hall; and BRYAN WALKER, M.A., LL.D., Law Lecturer of St John's College, Cambridge; late Fellow and Lecturer of Corpus Christi College; and formerly Law Student of Trinity Hall. Crown 8vo. 16s.

"We welcome here a valuable contribution to the study of jurisprudence. The text of the *Institutes* is occasionally perplexing, even to practised scholars, whose knowledge of classical models does not always avail them in dealing with the technicalities of legal phraseology. Nor can the ordinary dictionaries be expected to furnish all the help that is wanted. This translation will then be of great use. To the ordinary student, whose attention is distracted from the subject-matter by the difficulty of struggling through the language in which it is contained, it will be almost indispensable."—*Spectator*.
"The notes are learned and carefully compiled, and this edition will be found useful to students."—*Law Times*.
"Dr Abdy and Dr Walker have produced a book which is both elegant and useful."—*Athenæum*.

SELECTED TITLES FROM THE DIGEST,

annotated by B. WALKER, M.A., LL.D. Part I. Mandati vel Contra. Digest XVII. 1. Crown 8vo. Cloth. 5s.

"This small volume is published as an experiment. The author proposes to publish an annotated edition and translation of several books of the Digest if this one is received with favour. We are pleased to be able to say that Mr Walker deserves credit for the way in which he has performed the task undertaken. The translation, as might be expected, is scholarly." *Law Times*.

Part II. De Adquirendo rerum dominio and De Adquirenda vel amittenda possessione. Digest XLI. I and II. Crown 8vo. Cloth. 6s.

Part III. De Condictionibus. Digest XII. 1 and 4—7 and Digest XIII. 1—3. Crown 8vo. Cloth. 6s.

GROTIUS DE JURE BELLI ET PACIS,

with the Notes of Barbeyrac and others; accompanied by an abridged Translation of the Text, by W. WHEWELL, D.D. late Master of Trinity College. 3 Vols. Demy 8vo. 12s. The translation separate, 6s.

London: Cambridge Warehouse, 17 Paternoster Row.

HISTORY.

LIFE AND TIMES OF STEIN, OR GERMANY AND PRUSSIA IN THE NAPOLEONIC AGE,

by J. R. SEELEY, M.A., Regius Professor of Modern History in the University of Cambridge, with Portraits and Maps. 3 Vols. Demy 8vo. 48s.

"If we could conceive anything similar to a protective system in the intellectual department, we might perhaps look forward to a time when our historians would raise the cry of protection for native industry. Of the unquestionably greatest German men of modern history—I speak of Frederick the Great, Goethe and Stein—the first two found long since in Carlyle and Lewes biographers who have undoubtedly driven their German competitors out of the field. And now in the year just past Professor Seeley of Cambridge has presented us with a biography of Stein which, though it modestly declines competition with German works and disowns the presumption of teaching us Germans our own history, yet casts into the shade by its brilliant superiority all that we have ourselves hitherto written about Stein.... In five long chapters Seeley expounds the legislative and administrative reforms, the emancipation of the person and the soil, the beginnings of free administration and free trade, in short the foundation of modern Prussia, with more exhaustive thoroughness, with more penetrating insight, than any one had done before."—*Deutsche Rundschau.*

"Dr Busch's volume has made people think and talk even more than usual of Prince Bismarck, and Professor Seeley's very learned work on Stein will turn attention to an earlier and an almost equally eminent German statesman....... It is soothing to the national self-respect to find a few Englishmen, such as the late Mr Lewes and Professor Seeley,

doing for German as well as English readers what many German scholars have done for us."—*Times.*

"In a notice of this kind scant justice can be done to a work like the one before us; no short *résumé* can give even the most meagre notion of the contents of these volumes, which contain no page that is superfluous, and none that is uninteresting..... To understand the Germany of to-day one must study the Germany of many yesterdays, and now that study has been made easy by this work, to which no one can hesitate to assign a very high place among those recent histories which have aimed at original research."—*Athenæum.*

"The book before us fills an important gap in English—nay, European—historical literature, and bridges over the history of Prussia from the time of Frederick the Great to the days of Kaiser Wilhelm. It thus gives the reader standing ground whence he may regard contemporary events in Germany in their proper historic light..... We congratulate Cambridge and her Professor of History on the appearance of such a noteworthy production. And we may add that it is something upon which we may congratulate England that on the especial field of the Germans, history, on the history of their own country, by the use of their own literary weapons, an Englishman has produced a history of Germany in the Napoleonic age far superior to any that exists in German."—*Examiner.*

THE UNIVERSITY OF CAMBRIDGE FROM THE EARLIEST TIMES TO THE ROYAL INJUNCTIONS OF 1535,

by JAMES BASS MULLINGER, M.A. Demy 8vo. cloth (734 pp.), 12s.

"We trust Mr Mullinger will yet continue his history and bring it down to our own day."—*Academy.*

"He has brought together a mass of instructive details respecting the rise and progress, not only of his own University, but of all the principal Universities of the Middle Ages...... We hope some day that he may continue his labours, and give us a history of the University during the troublous times of the Reformation and the Civil War."—*Athenæum.*

"Mr Mullinger's work is one of great learning and research, which can hardly fail to become a standard book of reference on the subject.... We can most strongly recommend this book to our readers."—*Spectator.*

VOL. II. *In the Press.*

London: Cambridge Warehouse, 17 Paternoster Row.

HISTORY OF THE COLLEGE OF ST JOHN THE EVANGELIST,

by THOMAS BAKER, B.D., Ejected Fellow. Edited by JOHN E. B. MAYOR, M.A., Fellow of St John's. Two Vols. Demy 8vo. 24s.

"To antiquaries the book will be a source of almost inexhaustible amusement, by historians it will be found a work of considerable service on questions respecting our social progress in past times; and the care and thoroughness with which Mr Mayor has discharged his editorial functions are creditable to his learning and industry."—*Athenæum*.

"The work displays very wide reading, and it will be of great use to members of the college and of the university, and, perhaps, of still greater use to students of English history, ecclesiastical, political, social, literary and academical, who have hitherto had to be content with 'Dyer.'"—*Academy*.

"It may be thought that the history of a college cannot be particularly attractive. The two volumes before us, however, have something more than a mere special interest for those who have been in any way connected with St John's College, Cambridge; they contain much which will be read with pleasure by a far wider circle... The index with which Mr Mayor has furnished this useful work leaves nothing to be desired."—*Spectator*.

HISTORY OF NEPĀL,

translated by MUNSHĪ SHEW SHUNKER SINGH and PANDIT SHRĪ GUNĀNAND; edited with an Introductory Sketch of the Country and People by Dr D. WRIGHT, late Residency Surgeon at Kāthmāndū, and with facsimiles of native drawings, and portraits of Sir JUNG BAHĀDUR, the KING OF NEPĀL, &c. Super-royal 8vo. Price 21s.

"The Cambridge University Press have done well in publishing this work. Such translations are valuable not only to the historian but also to the ethnologist;......Dr Wright's Introduction is based on personal inquiry and observation, is written intelligently and candidly, and adds much to the value of the volume. The coloured lithographic plates are interesting."—*Nature*.

"The history has appeared at a very opportune moment...The volume...is beautifully printed, and supplied with portraits of Sir Jung Bahadur and others, and with excellent coloured sketches illustrating Nepaulese architecture and religion."—*Examiner*.

SCHOLAE ACADEMICAE:

Some Account of the Studies at the English Universities in the Eighteenth Century. By CHRISTOPHER WORDSWORTH, M.A., Fellow of Peterhouse; Author of "Social Life at the English Universities in the Eighteenth Century." Demy 8vo. cloth. 15s.

"The general object of Mr Wordsworth's book is sufficiently apparent from its title. He has collected a great quantity of minute and curious information about the working of Cambridge institutions in the last century, with an occasional comparison of the corresponding state of things at Oxford. It is of course impossible that a book of this kind should be altogether entertaining as literature. To a great extent it is purely a book of reference, and as such it will be of permanent value for the historical knowledge of English education and learning."—*Saturday Review*.

"In the work before us, which is strictly what it professes to be, an account of university studies, we obtain authentic information upon the course and changes of philosophical thought in this country, upon the general estimation of letters, upon the relations of doctrine and science, upon the range and thoroughness of education, and we may add, upon the catlike tenacity of life of ancient forms.... The particulars Mr Wordsworth gives us in his excellent arrangement are most varied, interesting, and instructive. Among the matters touched upon are Libraries, Lectures, the Tripos, the Trivium, the Senate House, the Schools, text-books, subjects of study, foreign opinions, interior life. We learn even of the various University periodicals that have had their day. And last, but not least, we are given in an appendix a highly interesting series of private letters from a Cambridge student to John Strype, giving a vivid idea of life as an undergraduate and afterwards, as the writer became a graduate and a fellow."—*University Magazine*.

"Only those who have engaged in like labours will be able fully to appreciate the sustained industry and conscientious accuracy discernible in every page.... Of the whole volume it may be said that it is a genuine service rendered to the study of University history, and that the habits of thought of any writer educated at either seat of learning in the last century will, in many cases, be far better understood after a consideration of the materials here collected."—*Academy*.

London: Cambridge Warehouse, 17 Paternoster Row.

THE ARCHITECTURAL HISTORY OF THE UNIVERSITY AND COLLEGES OF CAMBRIDGE,

By the late Professor WILLIS, M.A. With numerous Maps, Plans, and Illustrations. Continued to the present time, and edited by JOHN WILLIS CLARK, M.A., formerly Fellow of Trinity College, Cambridge. [*In the Press.*

MISCELLANEOUS.
LECTURES ON TEACHING,
Delivered in the University of Cambridge in the Lent Term, 1880. By J. G. FITCH, M.A., Her Majesty's Inspector of Schools. Second Edition, Revised. Crown 8vo. cloth. 6s.

"All who are interested in the management of schools, and all who have made the profession of a teacher the work of their lives, will do well to study with care these results of a large experience and of wide observation. It is not, we are told, a manual of method; rather, we should say, it is that and much more. As a manual of method it is far superior to anything we have seen. Its suggestions of practical means and methods are very valuable; but it has an element which a mere text-book of rules for imparting knowledge does not contain. Its tone is lofty; its spirit religious; its ideal of the teacher's aim and life pure and good... The volume is one of great practical value. It should be in the hands of every teacher, and of every one preparing for the office of a teacher. There are many besides these who will find much in it in interest and instruct them, more especially parents who have children whom they can afford to keep at school till their eighteenth or nineteenth year."—*The Nonconformist and Independent.*

"In the sixteen chapters of which this handsome volume is made up, teachers will find a world of good advice from one who has brought unusual fitness and unflagging enthusiasm to the task of helping and encouraging them. The book contains the results of great experience, and the work itself is an admirable specimen of the art of teaching. To a thoughtful teacher the book will be invaluable ... Mr Fitch has written a book which all, and not merely professional teachers interested in the training of the young, would do well to read ... The writer has a noble conception of the dignity and responsibility of the teacher and of his profession."—*Sheffield and Rotherham Independent.*

"This book is the work of a man who is thoroughly acquainted with the subject of which he treats, and who brings together for its elucidation the results of wide reading, careful study, and practical experience. We can cordially recommend it to all who are engaged in the work of teaching, or who wish to understand the principles on which it should be conducted."—*The Cambridge Independent Press.*

"As principal of a training college and as a Government inspector of schools, Mr Fitch has got at his fingers' ends the working of primary education, while as assistant commissioner to the late Endowed Schools Commission he has seen something of the machinery of our higher schools... Mr Fitch's book covers so wide a field and touches on so many burning questions that we must be content to recommend it as the best existing *vade mecum* for the teacher. ... He is always sensible, always judicious, never wanting in tact. ... Mr Fitch is a scholar; he pretends to no knowledge that he does not possess; he brings to his work the ripe experience of a well-stored mind, and he possesses in a remarkable degree the art of exposition."—*Pall Mall Gazette.*

"In his acquaintance with all descriptions of schools, their successes and their shortcomings, Mr Fitch has great advantages both in knowledge and experience; and if his work receives the attention it deserves, it will tend materially to improve and equalize the methods of teaching in our schools, to whatever class they may belong."—*St James's Gazette.*

"No more convincing proof of the advance in the mind of scholars of the teacher's place and office could be offered than this noble volume, filled as it is with a reverent and appreciative recognition of the dignity and importance of his work who has in mould and develope the mind of youth. The art and method of teaching find here a treatment which is at once practical and suggestive."—*The Iron Churchman.*

STATUTA ACADEMIÆ CANTABRIGIENSIS.
Demy 8vo. 2s. sewed.

ORDINATIONES ACADEMIÆ CANTABRIGIENSIS.
Demy 8vo. cloth. 3s. 6d.

London: Cambridge Warehouse, 17 Paternoster Row.

PUBLICATIONS OF

TRUSTS, STATUTES AND DIRECTIONS affecting
(1) The Professorships of the University. (2) The Scholarships and
Prizes. (3) Other Gifts and Endowments. Demy 8vo. 5s.

COMPENDIUM OF UNIVERSITY REGULATIONS,
for the use of persons in Statu Pupillari. Demy 8vo.. 6d.

CATALOGUE OF THE HEBREW MANUSCRIPTS
preserved in the University Library, Cambridge. By Dr S. M.
SCHILLER-SZINESSY. Volume I. containing Section I. *The Holy
Scriptures;* Section II. *Commentaries on the Bible.* Demy 8vo. 9s.

A CATALOGUE OF THE MANUSCRIPTS
preserved in the Library of the University of Cambridge. Demy
8vo. 5 Vols. 10s. each.

INDEX TO THE CATALOGUE. Demy 8vo. 10s.

A CATALOGUE OF ADVERSARIA and printed
books containing MS. notes, preserved in the Library of the University
of Cambridge. 3s. 6d.

THE ILLUMINATED MANUSCRIPTS IN THE
LIBRARY OF THE FITZWILLIAM MUSEUM,
Catalogued with Descriptions, and an Introduction, by WILLIAM
GEORGE SEARLE, M.A., late Fellow of Queens' College, and Vicar of
Hockington, Cambridgeshire. Demy 8vo. 7s. 6d.

A CHRONOLOGICAL LIST OF THE GRACES,
Documents, and other Papers in the University Registry which con-
cern the University Library. Demy 8vo. 2s. 6d.

CATALOGUS BIBLIOTHECÆ BURCKHARD-
TIANÆ. Demy 4to. 5s.

London: Cambridge Warehouse, 17 *Paternoster Row.*

The Cambridge Bible for Schools.

GENERAL EDITOR: J. J. S. PEROWNE, D.D., DEAN OF PETERBOROUGH

THE want of an Annotated Edition of the BIBLE, in handy portions, suitable for School use, has long been felt.

In order to provide Text-books for School and Examination purposes, the CAMBRIDGE UNIVERSITY PRESS has arranged to publish the several books of the BIBLE in separate portions at a moderate price, with introductions and explanatory notes.

The Very Reverend J. J. S. PEROWNE, D.D., Dean of Peterborough, has undertaken the general editorial supervision of the work, and will be assisted by a staff of eminent coadjutors. Some of the books have already been undertaken by the following gentlemen:

Rev. A. CARR, M.A., *Assistant Master at Wellington College.*
Rev. T. K. CHEYNE, M.A., *Fellow of Balliol College, Oxford.*
Rev. S. COX, *Nottingham.*
Rev. A. B. DAVIDSON, D.D., *Professor of Hebrew, Edinburgh.*
Rev. F. W. FARRAR, D.D., *Canon of Westminster.*
Rev. A. E. HUMPHREYS, M.A., *Fellow of Trinity College, Cambridge.*
Rev. A. F. KIRKPATRICK, M.A., *Fellow of Trinity College.*
Rev. J. J. LIAS, M.A, *late Professor at St David's College, Lampeter.*
Rev. J. R. LUMBY, D.D., *Norrisian Professor of Divinity.*
Rev. G. F. MACLEAR, D.D., *Warden of St Augustine's Coll., Canterbury.*
Rev. H. C. G. MOULE, M.A., *Fellow of Trinity College, Principal of Ridley Hall, Cambridge.*
Rev. W. F. MOULTON, D.D., *Head Master of the Leys School, Cambridge.*
Rev. E. H. PEROWNE, D.D., *Master of Corpus Christi College, Cambridge, Examining Chaplain to the Bishop of St Asaph.*
The Ven. T. T. PEROWNE, M.A., *Archdeacon of Norwich.*
Rev. A. PLUMMER, M.A., *Master of University College, Durham.*
Rev. E. H. PLUMPTRE, D.D., *Professor of Biblical Exegesis, King's College, London.*
Rev. W. SANDAY, M.A., *Principal of Bishop Hatfield Hall, Durham.*
Rev. W. SIMCOX, M.A., *Rector of Weyhill, Hants.*
Rev. ROBERTSON SMITH, M.A., *Professor of Hebrew, Aberdeen.*
Rev. A. W. STREANE, M.A., *Fellow of Corpus Christi Coll., Cambridge.*
The Ven. H. W. WATKINS, M.A., *Archdeacon of Northumberland.*
Rev. G. H. WHITAKER, M.A., *Fellow of St John's College, Cambridge.*
Rev. C. WORDSWORTH, M.A., *Rector of Glaston, Rutland.*

London: Cambridge Warehouse, 17 Paternoster Row.

PUBLICATIONS OF

THE CAMBRIDGE BIBLE FOR SCHOOLS.—*Continued.*

Now Ready. Cloth, Extra Fcap. 8vo.

THE BOOK OF JOSHUA. Edited by Rev. G. F. MACLEAR, D.D. With 2 Maps. 2s. 6d.

THE FIRST BOOK OF SAMUEL. By the Rev. A. F. KIRKPATRICK, M.A. 3s. 6d.

THE BOOK OF ECCLESIASTES. By the Rev. Professor PLUMPTRE, D.D. 5s.

THE BOOK OF JEREMIAH. By the Rev. A. W. STREANE, M.A. 4s. 6d.

THE BOOK OF JONAH. By Archdn. PEROWNE. 1s. 6d.

THE GOSPEL ACCORDING TO ST MATTHEW. Edited by the Rev. A. CARR, M.A. With 2 Maps. 2s. 6d.

THE GOSPEL ACCORDING TO ST MARK. Edited by the Rev. G. F. MACLEAR, D.D. With 2 Maps. 2s. 6d.

THE GOSPEL ACCORDING TO ST LUKE. By the Rev. F. W. FARRAR, D.D. With 4 Maps. 4s. 6d.

THE GOSPEL ACCORDING TO ST JOHN. By the Rev. A. PLUMMER, M.A. With Four Maps. 4s. 6d.

THE ACTS OF THE APOSTLES. By the Rev. Professor LUMBY, D.D. Part I. Chaps. I—XIV. With 2 Maps. 2s. 6d.

PART II. *Preparing.*

THE EPISTLE TO THE ROMANS. By the Rev. H. C. G. MOULE, M.A. 3s. 6d.

THE FIRST EPISTLE TO THE CORINTHIANS. By the Rev. J. J. LIAS, M.A. With a Map and Plan. 2s.

THE SECOND EPISTLE TO THE CORINTHIANS. By the Rev. J. J. LIAS, M.A. 2s.

THE GENERAL EPISTLE OF ST JAMES. By the Rev. Professor PLUMPTRE, D.D. 1s. 6d.

THE EPISTLES OF ST PETER AND ST JUDE. By the Rev. Professor PLUMPTRE, D.D. 2s. 6d.

London: Cambridge Warehouse, 17 *Paternoster Row.*

THE CAMBRIDGE BIBLE FOR SCHOOLS.—*Continued.*

Preparing.

THE BOOK OF JUDGES. By the Rev. J. J. LIAS, M.A.

THE SECOND BOOK OF SAMUEL. By the Rev. A. F. KIRKPATRICK, M.A.

THE BOOKS OF HAGGAI AND ZECHARIAH. By Archdeacon PEROWNE.

THE BOOK OF MICAH. By the Rev. T. K. CHEYNE, M.A.

THE CAMBRIDGE GREEK TESTAMENT,

FOR SCHOOLS AND COLLEGES,

with a Revised Text, based on the most recent critical authorities, and English Notes, prepared under the direction of the General Editor,

THE VERY REVEREND J. J. S. PEROWNE, D.D., DEAN OF PETERBOROUGH.

Now Ready.

THE GOSPEL ACCORDING TO ST MATTHEW. By the Rev. A. CARR, M.A. With Maps. 4s. 6d.

THE GOSPEL ACCORDING TO ST JOHN. By the Rev. A. PLUMMER, M.A. [*In the Press.*

The books will be published separately, as in the "Cambridge Bible for Schools."

London: Cambridge Warehouse, 17 *Paternoster Row.*

THE PITT PRESS SERIES.

I. GREEK.

THE ANABASIS OF XENOPHON, Book VII. With a Map and English Notes by ALFRED PRETOR, M.A., Fellow of St Catharine's College, Cambridge; Editor of *Persius* and *Cicero ad Atticum* Book I. Price 2s. 6d.

"In Mr Pretor's edition of the Anabasis the text of Kühner has been followed in the main, while the exhaustive and admirable notes of the great German editor have been largely utilised. These notes deal with the minutest as well as the most important difficulties in construction, and all questions of history, antiquity, and geography are briefly but very effectually elucidated."—*The Examiner.*

"We welcome this addition to the other books of the *Anabasis* so ably edited by Mr Pretor. Although originally intended for the use of candidates at the university local examinations, yet this edition will be found adapted not only to meet the wants of the junior student, but even advanced scholars will find much in this work that will repay its perusal."—*The Schoolmaster.*

BOOKS I. III. IV. & V. By the same Editor. 2s. each.

BOOKS II. and VI. By the same Editor. Price 2s. 6d. each.

"Mr Pretor's 'Anabasis of Xenophon, Book IV.' displays a union of accurate Cambridge scholarship, with experience of what is required by learners gained in examining middle-class schools. The text is large and clearly printed, and the notes explain all difficulties. . . . Mr Pretor's notes seem to be all that could be wished as regards grammar, geography, and other matters."—*The Academy.*

"Another Greek text, designed it would seem for students preparing for the local examinations, is 'Xenophon's Anabasis,' Book II., with English Notes, by Alfred Pretor, M.A. The editor has exercised his usual discrimination in utilising the text and notes of Kuhner, with the occasional assistance of the best hints of Schneider, Vollbrecht and Macmichael on critical matters, and of Mr R. W. Taylor on points of history and geography. . . . When Mr Pretor commits himself to Commentator's work, he is eminently helpful. . . . Had we to introduce a young Greek scholar to Xenophon, we should esteem ourselves fortunate in having Pretor's text-book as our chart and guide."—*Contemporary Review.*

AGESILAUS OF XENOPHON. The Text revised with Critical and Explanatory Notes, Introduction, Analysis, and Indices. By H. HAILSTONE, M.A., late Scholar of Peterhouse, Cambridge, Editor of Xenophon's Hellenics, etc. 2s. 6d.

ARISTOPHANES—RANAE. With English Notes and Introduction by W. C. GREEN, M.A., Assistant Master at Rugby School. 3s. 6d.

ARISTOPHANES—AVES. By the same Editor. *New Edition.* 3s. 6d.

"The notes to both plays are excellent. Much has been done in these two volumes to render the study of Aristophanes a real treat to a boy instead of a drudgery, by helping him to understand the fun and to express it in his mother tongue."—*The Examiner.*

ARISTOPHANES—PLUTUS. By the same Editor. *In the Press.*

EURIPIDES. HERCULES FURENS. With Introductions, Notes and Analysis. By J. T. HUTCHINSON, M.A., Christ's College, and A. GRAY, M.A., Fellow of Jesus College. 2s.

"Messrs Hutchinson and Gray have produced a careful and useful edition."—*Saturday Review.*

London: Cambridge Warehouse, 17 Paternoster Row.

THE HERACLEIDÆ OF EURIPIDES, with Introduction and Critical Notes by E. A. BECK, M.A., Fellow of Trinity Hall. 3s. 6d.

LUCIANI SOMNIUM CHARON PISCATOR ET DE LUCTU, with English Notes by W. E. HEITLAND, M.A., Fellow of St John's College, Cambridge. New Edition, with Appendix. 3s. 6d.

II. LATIN.

M. T. CICERONIS DE AMICITIA. Edited by J. S. REID, M.L., Fellow and Assistant Tutor of Gonville and Caius College, Cambridge. *Price* 3s.

"Mr Reid has decidedly attained his aim, namely, 'a thorough examination of the Latinity of the dialogue.'.... The revision of the text is most valuable, and comprehends sundry acute corrections.... This volume, like Mr Reid's other editions, is a solid gain to the scholarship of the country."—*Athenæum.*

"A more distinct gain to scholarship is Mr Reid's able and thorough edition of the *De Amicitia* of Cicero, a work of which, whether we regard the exhaustive introduction or the instructive and most suggestive commentary, it would be difficult to speak too highly.... When we come to the commentary, we are only amazed by its fulness in proportion to its bulk. Nothing is overlooked which can tend to enlarge the learner's general knowledge of Ciceronian Latin or to elucidate the text."—*Saturday Review.*

M. T. CICERONIS CATO MAJOR DE SENECTUTE. Edited by J. S. REID, M.L. *Price* 3s. 6d.

"The notes are excellent and scholarlike, adapted for the upper forms of public schools, and likely to be useful even to more advanced students."—*Guardian.*

M. T. CICERONIS ORATIO PRO ARCHIA POETA. Edited by J. S. REID, M.L. *Price* 1s. 6d.

"It is an admirable specimen of careful editing. An Introduction tells us everything we could wish to know about Archias, about Cicero's connexion with him, about the merits of the trial, and the genuineness of the speech. The text is well and carefully printed. The notes are clear and scholar-like.... No boy can master this little volume without feeling that he has advanced a long step in scholarship."—*The Academy.*

M. T. CICERONIS PRO L. CORNELIO BALBO ORATIO. Edited by J. S. REID, M.L. Fellow of Caius College, Cambridge. *Price* 1s. 6d.

"We are bound to recognize the pains devoted in the annotation of these two orations to the minute and thorough study of their Latinity, both in the ordinary notes and in the textual appendices."—*Saturday Review.*

M. T. CICERONIS PRO P. CORNELIO SULLA ORATIO. Edited by J. S. REID, M.L. [*In the Press.*

M. T. CICERONIS PRO CN. PLANCIO ORATIO. Edited by H. A. HOLDEN, LL.D., Head Master of Ipswich School. *Price* 4s. 6d.

"As a book for students this edition can have few rivals. It is enriched by an excellent introduction and a chronological table of the principal events of the life of Cicero; while in its appendix, and in the notes on the text which are added, there is much of the greatest value. The volume is neatly got up, and is in every way commendable."—*The Scotsman.*

"Dr Holden's own edition is all that could be expected from his elegant and practised scholarship.... Dr Holden has evidently made up his mind as to the character of the commentary most likely to be generally useful; and he has carried out his views with admirable thoroughness."—*Academy.*

QUINTUS CURTIUS. A Portion of the History. (ALEXANDER IN INDIA.) By W. E. HEITLAND, M.A., Fellow and Lecturer of St John's College, Cambridge, and T. E. RAVEN, B.A., Assistant Master in Sherborne School. *Price* 3s. 6d.

"Equally commendable as a genuine addition to the existing stock of school-books is *Alexander in India*, a compilation from the eighth and ninth books of Q. Curtius, edited for the Pitt Press by Messrs Heitland and Raven.... The work of Curtius has merits of its own, which, in former generations, made it a favourite with English scholars, and which still make it a popular text-book in Continental schools..... The reputation of Mr Heitland is a sufficient guarantee for the scholarship of the notes, which are ample without being excessive, and the book is well furnished with all that is needful in the nature of maps, indexes, and appendices."—*Academy.*

London: Cambridge Warehouse, 17 Paternoster Row.

P. OVIDII NASONIS FASTORUM LIBER VI. With a Plan of Rome and Notes by A. SIDGWICK, M.A. Tutor of Corpus Christi College, Oxford. *Price* 1s. 6d.

"Mr Sidgwick's editing of the Sixth Book of Ovid's *Fasti* furnishes a careful and serviceable volume for average students. It eschews 'conjectures' which supersede the use of the dictionary, but gives full explanation of grammatical usages and historical and mythical allusions, besides illustrating peculiarities of style, true and false derivations, and the more remarkable variations of the text."—*Saturday Review.*

"It is eminently good and useful. ... The Introduction is singularly clear on the astronomy of Ovid, which is properly shewn to be ignorant and confused; there is an excellent little map of Rome, giving just the places mentioned in the text and no more; the notes are evidently written by a practical schoolmaster."—*The Academy.*

GAI IULI CAESARIS DE BELLO GALLICO COMMENT. I. II. With English Notes and Map by A. G. PESKETT, M.A., Fellow of Magdalene College, Cambridge, Editor of Caesar De Bello Gallico, VII. *Price* 2s. 6d.

GAI IULI CAESARIS DE BELLO GALLICO COMMENTARIUS SEPTIMUS. With two Plans and English Notes by A. G. PESKETT, M.A. Fellow of Magdalene College, Cambridge. *Price* 2s.

"In an unusually succinct introduction he gives all the preliminary and collateral information that is likely to be useful to a young student; and, wherever we have examined his notes, we have found them eminently practical and satisfying. . . . The book may well be recommended for careful study in school or college."—*Saturday Review.*

"The notes are scholarly, short, and a real help to the most elementary beginners in Latin prose."—*The Examiner.*

BOOKS IV. AND V. by the same Editor. *Price* 2s.
BOOKS III. AND VI. by the same Editor. [*Preparing.*

BEDA'S ECCLESIASTICAL HISTORY, BOOKS III., IV., the Text from the very ancient MS. in the Cambridge University Library, collated with six other MSS. Edited, with a life from the German of EBERT, and with Notes, &c. by J. E. B. MAYOR, M.A., Professor of Latin, and J. R. LUMBY, D.D., Norrisian Professor of Divinity. Revised edition. *Price* 7s. 6d.

"To young students of English History the illustrative notes will be of great service, while the study of the texts will be a good introduction to Mediæval Latin."—*The Nonconformist.*

"In Bede's works Englishmen can go back to *origines* of their history, unequalled for form and matter by any modern European nation. Prof. Mayor has done good service in rendering a part of Bede's greatest work accessible to those who can read Latin with ease. He has adorned this edition of the third and fourth books of the "Ecclesiastical History" with that amazing erudition for which he is unrivalled among Englishmen and rarely equalled by Germans. And however interesting and valuable the text may be, we can certainly apply to his notes the expression, *La sauce vaut mieux que le poisson.* They are literally crammed with interesting information about early English life. For though ecclesiastical in name, Bede's history treats of all parts of the national life, since the Church had points of contact with all."—*Examiner.*

P. VERGILI MARONIS AENEIDOS LIBER VIII. Edited with Notes by A. SIDGWICK, M.A. Tutor of Corpus Christi College, Oxford. 1s. 6d.

London: Cambridge Warehouse, 17 *Paternoster Row.*

BOOKS V., VI., VII., X., XI., XII. by the same Editor. 1s. 6d. each.

"Mr Arthur Sidgwick's 'Vergil, Aeneid, Book XII.' is worthy of his reputation, and is distinguished by the same acuteness and accuracy of knowledge, appreciation of a boy's difficulties and ingenuity and resource in meeting them, which we have on other occasions had reason to praise in these pages."—*The Academy.*

"As masterly in its clearly divided preface and appendices as in the sound and independent character of its annotations.... There is a great deal more in the notes than mere compilation and suggestion.... No difficulty is left unnoticed or unhandled."—*Saturday Review.*

"This edition is admirably adapted for the use of junior students, who will find in it the result of much reading in a condensed form, and clearly expressed."—*Cambridge Independent Press.*

BOOKS VII. VIII. in one volume   Price 3s.

BOOKS X., XI., XII. in one volume.   Price 3s. 6d.

M. T. CICERONIS ORATIO PRO L. MURENA, with English Introduction and Notes. By W. E. HEITLAND, M.A., Fellow and Classical Lecturer of St John's College, Cambridge. **Second Edition**, carefully revised. *Price 3s.*

"Those students are to be deemed fortunate who have to read Cicero's lively and brilliant oration for L. Murena with Mr Heitland's handy edition, which may be pronounced 'four-square' in point of equipment, and which has, not without good reason, attained the honours of a second edition."—*Saturday Review.*

M. T. CICERONIS IN Q. CAECILIUM DIVINATIO ET IN C. VERREM ACTIO PRIMA. With Introduction and Notes by W. E. HEITLAND, M.A., and HERBERT COWIE, M.A., Fellows of St John's College, Cambridge. *Price 3s.*

M. T. CICERONIS IN GAIUM VERREM ACTIO PRIMA. With Introduction and Notes. By H. COWIE, M.A., Fellow of St John's College, Cambridge. *Price 1s. 6d.*

M. T. CICERONIS ORATIO PRO T. A. MILONE, with a Translation of Asconius' Introduction, Marginal Analysis and English Notes. Edited by the Rev. JOHN SMYTH PURTON, B.D., late President and Tutor of St Catharine's College. *Price 2s. 6d.*

"The editorial work is excellently done."—*The Academy.*

M. ANNAEI LUCANI PHARSALIAE LIBER PRIMUS, edited with English Introduction and Notes by W. E. HEITLAND, M.A. and C. E. HASKINS, M.A., Fellows and Lecturers of St John's College, Cambridge.   *Price 1s. 6d.*

"A careful and scholarlike production."—*Times.*

"In nice parallels of Lucan from Latin poets and from Shakspeare, Mr Haskins and Mr Heitland deserve praise."—*Saturday Review.*

London: Cambridge Warehouse, 17 Paternoster Row.

III. FRENCH.

LAZARE HOCHE—PAR ÉMILE DE BONNECHOSE.
With Three Maps, Introduction and Commentary, by C. COLBECK, M.A., late Fellow of Trinity College, Cambridge; Assistant Master at Harrow School. *Price* 2s.

HISTOIRE DU SIÈCLE DE LOUIS XIV PAR VOLTAIRE. Part I. Chaps. I.—XIII. Edited with Notes Philological and Historical, Biographical and Geographical Indices, etc. by GUSTAVE MASSON, B.A. Univ. Gallic., Officier d'Académie, Assistant Master of Harrow School, and G. W. PROTHERO, M.A., Fellow and Tutor of King's College, Cambridge. 2s. 6d.

"Messrs Masson and Prothero have, to judge from the first part of their work, performed with much discretion and care the task of editing Voltaire's *Siècle de Louis XIV* for the 'Pitt Press Series.' Besides the usual kind of notes, the editors have in this case, influenced by Voltaire's 'summary way of treating much of the history,' given a good deal of historical information, in which they have, we think, done well. At the beginning of the book will be found excellent and succinct accounts of the constitution of the French army and Parliament at the period treated of."—*Saturday Review.*

HISTOIRE DU SIÈCLE DE LOUIS XIV PAR VOLTAIRE. Part II. Chaps. XIV.—XXIV. With Three Maps of the Period, Notes Philological and Historical, Biographical and Geographical Indices, by G. MASSON, B.A. Univ. Gallic., Assistant Master of Harrow School, and G. W. PROTHERO, M.A., Fellow and Tutor of King's College, Cambridge. *Price* 2s. 6d.

Part III. By the same Editors. [*In the Press.*

LE VERRE D'EAU. A Comedy, by SCRIBE. With a Biographical Memoir, and Grammatical, Literary and Historical Notes. By C. COLBECK, M.A., late Fellow of Trinity College, Cambridge; Assistant Master at Harrow School. *Price* 2s.

"It may be national prejudice, but we consider this edition far superior to any of the series which hitherto have been edited exclusively by foreigners. Mr Colbeck seems better to understand the wants and difficulties of an English boy. The etymological notes especially are admirable.... The historical notes and introduction are a piece of thorough honest work."—*Journal of Education.*

M. DARU, par M. C. A. SAINTE-BEUVE, (Causeries du Lundi, Vol. IX.). With Biographical Sketch of the Author, and Notes Philological and Historical. By GUSTAVE MASSON. 2s.

LA SUITE DU MENTEUR. A Comedy in Five Acts, by P. CORNEILLE. Edited with Fontenelle's Memoir of the Author, Voltaire's Critical Remarks, and Notes Philological and Historical. By GUSTAVE MASSON. *Price* 2s.

LA JEUNE SIBÉRIENNE. LE LÉPREUX DE LA CITÉ D'AOSTE. Tales by COUNT XAVIER DE MAISTRE. With Biographical Notice, Critical Appreciations, and Notes. By GUSTAVE MASSON. *Price* 2s.

London: Cambridge Warehouse, 17 Paternoster Row.

LE DIRECTOIRE. (Considérations sur la Révolution Française. Troisième et quatrième parties.) Par MADAME LA BARONNE DE STAËL-HOLSTEIN. With a Critical Notice of the Author, a Chronological Table, and Notes Historical and Philological. By G. MASSON. *Price 2s.*

"Prussia under Frederick the Great, and France under the Directory, bring us face to face respectively with periods of history which it is right should be known thoroughly, and which are well treated in the Pitt Press volumes. The latter in particular, an extract from the world-known work of Madame de Staël on the French Revolution, is beyond all praise for the excellence both of its style and of its matter."—*Times.*

DIX ANNÉES D'ÉXIL. LIVRE II. CHAPITRES 1—8. Par MADAME LA BARONNE DE STAËL-HOLSTEIN. With a Biographical Sketch of the Author, a Selection of Poetical Fragments by Madame de Staël's Contemporaries, and Notes Historical and Philological. By GUSTAVE MASSON. *Price 2s.*

"The choice made by M. Masson of the second book of the *Memoirs* of Madame de Staël appears specially felicitous. . . . This is likely to be one of the most favoured of M. Masson's editions, and deservedly so."—*Academy.*

FRÉDÉGONDE ET BRUNEHAUT. A Tragedy in Five Acts, by N. LEMERCIER. Edited with Notes, Genealogical and Chronological Tables, a Critical Introduction and a Biographical Notice. By GUSTAVE MASSON. *Price 2s.*

LE VIEUX CÉLIBATAIRE. A Comedy, by COLLIN D'HARLEVILLE. With a Biographical Memoir, and Grammatical, Literary and Historical Notes. By the same Editor. *Price 2s.*

"M. Masson is doing good work in introducing learners to some of the less-known French play-writers. The arguments are admirably clear, and the notes are not too abundant."—*Academy.*

LA MÉTROMANIE, A Comedy, by PIRON, with a Biographical Memoir, and Grammatical, Literary and Historical Notes. By the same Editor. *Price 2s.*

LASCARIS, OU LES GRECS DU XVE. SIÈCLE, Nouvelle Historique, par A. F. VILLEMAIN, with a Biographical Sketch of the Author, a Selection of Poems on Greece, and Notes Historical and Philological. By the same Editor. *Price 2s.*

London: Cambridge Warehouse, 17 Paternoster Row.

IV. GERMAN.

ZOPF UND SCHWERT. Lustspiel in fünf Aufzügen von KARL GUTZKOW. With a Biographical and Historical Introduction, English Notes, and an Index. By H. J. WOLSTENHOLME, B.A. (Lond.), Lecturer in German at Bedford College, London, and Newnham College, Cambridge. *Price 3s. 6d.*

"We are glad to be able to notice a careful edition of K. Gutzkow's amusing comedy 'Zopf and Schwert' by Mr J. H. Wolstenholme.... These notes are abundant and contain references to standard grammatical works."—*Academy.*

Goethe's Knabenjahre. (1749—1759.) GOETHE'S BOY-HOOD: being the First Three Books of his Autobiography. Arranged and Annotated by WILHELM WAGNER, Ph. D., late Professor at the Johanneum, Hamburg. *Price 2s.*

HAUFF. DAS WIRTHSHAUS IM SPESSART. Edited by A. SCHLOTTMANN, Ph.D., Assistant Master at Uppingham School. *Price 3s. 6d.*

"It is admirably edited, and we note with pleasure that Dr Schlottmann in his explanation always brings out the kinship of the English and German languages by reference to earlier or modern English and German forms as the case may be. The notes are valuable, and tell the student exactly what he will want to know, a merit by no means common."—*Examiner.*

"As the work abounds in the idiomatic expressions and phrases that are characteristic of modern German, there are few books that can be read with greater advantage by the English student who desires to acquire a thorough knowledge of conversational German. The notes, without being cumbersome, leave no real difficulty unexplained."—*School Guardian.*

DER OBERHOF. A Tale of Westphalian Life, by KARL IMMERMANN. With a Life of Immermann and English Notes, by WILHELM WAGNER, Ph.D., late Professor at the Johanneum, Hamburg. *Price 3s.*

A BOOK OF GERMAN DACTYLIC POETRY. Arranged and Annotated by the same Editor. *Price 3s.*

Der erste Kreuzzug (THE FIRST CRUSADE), by FRIEDRICH VON RAUMER. Condensed from the Author's 'History of the Hohenstaufen', with a life of RAUMER, two Plans and English Notes. By the same Editor. *Price 2s.*

"Certainly no more interesting book could be made the subject of examinations. The story of the First Crusade has an undying interest. The notes are, on the whole, good."—*Educational Times.*

A BOOK OF BALLADS ON GERMAN HISTORY. Arranged and Annotated by the same Editor. *Price 2s.*

"It carries the reader rapidly through some of the most important incidents connected with the German race and name, from the invasion of Italy by the Visigoths under their King Alaric, down to the Franco-German War and the installation of the present Emperor. The notes supply very well the connecting links between the successive periods, and exhibit in its various phases of growth and progress, or the reverse, the vast unwieldy mass which constitutes modern Germany."—*Times.*

DER STAAT FRIEDRICHS DES GROSSEN. By G. FREYTAG. With Notes. By the same Editor. *Price 2s.*

"Prussia under Frederick the Great, and France under the Directory, bring us face to face respectively with periods of history which it is right should be known thoroughly, and which are well treated in the Pitt Press volumes."—*Times.*

"Freytag's historical sketches and essays are too well known in England to need any commendation, and the present essay is one of his best. Herr Wagner has made good use of Carlyle's great work in illustration of his author."—*Journal of Education.*

London: *Cambridge Warehouse*, 17 *Paternoster Row.*

GOETHE'S HERMANN AND DOROTHEA. With an Introduction and Notes. By the same Editor. *Price 3s.*
"The notes are among the best that we know, with the reservation that they are often too abundant."—*Academy.*

Das Jahr 1813 (THE YEAR 1813), by F. KOHLRAUSCH. With English Notes. By the same Editor. *Price 2s.*

V. ENGLISH.

LOCKE ON EDUCATION. With Introduction and Notes by the Rev. R. H. QUICK, M.A. *Price 3s. 6d.*

"Mr Quick has made the study of educational matters and the lives of educational reformers a speciality. He has given us an edition of Locke which leaves little to be desired. In addition to an introduction, biographical and critical, and numerous notes, there are two appendices containing Locke's scheme of working schools, and Locke's other writings on education. The passages in Locke bearing upon the physical training of children are annotated in harmony with modern science by Dr J. F. Payne. The book forms one of the Pitt Press Series, and its general get up is worthy of the University Press."—*The Schoolmaster.*

"The work before us leaves nothing to be desired. It is of convenient form and reasonable price, accurately printed, and accompanied by notes which are admirable. There is no teacher too young to find this book interesting; there is no teacher too old to find it profitable."—*The School Bulletin, New York.*

THE TWO NOBLE KINSMEN, edited with Introduction and Notes by the Rev. Professor SKEAT, M.A., formerly Fellow of Christ's College, Cambridge. *Price 3s. 6d.*

"This edition of a play that is well worth study, for more reasons than one, by so careful a scholar as Mr Skeat, deserves a hearty welcome."—*Athenaeum.*
"Mr Skeat is a conscientious editor, and has left no difficulty unexplained."—*Times.*

BACON'S HISTORY OF THE REIGN OF KING HENRY VII. With Notes by the Rev. J. RAWSON LUMBY, D.D., Norrisian Professor of Divinity; late Fellow of St Catharine's College. *Price 3s.*

SIR THOMAS MORE'S UTOPIA. With Notes by the Rev. J. RAWSON LUMBY, D.D., Norrisian Professor of Divinity; late Fellow of St Catharine's College, Cambridge. *Price 3s. 6d.*

"To enthusiasts in history matters, who are not content with mere facts, but like to pursue their investigations behind the scenes, as it were, Professor Rawson Lumby has in the work now before us produced a most acceptable contribution to the now constantly increasing store of illustrative reading."—*The Cambridge Review.*

"To Dr Lumby we must give praise unqualified and unstinted. He has done his work admirably.... Every student of history, every politician, every social reformer, every one interested in literary curiosities, every lover of English should buy and carefully read Dr Lumby's edition of the 'Utopia.' We are afraid to say more lest we should be thought extravagant, and our recommendation accordingly lose part of its force."—*The Teacher.*

"It was originally written in Latin and does not find a place on ordinary bookshelves. A very great boon has therefore been conferred on the general English reader by the managers of the *Pitt Press Series,* in the issue of a convenient little volume of *More's Utopia* not in the original Latin, but in the quaint *English Translation* thereof *made by Raphe Robynson,* which adds a linguistic interest to the intrinsic merit of the work. ... All this has been edited in a most complete and scholarly fashion by Dr J. R. Lumby, the Norrisian Professor of Divinity, whose name alone is a sufficient warrant for its accuracy. It is a real addition to the modern stock of classical English literature."—*Guardian.*

SIR THOMAS MORE'S LIFE OF RICHARD III. With Notes, &c., by Professor LUMBY. [*Nearly ready.*

A SKETCH OF ANCIENT PHILOSOPHY FROM THALES TO CICERO, by JOSEPH. B. MAYOR, M.A., Professor of Moral Philosophy at King's College, London. *Price 3s. 6d.*

[*Other Volumes are in preparation.*]

London: Cambridge Warehouse, 17 *Paternoster Row.*

University of Cambridge.

LOCAL EXAMINATIONS.

Examination Papers, for various years, with the *Regulations for the Examination*. Demy 8vo. 2s. each, or by Post, 2s. 2d.
The Regulations for the Examination in 1881 are now ready.
Class Lists, for various years, 6d. each, by Post 7d. After 1877, Boys 1s., Girls 6d.
Annual Reports of the Syndicate, with Supplementary Tables showing the success and failure of the Candidates. 2s. each, by Post 2s. 2d.

HIGHER LOCAL EXAMINATIONS.

Examination Papers for 1881, *to which are added the Regulations for 1882*. Demy 8vo. 2s. each, by Post 2s. 2d.
Reports of the Syndicate. Demy 8vo. 1s., by Post 1s. 1d.

TEACHERS' TRAINING SYNDICATE.

Examination Papers for 1880 and 1881, *to which are added the Regulations for the Examination*. Demy 8vo. 6d., by Post 7d.

CAMBRIDGE UNIVERSITY REPORTER.

Published by Authority.

Containing all the Official Notices of the University, Reports of Discussions in the Schools, and Proceedings of the Cambridge Philosophical, Antiquarian, and Philological Societies. 3d. weekly.

CAMBRIDGE UNIVERSITY EXAMINATION PAPERS.

These Papers are published in occasional numbers every Term, and in volumes for the Academical year.

VOL. VIII. Parts 87 to 104. PAPERS for the Year 1878—9, 12s. *cloth.*
VOL. IX. „ 105 to 119. „ „ 1879—80, 12s. *cloth.*
VOL. X. „ 120 to 138. „ „ 1880—81, 15s. *cloth.*

Oxford and Cambridge Schools Examinations.

1. PAPERS SET IN THE EXAMINATION FOR CERtificates, July, 1879. *Price* 1s. 6d.
2. LIST OF CANDIDATES WHO OBTAINED CERTificates at the Examinations held in December, 1879, and in June and July, 1880; and Supplementary Tables. *Price* 6d.
3. REGULATIONS OF THE OXFORD AND CAMBRIDGE Schools Examination Board for the year 1882. *Price* 6d.
4. REPORT OF THE OXFORD AND CAMBRIDGE Schools Examination Board for the year ending Oct. 31, 1880. *Price* 1s.

London:
CAMBRIDGE WAREHOUSE, 17 PATERNOSTER ROW.

CAMBRIDGE: PRINTED BY C. J. CLAY, M.A., AT THE UNIVERSITY PRESS.